Stb

Meditation ist ein Weg zur Entfaltung der menschlichen Kräfte und Möglichkeiten. Das vorliegende Buch bietet eine Menge klarer und wertvoller Ratschläge an, die es gerade dem westlichen Menschen erlauben, Meditationsübungen auszuführen und gute Ergebnisse dabei zu erzielen. Eingeflossen in diesen sehr praktisch angelegten Ratgeber sind die Erfahrungen eines Meisters, der jahrzehntelang seine Schüler mit Liebe und Sorgfaltspflicht auf dem Weg zu sich selbst begleitet hat und daher genau weiß, wie wichtig exakte Beschreibungen der Zustände sind, die durch die Meditation erreicht werden können.

SARASVATI, den seine Schüler gern Shiva nannten, wurde 1887 im südlichsten Indien als Sohn einer Familie geboren, die sich durch eine Anzahl von Weisen, Asketen und Gelehrten auszeichnete. Er studierte Medizin und arbeitete mit Hingabe und Selbstlosigkeit in diesem Beruf. Später zog er als Wandereremit herum und empfing 1923 die Einweihung in den Mönchstand. Die meiste Zeit widmete er der Meditation, der Ausübung des Hatha-Yoga. Seit den dreißiger Jahren sammelte sich eine ständig wachsende Zahl von Schülern um ihn, die sich mit ihm in der »Divine Life Society« zusammenschlössen. Er starb 1963.

S. Sivananda Sarasvati

Übungen zu Konzentration und Meditation

Aus dem Französischen übersetzt von Ursula von Mangoldt

Stb

Als Vorlage diente die im Jahre 1993
im Goldmann-Verlag erschienene Ausgabe

SBN 978-3-89767-566-7

Auflage 2007

schlag: Murat Karaçay
Michael Zuch
ellung: Reyhani Druck und Verlag, Darmstadt

chirner.de

Inhalt

निहालत

III. VORBEREITUNG ZUR MEDITATION

IV. ÜBUNG DER MEDITATION

V. ARTEN DER MEDITATION

VI. HINDERNISSE FÜR DIE MEDITATION

VII. SEELISCHE HINDERNISSE FÜR DIE MEDITATION

ANHANG
BEWEISE DER KONZENTRATION

Vorwort

ववरथखरत

Seit 1935 frage ich unablässig alle Hindu-Weisen, die zu kennen ich die Ehre habe, ebenso wie deren fähige Schüler nach einem Buch über praktische Meditation, ohne bisher damit Erfolg gehabt zu haben.

Das Fehlen eines solchen Buches aus bewährter Hand bis auf den heutigen Tag ist leicht zu verstehen. Für den Hindu bedeutet Meditation niemals Gegenstand einer allgemeinen, ernsthaften Unterweisung, weder mündlich in einer Schule noch schriftlich durch ein Buch. Die Technik kann seiner Auffassung nach nur persönlich von Lehrer auf Schüler übertragen werden. Der Guru muss ununterbrochen die innere Entwicklung des Schülers, seine Haltung, seine Intensität, seine Seinsart, seine Lebensabschnitte, seine Kämpfe, seine Entmutigungen und Begeisterungen kennen. Er muss um seine Sehnsucht, seine inneren Wandlungen, um seine geistige Dürre, seine Versuchungen, manchmal selbst um seine Schrecken und Erschütterungen wissen. Mit mehr Scharfsinnigkeit und Intuition, Fingerspitzengefühl und Feinfühligkeit, als man von einem Maler oder Arzt verlangt, muss der Guru in jedem Augenblick dem Schüler Befehl, Auskunft, Rat, Unterweisung, Ermutigung, Warnung, Nachdruck, Eingebung und Schutz gewähren, je nachdem, was dieser bedarf.

Wenn auch Meditation vielleicht schneller als jeder andere Weg zu einer weiten Entfaltung der menschlichen

Kräfte und Möglichkeiten führt, so ist sie doch nicht weniger – oder gerade deshalb – ein Weg voller Überraschungen, Fallen und Gefahren. In seinem Vorwort zu der Abhandlung über Raja-Yoga schrieb und betonte Swami Vivekananda, man müsse mit allem Nachdruck auf der Tatsache bestehen, dass man – mit geringen Ausnahmen – Yoga gefahrlos nur unter persönlicher Anleitung eines Meisters erlernen kann.

Trotzdem bin ich der Oberzeugung, dass es möglich ist, in einem Buch eine bedeutende Menge authentischer und wertvoller Ratschläge zusammenzufassen, auf deren Grundlage der Abendländer Meditationsübungen ausführen und gute Erfolge erzielen könnte. Voraussetzung aber bleibt, dass er sofort mit seinen Übungen aufhört, wenn er auch nur die geringsten beunruhigenden Symptome in sich aufsteigen fühlt, ebenso wie man eine Anleitung zur Gesundheitspflege und eine erste Anweisung für Verwundete verwenden kann, den Arzt aber beizieht, sobald es notwendig wird. Dies hat Swami Sivananda Sarasvati in vorliegendem Buche getan.

Nach Beschreibungen seines Lebens wurde dieser Swami, den seine Schüler gern mit dem einfachen Namen Shiva bezeichnen, 1887 im südlichsten Indien als Sohn einer Familie geboren, die sich durch eine Anzahl von Weisen, Asketen und Gelehrten auszeichnete. Zu ihnen gehörte Appaya Dikshitar, der im 16. Jahrhundert eine wertvolle Studie über die vier großen vedantischen Schulen schrieb, die *»chaturmatasava sangraha«*, in der er – noch immer unverständlich für den Westen – den sich gegenseitig ergänzenden Charakter dieser Schulen herausarbeitete.

Nach seinen vorbereitenden Studien, die ihm vor allem den Rufeines Athleten und guten Kameraden schufen, widmete Sarasvati sich der Medizin, deren Ausübung in jenem Erdteil nicht an ein Abschlussdiplom gebunden ist. Seit seinem 25. Jahr übte er sie in Singapur und auf der malaischen Halbinsel mit so großer Gewissenhaftigkeit, Hingabe und Selbstlosigkeit aus, dass er selbst den Hindus auffiel, die an sich daran gewöhnt sind, dass Arzt-Sein mehr ein Opfer als eine Verdienstquelle bedeutet. Zu dieser Zeit gab er auch ganz allein eine kleine medizinische Zeitschrift heraus.

Der erlangte Erfolg befriedigte Dr. P. V. Kuppuswami – wie er hieß – nicht. Auch verschloss er ihm nicht die Ohren vor jenem »Anruf des Göttlichen«, der auf die Hindus jeden Alters und jeder sozialen Stellung eine unwiderstehliche Anziehungskraft ausübt. Er entäußerte sich allen Besitzes und wurde ein umherziehender, religiöser Bettler, der Entsagung übte, sich von Weisen lehren ließ und die großen Pilgerorte besuchte. 1923 kam er nach Rikhikesh in die Hochebene des Ganges und empfing hier die Einweihung in den Mönchstand. Wieder übte er, nun als *sannyasin,* über ein Jahr lang unentgeltlich seine Arztkunst aus und widmete sich dann die meiste Zeit der Meditation, der Ausübung des Hatha-Yoga.

Um ihn hat sich vor allem seit 1936 eine ständig anwachsende Zahl von Schülern unter seiner unmittelbaren Inspiration in verschiedenen Provinzen Indiens und selbst in anderen Teilen der Welt zusammengefunden, denen er schriftliche Anweisungen für die Übung der verschiedenen Yoga-Formen gibt. Trotz der lauten und undifferenzierten Publizität, die seine Schüler ihm vermitteln, und mancher schwer verständlicher Eigenheiten ist Swami Sarasvati zweifellos einer der größten geistigen Meister.

Sein Werk ist beachtlich und dürfte heute fast hundert Bände über die verschiedenartigsten Themen umfassen. Das vorliegende Buch über »Übungen zu Meditation und Konzentration«, in dem Wissenschaft sich in ausgezeichneter Weise mit dem gesunden Menschenverstand verbindet, füllt eine Lücke aus, sowohl als praktisches Handwerkszeug für den Westen wie auch als Bindeglied zum lebendigen, persönlichsten Indien. Der Autor enthält sich vernünftigerweise aller pedantischen und für die praktischen Übungen unnötigen philosophischen Ausführungen. Er beschäftigt sich ausführlich und bis in die kleinsten Einzelheiten mit den Vorbereitungen für die Meditation, mit der Wahl des Konzentrationspunktes und -gegenstandes, mit den Hindernissen materieller, mentaler und geistiger Art und illustriert abschließend seine Unterweisungen durch Beschreibungen einer großen Zahl konkreter Erfahrungen. Dieses Buch ist unerlässlich für jeden, der die Hindu-Technik der Meditation erfolgreich auszuführen sucht.

Jean Herbert

MEDITATIONEN

MEDITATION ÜBER SHIVA

Vor dem Gatten der Parvati verneige ich mich,
vor dem Ruhevollen, im Lotussitze Verharrenden,
der das Monddiadem trägt, vor dem Fünfgesichtigen,
Dreiäugigen, der in der Rechten Dreizack,
Donnerkeil, Schwert und die Sicherheit schenkende
Axt hält, in der Linken Schlange, Schlinge,
Glocke samt der Handpauke und dem Haken,
vor ihm, der von mannigfachem Schmuck erglänzt
und dem Bergkristalledelstein gleicht.

MEDITATION ÜBER DEN MEISTER SHANKARA

Ich verwirkliche mir den erhabenen Shankara,
den auf einem Lotus Thronenden, Friedvollen,
der Zucht Hingegebenen, dessen Zaubermacht
der des Shiva gleicht, dessen Glanzerscheinung
an der Stirn durch ein Aschenmal gezeichnet
ist, dessen lotusgleiches Antlitz durch ein
Lächeln glänzt, den Lotusäugigen, dessen Nacken
der Muschel gleicht, in dessen Händen ein
uneröffnetes, glänzendes Buch sich befindet,
»Das Symbol des Wissens«, der verehrungswürdig
ist für die höchsten der Götter, der
den Demütigen ihre Wünsche erfüllt.

MEDITATION ÜBER SUBRAHMANYA

Zu Guha nehme ich immerdar meine
Zuflucht, zu dem Sechsgesichtigen, dessen Farbe rot
wie Safran ist, zu dem Einsichtigen, der auf einem
göttlichen Pfau reitet, zum Sohne des Rudra,
dem Herrn über das Heer der Götter.

MEDITATION ÜBER DATTATREYA

Den mit sechs Armen begabten Wunscherfüller
des Atri verehre ich, der in einem
lotusgleichen Händepaare Kranz und
Wassertopf hält, im mittleren Händepaar
Handpauke und Dreizack, und darüber
in den oberen Händen die glanzvolle
Muschel und den Diskus.

MEDITATION ÜBER DIE HERRLICHE GROSSE LAKSHMI

Sie verehre ich, die in der Hand einen Lotus trägt, die
Heitergesichtige, die Schönheit spendet, die Glück
schenkt,
die mit ihren Händen Sicherheit gewährt, die mit
mannigfachen Juwelen Geschmückte, die ihren Verehrern
die gewünschte Frucht verleiht, welcher Hari,
Hara und Brahman dienen, die stets nahe umgeben

ist von den Shaktis, deren Attribute in einem Lotus, einer Muschel, und wieder einem Lotus bestehen.

MEDITATION ÜBER SHRI RAMA

Über Ramacandra möge man meditieren, dessen Arme bis zu den Knien reichen, der Pfeile und Bogen trägt, der in der Stellung des Lotussitzes verharrt, der ein gelbes Gewand trägt, dessen Augen wetteifern mit den Blütenblättern eines frischen Lotus, den Heiteren, dessen Augen sich treffen mit dem Gesichtslotus der an seiner rechten Seite angeschmiegten Sita, den Wolkengleichen, von mannigfachem Schmuck Erstrahlenden, der sich einen breiten Kranz von Haarflechten aufgebunden hat.

MEDITATION ÜBER SARASVATI

Die erhabene Sarasvati, die alle Dummheit ohne Rest vertreibt, soll mich schützen, sie, die blendend weiß ist wie Jasmin, der Mond, der Reif und eine Perlenkette, die in leuchtende Gewänder gekleidet ist, deren Hände geschmückt sind mit der Vina und dem wunschgewährenden Stab, deren Sitz aus einem weißen Lotus besteht, und welche immerdar geehrt wird von Brahman, Acyuta, Shankara und anderen Göttern.

MEDITATION ÜBER GANESHA

Den lotusgleichen Fuß des elefantengesichtigen Herrn über die Hindernisse verehre ich, der bedient wird von den Scharen der Bhuta-Dämonen, der den Kern der Frucht des Waldapfelbaumes verzehrt hat, welcher der Sohn der Uma ist und die Ursache der Vernichtung des Kummers.

MEDITATION ÜBER DEN LAUT OM

Unablässig verehre ich die Silbe OM, die nur auf Grund der heiligen vedischen Texte erkannt werden kann, die von hundert von heiligen Schriften bezeichnet wird als Grundprinzip und Gegenstand der Vedanta, als makellose Ursache von Entstehung, Bestand und Vernichtung des Alls, indes ihre Wesenheit mit dem All identisch ist, als solche, deren Höchstes Ziel der Schutz von allem ist, die Alldurchdringende, die Erkenntnis der Wahrheit, die unendliche Hilfe, die Makellose, deren Wesen in Reinheit besteht.

MEDITATION ÜBER GAYATRI

Ich verehre die Gayatri, welche kluge Gesichter hat,
deren Schimmer dunkel und weiß erscheint
durch Perlen, Korallen und Gold, sie, deren
Juwelendiadem mit dem Mond geschmückt ist,
deren Wesen die Wahrheit, das Selbst und das
Wort ist, und welche in den Händen
die wunschgewährenden und gefahrlosen Haken
und Peitsche, einen weißen Schädel, eine Keule,
eine Muschel, einen Diskus und ein Paar
von Lotusblumen hält.

MEDITATION ÜBER SURYA

Gott Allauge soll mich schützen, dessen
Diadem Oberfluss hat an strahlenden Juwelen,
dessen Lippen sprühen, der Leuchtende
mit schönem Haar, der als Glänzender
mit göttlichem Feuer begabt, mit
Strahlenlotusblumen in seinen Händen durch
Lichtstrahlen goldfarbig ist, und der auf
dem Aufgangsberge erstrahlt, den ganzen
Luftraum durchdringend, der Herr
der Planeten, der Spender aller Wonnen,
verehrt von Hari und Hara.

MEDITATION ÜBER SHRI KRISHNA

Kein höheres Prinzip kenne ich als Krishna, dessen Hand mit der Flöte geziert ist, der einer neuen Wolke gleicht, den Gelbgewandeten, dessen Unterlippe der roten Bimba-Frucht ähnelt, dessen Antlitz schön ist wie der volle Mond, den Lotusäugigen.

EINLEITUNG

Sein Bewusstsein auf Gegenstände innerhalb oder außerhalb des eigenen Körpers zu richten und es unverwandt eine Zeitlang in diesem Zustand zu halten, ist Konzentration. Man sollte sie täglich üben, nachdem man zunächst sein Bewusstsein durch die Übung der rechten Haltung gereinigt hat. Ohne Reinheit der Gedanken ist Konzentration nutzlos. Es gibt Okkultisten, die die Kraft der Konzentration besitzen. Ihr Charakter aber ist von geringerem moralischen Wert. So werden sie auch nicht den geringsten Fortschritt im Geistigen erreichen.

Wer eine unbewegliche Stellung einzunehmen vermag, wer Nerven und Körper durch häufige Atemübungen gereinigt hat, wird sich leicht konzentrieren können. Je mehr es dabei gelingt, alle Ablenkungen auszuschalten, um so stärker wird die Konzentration sein. Ein Mensch, der wirklich keusch lebt und sich seine Energie erhalten hat, wird eine wunderbare Konzentration erreichen.

Törichte und ungeduldige Schüler beginnen sofort mit der Übung der Konzentration, ohne sich einer vorbereitenden ethischen Schulung unterworfen zu haben. Dies ist ein grober Fehler. Ethische Vollkommenheit ist von höchster Wichtigkeit.

Man kann sich auf jedes der sieben geistigen Energiezentren in seinem Inneren konzentrieren. Aufmerksamkeit spielt eine sehr wesentliche Rolle dabei. Wer sein Aufmerksamkeitsvermögen entwickelt hat, wird gute

Konzentration erreichen. Wer von Leidenschaften und phantastischen Begierden erfüllt ist, vermag sich kaum, auch nur für einen Augenblick, auf irgendein Subjekt oder Objekt zu konzentrieren. Seine Gedanken springen wie ein alter Affe umher.

Der Wissenschaftler konzentriert seine Gedanken und macht neue Entdeckungen. Mit Hilfe seiner Konzentration durchdringt er die Schichten des grobstofflichen Denkens und empfängt tiefere Erkenntnisse auf den höheren Ebenen des Bewusstseins. Er konzentriert alle Gedankenkraft auf einen Brennpunkt. So dringt er in die Materie ein, die er bearbeitet, und entdeckt ihr Geheimnis. Wer die Fähigkeit zur Abstraktion besitzt und sinnliche Wahrnehmung vom Gegenstand zu trennen vermag, wird sich leichter konzentrieren können.

Auf dem geistigen Pfad muss man Schritt für Schritt, Stufe für Stufe vorwärts schreiten. Erst wenn man die Grundlage einer rechten Haltung, Stellung, Atemkontrolle und Abstraktion erreicht hat, können Konzentration und Meditation erfolgreich aufgebaut werden. Man sollte die Fähigkeit besitzen, den Gegenstand, auf den man sich konzentrieren will, ganz klar vor Augen zu haben, selbst wenn er in Wirklichkeit nicht vorhanden ist. Man muss jederzeit und ohne Mühe das geistige Bild hervorrufen können. Bei einer guten Konzentrationsgabe wird dies nicht viel Mühe bereiten.

Zu Beginn der Übungen kann man sich auf das Ticken der Uhr, die Flamme einer Kerze konzentrieren oder auf irgendeinen anderen Gegenstand, der als angenehm empfunden wird. Das ist konkrete Konzentration. Jede Konzentration bedarf eines Objekts. Zu Beginn der

Übungen wählt man einen erfreulichen Gegenstand, da es sehr schwer ist, die Gedanken auf einen unangenehmen zu richten.

Wer sich zu konzentrieren vermag, wird sich schneller entwickeln als andere. Er wird jede Arbeit richtig anpacken und erfolgreich durchführen. Wofür andere sechs Stunden brauchen, vollbringt der Konzentrierte in einer halben Stunde. Was andere in sechs Stunden lesen, bewältigt der Konzentrierte in einer halben Stunde. Konzentration läutert und besänftigt jede aufkeimende Unruhe, vertieft das Denken und klärt die Gedanken. Konzentration hilft dem Menschen auch in seinem materiellen Fortkommen und bringt seinen geschäftlichen Unternehmungen Erfolg. Was zuerst dunkel und nebelhaft erschien, wird klar und bestimmt. Was zunächst schwierig war, wird leicht; was umständlich, verwirrend, ungeordnet erschien, ist plötzlich begreifbar. Alles lässt sich durch Konzentration erreichen. Für einen Menschen, der regelmäßig Konzentration übt, ist nichts unmöglich, da er über eine klare geistige Schau verfügt. Aber die Konzentration ist schwer für den, der hungert oder an einer akuten Krankheit leidet.

Meditation ist der einzige, königliche Weg, der zum Heil, – zur Befreiung, zu *moksha* führt. Meditation tötet alle Leiden und Schmerzen, die drei Arten von Fieber *(tapas)* und die fünf Arten von Sorgen *(kleshas)*. Meditation vermittelt die Schau der Einheit und entwickelt den Sinn des Einsseins. Meditation hebt den Schüler hinauf in die höchsten Bereiche immerwährender Seligkeit und ewigen Friedens. Sie ist die geheimnisvolle Leiter, die Erde und Himmel miteinander verbindet und den Schüler zu den unsterblichen Bereichen Brahmas führt.

Meditation ist der nie versiegende Strom des einen Gedankens Gottes, des Atman. Er versiegt nicht gleich dem öl, das von einem Gefäß zum anderen fließt *(tailadharavar)*. Meditation folgt der Konzentration.

Für seine Meditationsübungen wähle man als beste Zeit die frühen Morgenstunden von vier bis sechs Uhr *(brahma muhurta)*. Man setze sich in eine der vorgeschriebenen Stellungen *(padmasana, siddhasana* oder *sukhasana)*, Kopf, Nacken und Rumpf in gerader Linie, und konzentriere sich auf die Mitte zwischen beiden Augenbrauen *(trikuta)* oder mit geschlossenen Augen auf das Herz.

Es gibt zwei Arten von Meditation: die konkrete Meditation *(saguna dhyana)* und die abstrakte Meditation *(nirguna dhyana)*. In der konkreten Meditation meditiert der Schüler über die Gestalt des Gottes Krishna, Rama, Sita, Vishnu, Shiva, über Gayatri oder Devi. In der abstrakten meditiert er über sein eigenes Selbst oder Atman. Stelle das Bild des Hari (einer der Namen Vishnus) mit den vier Händen vor dir auf. Wenn du unverwandt fünf Minuten lang auf das Bild geblickt hast, schließe die Augen und erschaue es mit dem inneren Blick. Sieh in Gedanken zuerst seine Füße, dann nacheinander seine Beine, sein gelbes, seidenes Gewand, seinen goldenen, steingeschmückten Halsschmuck *(kaustubha)*, seinen Ohrring *(makara-kundala)*, dann sein Gesicht, das gekrönte Haupt, den Diskus *(chakra)* in der oberen rechten Hand, die Muschelschale *(shankha)* in der oberen linken Hand, die Keule in der unteren rechten, den Lotus in der unteren linken Hand. Nun lass den Blick herabgleiten auf die Füße und beginne die Übung immer wieder von Neuem. Zuletzt konzentriere die Gedanken auf die Füße oder auf das Gesicht, wiederhole in Gedanken das Mantram: Hari OM oder OM *Namo Narayana* und denke nach über die Attribute des Gottes, über seine Allmacht, Allgegenwart und Reinheit.

Meditiere von ganzem Herzen über OM und seine Bedeutung. Das nennt man *nirguna dhyana*. Wiederhole in Gedanken: OM! Identifiziere dich mit Atman. Fühle: »Ich bin das allesdurchdringende, unsterbliche Selbst oder Atman. Ich bin *sat-chit-ananda brahman* (die reine Gegenwart, die reine Erkenntnis, die reine Glückseligkeit). Ich bin der schweigende Zeuge *(sakshin)* der drei Stufen des Bewusstseins mit all ihren Abweichungen. Ich bin das reine Bewusstsein, unterschieden von Körper, Denken, Kraft *(prana)* und Sinnesempfindungen. Ich bin das aus sich selbst strahlende Licht der Lichte. Ich bin die ewige, erhabene Seele.«

Wenn du dann Zufriedenheit, Hoffnungsfreudigkeit, Geduld und Stille der Gedanken empfindest, wenn deine Stimme zart ist und der Körper leicht, wenn du ohne Furcht und ohne Wunsch, ohne Gefallen an den Dingen dieser Welt bist, dann sei dir bewusst, dass du auf dem geistigen Pfad voranschreitest und dich Gott näherst.

O Prema! Es gibt einen Ort, an dem du keinen Ton hören, keine Farbe erblicken wirst. Dieser Ort heißt Stätte ohne Leiden *(parama dama* oder *padam anamaya)*. Es ist das Reich des Friedens und der Seligkeit. Hier gibt es kein körperliches Bewusstsein mehr, hier findet das Denken Ruhe. Alle Begierden und Wünsche lösen sich auf.

Die Sinne *(indriyas)* schweigen, der Intellekt hört auf zu arbeiten. Es gibt keinen Kampf, kein Streiten mehr. Willst du diesen Ort durch schweigende Meditation erreichen? Feierliche, erhabene Stille herrscht hier. Die Weisen *(rishis)* aller Zeiten, die ihre Gedanken in Schweigen versenkten, sind zu diesem Ort gelangt, an dem Brahma erstrahlt in seinem ewigen Glanz.

Vergiss den Körper, vergiss die Umwelt. Vergessen ist die höchste der geistigen Tugenden *(sadhana)*. Es unterstützt die Meditation wesentlich und erleichtert den Zugang zu Gott. Der Gedanke an Gott lässt alles andere vergessen.

Habe Teil am Zustand geistigen Bewusstseins, indem du deine Gedanken von den sinnenhaften Dingen zurückziehst und sie auf die Lotusfüße des Herrn richtest, der immerwährend in deinem Herzen aufleuchtet. Versenke dich durch tiefe, stille Meditation in ihn, versinke tief hinein und bewege dich frei im Meer von *»sat-chit-ananda«*. Treibe im Strom göttlicher Freude. Schöpfe aus der Quelle. Gehe geradewegs zum Ursprung des Göttlichen Bewusstseins und trinke seinen Nektar. Fühle den Schauer der göttlichen Umarmung und sei beglückt in göttlicher Ekstase. In diesem Zustand muss ich dich allein lassen. Du hast Unsterblichkeit erlangt, die keine Furcht kennt. O Prema! Fürchte dich nicht. Erstrahle im Licht, das du erleuchtet hast.

Man soll die Meditation regelmäßig und systematisch zu den gleichen Tagesstunden üben. Dann wird man sich leicht in den richtigen Geisteszustand versetzen. Je mehr man meditiert, um so stärker öffnet sich ein inneres, geistiges Leben, in dem Sinne und Verstand bedeutungslos werden. Ganz nah der ewigen Quelle Atman wird man erfasst von der Woge ewiger Glückseligkeit und Frieden erfahren. Die sinnenhaften Dinge besitzen keine Anziehungskraft mehr, und die Welt erscheint wie ein Traum. Das Aufdämmern wahrer Erkenntnis *(jnana)* wird das Ergebnis tiefer Meditation sein.

Du wirst vollkommene Erleuchtung erlangen: Der Vorhang des Nichtwissens fällt, die Schleier zerreißen, und die Ideen des Körperlichen schwinden. Du wirst die Bedeutung der großen heiligen Formel *(mahavakya)* erfassen: »TAT TWAM ASI« (Das bist Du). Alle Verschiedenheiten, Unterscheidungen und Eigenschaften sind aufgehoben. Überall wirst du nun das unendliche, unbegrenzte Atman erblicken voller Seligkeit, Licht und Weisheit, eine wahrhaft seltene Erfahrung. Zittere nicht in Furcht, wie Arjuna. Sei beherzt. Du bist allein mit dir; nichts siehst, nichts hörst du mehr, denn die Sinne sind tot. Alles ist reines Bewusstsein.

Du bist das Atman, o Prema. Du bist nicht dieser vergängliche Körper. Zerstöre deine Vorstellungen *(moha)* von diesem schmutzigen Körper. Sage in Zukunft nicht mehr »mein Körper«, sage »dieses Werkzeug«. Wenn die Sonne leuchtend untergeht, setz dich zur Meditation und tauche erneut in den heiligen Zusammenfluss des Atman in dir *(nirvana)* ein. Sammle Gedankenstrahlen und versinke tief in die innersten Winkel deines Herzens. Gib alle Zweifel, alle Sorgen, alle Unruhe und Befürchtungen auf. Ruhe aus in dem Meer des Schweigens. Freue dich des ewigen Friedens. Du bist kein Wesen mehr, das an seinen Körper gebunden ist. Alle Begrenzungen sind für dich gefallen. Wenn alte Begierden und Wünsche wieder aufzusteigen suchen, zerstöre sie mit der Zuchtrute der Unterscheidung *(viveka)* und dem Schwert des Verzichts *(vairagya)*. Verfüge über diese beiden Waffen, bis du verwurzelt bist in Brahma *(brahma-sthiti)* und vollkommen in Atman ruhst.

OM ist Sat-Chin-Ananda. OM ist Unendlichkeit, Ewigkeit.
Singe OM. Fühle OM. Preise OM. Lebe in OM.
Meditiere OM. Schreie OM OM OM.
Höre OM. Schmecke OM. Erblicke OM.
Iss OM. Trinke OM.
Möge dieses OM dich begleiten!
OM! OM! OM!
OM SHANTIH.

SWAMI SIVANANDA

I. KONZENTRATION

कन्सैन्टअतीरन

1. Was ist Konzentration (dharana)?

Desa Bhandas Chittassy Dharana – Konzentration fixiert die Gedanken auf ein äußeres Objekt oder einen inneren Punkt. Einst ging ein Schüler zu Kabir und fragte ihn: »Was tust du in diesem Augenblick?« Kabir antwortete: »O Pandit (Weiser), ich löse die Gedanken von weltlichen Dingen und lege sie zu den Lotusfüßen des Herrn.« Das ist Konzentration. Rechte Führung und Haltung, Kontrolle des Atems *(pranayama)* und die Abstraktion von Gegenständen sinnlicher Wahrnehmung werden eine lange Strecke des Weges bahnen, der zu einem schnellen Erfolg in der Konzentration fuhrt. Konzentration ist die sechste Stufe auf der Leiter des Yoga. Es kann sie nicht geben ohne Ruhepunkt für die Gedanken. Sie bedarf eines bestimmten Ziels, des Interesses und der Aufmerksamkeit.

Die Sinne ziehen den Menschen in die äußere Welt und verwirren den Frieden seines Geistes. Ist sein Bewusstsein voll Unruhe, kann er sich nicht entwickeln. Wird aber der Flug der Gedanken durch Übungen in eine Richtung gebracht, konzentriert sich das Geistige in ihm und führt zur höchsten Glückseligkeit *(ananda)*.

Deshalb muss der Schüler seine aufwallenden Gedanken an den Zügel nehmen und sein Gefühl beherrschen. Es bedarf großer Geduld, eines eisernen Willens und unermüdlicher Ausdauer. Die Übungen müssen mit großer Regelmäßigkeit ausgeführt werden. Sonst ziehen Trägheit und Gegenkräfte den Schüler von seinem Ziel *(lakshya)* ab. Ist das Bewusstsein geschult, so kann es auf jeden Punkt im Innen oder Außen so eingestellt werden, dass alle anderen Gedanken ausgeschaltet bleiben.

Jeder hat die Möglichkeit, sich auf dies oder jenes zu konzentrieren, zu einem wirklichen geistigen Fortschritt aber bedarf es einer sehr hoch entwickelten Konzentration. Ist ein gewisses Maß erreicht, vermag der Mensch auch im äußeren Leben besser voranzukommen und mehr Arbeit in kürzerer Zeit zu leisten. Das Gehirn aber sollte während der Konzentration nicht zu stark angespannt sein. Man darf die Gedanken weder bekämpfen noch sich mit ihnen herumquälen.

Keuschheit, Kontrolle des Atems *(pranayama)*, Verringerung von Wünschen und Betriebsamkeit, Verzicht auf Gegenstände sinnlicher Wahrnehmung, Einsamkeit, Stille, Disziplinierung der Sinne, Absage an Lust, Gier und Ärger, Vermeidung unerwünschter Menschen, Nichtbeschäftigung mit Zeitung und Kino, dies alles verstärkt die Fähigkeit zur Konzentration.

Konzentration ist die einzige Möglichkeit, um sich von Elend und Leid dieser Welt freizumachen. Sie verhilft zu guter Gesundheit und zu heiterer geistiger Schau und schafft größere Einsicht und vermehrte Leistungsfähigkeit. Konzentration läutert und beruhigt aufsteigende Erregungen, stärkt den Fluss der Gedanken und klärt die Vorstellungen. Zuvor aber muss das Bewusstsein durch verschiedene geistige Übungen *(yama* und *niyama)* gereinigt werden. Ohne Reinheit ist Konzentration ohne Erfolg.

Die ständige Wiederholung *(japa)* einer heiligen Formel *(mantra)* und die Kontrolle des Atems *(pranayama)* festigen die Gedanken, verhindern Zerstreuung *(vikshepa)* und verstärken die Fähigkeit zur Konzentration. Nur wer von aller Ablenkung frei ist, kann sich konzentrieren. Als Gegenstand wähle etwas Erfreuliches, das den Gedanken angenehm ist; im Anfang sind wahrnehmbare Dinge am zweckmäßigsten. Später kann man sich mit Erfolg auch auf nichtstoffliche Dinge oder auf abstrakte Vorstellungen konzentrieren. Regelmäßigkeit in der Übung ist in jedem Fall von größter Wichtigkeit.

Wahrnehmbare Dinge: Konzentriere dich mit geöffneten Augen auf einen schwarzen Punkt an der Wand, auf eine brennende Kerze, einen hellen Stern, auf den Mond, ein Bild des AUM (OM), auf den Gott Shiva, Rama, Krishna, auf die Devi oder *ishta devata* (die göttliche Gestalt, die dir am nächsten steht).

Nichtstoffliche Dinge: Setze dich vor das Bild deiner *ishta devata* und schließe die Augen. Behalte in Gedanken ihr Bild im Raum zwischen deinen beiden Augenbrauen oder im Herzen. Du kannst dich auch auf *muladhara, anahata* oder auf eines deiner Energiezentren *(chakra)*, auf das Chakra in der Wirbelsäule oder ein anderes inneres Chakra konzentrieren. Oder konzentriere dich auf die Eigenschaften Gottes wie Liebe und Erbarmen oder auf irgendeine andere abstrakte Idee.

2. Ort der Konzentration

Konzentriere dich ohne Krampf auf das Zentrum, den Lotus des Herzens *(anahata chakra)*, auf das Chakra zwischen den beiden Augenbrauen *(ajna trikuta)* oder auf deine Nasenspitze und schließe die Augen.

Sitz der Gedanken ist der Raum zwischen den Augenbrauen *(ajna chakra)*. Die Gedanken lassen sich am leichtesten auf diesen Punkt konzentrieren. Die Bhakta-Yogi, die dem Weg religiöser Verehrung folgen, sollten sich im Herz-Chakra konzentrieren, Yogi und Vedanta-Anhänger im *ajna chakra*. Der Scheitel des Kopfes *(saharara)* wird ebenfalls als Punkt der Konzentration von Vedanta-Anhängern gewählt. Einige Yogi konzentrieren sich auf die Nasenspitze *(nasikagra drishti)*.

Der Schüler soll sich für ein Zentrum entscheiden und an ihm festhalten. Hat er einmal das Herz gewählt, so bleibe er dabei und wechsle nicht. Folgt der Schüler einem Meister *(guru)*, wird dieser die Entscheidung treffen.

3. Verschiedene Konzentrationspunkte

Bhru-madhya-drishti heißt: den Blick zwischen die Augenbrauen auf das *ajna chakra* fixieren. Der Schüler setzt sich in seinem Meditationsraum für die Übung, die ohne die geringste Anstrengung gemacht werden soll, in den Lotus-Sitz *(padmasana)* oder in die »Vollendete Stellung« *(sidhasana)* und übt diese Konzentration allmählich von einer halben Minute ansteigend bis zu einer halben Stunde und länger. Diese Yogaübung *(kriya)* befreit von *vikshepa,* dem Umherschweifen der Gedanken, und fördert die Konzentration. Krishna beschreibt sie im V. Kapitel, Vers 27: *»sparshan kritva bahir bahyamsh chakshush chaivantare bhruhvoh«* – »Gelöst von der Außenwelt, starr auf die Nasenwurzel schauend«. Dies nennt man den »Stirnblick«, da die Augen auf das Stirnbein gerichtet sind. Man kann aber auch den »Nasen-Blick« verwenden, der *nasikagra drishti* heißt und sich auf die Nasenspitze richtet. Selbst beim Spazieren gehen lässt sich dieser Blick beibehalten. Krishna beschreibt ihn im VI. Kapitel, Vers 13: *»samprekshya nasikagram«* – »Schauend auf seine Nasenspitze, sieht er nichts um sich herum«. Diese Übung festigt die Gedanken und entwickelt die Fähigkeit zur Konzentration.

Ein Raja-Yogi (der Schüler des »königlichen Yoga«) konzentriert sich auf *trikuta* (das *ajna-chakra* zwischen beiden Augenbrauen), den Sitz der Gedanken im Wachbewusstsein. Es ist leicht, seine Gedanken unter Kontrolle zu halten, wenn man sich auf diese Stelle konzentriert. Außerdem hat man bei dieser Übung manchmal schon nach einem Tag den Eindruck, ein Licht zwischen den Augenbrauen wahrzunehmen.

Wer über den Makrokosmos *(virat)* meditieren und der Welt helfen will, sollte diesen Konzentrationspunkt wählen. Dagegen sollte der Bhakta-Yogi sich im Herzen konzentrieren, dem Sitz der Gefühle und Empfindungen. So erlangt er sein Ziel, eine allumfassende Glückseligkeit *(ananda).* Ein Hatha-Yogi fixiert seine Gedanken auf *sushumna nadi,* den mittleren Kanal der Wirbelsäule, und zwar auf einen bestimmten Punkt, auf *muladhara, manipura* oder *ajna chakra.*

Manche Yogi lassen die niederen Chakren außer Acht und richten ihre Gedanken allein auf das *ajna chakra.* Sie behaupten, dass die niederen Chakren von selbst unter Kontrolle gestellt sind, wenn das *ajna chakra* beherrscht wird. Wenn der Schüler sich auf ein Chakra konzentriert, wird zunächst eine fadengleiche Verbindung zwischen den Gedanken und dem betreffenden Chakra (dem Zentrum der geistigen Energie) hergestellt. Dann steigt der Yogi als Ergebnis geduldiger Übung die *sushumna* von Chakra zu Chakra allmählich auf. Selbst ein Schlag auf die Öffnung *sushumna* schafft ein großes Glücksgefühl *(ananda)* und berauscht den Schüler, der die Welt vollkommen vergisst. Sobald die Öffnung *sushumna* nur ein wenig erschüttert wird, sucht die kosmische Kraft *(shakti)* der Feuerschlange *(kula kundalini)* Eingang in *sushumna.* Das große *vairagya* (der Geist des Verzichts) erwacht, der Schüler wird furchtlos und erschaut in der Vision das herrliche innere Licht *(antarjyotish)*, ein Zustand, der *»unmani avastha«* genannt wird. Kräfte *(siddhis)* werden ihm zuteil. Wenn er die verschiedenen Chakren beherrscht und in Tätigkeit setzt, erlebt er Glückseligkeit und Weisheit in vielfältiger Weise. Beherrscht er das *muladhara chakra,* hat er die irdische Ebene erobert. Beherrscht er das *manipura-chakra,* hat er das Feuer besiegt, das ihn nicht mehr brennen wird. *Pancha-dharana* (fünf Arten des *dharana)* werden ihm helfen, die fünf Elemente zu beherrschen. Aber um das zu erlernen, bedarf er der Aufsicht eines Guru, der ein Meister-Yogi ist.

4. Hilfen für die Konzentration

Konzentration *(dharana)* verlangt die Ausrichtung des Bewusstseins auf einen einzigen Gedanken. Sie schafft Ruhe, Heiterkeit und Festigkeit des Geistes und hält den Fluss der Gedanken zusammen, die sich in einem Punkt, dem Objekt der Meditation *(lakshya)*, treffen. Ohne Abirren der Gedanken erfasst das Bewusstsein nur eine Vorstellung, auf die die ganze Kraft konzentriert wird. Die Sinne beruhigen sich und hören auf zu arbeiten, sodass der Schüler in tiefer Konzentration sich nicht mehr seines Körpers und seiner Umgebung bewusst ist, das Bild des Krishna aber sehr deutlich wahrzunehmen vermag.

Manorajya (das Aufbauen von Luftschlössern) hat nichts mit Konzentration oder Meditation zu tun, sondern ist ungezügeltes Herumspringen der Gedanken, vor dem sich der Schüler durch Einsicht und Selbsterkenntnis bewahren muss.

Wenn du nach der Lehre des *karma purana* zwölf Sekunden lang deine Gedanken auf einen Punkt – es kann auch ein inneres Bild Gottes sein – konzentrierst, hast du *dharana* (Konzentration) erreicht, zwölf solcher *dharanas* bilden ein *dhyana* (Meditation) (12 mal 12 = 144 Sekunden); zwölf solcher *dhyanas* sind *samadhi* (25 Minuten und 28 Sekunden). In tiefer Konzentration wird *prana* (kosmische Kräfte) in den Kopf steigen.

Pranayama, die Kontrolle des Atems, befreit von *rajas* und *tamas,* den niederen Eigenschaften des Denkens, die *sattva,* die höhere geistige Ebene, umhüllen. Sie reinigt die Nerven *(nadis)* und macht das Bewusstsein fest, standhaft und fähig zur Konzentration. Ebenso wie Schlacken des Goldes im Schmelztiegel gereinigt werden, lösen sich die Schlacken der Gedanken im *pranayama*.

Wer ein Buch mit großem Interesse liest, hört nicht, ob er gerufen oder angesprochen wird, sieht niemanden vor sich stehen und riecht nicht den zarten Duft der Blumen neben sich auf dem Tisch. Das ist Konzentration, das Gerichtetsein der Gedanken auf einen Punkt *(ekagrata)*. Die gleiche tiefe Konzentration soll in der Meditation auf Gott *(atman)* gerichtet sein. Leichter ist es, das Bewusstsein, der Macht der Gewohnheit entsprechend, auf weltliche Dinge einzustellen, da diese Gedankenwege schon ausgetreten sind. Es erfordert tägliche Übungen, um die Gedanken und das innere Selbst allmählich zu Gott zu führen. Hat das Bewusstsein aber erst einmal die unendliche Freude der Meditation erfahren, wird es sich nicht mehr so leicht von äußeren Dingen ablenken lassen.

Ebenso wie der Goldschmied zehnkarätiges Gold durch wiederholte Einschmelzung im Tiegel unter Zusatz von Säuren in reines Gold verwandelt, so muss das sinnenverhaftete Denken geläutert werden durch Konzentration und Betrachtungen über die Lehren des geistigen Meisters *(guru)*, über Sätze der Upanishaden, oder durch Meditation und *japa* (das schweigende Wiederholen des Namens des Herrn).

Zu Beginn der Meditationen werden sich in Kopf, Füßen, Händen, Armen, Vorderarm oder Rumpf Krämpfe einstellen. Ängstliche Gemüter lassen sich hierdurch unnötig erschrecken. Aber es ist ohne ernste Bedeutung. Durch die Meditation werden die Zellen des Gehirns, der

Nerven usw. verändert. Alte Zellen werden durch neue, kräftigere ersetzt, die mit hochwertigem Stoff *(sattva)* gefüllt sind. Neue Leitungen und neue Kanäle bilden sich im Gehirn und Bewusstsein für diese *sattva*-Ströme und erregen die Muskeln. Der Schüler soll sich nicht in Furcht setzen lassen. Mut ist für ihn eine wesentliche Tugend, die er zu pflegen hat.

Nimm eine richtige Stellung ein, schließe die Augen und gib dich der Vorstellung hin, dass nirgends etwas anderes ist als Gott.

Man kann Algebra, die Wissenschaft der abstrakten Zahlen, nicht ohne vorhergehende Übung und Kenntnis der Arithmetik, der Wissenschaft von den konkreten Zahlen, verstehen. Ebenso ist die Meditation über den abstrakten Brahman *(nirguna, nirakara)* unmöglich ohne vorhergehende Übung der Konzentration auf einen konkreten Gegenstand. Man kann nur über das Sichtbare und Bekannte dem Unsichtbaren, Unbekannten näherkommen.

Je stärker die Gedanken auf Gott gerichtet sind, um so größere Kraft wird man erlangen. Mehr Konzentration bedeutet mehr Energie. Konzentration öffnet die innersten Kammern der Liebe, des Reiches der Ewigkeit. Sie ist eine Quelle geistiger Kraft, mit der allein man die Kammer der Erkenntnis zu öffnen vermag.

Konzentriere dich, meditiere. Entwickle die Kräfte tiefen, konzentrierten Denkens. Viele dunkle Punkte werden sich auf diese Weise völlig klären, und du wirst aus deinem Inneren die Antwort erhalten.

Suka Deva wurde eines Tages zum König Janaka befohlen, um von ihm die Bestätigung seiner Kenntnisse und

Erfahrungen zu erhalten. Janaka unterwarf ihn einer Prüfung anlässlich eines großen öffentlichen Festes. Janaka hatte Musik und Tanz rund um seinen Palast aufgeboten, um Suka Devas Aufmerksamkeit abzulenken. Es gab vielerlei Arten von Vorführungen und Unterhaltungen. Suka Deva musste eine bis zum Rand gefüllte Schale Milch in der Hand dreimal um den Palast herumtragen, ohne auch nur einen Tropfen zu verschütten. Dies gelang ihm vollkommen, da er in seinem Selbst unbeweglich ruhte und nichts sein Bewusstsein zu zerstören vermochte.

Man soll langsam und regelmäßig die Übungen der Konzentration beginnen. Am Anfang muss man seinen Gedanken gut zureden, als seien sie unwissende Kinder: »Ihr Gedanken, warum lauft ihr falschen, wertlosen, vergänglichen Dingen nach? So werdet ihr unzählige Leiden auf euch nehmen müssen. Schaut vielmehr auf Gott Krishna, die Schönheit alles Schönen, und ihr werdet bei ihm Glückseligkeit erlangen. Warum lauft ihr Liebesliedern dieser Welt nach? Hört den Gesang *(bhajan)* und die Chöre *(sankirtan)* des Herrn, die den Namen lobpreisen und die Seele erschüttern. So werdet ihr emporgehoben.« Allmählich wird das Bewusstsein alle lasterhaften Gedanken verlieren und sich einstellen auf die Lotusfüße des Herrn. Ist es erst einmal von *rajas* und *tamas,* den niederen Eigenschaften, befreit, wird es euer Führer, euer Guru sein.

Sobald der Schüler in Meditation versunken ist, soll er drei- bis sechsmal laut die heilige Silbe OM singen. Dies wird alle weltlichen Gedanken aus seinem Bewusstsein treiben und das Umherirren der Gedanken *(vikshepa)* verhindern. Ist das erreicht, soll er OM weiter in Gedanken wiederholen und alle Eindrücke der Sinne und alle Vorstellungen ausschalten. Die Gedanken müssen auf eine einzige Vorstellung eingestellt, und aufsteigende Regungen müssen vermieden werden. Ist jeder andere Denkprozess ausgeschlossen, wird das Bewusstsein ganz der einen Vorstellung überlassen. Wie die Wiederkehr oder Wiederholung eines Gedankens oder einer Handlung ihre vollendete Gestaltung ermöglicht, so führt Wiederkehr und Wiederholung des gleichen Vorgangs oder der gleichen Vorstellung zur vollendeten Abstraktion, Konzentration und Meditation.

Zu Beginn wird es sehr schwer sein, das Bewusstsein auf einen Gedanken allein zu richten. Man muss versuchen, die Zahl der Gedanken allmählich zu vermindern und das Denken auf einen Gegenstand auszurichten. Beim Gedanken an eine Rose kann man alle möglichen Denkvorstellungen mit der Rose in Verbindung setzen. Man kann an verschiedene Arten von Rosen in verschiedenen Erdteilen denken. Man kann an verschiedene Produkte und Verwertungen denken, die man aus der Rose gewinnt. Die Gedanken dürfen aber nicht ziellos und willkürlich umherwandern, wenn man an eine Rose denkt. Nach und nach wird man lernen, das Bewusstsein auf einen einzigen Gedanken einzustellen, wenn man es täglich in Zucht nimmt. Die Wachsamkeit darf nicht nachlassen, wenn man seine Gedanken wirklich beherrschen will.

Die Konzentration nimmt zu, wenn Wünsche und Begierden nachlassen, wenn man ein oder zwei Stunden lang in Schweigen *(mauna)* verbleibt oder wenn man täglich ein bis zwei Stunden in einem abgeschiedenen

Raum verbringt, wenn man die Kontrolle des Atems *(pranayama)* übt, wenn man betet oder die Zahl der täglichen Meditationssitzungen erhöht, wenn man Unterscheidung *(vichara)* übt.

Der Schüler sollte versuchen, immer fröhlich und friedvoll zu sein. Nur dann kann er seine Gedanken konzentrieren. Übung der Freundschaft *(maitra)* mit Gleichgesinnten, des Erbarmens *(karuna)* mit Schwächeren und Elenden, der Wohlgefälligkeit *(mudita)* gegen Vorgesetzte oder tugendhafte Mitmenschen, des Gleichmuts *(upeksha)* gegen Sünder und schlechte Mitmenschen wird Zufriedenheit und Heiterkeit erwecken und Hass, Neid und Ablehnung *(ghrina)* ausschalten.

Konzentration wird zunehmen, wenn die Zahl der Gedanken abnimmt. Das zu erreichen ist eine große Aufgabe, die zunächst sehr anstrengend und wenig erfreulich sein mag. Später aber wird der Schüler voller Freude durch Verminderung der Gedanken eine ungeheure Gedankenkraft und innere Ruhe empfangen. Mit Geduld, Ausdauer, Wachsamkeit, eiserner Entschlossenheit und Willenskraft gewappnet vermag er seine Gedanken ebenso leicht zu zerdrücken wie eine Zitrone oder Apfelsine. Zerdrückt werden sie leicht auch entwurzelt. Zerdrücken oder Unterdrücken allein genügt nicht, da sie wiedererstehen würden, wenn sie nicht völlig ausgerissen sind wie ein loser Zahn.

Konzentration kann entwickelt werden durch Beachten strikten Schweigens *(mauna)*, durch Kontrolle des Atems *(pranayama)*, durch geistige Disziplin *(sadhana)* und durch Nicht-Gebundensein an Gedanken. Schwierig ist es, sich auf *sandhi* zu konzentrieren, die Grenze zwischen dem Wachpunkt *(jagrat)* und dem träumenden Schlaf *(swapna)*; schwieriger noch, *sandhi* längere Zeit aufrechtzuerhalten. Man wird diesen Grenzpunkt erreichen, wenn man sich nachts in ein ruhiges Zimmer setzt und sorgfältig seine Gedanken beobachtet. Übt man dies regelmäßig drei Monate lang, wird der Erfolg sich einstellen.

Hat der Schüler Schwierigkeiten, seine Gedanken in einem Zimmer zu konzentrieren, möge er ins Freie gehen und sich draußen hinsetzen, auf einer Terrasse, an einen Fluss, in eine ruhige Gartenecke. Vermindert er seine Aktivität, wird dies sein inneres Leben fördern.

Ein Yogi, der sich konzentriert, drückt auf das *ajna chakra*, die Mitte zwischen beiden Augenbrauen, und das göttliche Licht flammt im selben Augenblick auf, als drehe man einen elektrischen Schalter an.

5. Antarmukha und bahirmukha vrittis

Der Schüler kann *antarmukha vritti* – nach innen gerichtetes Bewusstsein – nur erlangen, wenn er alle nach außen gerichteten Bewusstseinskräfte zerstört hat und *sattva* in ihm stark geworden ist. Er muss lernen, durch Abstraktion *(kriya-pratyahara)* die Gedanken nach innen, auf ihr geistiges Zentrum, zu richten, wie es der Yogi vermag. So kann er wahrhaften Frieden und wahrhaftiges Glück erlangen. Das Denken kann ihm keinen Schaden mehr zufügen, da es sich nicht mehr nach außen wendet, sondern im Inneren der Herzgrube *(hridaya guha)* ruht. Durch Verzicht auf Wünsche, Gegenstände und Selbstzucht *(vairagya und tyaga)* wird das Denken ausgehungert.

Sind die nach außen gerichteten Tendenzen des Bewusstseins gezügelt, ruhen die Gedanken im Inneren des Herzens, ist alle Aufmerksamkeit allein auf sich selbst gerichtet, dann ist der Zustand der *antarmukha vritti* erlangt. Der Schüler *(sadhaka)* hat ein gut Teil des geistigen Fortschrittes *(sadhana)* erreicht, wenn er diese innere Wirkung *(vritti)* erfahren hat. Verzicht *(vairagya)* und Innenschau tragen viel zur Erlangung dieses Bewusstseinszustandes bei.

Bahirmukha vritti ist die nach außen gerichtete Tendenz des Bewusstseins, hervorgerufen durch innere Unruhe *(rajas)*. Die Gewohnheit lässt Auge und Ohr sofort auf Bilder und Töne reagieren. Auch entwickeln Umwelt und Wunschtraum Kräfte, die nach außen ziehen. Ein Mensch voll innerer Unruhe *(rajas)* kann sich niemals ein geistiges Innenleben mit *antarmukha vritti* erträumen, da er zur Innenschau vollkommen unfähig ist. Wenn der Blick nach außen gerichtet ist, werden die Gedanken von dem Strom der vorübereilenden Ereignisse erfasst, und die nach außen drängenden Kräfte des Bewusstseins haben freies Spiel.

Erst wenn der Schüler gefestigt ist im Bewusstsein, dass die äußere Welt unwirklich ist, wird die Ablenkung *(vikshepa)* durch Namen und Gestalten und die blendende Anziehungskraft *(sphurawa)* der vom Intellekt geborenen Gedanken *(sankalpa)* allmählich ihre Kraft einbüßen. Hierfür soll er unaufhörlich die Worte wiederholen: »Brahma allein ist wirklich. Die Welt ist unwirklich. Jiva, die verkörperte Seele, ist Brahma.« Dies wird ihm eine ungeheure Kraft verleihen und seinen Gedanken Frieden geben.

6. Erkenntnis der Gesetze des Denkens

Konzentration *(dharana)* ist geeignet, dem Wechsel des Bewusstseins Einhalt zu gebieten, indem es dieses fest und anhaltend auf eine Gestalt oder einen Gegenstand ausrichtet. *Mudha, Kshipta, Vikshipta, Ekagra* und *Niruddha* sind die fünf Stufen *(bhumikas)* des Yoga. Der geistige Gehalt *(chitta)* offenbart sich auf fünferlei Art. Im Zustand des *Kshipta* sind die Gedanken auf verschiedene Objekte zerstreut. Sie sind unstet und springen von einem Gegenstand zum anderen. Im *mudha-Zustand* ist das Denken schwerfällig und vergesslich. *Vikshipta* ist der Zustand der Sammlung teils stetiger, teils zerstreuter Gedanken, die in der Konzentrationsübung um ihre Einordnung kämpfen. Im Zustand des *ekagra* ist das Bewusstsein, in dem nur noch ein Gedanke enthalten ist, auf einen Punkt gerichtet. Steht das Bewusstsein unter vollkommener Kontrolle, ist der *niruddha*-Zustand erreicht.

Im Bewusstsein liegt eine Kraft, die nach außen, zum Gegenständlichen, drängt und zum *bahirmukha vritti* führt, zur Vermischung mit der äußeren Welt. Durch anhaltende geistige Übung *(sadhana)* müssen die Gedanken von außen fort, zum inneren Brahman, zu ihrer ursprünglichen Heimat, hingeführt werden.

Für den menschlichen Geist gibt es keine Grenzen. Je stärker die Gedanken sich konzentrieren, um so mehr Kraft vermag er auf einem Punkt einzusetzen. Sinn des menschlichen Lebens ist die Sammlung der zerstreuten Gedanken und ihre Konzentrierung auf Gott. Das ist die wesentlichste Aufgabe, die nicht zurücktreten darf hinter der Täuschung *(moha)*, die dir in Familie, Kindern, Geld, Macht, Stellung, Ehre, Namen und Ansehen entgegentritt.

Man vergleicht die Gedanken mit Quecksilber, weil sie die verschiedensten Gegenstände überdecken, und mit einem Affen, weil sie von einem Gegenstand zum anderen springen, oder mit einem Luftzug, weil sie unbeständig sind *(chan-chala)*. Ihr leidenschaftliches Ungestüm ruft den Vergleich mit einem brünstigen, wilden Elefanten hervor. Man kennt die Gedanken auch unter dem Namen »Großer Vogel«, weil sie von einem Gegenstand zum anderen hüpfen wie der Vogel von einem Zweig, von einem Baum zum anderen.

Raja Yoga lehrt, wie man seine Gedanken konzentrieren und die innersten Winkel des Bewusstseins erforschen kann. Konzentration stellt sich den sinnlichen Begierden entgegen, wie Glückseligkeit der Unruhe und dem Kummer, wie gerichtetes Denken der Trägheit und dem Stumpfsinn, wie Entzücken der Böswilligkeit. Sind die Gedanken eines Menschen nach anhaltender Übung völlig ausgemerzt, sollten sie auf eine einzige Wahrheit ausgerichtet werden. Durch ununterbrochene Übung wird sich die Fähigkeit, die Gedanken auf einen einzigen Punkt zu richten, steigern und gleichzeitig die Fülle der Gedanken sich auflösen.

Das Bewusstsein ist direkt oder indirekt mit erfreulichen Gedanken oder mit einer besonderen Vorliebe erfüllt. Wenn man aber in Kashmir mitten in der Bewunderung der malerischen Umgebung von Multang, Gulmarg, Sommurg, Chesmmashai und Anantanag ein Telegramm mit der traurigen Nachricht des Todes seines einzigen Sohnes erhält, dann wird man, durch diesen Schlag aus aller Stimmung herausgerissen, die Reize der Landschaft nicht mehr empfinden. Die Aufmerksamkeit hat sich abgewendet und einer Depression Platz gemacht. Konzentration und Aufmerksamkeit hatten die Freude an der Landschaft vermittelt.

»Hat man aus Atman das untere *arani* (das Holzstück, das zum Anzünden des Opferfeuers verwendet wird) gemacht und aus *pranava* (die Wiederholung des heiligen Wortes OM) das obere *arani*, dann sollte man mit Hilfe der Übung, die man *dhyana*, Meditation, nennt, Gott in seinem geheimsten, innersten Wesen erschauen.« *(Dhyanabindu Upanishad.)*

Übungen

Es ist leicht, die Gedanken auf äußere Gegenstände zu konzentrieren, da das Bewusstsein eine natürliche Neigung hat, sich nach außen zu wenden. Eine Form des emotional bewegten Bewusstseins, das Verlangen, ist die Kraft, die die Gedanken nach außen wendet. Richte die Gedanken auf Atman und konzentriere dein Bewusstsein auf die allesdurchdringende, reine Intelligenz, auf die Herrlichkeit, die aus sich selbst leuchtet *(swayamjyoti)*. Wer fest in Brahma steht, wird »*Brahmasamstha*«, in Brahma verwurzelt.

Bei der Konzentration kann man die Gedanken auf einen Gegenstand oder eine Idee richten. Wandern sie von ihrem Gegenstand *(lakshya)* fort, muss man sie immer wieder zurückholen und anbinden. Es darf dem Bewusstsein nicht erlaubt sein, Hunderte von Gedankenformen zu bilden. Blick in dein Inneres und beobachte dein Denken sorgfältig. Bleib allein und meide Begleitung. Misch dich nicht unter die Menge. Das ist wichtig. Lass nicht zu, dass deine Gedanken ihre Kraft nutzlos in Überlegungen, Sorgen, Vorstellungen, Ängsten und Vorahnungen vergeuden. Konzentriere sie eine halbe Stunde lang durch unaufhörliche Übung auf eine Gedankenform. Auf diese Weise wird dein Bewusstsein sich selbst eine Form schaffen, die du dich bemühen sollst durch ständige Übung zu erhalten.

Wenn du versuchst, deine Gedanken zu konzentrieren oder einen Gedanken herauszustellen, wirst du ganz natürlich und unvermeidbar dazu veranlasst, Gedankenbilder zu formen. Kämpfe nicht mit deinen Gedanken, während du meditierst. Es wäre ein schwerer Fehler. Am Anfang begeht man ihn leicht und wird vorschnell ermüdet. Kopfschmerzen treten auf, und durch Irritierung bestimmter Zentren der Wirbelsäule entsteht der Drang zu häufigem Harnlassen. Man sollte sich bequem in einer der klassischen Stellungen hinsetzen: im *Padma-*, *Siddha-*, *Sukha-* oder *Swastika*-Sitz. Kopf, Hals, Rumpf müssen in gleicher, vertikaler Linie bleiben. Muskeln, Nerven und

Gehirn werden entspannt, das gegenständliche Bewusstsein beruhigt. Schließe die Augen, kämpfe nicht mit deinen Gedanken, sondern lass sie in entspannter Ruhe. Stehe morgens um vier Uhr auf *(brahma muhurta)*.

Wenn du dein Bewusstsein übst, wirst du es in die Hand bekommen, es deinem Willen entsprechend arbeiten lassen und es dazu bringen, seine Kräfte nach deinen Wünschen einzusetzen. Bei geübten Yogis kann man nicht unterscheiden, wo die Abstraktion *(pratyahara)* aufhört und die Konzentration *(dharana)* beginnt, wo diese aufhört und die Meditation *(dhyana)* beginnt, wo *dhyana* endet und der Zustand des Überbewusstseins *(samadhi)* erwacht. Im Augenblick, in dem sie ihre Stellung *(asana)* einnehmen, ereignen sich all diese Vorgänge mit blitzhafter Geschwindigkeit im gleichen Augenblick. Mit bewusstem Willen treten sie in *samadhi* ein. Bei den Anfängern entsteht zuerst die Abstraktion *(pratyahara);* dann folgt die Konzentration *(dharana);* nun beginnt langsam die Meditation *(dhyana)*. Ehe *samadhi* sich offenbaren kann, ist die Konzentration der Gedanken, die müde und ungeduldig geworden sind, schon wieder verloren. Eine unaufhörliche und intensive geistige Disziplin *(sadhana)* bei leichter, aber nahrhafter Ernährung wird die Erlangung des *samadhi* möglich machen.

Gleich einem geschickten Bogenschützen, der, auf einen Vogel zielend, sich seiner Bewegungen ebenso voll bewusst ist wie der Haltung des Bogens und des Pfeils, mit dem er den Vogel treffen will, indem er »diese Haltung einnimmt, auf diese Art Bogen und Sehne hält und den Pfeil ansetzt, um den Vogel zu durchbohren«, der auch im weiteren Verlauf alle Bedingungen für das Erlegen des Vogels erfüllt, soll auch der Schüler die Vorbedingungen beachten, zu denen die richtige Nahrung gehört. »Wenn ich diese Art der Ernährung wähle, einem bestimmten Menschen, in bestimmter Weise, an einem bestimmten Ort, zu einer bestimmten Zeit folge, werde ich den Zustand der Meditation und des *samadhi* erreichen.« Wie ein Koch, der seinem Herrn gut dient, sorgfältig auf die Speisen achtet, die dieser bevorzugt, und sich Verdienst erwirbt, wenn er sie von nun an immer wieder auftischt, so muss auch der Schüler auf Bedingungen, wie die Ernährung, achten, die Meditation und *samadhi* vorbereiten. Erfüllt er sie, wird er immer wieder den Zustand der Ekstase erlangen.

Ein Hatha Yogi, der den Weg körperlicher Übungen geht, sucht seine Gedanken zu konzentrieren, indem er seinen Atem durch *pranayama* beherrscht, während der Raja Yogi, der den Weg des »königlichen Yoga« geht, die Konzentration seiner Gedanken durch *»chitta-vritti-nirodha«*, durch Beschränkung der Weite des Bewusstseins, zu erreichen sucht. Er hindert das Bewusstsein, die Gegenstände unter ihren verschiedenen Formen zu betrachten, legt aber keinen Wert auf die Beherrschung des Atems, der notwendigerweise von selbst unter Kontrolle kommt, wenn die Gedanken konzentriert sind. Man kann Hatha Yoga als einen Zweig des Raja Yoga ansehen.

Freuden dieser Welt verstärken das Verlangen nach immer größerem Anreiz. Deshalb treiben die Gedanken der Weltkinder unruhig hin und her und finden weder eine Befriedigung noch den Frieden, in dem das Denken auszuruhen vermag, auch wenn sie noch soviel Anreiz erhalten. Je größer die Freuden, desto stärker das Verlangen. So werden die Menschen durch ihr eigenes Bewusstsein immer mehr beunruhigt, gequält und ermüdet. Um diese Unruhe und Belästigung auszuräumen, hielten es die großen Weisen *(rishis)* für das beste, alle sinnlichen Freuden vorzuenthalten. Sind die Gedanken konzentriert oder ausgelöscht, gibt es keinen Anreiz mehr zu weiteren Freuden. Alle Belästigung und Unruhe ist vergangen, und der Schüler erlangt wahren Frieden.

Ist der Mensch dem Irdischen zugewandt, zerstreut sich der Strom der Gedanken, und die geistige Energie verzettelt sich. Um sich zu konzentrieren, ist es erforderlich, diese zerstreuten Gedanken durch Entsagung *(vairagya)* und Disziplin *(abhyasa)* wieder zusammenzuführen. Dann kann das Denken auf Gott *(brahman)* ausgerichtet werden. Die Gedankenkräfte, die sich auf verschiedenste Gegenstände richten, gleichen zerstreuten Lichtstrahlen. Geduldig müssen sie durch *vairagya* und *abhyasa,* durch Verzicht *(tyaga)* und Enthaltsamkeit *(tapas)* gesammelt und mit unermüdlicher Energie zu Gott *(brahman)* hingeführt werden. Sind die Gedankenkräfte konzentriert, beginnt die Erleuchtung. Durch *pranayama, japa, vichara* und *bhakti* muss der Schüler sich von den niederen Eigenschaften des geistigen Bewusstseins *(rajas* und *tamas)* befreien, die das Licht des Geistes *(sattva)* verhüllen. Dann hat das Bewusstsein die Fähigkeit zur Konzentration erreicht. Wenn *sattva* sich in ihm verstärkt, wenn Fröhlichkeit und Ausgeglichenheit ihn erfüllen und die Gedanken konzentriert sind, wird Fortschritt im Yoga erzielt.

7. Beherrschung der Gedanken

Wer seine Gedanken in der Hand hat, kann die Natur beherrschen. Wenn man nach Jahren einen guten Freund wiedersieht, entspringt die Freude *(ananda)*, die man empfindet, nicht seinem Dasein, sondern den eigenen innersten Tiefen. Alle Gedanken konzentrieren sich auf diesen Augenblick. *Ananda* erwacht in dir.

Wenn die Gedanken nach verschiedenen Richtungen zerstreut sind, empfindet man Unbehagen. Werden sie durch Übungen zusammengefasst und vereinigt, erwächst aus dieser Konzentration Glückseligkeit *(ananda)* in deinem Inneren. Im selben Ausmaß, in dem sich das Bewusstsein entwickelt, tritt der Schüler in bewusste Beziehung zu den geistigen Strömen, zu dem Bewusstsein der anderen, seien sie nah oder fern, lebendig oder tot. Ist sein Glaube stark genug, vermögen sich seine Gedanken mit Leichtigkeit auf den Gegenstand zu konzentrieren, den er erkennen will, und hieraus erwächst die Erkenntnis.

Bereitet die Konzentration im Herzen, zwischen den Augenbrauen *(trikuta)* oder am Scheitel des Kopfes Schwierigkeiten, kann man sich auch auf irgendeinen Gegenstand im Außen konzentrieren, auf den blauen Himmel, auf das Sonnenlicht, die alles durchdringende Luft, auf Sonne, Mond oder Sterne. Dies soll man insbesondere tun, wenn man Kopfweh oder Schmerzen im Schädel spürt. Hat der Schüler gleiche Beschwerden, wenn er sich auf den Zwischenraum zwischen beiden Augenbrauen *(trikuta)* oder durch Aufwärtsrichten der

Augen konzentriert, soll er diese Übung sofort aufgeben und sich im Herzen konzentrieren. Gewöhnliches Denken beschäftigt sich mit Worten und ihrer Bedeutung, bisweilen auch mit dem Gegenstand selbst. Will man die Gedanken auf einen Punkt ausrichten, darf man weder an den Gegenstand noch an Worte und ihre Bedeutung denken.

Es gibt Medizinstudenten, die die medizinischen Kollegs sehr schnell nach Beginn ihres Studiums wieder verlassen, da es sie ekelt, Eitergeschwüre zu reinigen und Tote zu sezieren. Sie begehen einen ernsten Fehler. Mag das Studium auch zunächst abstoßend sein, nach Pathologie, Chirurgie, pathologischer Anatomie und Bakteriologie wird es bald sehr interessant. In gleicher Weise geben auch viele Schüler des geistigen Wegs nach kurzer Zeit die Konzentrationsübungen auf, weil sie ihnen zu schwer erscheinen, und begehen damit den gleichen Fehler wie die Medizinstudenten. Wenn du am Anfang darum kämpfen musst, das körperliche Bewusstsein zu überwinden, wird dieser physische Kampf unangenehm und peinlich sein. Erregungen und Gedanken *(sakalpas)* werden übermächtig erscheinen. Nach zwei Jahren der Übung aber sind die Gedanken unbeteiligt, rein und stark geworden. Der Schüler wird darüber unendliche Freude *(ananda)* empfinden, der gegenüber die Freuden der ganzen Welt nichts sind. Deshalb darf er unter keinen Umständen die Übungen aufgeben, sondern muss weitergehen und durchhalten. Geduld *(dhriti)*, Fröhlichkeit *(utsaha)*, Zähigkeit und Ausdauer *(sahasa)* sind erforderlich, um Erfolg zu erzielen. Ernste Einsicht wird dazu beitragen, die verschiedenen Hindernisse zu erkennen, die den Weg der Konzentration hemmen. Der Schüler kann sie nun geduldig mit aller Anstrengung nacheinander entfernen, darf aber nicht neue Begriffe *(sankalpas)* oder unbewusste Erinnerungen *(vasanas)* wieder Wurzel schlagen lassen. Durch Unterscheidung *(viveka, vichara)* und Meditation *(dhyana)* muss er sie im Keim vernichten.

Aufgabe des Menschen ist es, seine Stimme zu beherrschen und seine Gedanken zu konzentrieren. Es gab einmal einen Bogenmacher. Eines Tages war er so eifrig in seine Arbeit versunken, dass er nicht einmal den festlichen Zug des Königs gewahr wurde, der vor seinem Laden vorbeizog. So stark muss die Konzentration sein, wenn man seine Gedanken auf Gott richtet. Man darf nur die Idee von Gott und diese allein haben. Zweifellos bedarf es Zeit und harten Kampfes, bis man eine solche vollkommene Konzentration *(ekagrata)* erlangt hat. Diesen Bogenmacher ernannte Sri Dattatreya zu einem seiner geistigen Lehrer *(guru)*.

Selbst wenn die Gedanken während der Meditationsübung entweichen, soll der Schüler sich nicht beunruhigen. Er soll sie laufen lassen und sie dann langsam wieder zur Mitte *(lakshya)* zurückführen. Durch wiederholte Übungen wird er es erreichen, sich in seinem Herzen zu konzentrieren, im Atman, der in seinem Herzen wohnt und der das Endziel des Lebens ist. Zu Anfang werden die Gedanken achtzigmal entlaufen, nach sechs Monaten vielleicht siebzigmal, nach einem Jahr mögen es noch fünfzigmal sein, nach zwei Jahren dreißigmal. Nach fünf Jahren werden sie sich endlich vollkommen auf das göttliche Bewusstsein konzentrieren und nicht mehr entweichen, selbst nicht, wenn der Schüler sich die größte Mühe gibt, sie fortzulassen. Sie werden dem Stier gleichen, der die Angewohnheit hatte, in die Gärten der Nachbarn einzudringen, um in ihnen zu weiden, und der nun Gras und Leinsamen wiederkaut, ohne seinen Ruheplatz zu verlassen. Das ist die immer wiederkehrende Erfahrung all derer, die die Beherrschung ihres Bewusstseins erreicht haben.

Sammelt eure Gedanken. – Mit der gleichen Sorgfalt und Anstrengung, mit der man seine Jacke, die auf eine stachlige Pflanze gefallen ist, hochhebt und die Dornen langsam einzeln herauszieht, muss man die zerstreuten Gedanken einsammeln, die sich viele Jahre lang über die Gegenstände sinnlicher Wahrnehmung verstreut hatten.

Hat man ein stark entzündetes, schmerzhaftes Furunkel auf dem Rücken, so wird man nachts nach dem Einschlafen den Schmerz nicht mehr spüren. Denn nur wenn das Bewusstsein durch Nerven und Gedanken mit der schmerzhaften Stelle in Verbindung steht, empfindet man Schmerz. Zieht man die Gedanken bewusst von der kranken Stelle fort und konzentriert sie auf Gott oder ein anderes geeignetes Objekt, wird man keinen Schmerz mehr empfinden, auch nicht, wenn man wach ist. Das gleiche gilt, wenn man über einen starken Willen und große Ausdauer *(titiksha)* verfügt. Denkt man dagegen unaufhörlich an Sorgen oder Krankheit, wird man Qual und Leiden noch verstärken.

8. Einsatz aller Kräfte

1. Der Mensch braucht in seinen Kämpfen und Anstrengungen zur Erreichung seines Zieles in Wirklichkeit niemals äußere Hilfe. Er hat in sich selbst zahlreiche Hilfsmöglichkeiten, eingeborene Kräfte, die ungenutzt oder nur zum Teil genutzt in ihm ruhen.
2. Weil der Mensch es zulässt, dass seine Fähigkeiten sich auf hundert verschiedene Dinge zerstreuen, scheitert er trotz der ihm innewohnenden Möglichkeiten an großen Aufgaben. Wenn er diesen befehlen und sie klug anwenden könnte, würde er schnelle und konkrete Ergebnisse erzielen.
3. Um die vorhandenen Kräfte vernünftig und erfolgreich anzuwenden, braucht der Mensch nicht auf die Erfindung neuer, sensationeller Methoden zu warten. Seit Beginn der Schöpfung bietet die Natur selbst eine Überfülle an Beispielen und Lehren, um dem Menschen auf jeder Stufe seines Lebens zu helfen. Die Beobachtung zeigt uns, dass jede Kraft in der Natur, der freie Entfaltungsmöglichkeit gegeben ist, langsam und mit verhältnismäßig geringerer Intensität wirkt, als wenn sie zusammengeballt ist zu einer einzigen Masse und auf einen einzigen Ausweg hin zusammengedrängt wird.
4. Dieses Zusammenballen einer Kraft und das Einstellen ihres ganzen Gewichts auf einen gegebenen Punkt, einen Gegenstand, eine Idee oder eine Handlung ist nichts anderes als der Vorgang der Konzentration. Der konzentrierte Einsatz einer Kraft gewährt den größten

Erfolg in der kürzesten Zeit mit der geringsten Anstrengung.

5. Als Beispiele für die durch Energiekonzentration erzeugte Kraft nennt man: 1. den langsamen, träge fließenden Fluss, der angestaut bei Öffnung der Schleusen mit erstaunlicher Kraft dahinbraust. 2. das Phänomen der schwerbeladenen Eisenbahnwaggons, die durch eine im Dampfkessel konzentrierte Kraft bewegt werden. Ein vertrauter Anblick des häuslichen Lebens ist der surrende Deckel eines Kessels, dessen Wasser zu kochen beginnt. 3. Die angenehm warmen Sonnenstrahlen werden durch eine Linse in einem Brennpunkt gesammelt so heiß, dass sie Gegenstände verbrennen. 4. Das einfachste und alltäglichste Beispiel, bei dem man das gleiche Prinzip unbewusst anwendet, sind die hohlen Handflächen vor dem Mund, wenn man einen Menschen von weither herbeirufen will.
6. Dieses Gesetz kann man bei all seinen Handlungen entsprechend anwenden. Mit größter Konzentration und sorgfältiger Aufmerksamkeit führt der Chirurg auch die kleinsten Operationen durch. Völlig vom Außen abgeschlossen ist der Techniker, der Ingenieur, der Architekt oder fachliche Zeichner bei der Anfertigung von Landkarten oder Plänen, bei denen der größte Wert auf Genauigkeit der Einzelheiten gelegt wird. Ebenso konzentriert muss der Uhrmacher sein, der die feinsten Teile von Uhren oder Messinstrumenten herstellt. Ähnliches gilt für alle Zweige von Kunst und Wissenschaft.
7. Besonders aber gilt dieser Grundsatz auf der geistigen Ebene, auf der der Schüler auf seine inneren Kräfte

einwirken muss. Gedankenkräfte sind an sich zerstreut und widerstehen dem Versuch zur Konzentration. Diese Neigung zu Schwankungen ist dem Bewusstsein eingeboren. Am wirksamsten zur Beruhigung der schweifenden Gedanken sind Klang und Schau, die beide die Aufmerksamkeit anzuziehen und das Denken zu beruhigen vermögen. Der Hypnotisierende bringt langsam die Gedanken seines Mediums unter seine Herrschaft, indem dieses unverwandt in seine Augen blickt und der einförmigen Wiederholung einer genau überlegten Suggestion lauscht. Ein anderes Beispiel ist das sanfte Summen der Mutter, die ihr kleines Kind in Schlaf singt. Auch der scharfe Anruf des Schullehrers: »Jungens, hergesehen!«, der besondere Aufmerksamkeit für seine Worte wecken soll, ist in diesem Zusammenhang zu erwähnen. Denn er weiß, dass er die Aufmerksamkeit auf seine Worte lenken kann, wenn er die Blicke der Schüler fest auf sich richtet.

Aus diesem Grund nehmen im Verlauf geistiger Übungen die Methoden zur Entwicklung der Konzentration oft die Form unverwandten Hinstarrens auf einen Punkt an, auf das Symbol *pranava* (die Silbe OM), auf eine heilige Formel *(mantram)* oder auf das Bild der auserwählten Gottheit *(ishta devata)*.

Die Konzentration kann auch durch lautes Wiederholen des Mantram oder des Namens des Herrn, der Silbe Om oder eines religiösen Liedes *(kirtan)* in regelmäßigem Rhythmus und gleicher Intonierung erreicht werden. Dies hilft, die Gedanken langsam nach innen zurückzuziehen und auf einen Punkt zu sammeln. Verstärkt sich dieser Zustand, verliert der Schüler allmählich das Bewusstsein seiner Umgebung, bis er den Zustand der Meditation *(dhyana)* erreicht, in dem er selbst das Bewusstsein seines Körpers verliert.

Wer in der Meditation verharrt und sich vollkommen, versenkt, erlangt schließlich den Zustand des Überbewusstseins, *samadhi,* den höchsten Zustand der Selbstverwirklichung.

9. Die Auswirkung der Konzentration

Ehe der Schüler Konzentration zu üben beginnt, sollte er sich über das Unbewusste und seine Funktionen klar zu werden versuchen. Konzentration nennt man die Fixierung des Bewusstseinsinhaltes *(chitta)* auf einen bestimmten Punkt oder Gegenstand. Ein großer Teil des Unbewussten besteht aus versunkenen Erfahrungen, die mit Hilfe der Konzentration wieder an die Oberfläche des Bewusstseins gebracht werden können.

Es ist eine psychologisch anerkannte Tatsache, dass der Vorgang des Erkennens nicht auf das Bewusstsein beschränkt ist, sondern auch auf das Unbewusste ausgedehnt werden muss. Beherrscht man die Technik, sein Unbewusstes anzusprechen, seine Kräfte einzuschalten, als sei es ein Diener oder guter alter Freund, so ist man auf dem Weg zur Allwissenheit. Es ist nur eine Frage der Übung, denn Übung kann zur Vollkommenheit führen.

Wer nicht imstande ist, ein metaphysisches, wissenschaftliches oder philosophisches Problem zu lösen, sollte im vollen Vertrauen darauf, dass es die rechte Lösung finden wird, sein Unbewusstes bitten, diese Arbeit für ihn zu lösen, indem er ihm folgendes suggeriert: »Schau her, mein Unbewusstes. Ich brauche unbedingt die Lösung dieses Rätsels oder Problems bis morgen früh … Tu mir den Gefallen und beeile dich.« Der Befehl muss in klarer Formulierung gegeben und jede Unklarheit vermieden werden, dann wird man die Antwort seines Unbewussten tatsächlich am nächsten Morgen erhalten. Manchmal mag das Unbewusste anderseits beschäftigt sein. Dann muss man die gleiche Frage regelmäßig jeden Tag wiederholen und einige Zeit auf die Antwort warten.

Alles, was man ererbt, was man aus unzähligen Wiedergeburten in der Vergangenheit mitgebracht hat, alles, was man gesehen, gehört, besessen, geschmeckt, gelesen, erfahren hat in diesem oder in einem früheren Leben, liegt verborgen in dem Unbewussten. Warum sollte man sich nicht die Technik der Konzentration aneignen, die Art, seinem Unbewussten zu befehlen, um auf diese Weise über all seine Erkenntnisse frei verfügen zu können.

Das Unbewusste ist der treue Diener des Menschen. Wenn man sich am Abend ins Bett legt mit dem Vorsatz, unbedingt um vier Uhr morgens aufzuwachen, um einen Zug zu erreichen oder seine Meditationsübungen auszuführen, dann wird man durch sein Unbewusstes genau zu dieser Stunde geweckt werden. Selbst bei tiefem Schlaf ist das Unbewusste am Werk, da es niemals ruht, sondern unablässig ordnet, vergleicht, zergliedert, Schlüsse zieht und Befehle ausführt.

Jede Handlung, jede Freude, jedes Leid und jede Erfahrung hinterlässt auf der photographischen Platte des Unbewussten feinste Spuren. Sie sind bleibende Bildeskräfte, Wurzel und Ursache künftiger Wiedergeburten, künftiger Erfahrungen, Freuden, Schmerzen und sogar des Todes im nächsten Leben. Wiederholung und Wiederlebendigmachen einer Handlung dieses Daseins hinterlassen Spuren der Erinnerung. Bei einem hochentwickelten Yogi ist diese Erinnerung auch der früheren Leben lebendig. In seine Tiefen versenkt, tritt er in wirkliche Beziehung zu den unbewusst gewordenen Erfahrungen *(samskaras)* seiner vergangenen Leben. In seiner Schau erscheinen sie unmittelbar, denn durch *samyama* (Konzentration, Meditation und *samadhi,* die zu gleicher Zeit geübt werden) erlangt der Yogi vollkommene Kenntnis seiner vergangenen Leben. Wenn er *samyama* auf die *samskaras* seiner Mitmenschen anwendet, vermag er in gleicher Weise auch deren vergangene Daseinsformen zu erkennen. Wunderbar sind die Kräfte der Konzentration!

Der Geist ist eine Kraft, die aus Atman geboren ist, denn durch ihn offenbart sich Gott im Kosmos unter den verschiedensten Namen und Formen. Bewusstsein ist nichts anderes als ein Bündel von Gedanken und Gewohnheiten. Der »Ich«-Gedanke ist Wurzel aller Gedanken. So gibt es in Wirklichkeit nur den »Ich«-Gedanken.

Im Wachzustand ist das Gehirn der Sitz des Bewusstseins, im Traum ist es das Kleinhirn, im Tiefschlaf das Herz. Alle Gegenstände, die den Menschen umgeben, sind tatsächlich nur Gedanken, in Form und Substanz gekleidet. Gedanken schaffen, Gedanken zerstören. Geistige Gedanken beeinflussen die niederen. Telepathie, Gedankenübertragung, Hypnose, Mesmerismus, Fernheilen und ähnliches bezeugen diese Tatsache. Zweifellos ist der Gedanke die stärkste Kraft auf Erden. Beherrschung der Gedanken gibt Macht über alles.

Wie man seinen Körper übt, wie man Tennis oder Schlagball spielt, um seine physische Gesundheit zu erhalten, so muss man seine geistige Gesundheit durch Reinheit und Harmonie *(sattva)*, durch inaktive geistige Entspannung, durch Wechsel der Denkrichtung, durch schöne, edle, erhabene Gedanken und durch Pflege ständiger Fröhlichkeit erhalten.

Es liegt in der Natur des Bewusstseins, dass es zu dem wird, auf das sich die Gedanken zustärkst richten. Denkt man an die Laster und Fehler eines anderen, werden die Gedanken zumindest für die fragliche Zeit mit diesen Lastern und Fehlern belastet. Wer dieses psychologische Gesetz kennt, wird niemals wagen, über andere zu urteilen oder Fehler in ihrem Benehmen herauszufinden, sondern wird sich bemühen, das Gute im anderen zu sehen. Auf diese Weise wird er in der Kraft der Konzentration, in Yoga und Geistigkeit zunehmen.

Tiefer Schlaf ist nicht ein inaktiver Zustand, denn in ihm ist der Kausalkörper *(karana sharira)* und das ihm zugehörige Bewusstsein *(prajna)* tätig wirksam, und das Selbst *(jiva)* steht in fast vertrauter Beziehung zum Absoluten. Wie ein dünner Schleier das Gesicht der Frau vor den Augen des Mannes verbirgt, so trennt nur ein dünner Schleier der Unwissenheit das Selbst in seiner Einmaligkeit von dem allumfassenden Erhabenen. Die Schüler der Vedanta bemühen sich, diesen Zustand, der von tiefer philosophischer Bedeutung ist, eingehend zu erforschen. Es ist der Faden der Ariadne, der bis zum Dasein Atmans zurückführt. In ihm ruht der Mensch in dem wärmenden Schoß der Mutter der Welten, *rajeshvari,* die in ihrer Liebe ihm Frieden spendet, erfrischende Kraft und Stärke, um die Kämpfe des täglichen Lebens zu ertragen. Ohne diese Liebe und unvergleichliche Güte der allerbarmenden Mutter während des tiefen Schlafes wäre das Leben auf der physischen Ebene fast unerträglich, auf der soviel Elend, Krankheit, Sorge, Mühsal, Angst und Furcht den Menschen jeden Augenblick belasten und quälen. Wie unglücklich, düster und schwermütig fühlt man sich, wenn man auch nur eine Nacht keinen tiefen, erfrischenden Schlaf fand, weil man – vielleicht durch nächtliche Vergnügungen – drei oder vier Stunden Schlaf verlor.

Große Yogi, wie Inanadeva, Bhatrihari und Patanjali, pflegten sich auf telepathischem Wege (Gedankenradio) mit Menschen in weiter Ferne in Verbindung zu setzen und ihnen ihre Gedanken zu übermitteln. Telepathie war die erste drahtlose telegrafische oder telefonische Übermittlung, die es jemals in der Welt gegeben hat. Gedanken durcheilen den Raum mit erschreckender Schnelligkeit. Der Gedanke bewegt sich fort, hat Gewicht, Gestalt, Größe, Form und Farbe. Er ist eine dynamische Kraft.

Was ist eigentlich die Welt? Sie ist nichts anderes als die Materialisation von Gedankenformen Gottes, des *hiranyagarbha* (dessen, der aus dem goldenen Ei geboren ist). Die Wissenschaft kennt Schwingungen von Wärme, Licht und Elektrizität, der Yogi kennt Gedanken-Schwingungen. Die gewaltige Macht des Gedankens erfährt jeder unbewusst in mehr oder weniger starkem Maß. Wer das

Wirken der Gedanken-Schwingungen versteht, wer die Technik der Gedanken-Beherrschung und -Übertragung kennt, wer gelernt hat, anderen durch wohlgeordnete, starke Gedankenwellen segensreiche Gedanken in die Ferne zu übermitteln, der wird von dieser Gedankenkraft in tausendfach wirksamerer Weise Gebrauch machen. Der Gedanke bewirkt Wunder: ein schlechter bindet in Ketten, ein guter befreit. Darum soll man den rechten Gebrauch von seinen Gedanken machen und durch sie die Freiheit erlangen.

Mein liebes Kind, entfalte die in dir verborgenen Kräfte, indem du die Macht der Gedanken verstehst und gebrauchst. Schließe die Augen. Konzentriere dich mit Bedacht. Du wirst entfernte Gegenstände sehen, ferne Klänge hören und Botschaft nicht nur überallhin in diese Welt, sondern auch zu anderen Planeten aussenden. Du wirst Menschen Tausende von Meilen entfernt heilen und in einem Augenblick an dem fernsten Ort sein. Glaube an die Kraft des Gedankens. Aufmerksamkeit, Wille, Glaube und Konzentration werden die erwünschten Früchte bringen. Denke daran, dass der Gedanke aus *atman* (Gott) durch *maya* (Kraft der Täuschung) geboren ist.

Kosmischer Geist ist universeller Geist und ist die Summe allen individuellen Bewusstseins. Kosmischer Geist ist *hiranyagarbha* oder *ishvara* oder *karya brahman,* alles Namen des Einen Gottes. Der Geist des Menschen ist ein Bruchstück des kosmischen. Um Allwissenheit zu erlangen und die Erkenntnis des kosmischen Bewusstseins zu erfahren, muss der Mensch lernen, seinen kleinen Geist in den kosmischen zu versenken.

Es ist wichtig, zu allen Zeiten sein Bewusstsein in einem ausgeglichenen Zustand zu erhalten. Zweifellos ist dies schwierig, aber notwendig, wenn man in der Übung der Konzentration erfolgreich sein will. Bewahre Gleichmut in Freude und Leid, in Lob und Tadel, in Achtung und Verachtung. Das ist wahre Weisheit, aber in der Tat eine sehr schwere Aufgabe. Wer sie vollbringt, ist ein mächtiger Herrscher auf dieser Erde. Er ist der Anbetung würdig, ist der reichste Mann, auch wenn er nur ein leinenes Gewand um die Lenden trägt und nichts zu essen hat. Er ist stark, auch wenn sein körperlicher Zustand elend ist. Kinder dieser Welt verlieren ihr Gleichgewicht bei dem geringsten Anlass, lassen sich leicht irritieren und von ihrer guten Laune abbringen, eine Vergeudung ihrer Kräfte. Wer das Gleichgewicht seines Bewusstseins entwickeln will, muss unterscheiden lernen und Keuschheit wie Konzentration gleichermaßen üben. Wer seinen Samen vergeudet, kommt leicht aus der Fassung, und es wird ihm schwer, seine Gedanken zu beherrschen und zu konzentrieren. Der Heilige Thayumanavar schreibt in seinem einmalig schönen Gedicht »Tejomayanandam« wunderbare Verse über die Schwierigkeiten der Gedankenbeherrschung. In freier Übersetzung lautet dieses kaum zu übersetzende, wenn auch häufig übersetzte Gedicht:

»Du kannst einen wilden Elefanten beherrschen;
Du kannst das Maul eines Bären und Tigers schließen;
Du kannst einen Löwen bändigen;
Du kannst mit der Kobra spielen;
Du kannst dein Leben durch Alchemie verlängern;
Du kannst durch das unbekannte Weltall wandern;

Du kannst die Götter dir unterwerfen
Du kannst ewige Jugend gewinnen
Du kannst auf den Wassern gehen;
Du kannst im Feuer leben;
Du kannst in deinem Heim alle *siddhis* gewinnen;
Aber Stille durch Beherrschung der Gedanken
Ist schwer zu erlangen und selten.«

Die Sinne sind die wahren Feinde des Menschen. Sie ziehen ihn in das Außen und verwirren den Frieden seiner Gedanken. Er darf sie sich nicht zur Gesellschaft nehmen, sondern muss sie sich unterwerfen, sie beschränken und bändigen, wie er den Feind auf dem Schlachtfeld unterwirft. Das ist nicht in einem Tag getan. Es verlangt Geduld und ständige geistige Disziplin *(sadhana)*. Beherrschung der Sinne ist in Wirklichkeit Beherrschung der Gedanken. Alle zehn Sinne müssen unter Kontrolle gestellt und ausgehungert werden, bis sie verdorren. Gibt man ihnen nicht, was sie verlangen, dann werden sie willig gehorchen. Wer sein Bewusstsein der Welt zuwendet, wird Sklave seiner Sinne, mag er auch noch so gebildet sein, ein reiches kultiviertes Leben führen oder über weltliche Macht verfügen. Wer Sklave fleischlicher Nahrung ist, wird erst lernen seine Zunge zu beherrschen und eine gewisse Überlegenheit gegenüber dem zuvor belästigenden Geschmackssinn empfinden, wenn er länger als sechs Monate die Gewohnheit des Fleischessens vollkommen aufgegeben hat.

Sei umsichtig, aufmerksam und wachsam. Überwache die Gedanken und ihren Wandel. Jesus spricht: »Wachet und betet Die Gedanken überwachen, heißt Innenschau üben. Nur einer unter Millionen widmet sich dieser segensreichen Übung, die die Seele erhebt, denn die Menschen sind im Irdischen verfangen. Wie verrückt jagen sie hinter Frauen und Gold her und finden nicht die Zeit, an Gott und an Geistiges zu denken. Kaum steht die Sonne am Himmel, stürzen die Gedanken sich auf dem gewohnten Weg der Sinne auf Essen, Trinken, Unterhaltung und Schlaf. Wie der Tag vorübergeht, so vergeht auch das Leben. Es gibt weder moralische Entwicklung noch geistigen Fortschritt. Wer jedoch täglich Innenschau übt, wird seine Fehler entdecken und sie durch geeignete Methoden überwinden. So gewinnt er allmählich vollkommene Herrschaft über sein Bewusstsein und vermag den Eindringlingen, Lust, Ärger, Gier, Enttäuschung und Stolz, den Eintritt in die Werkstatt seiner Gedanken zu untersagen. Ohne gestört zu werden, kann er Konzentration üben. Dabei ist tägliche Selbstanalyse und Selbstprüfung unerlässlich. Nur auf diese Weise kann er seine Fehler im Zaum halten und in der Konzentration Fortschritte machen.

Was tut der Gärtner? Er beobachtet sorgfältig die jungen Pflanzen, reißt jeden Tag das Unkraut aus, umzäumt sie und begießt sie täglich zur gleichen Zeit. So wachsen sie gesund heran und tragen frühzeitig Früchte. Ebenso muss der Schüler durch Einsicht und Selbstanalyse seine Fehler herausfinden und durch geeignete Mittel ausmerzen. Versagt hierbei eine Methode, muss eine andere gewählt werden. Mag dies auch viel Geduld, Ausdauer, Beharrlichkeit, eisernen Willen, subtilen Verstand und Mut verlangen, die Belohnung ist unschätzbar. Sie nennt sich Unsterblichkeit, allumfassender Frieden, unendliche Glückseligkeit.

Man sollte ein heiteres Gemüt erstreben und Heiterkeit in jedem Augenblick der Yogi-Laufbahn üben. Mit unruhigen Gedanken kann man in der Konzentration keinen Schritt vorankommen. Darum ist heitere Gelassenheit erstes und notwendigstes Erfordernis. Sie ist das Ergebnis stiller Meditation am Morgen, des Verzichts auf Wünsche, geeigneter Nahrung, einer Kontrolle der Sinne und mindestens einer Stunde täglichen Schweigens. Dabei muss man sich ohne Vorbehalt aller eitlen Gedanken, aller törichten Wunschbilder, unechter Gefühle, Sorgen, Kümmernisse, Ängste, aller verwirrten Gedanken und eingebildeten Ängste entäußern. Dann und nur dann kann man Frieden im Geist erhoffen. Als Grundstein des Yoga ist in hohem Maß heitere Gelassenheit erforderlich, da nur ein ruhiger Geist die Wahrheit zu erfassen, Gott oder Atman zu erschauen und das Göttliche Licht zu empfangen vermag. Geistige Erfahrungen werden zum dauernden Besitz, wenn man friedvoll im Geiste ist. Sonst werden sie kommen und gehen.

Wenn du morgens bei Sonnenaufgang erwachst, bitte voll Inbrunst den Herrn, singe Seinen Namen und meditiere über Ihn aus ganzem Herzen zwei Stunden lang. Dann fasse den festen Entschluss: »Ich werde heute Keuschheit bewahren, werde heute die Wahrheit sprechen, werde heute nicht die Gefühle anderer verletzen und meine gute Laune nicht verlieren.«

Wache über deine Gedanken und sei entschlossen, dann wirst du an diesem Tag sicher Erfolg haben. Dehne dein Gelübde später über die ganze Woche aus. Du wirst an Kraft zunehmen. Selbst wenn du anfänglich einige Fehler machst, darfst du nicht unnützerweise beunruhigt sein, Fehler sind die besten Lehrmeister und wiederholen sich nicht in gleicher Weise. Bist du ernst und ehrlich, wird der Herr Seine Gnade auf dich senken und dir die Kraft geben, den Schwierigkeiten und Mühen des täglichen Lebenskampfes die Stirn zu bieten.

Nur wer seine Gedanken beherrscht, ist wirklich glücklich und frei, denn körperliche Freiheit ist nicht wahre Freiheit. Wie kann man wirklich glücklich sein, wenn man von Erregungen und Impulsen leicht aus dem Gleichgewicht geworfen wird, wenn Stimmungen, Begierden und Leidenschaften Macht gewinnen? Wie ein steuerloses Boot ist der Mensch, wie ein Strohhalm treibt er auf der weiten Fläche des Meeres dahin. Er lacht fünf Minuten und weint fünf Stunden lang. Was können Frau, Sohn, Freunde, Geld, Ruhm und Macht bedeuten, wenn er Spielball seiner Gedankenimpulse ist?

Wahrhaft Held ist, wer seine Gedanken unterworfen hat. Es gibt ein Sprichwort: »Wer Herr seiner Gedanken ist, ist Herr der Welt.« Der wahre Sieg ist der Sieg über die Gedanken. Er schafft wahre Freiheit. Harte und vollkommene Disziplin, selbstauferlegte Beschränkungen werden allmählich alle Begierden, Impulse, Wünsche und Leidenschaften ausrotten. Nur dann und dann allein kann man erhoffen, sich von der Tyrannei des im Außen befangenen Bewusstseins zu befreien. Es ist ein böswilliger Kobold, dem man kein Recht zugestehen darf und der durch drastische Mittel in Schach gehalten werden muss. Freiheit ist keine Ware, die man auf dem Markt kaufen kann, sondern ein verborgener Schatz. Eine fünfköpfige Schlange bewacht ihn, die du überwinden musst. Der Schatz ist die geistige Fülle, das heißt die Freiheit, die

Glückseligkeit. Die Schlange ist das der Welt zugewandte Bewusstsein; ihre fünf Köpfe sind die fünf Sinne, durch die die Schlange ihr Gift spritzt.

Ein unruhiges Bewusstsein *(raja)* verlangt nach immer neuen Dingen und sucht das Vielfältige, da das Einfältige ihm nicht gefällt. Es verlangt Wechsel des Ortes, Wechsel der Nahrung, kurz Wechsel in allem. Man sollte aber die Gedanken erziehen, bei einer Sache zu bleiben, sollte sich nicht über Eintönigkeit beklagen, sondern geduldig sein mit eisernem Willen und unermüdlicher Ausdauer, um Erfolg im Yoga zu haben. Wer immer Neues sucht, ist für den Yoga-Weg völlig ungeeignet. Der Schüler sollte an einem Ort, bei einem geistigen Lehrer, einer Methode und einem Yoga-System bleiben. Das allein ist der Weg zu wirklichem Erfolg.

Nur wenn die Sehnsucht nach Gott-Erfahrung wirklich und tief ist, vermag man alle Hindernisse zu überwinden und sich mit Leichtigkeit zu konzentrieren. Eine gefühlsbestimmte Aufwallung aus dem Augenblick heraus, aus reiner Neugierde oder um seelische Kräfte zu empfangen, vermag einen greifbaren Erfolg nicht zu bringen.

Ist der Schüler nachlässig und unregelmäßig in seinen Konzentrationsübungen, lässt seine Bereitschaft zur Entsagung *(vairagya)* nach, gibt er einige Tage lang aus Faulheit die Übungen auf, werden feindliche Mächte ihn von dem wahren Pfad des Yoga abzubringen suchen. Er wird zurückgeworfen und nur schwer das schon einmal Erreichte wieder erlangen. Deshalb muss er in seinen Konzentrationsübungen regelmäßig sein.

Sei fröhlich und glücklich! Fort mit Depressionen und Schwermut! Nichts wirkt so zerstörend wie eine

Depression. Ein deprimierter, schwermütiger Mensch kann nur unerfreuliche und krankhafte Schwingungen um sich verbreiten, nicht aber Freude, Frieden und Liebe. In einem solchen Zustand sollte man sein Zimmer nicht verlassen, um nicht seine ganze Umgebung anzustecken. Eine Depression nagt nicht nur am Herzen, sondern diese tödliche Plage wirkt sich wie der Krebs auf das ganze Wesen des Menschen aus. Sie ist die Folge von Enttäuschungen oder Misserfolgen, von Magenbeschwerden, heftigen Diskussionen oder einer falschen Art des Denkens oder Fühlens. Von diesen negativen Einflüssen soll man sich fernhalten. Identifiziert man sich mit dem Höchsten Sein, lebt man zum Segen der anderen und strahlt Freude, Liebe und Frieden aus, dann kann kein äußerer Einfluss den Menschen aus dem Gleichgewicht bringen und verwunden. Depression und Schwermut lösen sich auf, wenn man sich selbst erforscht, betet, heilige Lieder singt oder die heilige Silbe OM wiederholt, wenn man rhythmisch atmet *(pranayama)* oder einen schnellen Gang durch die frische Luft macht. Vor allem aber soll man an das Gegenteil, an Gefühle der Freude, denken und versuchen, in allen Lebenslagen glücklich zu sein und nur Freude auszustrahlen.

Warum weinst du, mein Kind? Wenn du die Binde von deinen Augen nimmst und um dich blickst, wirst du gewahr, dass du von Wahrheit und nur von Wahrheit umgeben bist. Alles ist Licht und Glückseligkeit, denn nur ein Wolkenbruch der Unwissenheit hat deine Sicht verdunkelt. Durchbrich sie, indem du das innere Auge der Weisheit durch regelmäßige Konzentrationsübungen entwickelst.

Nicht Überlegung allein darf die Handlungen des Menschen bestimmen. Intelligente Menschen, die das Für und Wider jeder Sache ernsthaft überlegen, lassen sich im gegebenen Augenblick durch allerlei Versuchungen ablenken und tun etwas Falsches, das sie nachher bereuen. In Wirklichkeit haben sie sich vom Trieb zur Handlung drängen lassen. Manche Psychologen nennen den bestimmenden Antrieb zur Handlung Einbildung und geben dafür folgendes Beispiel: Wenn man sich anschickt, über ein langes Brett von einem Meter Breite, das über zwei Pfeiler von zwanzig Meter Höhe gelegt ist, zu gehen, bildet man sich ein, man könnte herunterfallen, und tut dies wahrscheinlich auch, während man über das gleiche Brett gehen kann, wenn es am Boden liegt. Fährt man Rad auf einem schmalen Weg, auf dem ein großer Stein liegt, bildet man sich ein, man würde mit dem Rad gegen den Stein stoßen, und tut es dann tatsächlich. Nach anderer Auffassung, die die Anhänger der Vedanta vertreten, ist es der Wille, der die Handlungen bestimmt. Der Wille vermag alles, denn er ist die Kraft der Seele.

Nun zurück zu dem Thema der Konzentration. Die geistigen Schwingungen, die auf Gedankenformen zurückzuführen sind *(vrittis)*, müssen beruhigt oder unterbrochen werden, um das eigene Selbst wirklich erkennen zu können. Das Bewusstsein wird in den heiligen Büchern der Hindus *(shastras)* mit einem See oder dem Meer verglichen, dessen Wellen *(vrittis)* die aufsteigenden Gedanken sind. Das Wasser kann das Bild des Menschen nur widerspiegeln, wenn es vollkommen unbewegt und still geworden ist. Auch die Seele, das Licht der Lichte, kann nur erkannt werden, wenn alle Gedanken wellen im Meer des Bewusstseins zum Stillstand gebracht sind.

Im allgemeinen können Menschen sich nur auf angenehme und anregende Gegenstände konzentrieren. Würden auch unerfreuliche Dinge Anreiz für sie gewinnen, könnten sie sich ebenso gut auf diese konzentrieren. Werden die Schwingungen des Bewusstseins durch Übung gesammelt und zusammengehalten, sodass die Gedanken sich konzentrieren, erfährt der Schüler eine Glückseligkeit *(ananda)*, mit der sich keine Freude dieser Welt vergleichen lässt. Deshalb soll er unter keinen Umständen seine Konzentrations-Übungen aufgeben, sondern auf dem mühsamen Weg geduldig, ausdauernd, fröhlich, kühn und gewandt weitergehen bis zum Erfolg. »Nil desperandum«. Sri Sankaracharya schreibt in seinem Kommentar zu den Chhandogya-Upanishaden: »Aufgabe des Menschen ist die Beherrschung der Sinne und die Konzentration der Gedanken« (VIII. 21, 1). Durch ernsthafte Innenschau wird man die Steine des Anstoßes für die Konzentration erkennen und dadurch in der Lage sein, einen nach dem anderen fortzuräumen, wenn man gleichzeitig nicht zulässt, dass neue Gedanken *(sankalpas)* und neue Begierden *(vasanas)* lebendig werden. Unterscheidung, Erforschung, Konzentration und Meditation werden diese im Keim ersticken.

Jeder Mensch hat eine bestimmte Fähigkeit zur Konzentration, die er bis zu einem gewissen Grad einsetzt, wenn er ein Buch liest, einen Brief schreibt, wenn er Tennis spielt und irgendeine andere Arbeit tut. Bei geistiger Arbeit muss die Konzentration zu ihrem höchsten Grad entwickelt werden. Gedanken können an sich zur gleichen Zeit nur an einen Gegenstand gebunden werden, aber sie können mit erstaunlicher Schnelligkeit von einem Gegenstand zum anderen springen, sodass man glauben könnte, sie würden mehrere Dinge auf einmal erfassen. Die Theorie der »Einen Idee«, von den besten Philosophen des Ostens und Westens vertreten, stimmt mit der täglichen Erfahrung überein. Nur sind die Gedanken niemals in Ruhe. Sie werden getrieben von der Kraft der Leidenschaft *(rajas)*.

Beim Lesen eines Buches sollen alle Gedanken auf seinen Inhalt gerichtet sein, sodass sie nichts im Außen wahrnehmen oder hören. Durch Sammlung der zerstreuten Gedanken muss man die Kraft der Aufmerksamkeit entwickeln, die bei der Konzentration eine große Rolle spielt. Konzentration bedeutet letzten Endes die Einengung des Bereiches der Aufmerksamkeit als Ausdruck der Willenszucht einer starken Persönlichkeit.

Eine wichtige Übung ist es, seine Aufmerksamkeit auf unerfreuliche Aufgaben zu richten, vor denen man (ihres unerfreulichen Charakters wegen) zunächst zurückschreckt, auf uninteressante Dinge und Gedanken, die, in das Licht des Bewusstseins gestellt, langsam an Interesse gewinnen. Auf diese Weise wird das Bewusstsein sich ausweiten und stärken. Die Kraft, mit der ein Gegenstand sich eines Gedankens bemächtigt, entspricht im allgemeinen dem Grad der Aufmerksamkeit, die man ihm widmet. Übrigens beruht auch die große Kunst der Erinnerung auf der Aufmerksamkeit; denn unaufmerksame Menschen haben meist ein schlechtes Gedächtnis.

Auch beim Karten- oder Schachspiel wird große Konzentration verlangt. Das Bewusstsein aber ist dabei nicht von reinen und göttlichen Gedanken erfüllt, sondern von solchen unerwünschter Art. Ist das Bewusstsein von unreinen Gedanken erfüllt, wird man kaum den Schauder des Göttlichen, der Ekstase und der geistigen Erhebung erfahren. Jedem Gegenstand entsprechen besondere gedankliche Assoziationen. Nur wenn man sein Bewusstsein mit geistigen Inhalten erfüllt und begeistert, wird man es von allen weltlichen Gedanken läutern. Das Bild von Jesus, Buddha oder Krishna erfüllt mit erhabenen, die Seele erhebenden Gedanken, während Schach und Karten unter anderem Gedanken an Spiel, Gewinn, Betrügerei herbeiziehen.

Zum Schluss noch eine Erfahrung von ganz besonderer Bedeutung:

Stell dich im Sonnen- oder Mondlicht so hin, dass dein Körper einen leicht erkennbaren Schatten auf die Erde wirft, und richte deinen Blick einige Zeit lang fest auf den Hals des Schattens. Blicke dann nach oben zum Himmel. Siehst du einen entsprechenden grauen Schatten am Himmel, ist dies ein gutes Zeichen, denn der Schatten vermag dir jede Frage zu beantworten. Siehst du den Schatten nicht gleich, so fahre in der Übung so lange fort, bis du ihn gewahr wirst.

Das Anrufen des Schattens bringt sichtbare wie unsichtbare Gegenstände herbei. Der Schatten kann auch auf alle Fragen Antwort geben. Allein durch seinen Anblick wird der Mensch rein. Der Yoga-Schüler, der seinen Schatten am Himmel zu sehen vermag, wird wissen, ob seine Unternehmungen erfolgreich sein werden oder nicht. Es ist ein Zeichen erfolgreicher Konzentration, dass man »am klaren Sonnenhimmel mit festem Blick die eigene Spiegelung beobachten kann. Vermag man sie auch nur einen Augenblick zu schauen, offenbart sich im gleichen Augenblick Gott im Himmel.« Täglich seinen Schatten am Himmel zu sehen, bedeutet lange Lebensdauer und einen ruhigen Tod ohne Unfall. Wird der Schatten vollkommen wiedergegeben, wird dem Yoga-Schüler Sieg und Erfolg zuteil, die Herrschaft über *prana* (Lebensenergie) und die Gabe hinzugehen, wohin er mag. Die Übung ist nicht schwer und wird in kurzer Zeit zum Erfolg führen, vielleicht schon nach ein bis zwei Wochen.

Manche Menschen haben große Sorge und Angstzustände, wenn ein Teil ihres Köpers krank ist. Der Grund hierfür ist leicht zu verstehen. Sie denken immer an ihre Krankheit und wissen nicht, dass man durch Abstraktion und Hinlenken der Gedanken auf einen anderen Gegenstand das Bewusstsein von der angegriffenen Stelle wegziehen kann. Wenn jemand weniger Schmerz empfindet als ein anderer, so deshalb, weil er die Gedanken von der kranken Stelle fortzuziehen vermag. Sobald man Schmerz empfindet, sollte man sich auf die Schutzgottheit konzentrieren oder ein philosophisches Buch lesen. Der Schmerz wird vergehen.

Konzentration ist ein rein mentaler Prozess und verlangt, dass die Gedanken sich nach innen wenden. Sie ist keine Muskelübung, und auch das Gehirn sollte nicht übermäßig angespannt werden. Überhaupt soll man nicht gewaltsam gegen seine Gedanken ankämpfen. Man soll sich in bequemer Haltung hinsetzen und alle Muskeln des Körpers entspannen. Diese sollten ebenso in Ruhe sein wie die Gefühle, Nerven und Gedanken, deren Herumschweifen unterbunden werden muss.

Besänftige die Gefühle und beachte nicht die aufkommenden Gedanken. Suggeriere dir: »Es macht mir nichts aus, ob sie da sind oder nicht.« Sei mit anderen Worten gleichgültig. Dann werden die eindringenden Gedanken bald den Schauplatz des Bewusstseins verlassen und dich nicht mehr beunruhigen. Das ist das Geheimnis der gedanklichen Disziplin. Wenn ein Erfolg in der Konzentration nur allmählich in Erscheinung tritt, sei auf keinen Fall entmutigt, sondern übe regelmäßig weiter und gib selbst nicht für einen Tag die Übungen auf. Jesus sagt: »Mache dich leer, damit Gott dich erfülle.« Der Schüler muss anstreben, sich von allen Gedanken zu befreien, sobald er ein gewisses Maß der Konzentration erreicht hat, und stets eine positive Haltung bewahren. Wenn er sich auf eine Aufgabe konzentrieren will, die er mit Sorgfalt verrichten möchte, kann er auch seinen Willen und seine Phantasie einsetzen. Denn auch die Phantasie vermag der Konzentration zu helfen.

Macht es Schwierigkeiten, sich auf das Herz, auf den Zwischenraum zwischen beiden Augenbrauen oder auf den Scheitel des Kopfes zu konzentrieren, kann man auch einen äußeren Gegenstand zur Konzentration benutzen: den blauen Himmel, das Sonnenlicht, die alles durchdringende Luft, den Äther, Sonne, Mond oder Sterne. Empfindet man Kopfschmerzen oder Schmerzen an irgendeinem anderen Körperteil als Folge der angespannten Konzentration auf irgendeinen Gegenstand, empfiehlt es sich, das Zentrum der Konzentration zu wechseln.

Ein Raja-Yogi konzentriert sich auf den Zwischenraum zwischen beiden Augenbrauen *(ajna chakra* oder *trikuta)*, den Sitz des Bewusstseins im Wachzustand. Eine Konzentration auf diese Stelle erleichtert die Beherrschung der Gedanken und lässt bald ein Licht dort aufleuchten. Wer über den Makrokosmos *(virat)* meditieren, wer der Welt helfen will, sollte diesen Konzentrationspunkt wählen. Ein Bhakta-Yogi, ein Mystiker, dagegen konzentriere sich auf das Herz, den Sitz der Gefühle und Empfindungen. Er wird dabei unermessliche Glückseligkeit empfinden.

Ist der Glaube vorhanden, lassen die Gedanken sich leicht auf den Gegenstand konzentrieren, den man erkennen will, und die erstrebte Erkenntnis wird schnell erlangt werden. In dem Maße, wie das Geistige sich entwickelt, tritt man in bewusste Beziehung zu den geistigen Strömen und dem Mentalen anderer Wesen, mögen sie nah oder fern, tot oder lebend sein. Wer das Mentale zu beherrschen vermag, gewinnt die Herrschaft über die ganze Natur.

Zu starke körperliche Aktivität, zu viel Reden, Essen, Umgang mit Frauen oder unerwünschten Menschen, zu viel Bewegung zerstreut die Gedanken. Der Schüler sollte sich davor hüten. Was immer er auch tun mag, verrichte er in vollkommener Konzentration und lasse niemals ab, bevor er seine Arbeit beendet hat.

Keuschheit, Pranayama, Beschränkung der Aktivität und Wünsche, Verzicht auf Äußeres, Einsamkeit, Stille, Sinneszucht, Aufgabe von Lust und Begierden, Beherrschung des Ärgers, Vermeidung unerwünschter Menschen, Ablassen von Zeitungslesen und Filmbesuch, dies alles trägt in starkem Maß dazu bei, den Weg zu ebnen und an Konzentrationskraft zu gewinnen.

Westliche Psychologen behaupten, man könne durch Konzentrations-Übung die ziellos herumwandernden Gedanken in seinem Inneren auf einen kleinen Raum beschränken, man könne sie aber nicht auf einen einzigen Punkt fixieren, da man dadurch das Denken völlig abschalten würde. Dies wäre das Ende des Bewusstseins. Nichts könnte durch Unterdrückung der Gedanken erreicht werden. Darum sei es sinnlos, dies zu tun. Diese Psychologen haben nicht recht, denn man kann das Bewusstsein vollkommen beherrschen, hat man erst einmal den Strom der Gedanken beruhigt. Der Yogi vollbringt Wunder durch das Fixieren seiner Gedanken auf einen Punkt. Die Konzentration seiner Bewusstseinskräfte lässt ihn in dem allesdurchdringenden geistigen Licht die verborgenen Schätze der Seele erkennen. Nachdem man diese Fixierung auf einen Punkt *(ekagrata)* erreicht hat, muss man die völlige Unterdrückung der Gedanken *(nirodha)* erlangen. In diesem Zustand hören alle Veränderungen überhaupt auf, und das Bewusstsein zerstört der Yogi, indem er sich mit *purusha,* der All-Seele, dem Sein, identifiziert, das den menschlichen Geist erleuchtet. Auf diese Weise erlangt er Allwissenheit und vollkommene Befreiung *(kaivalya).* Diese Tatsachen sind unseren westlichen Psychologen völlig unverständlich. Deshalb sind sie unsicher in ihrem Streben und wissen nichts von Vollkommenheit, von *purusha,* dem Beweis der Wirksamkeit des Geistigen.

Der Mensch ist ein soziales Tier. Sein biologischer Organismus wird als solcher durch den Besitz gewisser physiologischer Fähigkeiten charakterisiert, wie zum Beispiel Blutkreislauf, Atmung, Verdauung, Ausscheidung. Der Mensch charakterisiert sich aber auch durch psychologische Fähigkeiten, die ihm eigen sind, wie Denken, Wahrnehmen, Erinnerung, Phantasie usw. Er sieht, denkt, schmeckt, riecht und fühlt. Schließlich ist der Mensch, philosophisch gesprochen, das Ebenbild Gottes, nein, er ist selbst Gott. Er verlor seine göttliche Herrschaft, weil er die Furcht des verbotenen Baumes aß. Durch geistige Disziplin und die Übung der Konzentration vermag er seine verlorene Göttlichkeit wieder zu gewinnen.

10. Gespräche über Yoga

A. Auf was kann man sich konzentrieren?

B. Konzentriere dich zunächst auf eine konkrete Form, auf die Gestalt des Gottes Krishna mit der Flöte in der Hand oder auf die Gestalt des Gottes Vishnu mit Muschelschale, Diskus, Keule und Lotus in den vier Händen.

A. Man sagte mir, ich solle im Spiegel unverwandt auf den Zwischenraum zwischen beiden Augenbrauen blikken. Kann ich das tun?

B. Das ist ein Weg der Konzentration, den du gehen kannst. In jedem Fall bleibe bei einer Methode. Konzentriere dich auf das Bild Ramas und nur hierauf. Du wirst geistig wachsen, wenn du dich auf göttliche Bilder konzentrierst und über die Eigenschaften der Gottheiten meditierst.

A. Warum konzentrieren sich Menschen auf *shalagrama*?

B. Weil es die Macht hat, die Konzentration zu erleichtern.

A. Ich konzentriere mich auf die Stelle zwischen den Augenbrauen *(trikuta)*, auf OM als Klang und Bild. Ist das richtig?

B. Du hast recht. Verbinde mit OM die Ideen der Reinheit und *sat-chit-ananda* (reines Sein, reine Erkenntnis, reine Glückseligkeit, einer der Namen von Brahma). Empfinde dich als allesdurchdringendes Bewusstsein. Diese innere Haltung *(bhava)* ist notwendig.

A. Was muss ich tun, um tiefe Konzentration im Geistigen zu erlangen?

B. Entwickle in dir völlige Entsagung *(vairagya)*. Verlängere deine Übungen. Bleib in der Einsamkeit und verbinde dich nicht mit unerwünschten Menschen. Beobachte drei Stunden hintereinander Schweigen *(mauna)*. Nimm abends nur Milch und Früchte zu dir. So wirst du mit Sicherheit tiefe Konzentration der Gedanken erlangen.

A. Der Schüler braucht Worte der Ermutigung. Oft sucht er Verbindung mit seinem Guru. Darum störe ich dich immer wieder. Darf ich dich jetzt fragen, wie ich die Kraft der Konzentration steigern könnte?

B. Du kannst mir oft schreiben. Störungen treffen ausschließlich das Bewusstsein. Wer in Atman lebt, der jenseits des menschlichen Geistes ist, hat immer Frieden und kann von Störungen, Unruhe, Trauer nicht berührt werden. Die Konzentration nimmt zu, wenn man die Wünsche und Begierden vermindert, wenn man mindestens zwei Stunden am Tag schweigt, wenn man sich ein oder zwei Stunden in einem abgeschlossenen Raum einschließt, *pranayama* übt und betet, wenn man abends oder nachts die Meditationen verlängert und Unterscheidungen *(vichara)* übt.

A. Kann *japa* (das Wiederholen heiliger Formeln) zur Konzentration führen?

B. Ja, übe inneres *japa (manasika-japa).*

A. Wenn ich mich auf die Stelle zwischen den Augenbrauen *(trikuta)* zu konzentrieren versuche, bekomme ich Kopfweh. Gibt es ein Mittel dagegen?

B. Kämpfe nicht mit den Gedanken. Mach keine gewaltsamen Anstrengungen, wenn du dich konzentrierst. Entspanne Nerven, Muskeln, Gehirn. Konzentriere dich ohne Gewalt auf eine natürliche Weise. So wirst du unnötige Anspannung und damit auch Kopfschmerzen vermeiden.

A. Die Gedanken sind immer unruhig in mir, und das Fleisch ist schwach. Manchmal sind meine Versuche der Konzentration erfolgreich, oft aber enden sie in Enttäuschung. Die Reinigung des Bewusstseins ist nicht einfach. Was rätst du mir?

B. Deine Entsagung *(vairagya)* ist noch nicht intensiv genug. Entwickle sie und übe tiefe geistige Disziplin *(sadhana).* Erhöhe die Meditationszeit auf vier Stunden. Beschränke deine Aktivität *(vyavahara).* Gehe drei Monate in die Einsamkeit und bewahre dort die ganze Zeit Schweigen *(mauna).* Du wirst wunderbare Konzentration und Meditation erreichen.

A. Warum verlangt der Yogi vom Schüler, den er zum geistigen Erwachen *(shakti-sanchava)* führt, dass er alle anderen Formen von *sadhana* aufgibt?

B. Um einen starken Glauben zu entwickeln, ist es notwendig, standhaft zu sein auf dem Pfad, die Gedanken auf einen Punkt zu richten und eine einzige Form des Yoga zu üben.

A. Täglich übe ich zwei Stunden lang *japa* und eine halbe *Stunde pranayama.* Kann ich auf diese Weise in zwei bis drei Jahren völlige Konzentration *(ekagrata)* und Einswerden mit der Gottheit *(tanmayata)* erlangen?

B. Ja, wenn du rein und ehrlich in deinem *sadhana* bist.

II. PRAXIS DER KONZENTRATION

1. Aufmerksamkeit

Starkes Interesse für die Konzentration ist die Voraussetzung dafür, dass die Aufmerksamkeit sich auf den Gegenstand richten lässt, auf den man sich konzentrieren will. Ohne ein starkes Interesse und einen hohen Grad von Aufmerksamkeit wird der Schüler nicht zur Konzentration gelangen. Darum muss man wissen, was diese beiden Worte bedeuten.

Aufmerksamkeit ist unverwandte Anwendung der Gedanken. Das Bewusstsein wird auf einen ausgewählten Gegenstand konzentriert. Durch Aufmerksamkeit kann man seine mentalen Fähigkeiten und Kräfte entwickeln. Wo Aufmerksamkeit herrscht, besteht auch die Möglichkeit zur Konzentration. Aufmerksamkeit sollte man immer bewusster pflegen. Dazu bedarf es keines besonderen Verfahrens. Es ist vielmehr nur einer der Aspekte des gesamten Denkvorganges.

Wahrnehmung schließt immer Aufmerksamkeit ein. Wahrnehmen heißt aufmerken. Durch Aufmerksamkeit erlangt man eine klare und bestimmte Kenntnis der Gegenstände. Die Energie ist in dem Gegenstand gesammelt, auf den sich die Aufmerksamkeit richtet. Solange die Aufmerksamkeit anhält, und dies erfordert Anstrengung und Kampf, werden alle zerstreuten Gedankenströme vereint und alle Eindrücke tiefer in das Bewusstsein eingeprägt. Ein aufmerksamer Mensch hat ein sehr gutes Gedächtnis, ist wachsam und umsichtig, lebendig und gewandt. Die Aufmerksamkeit spielt eine große Rolle bei der Konzentration. Sie bildet die Grundlage für den Einsatz des Willens. Ist sie zweckmäßig ausgerichtet, dient sie der Einsicht in die innere Welt. Sie erweitert das Bewusstsein, ermöglicht die Erkenntnis erstaunlicher Tatsachen.

Aufmerksamkeit *(avadhana)* konzentriert das Bewusstsein und ist als Zeichen eines disziplinierten Willens Menschen von starker Mentalität zu eigen. Aber sie ist eine seltene Eigenschaft, die im besonderen durch Keuschheit *(brahmacharya)* entwickelt wird. Ein Yogi, der diese Fähigkeit besitzt, kann seine Gedanken sogar eine sehr lange Zeit auf einen ihm unangenehmen Gegenstand richten. Durch andauernde Übung kann Aufmerksamkeit entwickelt werden. Alle Großen dieser Welt, jeder, der etwas in seinem Leben erreicht hat, verdankt es dieser Fähigkeit.

Richte deine ganze Aufmerksamkeit auf die Sache, die du im Augenblick ausführst, gleichgültig, was es sei.

Wenn man sorgfältig die geistigen Funktionen und Handlungen beobachtet, wird man keinen Vorgang für sich allein als Aufmerksamkeit bezeichnen können. Man kann die Aufmerksamkeit nicht zu einer gesonderten Funktion machen. Wenn man etwas beobachtet, ist man aufmerksam. Aufmerksamkeit gehört zu jedem Bewusstseinszustand und ist in jedem Bereich des Bewusstseins möglich. Ein aufmerksamer Schüler des geistigen Pfades wird auf sehr wirksame Art dem Vorlesen der heiligen

Schriften *(shravana* der *shrutis)* lauschen. Der Offizier ruft »Achtung« und der Soldat ist bereit, seine Befehle auszuführen. Nur ein aufmerksamer Soldat kann die Zielscheibe treffen. Ohne Aufmerksamkeit kann man weder im Irdischen noch im Geistigen Erfolg haben.

Es gibt Yogis, die acht oder zehn, selbst hundert Dinge auf einmal tun können. Dies ist nicht sonderbar. Das ganze Geheimnis liegt in der Tatsache, dass sie ihre Aufmerksamkeit zu einem bemerkenswerten Grad entwickelt haben.

Es gibt zweierlei Aufmerksamkeit, eine nach außen, eine nach innen gerichtete. Auf äußere Gegenstände gewendet, heißt sie Aufmerksamkeit nach außen; nach innen, auf mentale Gegenstände und Ideen gerichtet, heißt sie innere Aufmerksamkeit.

Man unterscheidet auch die gewollte und die ungewollte Aufmerksamkeit. Wenn die Aufmerksamkeit durch Willensanstrengung auf äußere Gegenstände gerichtet wird, wenn man den ausgesprochenen Willen hat, auf dieses oder jenes aufzumerken, ist es gewollte Aufmerksamkeit. Man weiß, warum man wahrnimmt; eine gewollte Absicht, ein Anreiz, ein Ziel oder Zweck ist bewusst miteingeschlossen. Gewollte Aufmerksamkeit verlangt Anstrengung, Willenskraft, Entschluss und geistige Übung. Man muss sich mit Ausdauer um diese Eigenschaft bemühen und erfährt unzählige Wohltaten, wenn man erfolgreich ist.

Ungewollte Aufmerksamkeit ist die übliche. Sie verlangt keine Übung, keine Willensanstrengung, da sie durch das angenehme Äußere und den Anreiz des Gegenstandes angezogen wird. Man nimmt wahr, ohne zu wissen warum und ohne Unterweisung. Kleine Kinder haben diese Kraft der ungewollten Aufmerksamkeit in stärkerem Maß als Erwachsene.

Wenn ein Mensch nicht beobachtet, ist er auch nicht aufmerksam. Beobachtet er etwas, ist er auch aufmerksam. Absicht, Zweck, Hoffnung, Erwartung, Neugierde, Glauben, Wunsch, Wissen, Ziel und Notwendigkeit bestimmen den Grad der Aufmerksamkeit, deren Dauer, Richtung, Art, Schwingung und Spannung man beobachten sollte. Ein sehr angenehmer Gegenstand ruft starke Aufmerksamkeit hervor. Weckt man Interesse, so schafft man auch Aufmerksamkeit. Wenn die Aufmerksamkeit abzunehmen scheint, wähle man einen anderen, angenehmeren Gegenstand der Betrachtung. Durch geduldige Übung lernt man seine Gedanken auch auf unerfreuliche Gegenstände zu konzentrieren, indem man Interesse für sie weckt. Auf diese Weise wird man an Stärke zunehmen.

Beobachtet man sich genau, wird man feststellen, dass man verschiedene Dinge zu verschiedenen Zeiten wahrnimmt. Einmal das eine, einmal das andere beobachten, ist »schwankende Aufmerksamkeit«.

Die Aufmerksamkeit wechselt in einem fort, die Gegenstände wechseln auch; der Beobachtende aber bleibt unberührt, denn sein Bewusstsein ist noch nicht für eine längere Aufmerksamkeit geschult. Es empfindet Widerwillen gegen die Einförmigkeit und möchte stets anderen erfreulichen Dingen nachjagen. Der Vorsatz, sich nur mit einer bestimmten Sache zu beschäftigen, wird nicht verhindern, dass man trotz ernsthafter Bemühung plötzlich etwas anderes wahrnimmt.

Wenn ein Professor eine Vorlesung hält über ein abstraktes, metaphysisches Thema, werden viele Studenten schweigend den Hörsaal verlassen, weil ein nicht interessierender Gegenstand ihre Aufmerksamkeit nicht fesselt. Würde derselbe Professor singen oder aufregende Geschichten erzählen, würden sie alle mit begeisterter Aufmerksamkeit und tiefstem Schweigen zuhören. Wer einen Vortrag halten will, sollte die Kunst gelernt haben, die Gedanken seiner Hörer anzuziehen. Er muss, wenn nötig, den Ton ändern und kräftig, voller Überzeugung reden. Dabei muss er seine Zuhörer beobachten und sehen, ob sie aufmerksam sind oder nachlassen. Von Zeit zu Zeit muss er das Thema wechseln und nette Geschichten, passende Bilder einfügen. Er muss seinen Zuhörern genau ins Auge blicken, alles Dinge, die notwendig sind, um ein erfolgreicher Redner zu sein und die Aufmerksamkeit zu fesseln.

Napoleon, Gladstone, Arjuna und Jnanadeva besaßen eine wunderbare Gabe der Aufmerksamkeit. Sie konnten ihre Gedanken auf jeden gewollten Gegenstand richten, ebenso wie dies Wissenschaftler und Okkultisten, Richter oder Chirurgen auf Grund langer, mit Geduld, Regelmäßigkeit und Systematik betriebener Übungen zu tun vermögen.

Wenn du irgendeine Arbeit tust, versenke dich in sie und denke nicht an eine andere. Vergiss dich, verliere dein Ich. Konzentriere dich auf die Arbeit und schließe alle anderen Gedanken aus. Wenn du ein Buch studierst, denk nicht an ein anderes. Wissenschaftler sind von ihrer Arbeit oft so gefangen und in ihre Experimente und Untersuchungen so aufmerksam vertieft, dass sie tagelang nicht ans Essen denken. So erzählt man folgenden Fall: Die Frau eines stark von seiner Arbeit in Anspruch genommenen Wissenschaftlers kam mit einem großen Schmerz in das Laboratorium ihres Mannes, die Augen voller Tränen. Seltsamerweise war der Wissenschaftler keineswegs erregt. Er war so sehr in seine Arbeit vertieft, dass er seine Frau völlig vergessen hatte. »Madame«, antwortete er ihr, »weinen Sie noch eine Zeitlang, damit ich Ihre Tränen analysieren kann.«

Ein Herr lud Sir Isaac Newton zum Abendessen ein. Dieser suchte seinen Gastgeber auf und wartete im Wohnzimmer auf ihn. Der Herr aber hatte Newton und die Einladung vergessen, aß allein und ging wieder an seine Arbeit. Inzwischen hatte sich Newton so sehr in eine wichtige wissenschaftliche Frage versenkt, dass auch er die Einladung völlig vergaß und sich nicht von seinem Sitz rührte. Am nächsten Morgen sah der Gastgeber Newton in seinem Wohnzimmer und erinnerte sich erst jetzt der Einladung. Welch wunderbare Kraft der Aufmerksamkeit besaß Sir Isaac Newton! Alle Genies besitzen sie in höchstem Maße.

Durch andauernde Übung und ständig erneuten Versuch der Aufmerksamkeit kann ein zuerst trocken und uninteressant wirkendes Thema voller Anregung werden, wenn man es in sich aufnimmt und seinen Sinn, seine Folgerungen verstehen lernt. Allmählich wächst die Fähigkeit, seine Aufmerksamkeit auf diesen Gegenstand zu konzentrieren.

Wenn man von einem großen Unglück betroffen wurde oder wenn man sein Leben und seine Handlungen überblickt, um die Ursache eines Misserfolgs herauszufinden, kann man so stark in Anspruch genommen werden, dass man durch nichts mehr von diesem Thema abzubringen ist. Oder ein Artikel muss geschrieben, ein Buch vorbereitet werden. Dann arbeitet man weiter, ohne an Schlaf zu denken, unfähig, sich von der Arbeit loszureißen. Die zunächst willentlich gerichtete Aufmerksamkeit hat sich vollkommen des Bewusstseinsraumes bemächtigt.

Wer eine starke Kraft der Aufmerksamkeit besitzt, wird sich von jedem Gedanken, was es auch sein mag, tief beeindrucken lassen. Nur ein aufmerksamer Mensch kann seinen Willen entwickeln. Eine Mischung von Aufmerksamkeit, Nutzanwendung und Interesse kann ohne Zweifel Wunder wirken. Ein durchschnittlich begabter Mensch, der eine hochentwickelte Aufmerksamkeit besitzt, wird mehr schaffen als ein hoch intelligenter Mensch mit nur wenig Aufmerksamkeit. Fehlleistungen jeder Art sind oft auf Mangel an Aufmerksamkeit zurückzuführen. Wenn man sich nur einer Aufgabe widmet, wird man ihrer verschiedenen Möglichkeiten wohl gewahr. Der ungeschulte Mensch ist meist gleichzeitig für verschiedene Dinge offen und lässt vieles durch sein Bewusstsein gleiten. Darum sind seine Gedanken unklar und verwirrt und er vermag weder zu analysieren noch eine Synthese zu finden. Demgegenüber befasst sich der Geschulte, solange er will, mit einem Gegenstand und dringt mit seinen Untersuchungen bis ins einzelne ein. Erst wenn diese vollständig durchgeführt sind, wendet er sich einem anderen Gegenstand zu.

Man kann sich nicht um zwei Dinge auf einmal kümmern. Die Gedanken können sich nur mit einem

Gegenstand auf einmal beschäftigen. Da sie sich mit ungeheurer Geschwindigkeit nach vorwärts und rückwärts zu wenden vermögen, glaubt man bisweilen, dass sie mehrere Gegenstände gleichzeitig beachten können. Man kann aber zur gleichen Zeit nur hören oder sehen. Dieses Gesetz gilt nicht mehr für den entwickelten Yogi, der mehrere Dinge zur gleichen Zeit auszuführen vermag, weil sein Wille von dem allmächtigen kosmischen nicht verschieden ist.

Wer im gleichen Sitz verharren kann, wer seine Nerven und seinen Körper durch Atembeherrschung gereinigt hat, wird leicht imstande sein, sich zu konzentrieren. Meidet er gleichzeitig alle Zerstreuung und bewahrt er durch Keuschheit seine Energie, wird er eine vollendete Konzentration erreichen können. Er wird in der Lage sein, den Gegenstand der Konzentration, selbst wenn er nicht gegenwärtig ist, klar zu sehen und sein Gedankenbild in jedem Augenblick hervorzurufen. Will er seine Konzentrationsfähigkeit verstärken, muss er den Umfang seiner weltlichen Tätigkeit verringern und täglich zwei Stunden oder länger das Gelübde des Schweigens wahren. Dann werden die Sinne nicht mehr bestimmend sein, und der Schüler wird ungeheure psychische Kräfte und eine starke Willenskraft erlangen.

2. Konzentration in jeder Lebensphase

Konzentration ist ein wesentliches Rüstzeug für den Schüler des geistigen Pfades. Aber sie ist es nicht nur für den geistigen Weg, sondern für jede Stufe des Lebens, denn ohne Konzentration wird jede Lebensweise versagen.

Im geistigen Sinn bedeutet Konzentration das auf Einen-Punkt-Gerichtetsein der Gedanken, das Gerichtetsein auf *ishta devata,* die Schutz-Gottheit. Um Konzentration zu erlangen, muss man alle unnützend weltlichen Gedanken vertreiben, sich von allen niederen Wünschen irdischer Natur völlig freimachen. An ihre Stelle sollten göttliche Gedanken treten.

Meditation folgt der Konzentration, *samadhi* der Meditation. Später erlangt man den Zustand der »Befreiung im Leben« *(jivanmukta),* den *nirvikalpa-samadhi,* der frei ist von allen Gedanken der Dualität. *Jivanmukta* befreit endgültig vom Rad des Todes und der Wiedergeburt. Hieraus ergibt sich, wie wichtig Konzentration ist für den Schüler *(sadhak)* auf dem geistigen Weg.

Jede kleine Handlung verlangt Konzentration und vollkommene Aufmerksamkeit. Beim Einfädeln einer Nadel muss man die Fasern des Fadens entfernen, um ihn mit großer Sorgfalt und Konzentration durch das Nadelöhr ziehen zu können. Auch beim Besteigen eines Berges oder einem steilen Abstieg muss man sehr sorgfältig sein, um nicht auszugleiten und in den Abgrund zu stürzen. Ist man beim Gehen auch nur ein wenig geistesabwesend, stolpert man leicht über einen Stein und fällt hin. Ein unaufmerksamer Friseur wird beim Rasieren den Kunden schneiden, eine unvorsichtige Wäscherin die Wäsche verbrennen. Schläft der Schüler bei seinen Übungen ein, schlägt er mit dem Kopf gegen die Wand oder fällt auf den Boden.

Richte deine Gedanken konzentriert auf die Arbeit, die du gerade verrichtest. Leg dein Herz und deine Seele ganz hinein. Mag die Arbeit noch so klein sein, wie Obstschälen oder Auspressen einer Zitrone. Tu nichts ohne Sorgfalt. Nimm deine Mahlzeiten niemals verhetzt ein. Sei in allen Handlungen ruhig und geduldig. Fasse niemals hastige Entschlüsse und übereile nichts.

Eine Arbeit kann ohne Ruhe und Konzentration niemals erfolgreich ausgeführt werden. Das wissen alle, die erfolgreich waren und Großes leisteten. Jeder wird Misserfolge vermeiden, wenn er seine Arbeit mit ganzer Aufmerksamkeit und Konzentration ausführt. Wenn man betet oder meditiert, darf man nicht an sein Geschäft denken; wenn man im Büro ist, nicht an sein krankes Kind oder an seinen Haushalt, wenn man isst, nicht an die Arbeit. Man muss sich schulen, mit völliger Konzentration an die Arbeit zu denken, die man in der Hand hat.

Es ist wichtig, die Kunst geistiger Entspannung zu kennen und die Fähigkeit zu besitzen, Gedanken aus seinem Bewusstsein verjagen zu können.

Man muss den Gedanken »Ruhe« denken können und so tun, als sei man tot. Man soll innerlich den Namen des Herrn wiederholen und an die beseligende Tatsache Seiner Eigenschaften denken. Das schenkt einen traumlosen seligen Schlaf, der sehr schnell erfrischt, auch wenn er nur zwei Stunden dauert.

3. Wesentliche Züge des Yoga der Konzentration

Es ist schwer festzustellen, wo die Konzentration aufhört und die Meditation anfängt, denn Meditation folgt der Konzentration. Hat man sein Bewusstsein durch innere Vorbereitung *(yama)* und durch regelmäßige Beobachtung der Vorschriften *(niyama)* gereinigt und erhoben, beginne man seine Gedanken auf den gewählten Gegenstand zu richten *(dharana)*. Es ist eine große Torheit, wenn ungeduldige Schüler des Yoga ohne vorbereitende ethische Schulung sofort mit *dharana* beginnen. Sie versuchen einen großen Sprung und brechen sich dabei das Bein, denn die ethische Vollendung ist von höchster Wichtigkeit.

Konzentration bedeutet Festigkeit der Gedanken. Die Beseitigung aller Ursachen zur Zerstreuung wird die Konzentrationskraft steigern. Gleiches erreicht der Keusche, der seine Kräfte *(virya)* bewahrt hat, oder ein Mensch, der seine Sinnesorgane *(indriyas)* von der äußeren Welt zurückgezogen und Abstraktion *(pratyahara)* erfolgreich geübt hat.

Schritt für Schritt muss man auf dem geistigen Weg voranschreiten. Grundlegend sind rechte Lebensführung *(yama)*, regelmäßige Beobachtung der Vorschriften *(niyama)*, eine rechte Haltung *(asana)*, eine geschulte Atmung *(pranayama)* und eine Ausrichtung der Gedanken *(pratyahara)*. Nur auf diesen Grundlagen kann man Konzentration *(dharana)*, Meditation *(dhyana)* und Ekstase *(samadhi)* aufbauen.

Das Einnehmen einer Stellung *(asana)* ist äußere Schulung *(bahiranga sadhana)*, die Meditation *(dhyana)* innere Schulung *(antaranga sadhana)*. Im Vergleich zur Meditation *(dhyana)* und zur Ekstase *(samadhi)* ist Konzentration nur äußere Askese. Wer eine Stellung *(asana)* richtig einnimmt und seine Atemkanäle *(yoga-nadis)* und körperliche Hülle *(pranamaya kosha)* durch geschulte Atmung *(pranayama)* gereinigt hat, konzentriert sich leicht nach innen auf eins der sieben Geflechte *(chakra)* oder geistigen Energiezentren: *muladhara* (am unteren Ende der Wirbelsäule), *svadhistana* (zwischen diesem und dem folgenden Zentrum), *manipura* (in Höhe des Nabels), *anahata* (in Herzenshöhe), *vishuddha* (Halsgrube), *ajna* (zwischen beiden Augenbrauen) und *sahasrara* (am Scheitel des Kopfes), oder nach außen auf das Bild einer Gottheit wie *Hari, Hara, Krishna* oder *Devi*. Es ist leicht, die Gedanken auf einen angenehmen Gegenstand zu richten, wie auf die Blüte eines Mangobaumes, eine Jasminblume, eine Orange oder auf die Züge eines geliebten Freundes; schwieriger auf etwas Unangenehmes wie eine Kobra, ein Exkrement, einen Feind oder ein hässliches Gesicht. Übe Konzentration, bis sich die Gedanken gut in dem Gegenstand der Konzentration gesammelt haben, und hole sie zurück, wenn sie entfliehen. Krishna sagt in der Bhagavad Gita: »Sooft dir die unstet herumflatternden Gedanken entfliehen, sooft bringe sie wieder zurück und zügle sie unter der Herrschaft des Geistes.«

Als Konzentrationspunkt kann man den Raum zwischen beiden Augenbrauen *(trikuta)* nehmen, die »mystischen Klänge« *(anahata dhvani)*, die man im rechten Ohr hört, die Darstellung von »OM«, das Bild Krishnas mit der Flöte oder Vishnus mit Muschelschale, Diskus, Keule und Lotus. Man kann sich auch auf das Bild seines Gurus oder eines Heiligen konzentrieren oder, wie die Anhänger der Vedanta, auf *atman,* das innere Selbst.

Konzentration *(dharana)* ist die sechste Stufe des »Yoga in Acht Stufen« *(ashtanga* oder *raja-yoga)* von Patanjali. In der Konzentration liegt nur eine einzige Gedanken welle auf dem Meer des Bewusstseins, das einen Gegenstand allein zum Inhalt hat. Alles andere Denken ist angehalten. Wer eine halbe oder ganze Stunde lang wirkliche Konzentration üben kann, wird ungeheure Geistes- und Willenskräfte erlangen.

Wenn ein Hatha-Yogi seine Gedanken auf die sechs Stützpunkte *(shad adhara)* oder geistigen Energiezentren *(shad chakras)* richtet, konzentriert er seine Gedanken zugleich auf die entsprechenden Gottheiten: *Ganesha, Brahma, Vishnu, Rudra, Ishvara und Sadashiva.* Er beherrscht seinen Atem durch *pranayama* und hemmt die Sinnesorgane *(indriyas),* sich ihrer Neigung entsprechend nach außen zu entfalten *(pratyahara).* Er richtet schließlich seine Gedanken auf Brahma mit oder ohne Attribut *(saguna* oder *nirguna).*

Ziehe dich zur Übung der Konzentration in ein ruhiges Zimmer zurück und setze dich in den Lotussitz *(padmasana).* Schließe die Augen und beobachte, was geschieht, wenn du dich auf einen Apfel konzentrierst. Du kannst an seine Farbe, seine Form, an seine Größe und seine verschiedenen Teile wie Schale, Fleisch und Samen denken. Du kannst an die Orte denken, an Australien oder Kashmir, wo er wächst, an seinen süßen oder sauren Geschmack, an seine Wirkung auf Blut und Verdauung. Durch Assoziation mögen sich Gedanken an andere Früchte einstellen, oder die Gedanken schaffen sich andere, nicht zugehörige Bilder und beginnen herumzuschweifen. Vielleicht wandern sie zu einer Verabredung am Bahnhof, zu einem Einkauf, einer Tasse Tee, erinnern sich an ein unerfreuliches Ereignis des vorigen Tages. Dann musst du versuchen, bei einem bestimmten Gedanken zu bleiben und nichts hereinzulassen, was nicht in Bezug steht zu dem betrachteten Gegenstand. Du wirst schwer kämpfen müssen, um dies zu erreichen. Die Gedanken werden alles versuchen, um ihren gewohnten Lauf wieder aufzunehmen und ihren alten vertrauten Weg zu gehen. Der Versuch gleicht einem steilen Anstieg im Gebirge. Schon ein wenig Erfolg in der Meditation wird dir viel Freude bereiten. Wie auf der physischen Ebene die Gesetze von Gravitation und Kohäsion wirksam sind, so wirken auf der geistigen Gedankenebene bestimmte Gesetze des Denkens, der Assoziation, der Relativität, der Kontinuität usw. Wer Konzentration übt, sollte diese Gesetze kennen, um zu wissen, dass der Gedanke an einen Gegenstand auch dessen Eigenschaften und Teile miterfasst, dass eine Ursache auch ihre Wirkung miteinbezieht.

Wenn man die Bhagavad Gita, Ramayana oder das 2. Kapitel *(skhanda)* der Bhagavata-Purana mehrere Male aufmerksam liest, wird man jedes Mal neue Ideen entdecken. Konzentration wird die Einsicht durchdringender machen, sodass feinste esoterische Bedeutungen das Bewusstsein zu erleuchten vermögen und die Tiefen philosophischer Bedeutung verständlich werden. Bei der Konzentrationsübung aber soll man nicht gegen die Gedanken ankämpfen und jede Spannung in Körper und Bewusstsein vermeiden. Die Gedanken sollten sich friedlich und stetig auf die Gegenstände ausrichten und nicht umherwandern. Aufkommende Gefühlserregungen soll man nicht wichtig nehmen, denn sie werden sich bald wieder lösen. Würde man versuchen, gegen sie anzugehen, müsste man seinen Willen einsetzen. Es ist besser, gleichgültig zu bleiben. Der Vedanta-Schüler benützt zur Vertreibung der Erregung die Formel: »Berührt mich nicht, sondern entschwindet. Ich bin Zeuge der Veränderung meiner Gedanken *(sakshin).*« Der Mystiker *(bliakta-yogi)* betet ganz einfach, und Hilfe kommt ihm von Gott.

Man muss die Gedanken lehren, sich auf die verschiedensten, groben oder subtilen Gegenstände zu konzentrieren. Auf diese Weise wird im Lauf der Zeit eine wirksame Konzentration zur Gewohnheit, und man wird leicht in den richtigen Geisteszustand versetzt, sobald man sich zur Konzentration hinsetzt.

Wenn man ein Buch liest, soll man es aufmerksam tun. Es ist sinnlos, die Seiten schnell zu überfliegen. Lies eine Seite der Gita, schließe das Buch und konzentriere dich auf das Gelesene. Suche Parallelen im Mahabharata, in den Upanishaden und im Bhagavata-Purana und stelle die Widersprüche fest.

Für den Schüler ist die Übung der Konzentration zu Anfang schwierig und ermüdend, denn er muss dem Gehirn und Bewusstsein neue Wege öffnen. Nach einigen Monaten aber wird er durch die Konzentration Anregungen empfangen und eine neue Art von Freude *(ananda).* Fehlt ihm dieses Glück auch nur einen Tag, wird er unruhig. Nur die Konzentration vermag von Elend und Störungen dieser Welt zu befreien. Aufgabe des Lebens im irdischen Körper ist es, durch Konzentration das Selbst zu verwirklichen. Im Vergleich zu dieser Aufgabe sind Barmherzigkeit oder ein noch so großes Opfer *(rajasuya yajna)* unwesentlich.

Entsagung *(vairagya)*, Beherrschung der Gedanken *(pratyahara)* und Konzentrationsübungen werden die zerstreuten Gedanken allmählich im Bewusstsein zusammenführen und die Fähigkeit geben, sich auf einen Punkt zu konzentrieren. Ohne Stetigkeit in den Übungen wird man nur selten die Ruhe des Bewusstseins erreichen, da die Gedanken von Zeit zu Zeit zu wandern beginnen. Die beste Methode, das Bewusstsein zu lehren, jederzeit gehorsam die Befehle auf bestmögliche Art auszuführen, ist eine stetige und systematische Übung des Raja-Yoga.

Erstrebt der Schüler ein Ziel, das ihm noch nicht zukommt, wird er nur mühsam und langsam Fortschritte machen, während er auf dem rechten Pfad leichter Erfolg haben und bald seine Intuition erwecken wird. Ebenso mühsam wird der Weg für denjenigen sein, der nicht aus früheren Leben gute Vorbedingungen oder geistige Erfahrungen *(samskaras)* mitbringt, während im umgekehrten Fall der Fortschritt leicht erfolgt. Auch wer in seiner Natur verdorben ist und nur wenig Willenskraft besitzt, wird schwer vorankommen und seine Intuition nur langsam wecken, während bei einem Menschen mit starker Selbstbeherrschung der Erfolg bald eintritt und die Intuition schnell erwacht.

4. Einige Konzentrationsübungen

I.

Bitte einen Freund, dir einige Spielkarten vorzuzeigen, und beschreibe sie dann. Gib Zahl, Namen usw. an (Treffkönig, Karodame, Pique-Herzbube usw.).

II.

Lies zwei oder drei Seiten eines Buches und schließe es. Überlege dir das Gelesene, befreie dich von allen zerstreuenden Gedanken und suche mit sorgfältiger Aufmerksamkeit zu assoziieren, einzuordnen, zu gruppieren, zu kombinieren und zu vergleichen. Auf diese Weise wirst du neue Erkenntnisse und Aufschlüsse über das Thema erlangen. Es ist nutzlos, beim Lesen unaufmerksam Seiten zu überspringen und ein Buch in wenigen Stunden zu lesen. Wenn man dann nach seinem Inhalt oder nach wichtigen Stellen gefragt wird, versagt man. Beschäftigt man sich mit einer Aufgabe sorgfältig, wird man zu klaren und starken Eindrücken kommen, die auch im Gedächtnis haften bleiben.

III.

Setze dich in eine dir angenehme Meditationsstellung etwa einen halben Meter von einer Uhr entfernt und konzentriere dich langsam auf ihr Tick-Tack. Wenn die Gedanken wieder und wieder entlaufen wollen, versuche den Ton zu hören. Beobachte dabei, wie lange deine Gedanken ohne Unterbrechung fest auf den Ton gerichtet bleiben können.

IV.

Wieder setze dich in deine beliebteste Stellung. Schließe die Augen. Schließe auch die Ohren mit Daumen, Wachs oder Watte und suche, die mystischen Klänge *(anahata)* zu hören. Du kannst verschiedene Arten von Klängen vernehmen, wie Flöte, Geige, Pauke, Donner, Glocken, das Rauschen einer Muschel oder das Summen einer Biene. Versuche zuerst die groben Töne zu hören. Wollen die Gedanken dir entlaufen, erhebe sie vom Groben zum Feinstofflichen oder führe sie umgekehrt. Im allgemeinen vernimmst du Klänge in deinem rechten Ohr, gelegentlich im linken. Versuche in jedem Fall, das Ohr nicht zu wechseln. Dies ist eine einfache Art, das Bewusstsein abzuschließen *(ekagrata)* und die Gedanken in Zaum zu halten. Der liebliche Ton wird sie verzaubern, wie die Schlange von der Musik des Schlangenbändigers gebannt wird.

V.

Stelle eine Kerze vor dich hin und versuche, dich auf ihre Flamme zu konzentrieren. Wirst du müde dabei, schließe die Augen und versuche, dir die Flamme im inneren Bild vorzustellen. Tu dies eine halbe Minute lang und steigere die Zeit bis zu fünf oder zehn Minuten, je nach Wunsch, Temperament und Fähigkeit. Gelingt es dir, in tiefe Konzentration zu versinken, wirst du Weise *(rishis)* und Gottheiten *(devatas)* sehen.

VI.

Lege dich auf den Rücken und konzentriere dich auf den Mond. Entweichende Gedanken führe zu dem Bild des Mondes zurück. Diese Übung ist für leicht erregbare Menschen sehr wohltuend.

VII.

In gleicher Lage kannst du dich auf einen der Millionen Sterne konzentrieren, die über deinem Haupt erstrahlen.

VIII.

Setze dich an das Ufer eines Flusses, dessen dumpfes Brausen wie die heilige Silbe OM klingt. Konzentriere dich, solange du magst, auf diesen Ton. Dies ist reizvoll und anregend.

IX.

Lege dich in freie Natur und konzentriere dich auf den Himmel, dessen Blau sich über dir ausbreitet. Deine Gedanken werden sich im gleichen Augenblick ausweiten und erheben. Der blaue Himmel wird dich an die unendliche Natur deines Selbst erinnern.

X.

Setze dich in eine bequeme Stellung und konzentriere dich auf eine der unzähligen abstrakten Tugenden wie zum Beispiel Barmherzigkeit. Verharre in dem Gedanken an diese Tugend, solange du kannst.

5. Konzentration auf einen Stuhl

Konzentration ist, wie schon gesagt, für den Anfänger unangenehm und ermüdend, obwohl es die anregendste und segensreichste Erfahrung dieser Welt ist. Hat man erst einmal Fortschritte gemacht und Anregungen und Wohltaten empfangen, mag man die Übungen nicht mehr aufgeben, selbst nicht für einen Tag. Konzentration gewährt höchste Freude, innere geistige Kraft, ungetrübte Glückseligkeit und ewigen Frieden ohne Ende. Konzentration führt zu tiefer Erkenntnis, bedeutungsvoller Einsicht, zu Intuition und Kommunion mit Gott, zu einem Wissen, das in allen drei Welten sinnvoll ist.

Sich auf einen Stuhl zu konzentrieren, bedeutet die Gewinnung vollkommener und genauer Kenntnis des Stuhles, seiner verschiedenen Teile, seiner Bequemlichkeit für Rücken und Arme, des Holzes, aus dem er gefertigt ist, der zur Herstellung notwendigen Arbeit, ihrer Dauer und ihrer Kosten. Es bedeutet, festzustellen, ob man seine Teile auseinandernehmen und wieder zusammensetzen kann, ob er in modernem Stil hergestellt ist, welche Politur oder Lack benutzt wurden, um ihn dauerhaft zu machen. Diese Gedanken werden geweckt, wenn man sich auf einen Stuhl konzentriert. Meist werden sie wild aufs Geratewohl umherwandern und den einen Gegenstand verlassen, um einen anderen zu ergreifen und dann, wie ein Affe, weiter zum nächsten und zum übernächsten zu springen, ohne auf einem Punkt verharren zu können.

Fließen die Gedanken unaufhörlich in einen bestimmten Kanal, wie das öl, das aus einem Behälter in den anderen gegossen wird, so ist Konzentration erreicht. Führt der Schüler sie immer wieder in denselben Kanal, in die gleiche Denkart, zum gleichen Gegenstand, zur gleichen Idee zurück, so wird er das Ergebnis der geistigen Konzentration und Meditation, *samadhi*, erlangen, das Überbewusstsein, die Ekstase. Es ist die vierte Dimension, der »vierte Zustand« *(turiya)*.

Das Sammeln der Gedanken auf einen einzigen und gleichen Punkt wird erreicht, wenn man damit beginnt, ihre Schwingungen auf einen kleinen Kreis zu beschränken. Später wird als Ergebnis ununterbrochener und verlängerter geistiger Schulung *(sadhana)* die Zeit kommen, wo die Gedanken sich von allein konzentrieren. Die Zahl der Gedanken verringert sich, bis es nur noch einen Gedanken über einen Gegenstand gibt. Stirbt auch dieser Gedanke, so hat man den Zustand des Überbewusstseins, *samadhi,* erreicht. Ist noch ein Gedanke vorhanden, nennt man den Zustand den niederen, *savikalpa samadhi.* Hat auch dieser Gedanke sich aufgelöst und besteht kein einziger mehr, hat man die Leere des Bewusstseins, den Zustand der Gedankenlosigkeit erreicht, von dem der große Weise, Patanjali, in seiner Philosophie des Königlichen Weges *(raja yoga)* berichtet. Aber selbst über diese Leere sollte man sich erheben und sich mit dem Höchsten Wesen, *Purusha* oder Brahma, identifizieren, mit dem schweigenden Zeugen, der dem menschlichen Geist Kraft und Macht gibt. Dann, und nur dann, ist das letzte Ziel des Lebens erreicht.

Man muss sich immer den Grundsatz vor Augen halten: »Eine Sache auf einmal und gut getan, ist ein gutes Ding, das weiß jedermann.« In eine begonnene Arbeit soll man sein ganzes Herz, all seine Gedanken und seine ganze Seele hineinlegen. Was andere in sechs Stunden erreichen, vermag man in einer halben Stunde zu schaffen, wenn man entspannt, methodisch, geordnet und konzentriert vorgeht. So handelt ein Yogi. Jedes Studium verlangt vollkommene Konzentration. Die Gedanken dürfen nicht abschweifen, alle äußeren Geräusche müssen abgeschaltet, und der Blick auf einen Punkt gerichtet werden. Im Augenblick der Konzentration muss die ganze Welt für den Schüler gestorben sein. Nach ernsthaften und anhaltenden Übungen wird man dies erreichen, wenn man sich nicht entmutigen lässt, sondern ruhig und voller Geduld wartet. Rom ist nicht an einem Tag erbaut worden. Alles ist eine Frage der Zeit. Man soll keinen einzigen Tag unterlassen, seine Übungen auszuführen, auch nicht, wenn man krank ist. In deinem Versagen liegt das Geheimnis deines Erfolges, in deiner Schwäche das Geheimnis deiner Kraft. Es gilt, kühn und mutig auf dem mühsamen Weg voranzugehen, voller Fröhlichkeit einer wunderbaren Zukunft entgegen.

Übe und freue dich. Werde ein Yogi, ein kosmischer Mensch. Ich kann dich dazu machen, wenn du mir in Wahrheit und Ernst folgst. Stehe auf und erwache! Das Licht ist erschienen. Geliebte Kinder des Lichts und der Unsterblichkeit, die Stunde *Brahmas (brahma-muhurta)* ist da. Es ist ½4 Uhr morgens, der rechte Augenblick, um sich auf den Einen ohne Zweiten, auf Atman, zu konzentrieren und seine Gedanken zu kontrollieren. Setze dich in die heroische Stellung *(virasana)* und beginne ernsthaft, dich zu üben. Mögest du Erfolg und göttliche Gnade finden. Ich verlasse dich nun und lasse dich in deiner Übung allein. Versenke deine unruhigen Gedanken in *Brahma,* dem Meer des Wissens, und freue dich an der Höchsten Glückseligkeit.

6. Konzentration auf die »Unhörbaren Klänge«

Dharana ist die intensive und vollkommene Konzentration der Gedanken auf einen inneren oder äußeren Gegenstand, auf einen Ton, den nur die Yogis vernehmen *(anahata)*, oder auf irgendeine abstrakte Idee in völliger Abwendung *(pratyahara)* von allem, das dem äußeren Weltall, der wahrnehmbaren Welt zugehört.

Nimm die Lotusstellung *(padmasana)* oder die *siddhasana*-Stellung ein. Übe *»yoni-mudra«*, indem du die Ohren mit dem Daumen verschließt, sodass du die inneren Klänge durch das rechte Ohr vernimmst, so laut, dass du taub bist für alle äußeren Töne.

Überwindet man alle Hindernisse, wird man nach kurzer Zeit einen Zustand erreichen, der jenseits des Wachens, Träumens und tiefen Schlafes liegt. Die vielen lauten Töne, die man zu Beginn der Übungen vernimmt, werden immer klarer werden, und immer feinere Töne lassen sich unterscheiden. Die Konzentration wird den Schüler vom Groben zum Subtilen führen, wenn er auf den gleichen Gegenstand eingestellt bleibt. Ist das Bewusstsein auf einen Ton konzentriert, wird es sich ganz in ihn versenken und von äußeren Eindrücken unberührt eins mit ihm werden, wie Milch und Wasser sich vermengen in der vollkommenen Erkenntnis *(chidakasha)*. Gleichgültig geworden gegenüber der äußeren Welt und Herr seiner Begierden, soll der Schüler unaufhörlich seine Aufmerksamkeit auf einen Ton konzentrieren, auf diese Weise die Herrschaft der Gedanken zerstören und ihren Inhalt in sich aufsaugen *(chitta)*. Wie die Biene, die den Honig sammelt, sich nicht um seinen Duft kümmert, so bedeuten dem *chitta*, der ganz versunken ist in den »unhörbaren Ton« *(nada)*, die Gegenstände der sinnlichen Wahrnehmung nichts mehr. Er hat seine Schmetterlings-Natur verloren. Der Klang ist der scharfe

Stachel, mit dem die Kraft des Elefanten gezähmt wird, der sich im Freudengarten der Sinne tummeln möchte. Er ist das Ufer, an dem die Meereswellen dieser Gedankenwelt *(chitta)* sich auslaufen. Der Ton, der von der mystischen Silbe OM, die Brahma ist, ausgeht, ist von großer Kraft; denn die Gedanken lösen sich auf in ihm, dem höchsten Sitz *Vishnus.* Bewusstsein ist noch vorhanden, solange der Ton anhält. Endet er, ist der Zustand des »Jenseits« erreicht *(turiya).* Der Klang ist in Brahma aufgegangen. Der klanglose Zustand bedeutet höchstes Leben. Mit Hilfe der kosmischen Energie *(prana)* wird der menschliche Geist durch anhaltende Konzentration auf *nada,* den unhörbaren Ton, seine karmischen Bindungen zerstören und in dem Einen aufgehen, das nicht offenbar ist. Befreit von jedem Zustand und jedem Gedanken, wird er sein wie ein Toter *(mukti).* Wie ein Klotz wird sein Körper weder Hitze noch Kälte, weder Freude noch Schmerz empfinden. Wenn der innere Blick sich konzentriert, ohne von einem Gegenstand angezogen zu werden, wenn die Lebensenergie *(prana)* in Ruhe ist und ohne Bewegung, wenn das Meer des Bewusstseins *(chitta)* unbewegt bleibt, ohne durch ein Ufer beengt zu sein, dann wird der Schüler Brahma *(brahmavid brahman)* sein.

Durch Initiation eines Gurus kann der Schüler den zehnten Ton unter Überspringung der neun früheren erfahren. Auf der ersten Stufe wird der Körper *»chin-chini«;* auf der zweiten werden die Kontakte des Körpers unterbrochen *(chanjana),* auf der dritten hat der Schüler die Erfahrung des Durchbohrtwerdens *(bhedana);* auf der vierten zittert der Kopf; auf der fünften bildet sich ein

Übermaß an Speichel; auf der sechsten empfindet er den Geschmack von Nektar; auf der siebenten erwacht die Erkenntnis der verborgenen Dinge dieser Welt; auf der achten wird das Höchste Wort *(paravaka)* vernommen; auf der neunten wird der Körper unsichtbar, und die reine geistige Schau erwacht. Auf der zehnten Stufe ist der Zustand des Höchsten Brahma *(parabrahman)* erreicht. Wenn der menschliche Verstand *(mana)* zerstört ist, wenn Laster und Tugenden nichts anderes mehr sind als ausgebrannte Asche, dann erstrahlt der Schüler als das Unbefleckte, Ewige Licht. Rein und unbefleckt ist er *suddha brahman* geworden.

7. Fixieren des Blicks (trataka)

Schreibe das Wort OM in schwarzer Schrift auf eine Mauer und setze dich davor. Konzentriere dich mit offenen Augen auf die heilige Silbe, bis dir Tränen kommen. Dann schließe die Augen und rufe das Bild in deinem Inneren hervor, öffne erneut die Augen und blicke hin, bis wieder Tränen fließen. Steigere diese Übung allmählich. Es gibt Schüler, die eine Stunde lang unverwandt blicken können.

Trataka ist eine der »sechs Übungen« *(shad kriyas)* des Hatha-Yoga. Sie sammelt die herumirrenden Gedanken und setzt der Unordnung des Bewusstseins ein Ende *(vikshepa)*. Statt der Silbe OM kann man auch einen großen schwarzen Fleck auf der Mauer als Konzentrationspunkt nehmen. Die Mauer wird während der Übung eine goldene Farbe annehmen. Man kann den schwarzen Punkt auch auf ein Blatt weißes Papier zeichnen und dieses an die Wand hängen.

Du kannst zur Fixierung des Blicks *(trataka)* auch jedes Bild des Herrn nehmen, sei es *Krishna, Rama* oder *Shiva,* oder ein geheiligtes *shalagrama. Trataka* ist das Alpha-Beta, die erste Übung für den Yoga-Schüler zur Erlangung der Konzentration. *Trataka* zunächst mit offenen Augen geübt, ist die Vorstufe der »Visualisation«, der Übertragung des durch innere Schau gewonnenen Gedankenbildes eines Gegenstands in das Bewusstsein. *Trataka* in beiden Formen ist von großer Hilfe für die Konzentration.

Man kann die Gedanken auch durch die Übung geistiger Anbetung *(manas-puja)* sammeln, indem man sich auf die Eigenschaften des Herrn konzentriert und sich des offenbarten Weltalls *(lila)* als göttliches Spiel erinnert.

Am ersten Tag sollte man *trataka* nur eine Minute lang üben und die Dauer allmählich jede Woche verlängern. Man darf die Augen nicht überanstrengen und soll aufhören, wenn die Übung unangenehm wird. Sind die Kapillargefäße schwach, werden die Augen sich leicht röten. Dies braucht nicht zu beunruhigen, da die Röte bald nachlassen wird. Hat der Schüler *trataka* sechs Monate lang geübt, kann er mit fortgeschritteneren Übungen der Konzentration und Meditation beginnen. Hauptsache ist, dass er regelmäßig und methodisch in seiner Schulung *(sadhana)* vorgeht, und dass er, wenn er seine Übung unterbrechen muss, das Versäumte am nächsten Tag wieder aufnimmt. *Trataka,* das Fixieren des Blicks, heilt viele Augenkrankheiten und verleiht übernatürliche Kräfte *(siddhis)*. Während der Übung soll der Schüler OM oder die geheiligte Formel seiner Gottheit, sei sie *Hari, Shri, Rama* oder *Gayatri (istha mantra),* wiederholen.

III. VORBEREITUNG ZUR MEDITATION

1. Was ist Meditation?

Dhyanam nirvishayam manas: Der geistige Zustand, in dem keine sinnenverhafteten Gedanken mehr vorhanden sind, ist Meditation. »*Tatram pratyayaikatanata dhyanam*«: Der ununterbrochene Fluss einer Wahrnehmung oder eines Gedankens, auf einen Gegenstand gerichtet, wie das Wasser, das stetig im Strom fließt *(pravaha)*, ist *dhyana*-Meditation. Das Bewusstsein ist nur noch von einer Gedankenschwingung erfüllt *(ekarupa-vritti-pravaha)*.

Meditation ist die Aufrechterhaltung eines ununterbrochenen Flusses von Gottesbewusstsein, von dem Gedanken an Gott oder Atman, wie der unaufhörliche Fluss des Öls von einem Gefäß in das andere fließt *(taila-dharavat)*. Alle weltlichen Gedanken sind aus dem Bewusstsein ausgeschlossen, das erfüllt und völlig ausgefüllt ist von göttlichen Gedanken, göttlicher Herrlichkeit, göttlicher Gegenwart. Meditation ist der regelmäßige Fluss der Gedanken zu dem Gegenstand der Konzentration hin.

Meditation, die auf die Konzentration folgt, ist die siebente Stufe auf der Leiter des Yoga. Yogi nennen sie »*dhyana*«, Jnana-Yogi, die reine Erkenntnis erstreben, »*nidhidhyasana*«, Mystiker oder Bhakti-Yogi »*bhajana*«.

Yoga verlangt Auflösung aller Funktionen des Bewusstseins. Das Auslöschen der Gedanken, das völlige Leermachen des Bewusstseins ist ohne Zweifel eine schwierige Schulung, die unaufhörliche Übung und große Intensität erfordert, aber dann mit Sicherheit zum Erfolg führt.

2. Notwendigkeit der Meditation

Meditation ist der einzige Weg, der zu Unsterblichkeit und ewiger Glückseligkeit führt. Wer sich nicht konzentriert oder meditiert, tötet den Atman *(isha upanishad, 3. mantram)*. Er ist tatsächlich ein lebender Leichnam. Er ist sehr arm im Geist, ist unglücklich und gleichzeitig ein hoffnungsloser Egoist.

Der Weise zerschlägt die Bindungen des Egoismus mit dem scharfen Schwert ununterbrochener Meditation. Dann dämmert die höchste Erkenntnis des Selbst, die vollkommene innere Erleuchtung oder Selbstverwirklichung auf. Wer sich befreit hat, kennt keinen Zweifel und keine Enttäuschung mehr. Für ihn sind alle Bindungen des Karma aufgehoben. Darum ist die Meditation so wesentlich und der Hauptschlüssel, der die Bereiche der ewigen Glückseligkeit aufschließt. Durch sie haben große Weise oder *rishis* früherer Zeiten wie Yajnavalkya, Uddalaka und andere die Selbsterkenntnis erlangt, die höchste Einswerdung ermöglicht.

Ebenso wie der Körper dürstet die Seele nach Nahrung: nach Gebet, Wiederholen des geheiligten Wortes *(japa)*, nach religiösen Zusammenkünften *(kirtana)*, Meditation usw. Wie der Körper unruhig wird, wenn er nicht zur rechten Zeit Nahrung erhält, so wird die Seele unruhig, wenn man nicht am Morgen und Abend zur rechten Zeit betet oder wenn man eine Zeitlang die Übung des Betens und des *japa* ganz aufgibt. Die Ernährung der Seele ist wesentlicher als die des Körpers. Darum sollte man sich regelmäßig dem Gebet, *japa* und der Meditation hingeben.

Wie man in seinem Garten Jasmin, Rosen, Lilien anpflanzt, muss man auch die Blumen der Gedanken von Frieden, Liebe, Erbarmen, Güte, Reinheit und andere im weiten Garten seines innersten Wesens *(antahkarana)* betreuen. Innenschau, Meditation und erhabene Gedanken müssen den Garten bewässern und das Unkraut eitler, nutzloser und ungeordneter Gedanken ausreißen. Wenn der Mangobaum Blüten ansetzt, weiß man, dass er bald Früchte tragen wird. Hat man den inneren Frieden *(shanti)* erlangt, weiß man ebenso sicher, dass man nach gewisser Zeit erfolgreich in der Meditation sein und die Früchte der reinen Erkenntnis *(jnana)* pflücken wird.

Ähnliches zieht Ähnliches an. Das ist eine grundlegende Gesetzmäßigkeit. Gute Gedanken und erfolgreiche Meditation werden Weise und Asketen anziehen *(sadhus, yogi, siddhas)*, deren Ausstrahlungen dem Schüler Segen bringen.

3. Früchte der Meditation

I.

Selbst *Indra,* der Herr der *Devas,* der Herr unendlicher Fülle, vermag nicht die Seligkeit des Weisen zu erfahren, dessen Bewusstsein, auf das innerste Wesen konzentriert, frei ist von allen Wünschen und in der vollkommenen Erkenntnis *(svarupa)* ruhend, alles mit dem gleichen Blick umfasst.

Der Schüler muss lernen, sich selbst zu beherrschen, sein Bewusstsein zu beruhigen und durch ständige Übung der Meditation zu festigen. Sind seine Gedanken auf Gott gerichtet, so wird er göttliches Leben empfangen und, vom Licht erleuchtet, alle göttlichen Eigenschaften in sich aufnehmen. Seine negativen Wünsche werden schwinden und die Spannungen sich lösen. Vollkommene Harmonie, unzerstörbare Freude und immerwährender Friede werden ihn erfüllen. Meditation ist der einzige, wahrhaft königliche Weg, der zum Heil führt. Meditation tötet alle Schmerzen, Leiden und Sorgen. Sie zerstört selbst deren Ursachen und verhilft zur Schau der Einheit, des einmalig Einen. Durch sie wird der Schüler in die Reiche ewiger Glückseligkeit, immerwährenden Friedens und unsterblicher Freude eindringen.

Meditation ist der königliche Weg, der zur Erlangung der Göttlichkeit, zur göttlichen Erkenntnis führt. Meditation ist die mystische Leiter von der Erde zum Himmel, die göttliche Leiter der Yogi, auf der sie die Höhen des Überbewusstseins *(asamprajnata samadhi)* ersteigen. Sie ist die Leiter zum Himmel der reinen Erkenntnis *(chidakasha)*, zum Erlebnis der reinen Einheit *(advaita)*, zum Aufgehen in dieser reinen Einheit *(nishtha)* und zur vollkommenen Befreiung *(mukti)* der Vedantisten. Ohne Meditation ist kein geistiger Fortschritt möglich. Sie ist die Fähre, auf der der Anbetende zum anderen Ufer hinübergleitet, dem Ufer der höchsten Ekstase *(bhava samadhi)*, wo der Honig göttlicher Liebe *(prema)*, der Nektar der Unsterblichkeit fließt.

Regelmäßige Meditation öffnet die breiten Pfade intuitiver Erkenntnis, gibt den Gedanken Ruhe und Festigkeit, weckt die Ekstase und bringt den Schüler des Yogi in Beziehung zur Welt-Seele *(purusha)*. Schreitet der Schüler entschlossen auf dem Pfad der Meditation *(dyana-yoga)* voran, erlischt jeder Zweifel in sich selbst. Er wird allein die nächste Stufe der geistigen Leiter finden, auf die er seine Füße stellen muss. Er braucht nur auf eine geheimnisvolle innere Stimme zu hören, die ihn führen wird.

Eine am Abend aufgezogene Uhr wird vierundzwanzig Stunden lang regelmäßig weitergehen. Ebenso kann der Schüler ungestört den ganzen Tag seine Arbeit schaffen, wenn er eine oder zwei Stunden zu der geeignetsten Zeit *(brahma-muhurta)* meditiert hat. Dann wird er von den geistigen Schwingungen, von göttlichen Strömen ganz erfüllt sein.

Viele Zweifel werden sich während der Meditation, wenn auch erst nach Ablauf einiger Zeit, von selbst klären. Selbst wenn der Lehrer sie erklärt, gibt es gewisse Dinge, die der Schüler zu einer bestimmten Zeit noch nicht zu erfassen vermag. Nach einer weiteren Entwicklung lösen sich aber die Zweifel, die den Schüler Jahre zuvor noch heftig gequält haben, von selbst auf. Koliken, Blinddarmreizung oder Abszesse verursachen akuten Schmerz. Während des Schlafs aber oder wenn man betäubt ist, spürt man ihn nicht. Nur wenn das Bewusstsein mit dem Körper verbunden ist, kann sich der Schmerz auswirken. Er schwindet, wenn man in der Lage ist, Bewusstsein und Körper zu trennen. Atman ist verkörperte Glückseligkeit *(ananda-ghana),* Ist das Bewusstsein, getrennt von Körper und äußerer Welt, durch ständige Meditation auf Atman gerichtet, werden alle Schmerzen vergehen. Deshalb ist Meditation der einzige Weg, der alles menschliche Elend auslöschen kann.

Wahre Ruhe erlangt man während der Meditation, wenn das Bewusstsein in Atman ruht. Auch Veränderung der Arbeit kann Entspannung geben. Müßigkeit aber, in der die Gedanken ungezügelt herumwandern wie ein brünstiger Elefant oder sich Luftschlösser bauen, kann nicht zur Ruhe führen.

Wer seine Gedanken nicht in der Meditation zu konzentrieren vermag, wird keine Selbsterkenntnis gewinnen. Dem Unsteten, der nicht meditieren kann, fehlt jede Ehrfurcht vor dem Selbst und jede Selbsterkenntnis, jede Sehnsucht nach Befreiung *(moksha),* jeder Frieden des Geistes. Wie aber kann es Glückseligkeit für einen Menschen geben der nicht im Frieden lebt?

Auch seine Träume wird man allmählich zu beherrschen lernen und seine Gedanken vor Bösem bewahren. Die Kraft geistiger Disziplin *(sadhana),* die im Wachsein geübt wurde, wird im Traum zu Hilfe kommen und Beweis des geistigen Wachsens sein. Es ist deshalb wichtig, seine Träume sorgfältig zu beobachten.

Wer sich von den Leiden und Nöten dieser Welt im Kreislauf von Tod und Wiedergeburt *(samsara)* befreien will, muss Meditation üben, den Pfad zur Göttlichkeit, den königlichen Weg, der zum Reich Brahmas führt. Dieser verbindet die Erde mit dem Himmel, den Irrtum mit der Wahrheit, die Tiefen mit dem Licht, das Leid mit der Glückseligkeit, die Unruhe mit dem Frieden, die Unwissenheit mit der Erkenntnis, die Sterblichkeit mit der Unsterblichkeit. Meditation bereitet den Weg für die vollkommene Erfahrung, die unmittelbare intuitive Erkenntnis.

Wahrheit ist Brahma. Wahrheit ist Atman. Sie ist einfach und rein. Ohne Konzentration und Meditation kann man Wahrheit nicht erfahren. Sei still und erkenne dich selbst. Erkenne Das und versenke dein Bewusstsein in dieses Das. Die erhabene Schönheit, die unvergängliche Herrlichkeit Atmans wird dir verborgen bleiben, wenn du die Schleier, die deine Seele verdecken, wenn du die fünf Hüllen *(koshas)*, die Atman verschleiern, nicht zerreißt durch regelmäßige Meditationsübungen, die Glückseligkeit in diesem Leben gewähren. Das Feuer der Meditation verbrennt alle Unreinheiten des Lasters und lässt unvermutet die Erkenntnis der Göttlichen Weisheit aufsteigen, die unmittelbar zur endgültigen Befreiung *(mukti)* führt.

Wertvolle Hilfsmittel für die Disziplin des Bewusstseins sind Schulung des Gedächtnisses, der Überlegungen, der Unterscheidung und die Untersuchung der wirklichen Identität durch die Frage: »Wer bin ich?« Die Meditationsübung selbst vermag in hohem Maß das Gedächtnis zu stärken, und die Schulung des Gedächtnisses trägt wesentlich zur Erreichung der Meditation bei. Meditation schafft Spannkraft sowohl für den Körper wie für das Bewusstsein. Die heiligen Schwingungen der Meditation durchdringen alle Zellen des Körpers und heilen Krankheiten auch ohne Arzt. Sie üben einen segensreichen Einfluss auf Bewusstsein, Nerven, Organe und Zellen des Körpers aus, und die göttliche Energie vermag ungehindert von den Füßen des Herrn zum Organismus des Schülers zu fließen. Wer eine halbe Stunde zu meditieren vermag, wird dadurch Frieden und geistige Stärke für den Lebenskampf einer Woche gewinnen. So segensreich ist der Erfolg der Meditation.

Ein Yogi, der regelmäßig meditiert, besitzt magnetische Kräfte. Wer mit ihm in Berührung kommt, steht unter dem Bann der Lieblichkeit seiner Stimme, der Macht seiner Rede, des Strahlens seiner Augen, des Glanzes seiner Haut, der kräftigen Gesundheit seines Körpers, der Ruhe seines Auftretens, unter dem Bann seiner Tugenden und seiner göttlichen Natur. Wie das Körnchen Salz sich im Meer auflöst und verteilt, wie der süße Duft des Jasmin die Luft erfüllt, so geht auch seine Aura, seine geistige Ausstrahlung, in das Bewusstsein der anderen ein. Die Menschen empfangen Freude, Frieden, Kraft von ihm. Sie werden von seiner Rede angeregt; der Kontakt mit ihm erhebt ihre Gedanken.

Meditation öffnet das Tor des Bewusstseins zu intuitiver Erkenntnis und machtvoller Kraft. Meditiere, meditiere! Verliere nicht eine einzige Minute. Die Meditation wird alles Elend des Lebens von dir nehmen. Nur sie vermag es. Meditation ist der Feind des Denkens und zerstört es *(mano-nasha)*.

II.

Der *Mahatma,* die »Große Seele«, die in der einsamen Höhle des Himalaya meditiert, hilft der Welt durch seine geistigen Schwingungen mehr als der Heilige *(sadhu),* der in der Öffentlichkeit predigt. Wie Klangschwingungen den Äther durchziehen, so verbreiten sich auch die geistigen Schwingungen des Meditierenden weit in die Ferne und bringen Tausenden Frieden und Kraft. Wenn der Meditierende sein Bewusstsein aufgibt, vermag er die ganze Welt zu durchdringen. Es ist deshalb unberechtigt, den Heiligen, der in seiner Höhle meditiert, der Selbstsucht zu zeihen.

Regelmäßige Meditation richtet eine starke geistige Mauer auf und bildet eine magnetische Aura, die selbst die mächtigsten Abgesandten der Maya oder des Satans nicht durchdringen können. Wenn Bindung *(raga)* und Täuschung *(moha)* den Menschen der äußeren Welt verhaftet, so sollte er sich im Herzen auf Gott konzentrieren und tief in ihm versinken.

Wenn der Schüler sein Bewusstsein während der Meditation auf einer hohen Stufe festzuhalten vermag *(sattva),* wird er von Inspiration erleuchtet. Er vermag die schönsten Verse zu dichten, die schwersten Probleme des Lebens zu lösen. Aber auch diese *sattva*-Fähigkeit muss später ausgelöscht werden, da sie noch geistige Energie verbraucht.

Der Schüler muss sich noch höher erheben, hinauf zu dem einmaligen Einen, zu Atman. Die vollkommene Seligkeit *(ananda)* der Göttlichen Herrlichkeit wird der Schüler nur erfahren, wenn er tief in schweigende Meditation hinabsinkt. Solange er nur an den Grenzen der Gottheit, an der Schwelle des Göttlichen verweilt, wird er höchsten Frieden und höchste Glückseligkeit nicht erlangen.

Einige der Visionen, die man in der Meditation erschaut, sind eigene materialisierte Gedanken, während andere objektive Wirklichkeit darstellen.

Wenn ein Schüler – nehmen wir dies Beispiel – in Kaschmir über seinen geistigen Guru meditiert, der weit entfernt im Himalaya lebt, wird eine feste Beziehung zwischen den beiden hergestellt, und der Guru wird fühlen, wie der Strom der Gebete oder erhabenen Gedanken sein Herz berührt. Der Guru strahlt Kraft, Frieden, Freude und Segen auf seinen Schüler aus als Antwort auf dessen Gedanken. Dieses wird durch den starken Strom des Magnetismus erreicht, der unaufhörlich vom Lehrer zu seinem Schüler hinfließt, wie Öl von einem Gefäß in das andere. Der Schüler kann die Ströme annehmen oder abwehren, wie es der Kraft seines Glaubens entspricht. Wem die innere astrale Schau gegeben ist, nimmt einen klaren dünnen Lichtstrahl zwischen Lehrer und Schüler wahr, hervorgerufen durch die Schwingungen der *sattva*-Gedanken auf dem Meere des Geistes *(chitta)*.

Ein plötzliches Aufflammen mystischer Erleuchtung beendet alles empirische Dasein, selbst die Idee einer Erinnerung von etwas, das diese Welt oder nur die enge Individualität des Verstandes in dieser Welt bedeuten mag. Hat der Yogi die letzte Stufe der Meditation und des *samadhi* erreicht, sind alle Reste seiner Handlungen vollkommen ausgebrannt, und er erlangt noch in diesem Leben völlige Befreiung *(jivanmukta)*.

Meditation gibt viel geistige Kraft, Frieden, neue Stärke und Vitalität. Sollte ein Meditierender sich leicht beunruhigen lassen, hat er nicht richtig, nicht ununterbrochen meditiert, oder etwas ist falsch an seiner Schulung *(sadhana)*. Meditation entwickelt starke und reine Gedanken, die eine feste Grundlage bilden. Geistige Bilder sind klar gezeichnet und gut umrissen, sodass nichts unklares zurückbleibt. Wie lieblicher Duft dem Weihrauch entströmt, so verbreitet das Antlitz des Schülers, der regelmäßig meditiert, angenehmen Geruch, göttliche Klarheit *(brahma-varchasa)* und eine magnetische Brahma-Aura *(teja)*. Er hat ein ruhiges, heiteres, bezauberndes Antlitz, eine liebliche Stimme und glanzvolle, strahlende Augen. Wie die Bebauung eines harten oder mit Salz übersättigten Bodens ergebnislos ist, so bringt auch Meditation ohne Entsagung *(vairagya)* keine Früchte.

Während der Kontemplation steht der Schüler in geistiger Beziehung zu dem unwandelbaren Licht und ist von allen Unreinheiten befreit, denn das Licht läutert die Seele, die es berührt. Wie das Sonnenlicht durch eine Lupe Stroh anzündet, so wird das Licht seiner Reinheit und Liebe, das die Seele des Schülers erleuchtet, wenn sein Herz in Hingabe zu Gott erhoben ist, alle Unvollkommenheiten im Feuer der göttlichen Liebe verbrennen und seine Energie, sein Wohlbehagen steigern.

Alle sichtbaren Dinge sind *maya*. *Maya* aber wird durch die Erkenntnis *(jnana)* und durch die Meditation über Atman vergehen. Man muss lernen, *maya* auszulöschen, die mit Hilfe des menschlichen Verstandes Schaden stiftet. Diese Vernichtung der *maya* kann allein durch Meditation über Atman *(nidhidhyasana)*, durch

Zerstörung der auf das Außen gerichteten Gedanken erreicht werden.

Wer Meditation übt, wird feinfühliger sein als andere und deshalb besonders große Anforderungen an seinen physischen Körper stellen müssen. Fortgeschrittene Schüler fragen sich bisweilen: »Was kann denn dieser Zustand der Gottverwirklichung sein? Wie wird Gott mir erscheinen? Wie werde ich Ihn erschauen?« Gottes Verwirklichung lässt sich nicht beschreiben. Sie ist vollkommener Frieden, unauslöschbare Glückseligkeit, tiefe Stille, Aufdämmern geistiger Erkenntnis, Ausschaltung von Bewusstsein, Verstand und Sinneswahrnehmungen, Lebendigwerden innerer intuitiver Erfahrung. Nur soviel kann gesagt werden, denn jeder muss es selbst im Überbewusstsein, im *samadhi,* erfahren.

4. Brahma muharta: Die beste Zeit zum Meditieren

Der Schüler sollte unter allen Umständen zur Stunde Brahmas *(brahma-muharta)* aufstehen, der morgendlichen Stunde zwischen 3.30 Uhr und 5.30 Uhr, die für die Meditation besonders günstig ist. Das Bewusstsein ist durch guten Schlaf erfrischt, ruhig und heiter. Es herrscht Reinheit im Denken *(sattva)* wie in der Atmosphäre.

Das Bewusstsein gleicht einem unbeschriebenen Blatt Papier und ist zu dieser Stunde verhältnismäßig frei von Eindrücken und Auswirkungen weltlicher Handlungen *(samskara)*. Die Kräfte von Anziehung und Abstoßung *(ragadvesha)* sind in das Bewusstsein noch nicht tief eingedrungen. Es lässt sich noch in der gewünschten Art formen und mit göttlichen Gedanken füllen. Hinzu kommt, dass zu dieser Stunde alle Yogis, *paramahamsas, sannyasins* und *rishis* des Himalaya ihre Meditation beginnen und ihre Schwingungen durch die ganze Welt senden. Ihre geistigen Ströme werden von unermesslichem Segen sein und dazu beitragen, dass die Meditation ohne Mühe von allein eintritt. Es wäre ein furchtbarer geistiger Verlust, diese Zeit nicht zu göttlicher Kontemplation auszunutzen, sondern zu schlafen.

Im Winter ist es nicht notwendig, ein kaltes Bad zu nehmen. Es genügt die Vorstellung. Suggeriere dir und fühle wirklich: In diesem Augenblick nehme ich ein kaltes Bad im großen Strom des Prayag oder im heiligen Fluss von Benares. Denke an den reinen Atman und wiederhole die Formel: »Ich bin ewig reine Seele.« Dies ist das wirksamste Bad der Weisheit, im Ganges der reinen Erkenntnis *(jnana-ganja)*. Diese höchste Reinigung hebt alle Sünden auf.

Wenn man an das frühe Aufstehen nicht gewöhnt ist, kann man einen Wecker benutzen. Hat man sich einmal an die Stunde gewöhnt, wird es nicht mehr schwierig sein, aufzuwachen. Das Unterbewusste wird dem Schüler willig und gehorsam dienen und ihn zur rechten Zeit wecken. Wasche schnell Gesicht, Hände und Füße. Gieß kaltes Wasser über Gesicht und Scheitel des Kopfes. Das wird Gehirn und Augen kühlen. Bei chronischer Verstopfung trinke ein volles Glas kalten oder lauwarmen Wassers *(usha-pana)*. Bei nicht heilbarer, alter Verstopfung meditiere gleich nach dem Aufstehen. Hast du dann eine Tasse sehr heiße Milch getrunken, kannst du den Forderungen der Natur nachkommen.

Sei schnell, beeile dich, damit du bald in Bereitschaft bist. Die Stunde Brahmas geht schnell vorüber. Diese kostbare Zeit muss zur Wiederholung der geheiligten Formel *(japa)* und zur Meditation genützt werden. Setz dich in *siddha-*, *padma-* oder *sukha*-Stellung. Du kannst auch andere Stellungen *(asanas)* einnehmen, Atembeherrschung *(pranayama)* üben und die Gita oder andere religiöse Bücher lesen.

Auch die Zeit der abendlichen Dämmerung *(sandhya)* ist günstig für die Meditation. Da während der Stunde Brahmas und bei Sonnenuntergang der Zentralkanal *(sushumna nadi)* offen ist und man leicht und mühelos in tiefe Meditation und Samadhi fällt, halten die *rishis*, Yogis und die heiligen Schriften so viel von diesen beiden Stunden des Tages. *Sushumna* wird wirksam, wenn der Atem gleichmäßig durch beide Nasenlöcher strömt. Versenke dich in diesem Augenblick in Meditation und genieße den inneren Frieden des Atman, der Weltseele.

Wiederhole göttliche Verse *(stotras)* oder Gesänge zu Ehren deines Gurus oder singe zwölfmal die Silbe OM. Man kann auch fünf Minuten lang fromme Lieder *(kirtana)* singen, ehe man mit *japa* oder Meditation beginnt, oder fünf Minuten lang eine der Hatha-Yoga-Stellungen einnehmen, wie *shirshana* (die Gleichgewichtsübung auf dem Scheitel des Kopfes) oder *sarvangasana* (die Gleichgewichtsübung auf Kopf, Nacken und Schultern), oder während zehn Minuten Atemübungen *(pranayama)* ausführen. Auf diese Weise werden die Gedanken schnell emporgehoben und Trägheit oder Schlaf vertrieben, eine gute Vorbereitung für die Meditation.

Siehe, die Stunde Brahmas ist da. Bleib nicht faul im Bett, wirf die Decken zurück. Steh auf! Beginn mit aller Kraft zu meditieren und freue dich der ewigen Glückseligkeit deines inneren Selbst.

5. Meditationszimmer

Zum Meditieren ist ein verschließbares, eigenes Zimmer unbedingt erforderlich. Es soll heilig gehalten und jedem der Zutritt verwehrt werden. Wenn man sich kein eigenes Zimmer leisten kann, soll eine kleine Ecke durch Vorhang oder Wandschirm abgeschlossen als Meditationsraum dienen. Weihrauch, Rauchwerk oder Kampfer sollen am Morgen und Abend verbrannt und ein Bild von Krishna, Shiva, Rama, der Devi oder Gayatri, des Gurus oder eines von Jesus oder Buddha aufgestellt werden. Bücher wie die Gita, Ramayana, Upanishaden, Vivekachudamani, Yogavasishta, die Bibel, der Koran sollten in dem Raum aufbewahrt werden.

Der Meditationsraum sollte als Tempel Gottes betrachtet werden. Nie sollten in ihm profane Gespräche erlaubt sein oder lasterhafte Gedanken von Neid oder Geiz wach werden. Man sollte ihn nur mit frommem ehrfürchtigem Geist betreten, da die Atmosphäre des Raums Eindrücke aufnimmt von dem, was wir tun, was wir denken, wovon wir sprechen. Gibt man nicht acht, werden lasterhafte Gedanken und profane Gespräche Einfluss auf das Bewusstsein des Schülers ausüben, es ablenken oder hemmen und ihn dadurch unfähig machen, seine Hingabe zu vollenden. Worte, die man aussprach, Gedanken, die man liebte, Taten, die man ausführte, gehen nicht verloren, sondern werden immer wieder von den feineren Schichten des Äthers zurückgespiegelt. Sie haben unweigerlich eine Auswirkung auf das Bewusstsein. Man sollte sie so gut wie möglich zu überwinden suchen, jedenfalls in den ersten Monaten. Denn hat der Schüler seine Gewohnheiten verändert, wird alles von selbst richtig verlaufen.

Wird ein *mantram* oder der Name des Herrn wiederholt, bleiben machtvolle Schwingungen in der Atmosphäre des Raumes, sodass man noch sechs Monate Frieden und Reinheit der Atmosphäre spürt. Diese beruhigenden geistigen Einflüsse wird man selbst empfinden. Man wird im eigenen Haus den Wallfahrtsort finden und nicht mehr in die Ferne pilgern müssen.

6. Orte der Meditation

Wer auf dem geistigen Pfad vorwärts schreitet, dem wird die »Welt« zur Meditation nicht mehr zusagen, da es in ihr zu viele Störungen gibt und die Umgebung wenig förderlich ist. Die Freunde selbst erscheinen als die ärgsten Feinde und stehlen dir unvermeidlich die Zeit durch unnütze Gespräche. Verwirrt und beunruhigt wird der Schüler versuchen, sich aus seiner Umwelt zu lösen. Um Zeit, Geld, Wanderschaft zu vermeiden, sollen ihm deshalb gute Plätze für die Meditation genannt werden, unter denen er wählen kann.

Notwendig ist vor allem ein gemäßigtes Klima, damit der Ort sowohl für den Sommer wie für die Regenzeit und den Winter geeignet ist. Da man unbedingt drei Jahre lang in der gleichen Gegend bleiben soll und es überall Vor- und Nachteile gibt, muss die Wahl klug getroffen werden. Alles in der Welt ist relativ. Man könnte deshalb von einem Pol zum anderen reisen, ohne den richtigen in jeder Hinsicht befriedigenden Ort zu finden. Da es einen absolut idealen Ort nicht gibt, sollte man nicht wechseln, auch wenn einiges unvorteilhaft erscheint, sondern sich daran gewöhnen und selbst die geistige Atmosphäre mit Hilfe von Japam, Meditation und Gebeten schaffen. Da häufiger Ortswechsel nicht von Vorteil ist, hüte man sich, Vergleiche mit anderen Orten anzustellen und der Versuchung der Maya zu unterliegen. Unterscheidung *(viveka)* und Vernunft werden dabei helfen, wenn man weder seinen Gedanken noch den Sinnen traut und ihren Listen, ihren Versuchungen und damit auch ihren Enttäuschungen widersteht.

An erster Stelle schlage ich Rikhikesh und Munikireti vor, herrliche sehr geeignete Orte für die Meditation, deren Zauber und geistiger Einfluss einfach wunderbar sind. Uttarakashi, Bramapuri, Garudachetty, Nilakantha bei Rishikesh sind andere sehr angenehme Orte, ebenso Almora, Nainital. Alle Orte am Ufer des Ganges, Narmada oder Jamuna, die Täler von Kullu und Champa in Kashmir sind schön und geeignet. Wer in einer Höhle leben will, sollte nach Vasishta Guha, vierzehn Meilen von Rikhikesh entfernt, gehen, einer wunderbaren Höhle, in der Swami Rama Tirtha einige Zeit lebte, oder er sollte die Höhle des Rama in Brahmapuri bei Rikhikesh, die Höhle von Baurughi bei Tehri im Himalaya aufsuchen. In der Umgebung von Tehri sind viele Dörfer für die Kontemplation geeignet. Der Berg Abu ist schön, sein Klima frisch. Das Gehirn ermüdet leicht bei zu großer Hitze, während man an einem frischen Ort vierundzwanzig Stunden lang ohne Erschöpfung meditieren kann. Die Maharadschas von Alwar und Limbdi haben schöne Höhlen am Berg Abu bewohnbar gemacht und Vorkehrungen für Ernährung und andere Bedürfnisse der *sadhus* getroffen. Auch in Lakshmanjhula, einem empfehlenswerten Ort, gibt es viele Plätze, an denen man neue Hütten errichten könnte, ebenso in Brahmavarta bei Cawnpore am Ufer des Jamuna, in anderen Orten, sieben Meilen jenseits von Muttra und in Uttarakashi, in einer Gegend mit wunderbaren, geistigen Schwingungen. Letzten Endes sind alle Dörfer an den Ufern des Ganges, des Jamuna, Cauveri, Godavari, Krishna, Tembraparni für die Meditation geeignet. Überall kann man einen Ort mit gemäßigtem Klima finden. Der allerbeste Ort der Welt aber ist Rikhikesh, denn dort erheben die geistigen Schwingungen die Seele, und die Landschaft ist zauberhaft.

Mussorie, Darjeeling, Simla, Ooty, Kodaikanal und alle Hügelplätze sind kühl und liegen in herrlicher Landschaft. Aber es sind unruhige Orte (voll *raja)* ohne gute geistige Schwingungen. Die Menschen gehen dorthin, um sich zu zerstreuen, und stören damit die Atmosphäre. Sie sind deshalb für Meditation ungeeignet.

Für den Anfang sollten auch Bequemlichkeiten vorhanden sein wie eine Bibliothek, ärztliche Hilfe und ein Bahnhof in der Nähe. Kann man sich nicht allein Frucht und Milch verschaffen, ist es schwer, längere Zeit im *sadhana* fortzufahren. Nur der Fortgeschrittene, der Bedürfnisse des Körpers nicht mehr spürt, kann überall bleiben.

Einsamkeit und intensive Meditation sind zwei wichtige Voraussetzungen für die Selbst-Verwirklichung. Die Landschaft des Himalaya, schöne blühende Gärten und heilige Tempel an den Ufern des Ganges und des Narmada erheben die Gedanken während der Konzentration und Meditation. Man sollte zu diesen Hilfsmitteln greifen.

7. Das Leben in den Höhlen

Die alten *rishis* und Seher Indiens lebten in den Höhlen des Himalaya und legten sich schwerste Entbehrungen *(tapascharya)* auf. In diesen Höhlen ist die Temperatur gleichmäßig kühl, da die Hitze des Sommers nicht eindringen kann und es im Winter warm genug ist. Äußere Geräusche werden abgehalten, sodass man in der Einsamkeit dieser Höhlen wunderbar Meditation üben kann. Geistige Ströme erheben die Seele. Weltliche Atmosphäre und moderne Zivilisation vermögen nicht in diese Höhlen einzudringen.

Schüler mit zarter Gesundheit, die eine moderne Erziehung genossen haben, werden für ein solches Leben wenig geeignet sein. Es sagt mehr jenen zu, die einen starken Körper, große Zähigkeit und Furchtlosigkeit besitzen. Nur Menschen mit übernatürlichen Fähigkeiten *(divya siddhis)* können dort leben, Menschen, die *bhutis,* nur im Himalaya wachsende Kräuter, kennen und ihren Körper durch bestimmte Übungen *(kayakalpas)* gekräftigt haben, die durch eine Kur mit Rimikalpa, gereinigte Brechnuss, gefeit sind gegen die giftigen Bisse der Insekten, die wilde Tiere zähmen können und die innere Gelassenheit besitzen für eine lange Meditation.

Angehende Schüler mit schwachem Körper und mittelmäßiger Gesundheit, in denen durch das Studium religiöser Bücher, durch Unglück oder Schwierigkeiten im Leben ein Strahl von Unterscheidung und Gelassenheit aufdämmerte, und die ohne Vorbereitung, ohne körperliche oder geistige Schulung aus jugendlicher Begeisterung zu den Höhlen des Himalaya wanderten, werden sich schwer eingewöhnen und nach wenigen Tagen die Höhlen wieder verlassen. Sie bekommen bisweilen eine Art Hautausschlag oder leiden an Blutarmut, die auf Mangel an Luftzufuhr zurückzuführen ist.

Künstliche Höhlen mit guter Ventilation können an einsamen Orten unter der Erde in unseren Gegenden erbaut werden. Zwei Schächte, die frische Luft hineinlassen und verbrauchte herausführen, werden die Höhle bewohnbar machen. Alle ernsthaften Schüler, die in der Welt leben, sollten sich für ihre Meditation eine solche Höhle erbauen, die von größter Wohltat ist.

Wer lange Zeit ein Höhlenleben führt, wird auch seine Nachteile erfahren. Er wird träge *(tamas)* und unfähig werden für jede Arbeit. Er wird nicht unter Menschen gehen und hat Angst vor der Menge. Seine Gedanken verwirren sich, wenn er mit Menschen zusammentrifft oder den geringsten Lärm vernimmt, ein Zeichen, dass sein Leben nicht ausgewichtet, sondern einseitig wurde. Ein Höhlenbewohner sollte auch im geschäftigen Treiben einer Stadt sein Gleichgewicht behalten. Nur das wäre ein Zeichen seiner geistigen Entwicklung.

Die wirkliche, bequemste, wunderbarste, ehrfurchteinflößende Höhle ist im Herzen des Schülers. Es ist *hridaya-guha,* von der die Upanishaden sprechen, in der einst Dattatreya, Shankara, Yajnavalkya lebten. In ihr wohnen auch heute noch *rishis,* und Weise, die ihre Sinne und Gedanken von der äußeren Welt befreit haben, trinken den Nektar der Unsterblichkeit und bleiben in ewiger Glückseligkeit. Möge jeder Schüler in dieser geheimnisvollen, wunderbaren Höhle des Herzens leben, allein, in Kommunion mit seinem Selbst, dem Absoluten, Brahma, dem einmaligen Einen, der einzigen Zuflucht aller!

8. Vorbereitung für die Meditation

Kopf, Nacken und Rücken sollen in gerader Linie gehalten werden. Die elfte und dreizehnte Strophe des sechsten Kapitels der Gita gibt eine Beschreibung der Stellungen *(asanas).* Man setze sich auf ein vierfach gefaltetes Tuch, über das weiches, weißes Leinen gebreitet ist, oder besser auf ein gutes Tiger- oder Rotwildfell. Ein Tigerfell ruft im

Körper leicht Elektrizität hervor und lässt nicht zu, dass eigene Ströme abgezogen werden, da es voller Magnetismus ist.

Der Schüler soll sich bei seinen Übungen mit dem Gesicht nach Osten oder Norden wenden; nach Norden, da er so am leichtesten in Verbindung mit *rishis* des Himalaya kommt und auf geheimnisvolle Weise den Segen ihrer Schwingungen empfängt.

9. Art des Meditierens

Die Gewohnheit des Meditierens und Schweigens ist eine große Hilfe auf dem geistigen Weg und gibt eine Fülle geistiger Stärke, neue Kräfte, Vitalität und Frieden.

Zum Meditieren muss das Bewusstsein ruhig sein. Nur dann vermag der Schüler in kurzer Zeit *samadhi* zu erreichen. Sind die Sinnesorgane *(indriyas)* beherrscht und frei von Begierde, wird das Bewusstsein ruhig. Ein heißer Wunsch nach Befreiung und ein auf Gott gerichtetes Denken werden zur Tötung der Begierden führen. Herrscher aller Herrscher ist, wer sein Bewusstsein in Ruhe hält, ein Zustand, der kaum zu beschreiben ist.

In Meditation und Konzentration muss das Bewusstsein auf verschiedene Weise geschult werden, um das grobstoffliche Denken zu verfeinern *(sukshma)*. Worüber man im Stillen meditiert, sollte sich im täglichen Leben auswirken, sollte Denken und Handeln in Harmonie und Gleichgewicht bringen und inneren

Frieden geben. Das sind die wahren Früchte der Meditation.

Die oberen Körperteile – Brust, Nacken, Kopf – senkrecht in Gleichgewicht mit dem übrigen Körper gehalten, Herz und Gedanken unter Kontrolle gestellt, so wird der Weise auf dem Floß Brahmas, der heiligen Silbe (OM), die gefahrvollen Ströme der Erde durchqueren. Seine Sinne beherrschend, die Begierden zähmend, leise durch beide Nasenlöcher atmend, wird er sein Bewusstsein bewachen wie der Wagenlenker seine wilden Rosse.

Offenbaren sich im Körper des Yogi, der aus Erde, Wasser, Feuer, Luft und Äther besteht, die nachstehend beschriebenen fünf Eigenschaften, dann wird es für ihn keine Krankheit, kein Alter, kein Leiden mehr geben. Sein Körper wird im Feuer der Konzentration geläutert sein.

Ist der Körper leicht und ohne Krankheit, das Bewusstsein ohne Verlangen, die Haut hell, die Stimme weich, sind die Ausscheidungen nur noch gering, dann ist die erste Stufe der Konzentration erreicht.

Wie das Wasser von Salz oder Zucker gesättigt sein kann, so sollte man sein Bewusstsein mit erhabenen Gedanken an Gott, an Seine Herrlichkeit, Seine Allgegenwart erfüllen und dadurch die Seele zum Geistigen führen. Nur auf diese Weise wird man im göttlichen Bewusstsein ruhen.

Fünf Dinge sind Voraussetzung für eine wirksame Meditation, für ein schnelles Erreichen von *samadhi*, der Selbstverwirklichung. Es sind: Schweigen *(mauna)*, leichte Diät aus Milch oder Früchten, Einsamkeit in einer schönen Umgebung, persönliche Verbindung mit einem Meister und ein kühler Ort.

Nur wenn man ein moralisches Leben führt, kann man in tiefe Meditation eingehen. Ferner sind Unterscheidung und die anderen Stufen des Bewusstseins aufzubauen. Die Gedanken werden sich an die Konzentration gewöhnen und der Schüler sich endlich ganz der Meditation hingeben. Je reiner das Leben ist, um so mehr wird man meditieren, um so größer werden die Möglichkeiten sein, die höchste Verwirklichung *(nirvikalpasamadhi)* zu erreichen und, vom Rad der Geburt und des Todes erlöst, ewige Glückseligkeit zu erfahren.

Was lehrt Krishna, wenn er die Flöte in seinen Händen hält? Was ist die symbolische Bedeutung seiner Flöte? Es ist das Symbol der heiligen Silbe OM. Sie lehrt: »Mache dich leer von deinem Egoismus, damit ich auf der Flöte deines Körpers spielen kann. Lass deinen Willen eins werden mit meinem Willen. Nimmst du Zuflucht zu OM, wirst du in mein Wesen eingehen. Nimm die innere Musik der Seele in dich auf, lass dich von ihr beruhigen und ruhe im ewigen Frieden.«

Samadhi kann man durch Konzentration und Meditation erreichen, wenn man nur leichte Kost zu sich nimmt. Fühlt man sich nach zwei oder drei Stunden Meditation ermüdet, ruhe man sich eine halbe Stunde aus. Nachdem man eine Tasse Milch getrunken hat, versetze man sich erneut in Meditation und wiederhole diese Übung wieder. Ist der Abend gekommen, kann man auf der Terrasse Spazieren gehen. Aber auch dann darf man nicht, selbst nicht für Minuten, weltliche Gedanken in das Bewusstsein eindringen lassen.

Wie der Schüler an seinem Studium der Mathematik oder Geometrie, das ihm zu Anfang unerträglich erscheint, langsam Interesse gewinnt, indem er sich die späteren Vorteile einer bestandenen Prüfung vorstellt, so muss man auch an der Meditation Interesse gewinnen, indem man der unzähligen Wohltaten gedenkt, die aus ihr erwachsen: Unsterblichkeit, höchster Frieden, ewige Glückseligkeit. Empfindet man Abneigung gegen die Arbeit, hat man einzig das Bedürfnis nach Meditation, kann man ein zurückgezogenes Leben führen und sich allein von Milch und Früchten nähren. Auf diese Weise wird man gute geistige Fortschritte machen. Steigt aber Verlangen nach Arbeit auf und schwächt das Bedürfnis nach Meditation ab, soll man sich wieder der Arbeit widmen. Durch allmählich sich steigernde Übung wird das Bewusstsein verändert.

Ein Eisen im offenen Feuer färbt sich rot, verliert aber die Röte, sobald man es zurückzieht. Soll es rot bleiben, muss es im Feuer gelassen werden. Ebenso muss man sein Bewusstsein, soll es immer von göttlicher Weisheit erfüllt sein, ständig in Berührung mit dem Feuer der Erkenntnis Brahmas durch ununterbrochen tiefe Meditation halten und darf den nicht endenden Strom des Brahma-Bewusstseins nicht unterbrechen. Auf diese Weise wird man den »Natürlichen Zustand« *(sahaja avastha)* erreichen.

Der Schüler muss stets ein konkretes oder abstraktes Vorstellungsbild Gottes oder Brahmas vor Augen haben, bevor er mit der Meditation beginnt. Wenn er die konkrete Gestalt Krishnas beim Meditieren mit offenen Augen erblickt, nennt man es die konkrete Form der Meditation. Wenn er sich das Bild Krishnas mit geschlossenen Augen vorstellt, ist dies noch eine konkrete, aber schon subtilere Form. Meditiert er über das unendliche Licht, ist dies abstrakte Meditation. Die beiden ersten Arten gehören zu der Meditation, die Eigenschaften oder Attribute *(saguna)* beobachtet, die letztere kennt weder Form noch Attribut *(nirguna)*. Bei ihr gibt es zunächst noch eine abstrakte Form, die notwendig ist, um die Gedanken zu konzentrieren, die sich aber später auch auflöst, wenn Meditierender und Meditiertes eins werden.

Während der Meditation soll man sorgfältig beobachten, wie lange man alle weltlichen Gedanken auszuschalten vermag. Hat man zwanzig Minuten erreicht, bemühe man sich, die Dauer auf dreißig oder vierzig Minuten zu verlängern und so fort. Immer und immer muss man das Bewusstsein mit Gedanken an Gott erfüllen.

Ist das Bewusstsein in der Meditation ruhig geworden, werden die Augäpfel unbeweglich. Ein Yogi mit regungslosem Bewusstsein hat auch regungslose, nicht blinzelnde Augen, die rot oder ganz weiß sind.

Innere wie äußere Handlungen können nur vollzogen werden, wenn das Bewusstsein mit den Organen verbunden ist. Der Gedanke ist die eigentliche Handlung. Vermag man durch ununterbrochene Übung seine Gedanken zu beherrschen, hat man seine Erregungen und Stimmungen unter Kontrolle, wird man niemals unsinnige oder falsche Handlungen begehen. Die Meditation wird viel dazu beitragen, Erregungen und Impulse in Zaum zu halten.

Konzentriere dich und meditiere über die Weite des Horizonts, eine Abart der attributlosen Meditation *(nirguna)*. Auf diese Weise werden deine Gedanken nicht mehr auf endliche Dinge gerichtet sein, sondern sich allmählich im Meer des Friedens auflösen, da sie von ihrem Inhalt, das heißt von ihren verschiedenartigen Formen geleert sind. Das Bewusstsein wird immer subtiler.

Manche Schüler ziehen vor, sich mit offenen Augen zu konzentrieren, während andere die Augen schließen oder halb geöffnet halten, beim Meditieren mit geschlossenen Augen verhütet man das Eindringen von Fremdkörpern in die Augen. Schüler, die sich vor Licht und plötzlichen Störungen fürchten, behalten die Augen lieber offen. Beim Meditieren mit geschlossenen Augen kann den Schüler leicht Schlaf überfallen, während die Gedanken bei offenen Augen anfänglich gern von einem Gegenstand zum anderen wandern. Mit gesundem Menschenverstand wird der Schüler wissen, was für ihn am besten ist, und durch welche Methoden er diese und andere Schwierigkeiten zu überwinden vermag.

Es ist von besonderer Wichtigkeit, dass die Meditationsübungen regelmäßig ausgeführt werden. Das ist der Preis für schnellen Fortschritt und guten Erfolg. Selbst wenn man zunächst keine greifbaren Erfolge wahrnimmt, muss man mit Ernst, Geduld und Ausdauer fortfahren und unter keinen Umständen, nicht einmal einen Tag lang, die Übungen auslassen, bis sich nach einiger Zeit der Erfolg einstellt. Das wird bestimmt der Fall sein.

Immer und immer wieder muss der Schüler das Bewusstsein mit erhabenen, reinen und göttlichen Gedanken erfüllen. Neue Kanäle und Wege werden sich bilden. Wie in eine Grammophonplatte schmale Kerben eingegraben sind, so schaffen sich die mit höchsten göttlichen Eigenschaften erfüllten *sattva*-Gedanken neue heilsame Wege in Bewusstsein und Gehirn. Neue unbewusste Eindrücke *(samskara)* werden entstehen.

Prana, die kosmische Energie, ist die Hülle des Bewusstseins. Die Schwingungen des feinstofflichen Prana bilden die Gedanken. Durch Schulung des Atems *(pranayama)* kann man das Bewusstsein beruhigen und die Meditation verbessern.

Hebt man Zitronen- und Tamarindensaft in einer goldenen Schale auf, verdirbt er nicht und verliert nicht seine Farbe, während er in einem Messing- oder Kupfergefäß sofort verdirbt und giftig wird. Ebenso werden sinnliche Gedanken *(visha-vrittis),* die in den reinen Geist eines Menschen eindringen, der unaufhörlich Meditation übt, nicht beflecken und keine leidenschaftlichen Erregungen *(vikara)* hervorrufen, während sinnliche Gedanken in Menschen unreinen Geistes Erregungen auslösen werden, sobald sie mit sinnlichen Dingen in Berührung kommen.

Die Stellung *(asana)* festigt den Körper, gewisse Muskelspannungen *(bandas)* und Handstellungen *(mudras)* kräftigen ihn. Atemschulung *(pranayama)* macht den Körper gewichtslos, die Reinigung der Kanäle *(nadishuddhi)* schafft vollkommenes und ungestörtes inneres Gleichgewicht *(samyavastha).* Ist dies alles erreicht, soll der Schüler die Gedanken auf Brahma richten. Erst dann wird die Meditation glücklich verlaufen.

Übe um vier Uhr morgens fünf Minuten lang die Stellung »Oben nach Unten« *(shirshasana).* Nach einer Ruhepause von weiteren fünf Minuten beginne mit der Meditation, die nun besonders erfolgreich verlaufen wird. Eine Woche lang sollte man nur Milch und Früchte zu sich nehmen, um eine angenehme Meditation zu erreichen; denn diese Diät macht den Menschen gewichtslos und voll erhabener Gedanken. Abends sollte man nur einen halben Liter Milch trinken, um nicht müde zu werden, da schwere Nahrung am Abend schnell schläfrig macht.

Wer vier oder fünf Stunden hintereinander meditiert, kann zu Beginn zwei Stellungen wechseln: den Lotussitz *(padma)* und den Donnerkeil *Shivas (vajra)*, oder den *vajra*-Sitz und die »vollkommene« Stellung *(siddhasana)*. Da manchmal zuviel Blut in Beine oder Schenkel dringt und Unruhe verursacht, sollte nach zwei Stunden die Stellung gewechselt oder die Beine ausgestreckt werden. Am angenehmsten ist es, sich gegen die Wand oder gegen ein Kissen zu lehnen, sodass die Wirbelsäule gerade bleibt. Man kann aber auch zwei Stühle voreinander stellen, sich auf den einen setzen und die Beine auf den anderen legen.

Ein Anfänger setzt sich am besten im Lotussitz *(padmasana)* in ein abgeschlossenes Zimmer, schließt die Augen und meditiert über das Strahlen der Sonne, die Herrlichkeit des Mondes, den Glanz der Sterne oder die Schönheit des Himmels.

Der Schüler sollte seine Gedanken auf verschiedenste Art zur Konzentration schulen. Er kann sich auf das Geräusch des Herzens *(anahata)* konzentrieren, indem er seine Ohren schließt. Er kann sich auf den Atem konzentrieren, indem er »So 'ham«: Ich bin Er, wiederholt. Die Konzentration kann auf irgendein konkretes Bild erfolgen, auf den blauen Himmel oder das allesdurchdringende Licht der Sonne. Der Schüler kann sich auf die verschiedenen Chakren des Körpers konzentrieren oder auf abstrakte Ideen wie Wahrheit *(satya)*, Erkenntnis *(jnana)*, Unendlichkeit *(ananta)*, Einheit *(ekam)*, Ewigkeit *(nitya)*. Am Ende seiner Übungen aber darf er sich nur noch auf eine dieser Möglichkeiten konzentrieren.

Weder Augen noch Gehirn dürfen beim Meditieren angestrengt werden. Man soll gegen seine Gedanken nicht ankämpfen, sondern sich entspannen und allmählich die göttlichen Gedanken einlassen, indem man fest an den Gegenstand der Meditation *(lakshya)* denkt. Eindringende Gedanken dürfen nicht willentlich oder gewaltsam zurückgestoßen werden. Stellt man sich ganz auf erhabene Gedanken ein, so verschwinden die lasterhaften von allein.

Strengt die Meditation den Schüler zu sehr an, so muss er die Anzahl der Stunden für einige Tage herabsetzen und nur leichte Meditation üben, bis er seine normale Spannkraft wieder erreicht hat. Auf dem ganzen Weg geistiger Schulung *(sadhana)* muss er von seinem gesunden Menschenverstand Gebrauch machen. Das sollte er nie vergessen.

10. Zeit und Art der Meditation

Man soll die Zeit des Tages oder der Nacht wählen, in der das Bewusstsein am klarsten und am wenigsten gestört ist. Kurz vor dem Schlafengehen kann man sich zur Meditation hinsetzen, da in diesem Augenblick das Denken ruhig ist. Vor allem Sonntags wird die Meditation erfolgreich sein, da an einem Festtag die Gedanken nicht angespannt sind.

Man soll auch nachts in einer zweiten Sitzung meditieren. Fehlt dem Schüler die Zeit, so genügen zehn oder fünfzehn Minuten. Er wird dann keine bösen Träume haben und während seines Schlafes von göttlichen Gedanken und guten Eindrücken erfüllt bleiben.

Ein Schüler, der in einem Dachzimmer der Stadt meditiert, kann ebensoviel Ruhe haben, als wäre er allein im Wald. Aber ihm werden die geistigen Ströme fehlen, die eine bedeutsame Rolle bei der Erhebung der Gedanken spielen und sie auf den Konzentrationspunkt hinführen *(ekagrata)*. An heiligen Orten bleiben die geistigen Schwingungen der *rishis* im Äther lebendig und sind den Schülern von großem Vorteil. Ohne Kampf und Anstrengung lassen sie Entsagung *(vairagya)*, geistige Erhebung *(sattva)* und Neigung zur Meditation von selbst eintreten. Auf einer Reise stiegen Damen in Rikhikesh aus dem Zug und riefen beim Anblick des Himalaya verzückt aus: »Wer ist der Sohn? Wer ist der Vater? Alles ist *maya*, alles ist nur Täuschung.« So groß ist der Einfluss geistiger Schwingungen der Natur an einem bestimmten Meditationsort, den aber nur Weise und Yogis zu erkennen vermögen.

Der Mensch besitzt einen Schlüssel zu vielen Geheimnissen des Lebens: es ist die Meditation. Meditiert er regelmäßig morgens zwischen vier und sieben Uhr, wird er ewige Glückseligkeit und Unsterblichkeit erlangen. An den frühen Morgenstunden wird sein Geist klar und ruhig sein. Zu dieser Tageszeit herrschen geistige Kräfte und geheimnisvolle Stille vor. Alle Heiligen meditieren um diese Zeit und senden der ganzen Welt ihre geistigen Ströme. Der Schüler wird daraus großen Vorteil ziehen, wenn er um diese Zeit Gebet, *japa* (Wiederholung der heiligen Silbe) und Meditation beginnt, und keiner Anstrengung bedürfen, da der Zustand der Meditation sich von allein einstellen wird.

11. Notwendige Erfordernisse für die Meditation

Ist das Bewusstsein frei von allen Gedanken der äußeren Welt und ihren sinnenhaften Freuden *(nirvishaya)*, bedeutet dies Meditation. Gott hält sich verborgen in der Welt und lebt im Lotus deines Herzens.

Er ist Herr eines Besitzes, ohne dort festgehalten zu sein. Man muss ihn mit reinem Herzen in Konzentration und Meditation suchen, als spiele man Versteck.

Zum Zweck der Meditation muss alles rein und harmonisch (voll *sattva)* sein: der Ort der Meditation, die Ernährung, die Kleidung, die Umgebung, ebenso die Worte, Töne, Gedanken, Studien. Nur dann kann der Schüler, vor allem der Anfänger *(neophyt)*, in seiner geistigen Schulung *(sadhana)* erfolgreich sein.

Notwendig sind:

a) Ein kühler Ort voll *sattva*-Schwingungen, da das Gehirn sich während der Meditation erhitzt.
b) Begabung für *sadhana*.
c) Substantielle, *sattva*-erfüllte, leichte, nahrhafte Ernährung.
d) Ein guter geistiger Lehrer *(anubhavi-gourou)* als Führer.

e) Gute Bücher zum Studium.
f) Entschlossene Entsagung *(vairagya),* intensiver Wunsch nach Befreiung *(mumukshutva)* und starkes Unterscheidungsvermögen *(viveka).*
g) Ein scharfer Intellekt *(buddhi)* der subtil, ruhig und konzentriert ist, um die Wahrheit Brahmas *(brahma-tattva und brahma-vastu)* zu erfassen.

Nur so ist Selbstverwirklichung möglich, und nur dann tritt sie ein. Viele besitzen diese Bedingungen zum geistigen *sadhana* nicht und werden deshalb keine Fortschritte machen.

Jeder Mensch hat verschiedene Möglichkeiten und Fähigkeiten in sich, einen Vorrat an Kraft und Wissen. Entwickelt er sich, wird er diese Kräfte, Fähigkeiten und Eigenschaften in sich entdecken. Dann wird er in der Lage sein, seine Umwelt zu verändern und andere zu beeinflussen. Er kann die Gedanken anderer unter seine Herrschaft bringen und die innere und äußere Natur unterwerfen. Er kann endlich in den Zustand des Über-Bewusstseins eintreten. Zerbricht in einem dunklen Zimmer der Behälter einer Lampe, schwindet die Dunkelheit, und das Licht breitet sich aus. Ebenso wird man das höchste Licht des Atman überall erblicken, wenn man durch unaufhörliche Meditation über sein Selbst das Körpergefäß zerschlagen hat, das heißt, wenn Unwissenheit *(avidya)* und ihre Auswirkungen wie die Identifizierung des Bewusstseins mit dem Körper zerstört sind und man sich über das Körper-Bewusstsein erhebt.

Die Stellung *(asana)* ist tatsächlich eine geistige Haltung. Man bemühe sich in Gedanken, in der Lotusstellung *(padma)* oder der »vollkommenen Stellung« zu sitzen *(siddhasana)*. Wandern die Gedanken herum, können Körper und physische Haltung nicht stetig sein, während auf Brahma konzentrierte Gedanken automatisch auch Regungslosigkeit des Körpers bewirken.

Gedanken und Bewusstsein sollten ständig auf Gott gerichtet, mit einem feinen, seidenen Faden an die Lotusfüße des Gottes *Shiva* oder *Hari* gebunden sein. Weltliche Gedanken oder Gedanken an physische und intellektuelle Vergnügungen dürfen nicht Einlass erlangen. Geschieht dies, soll man die Gedanken wieder zu Gott hinwenden. Wie der Ganges unaufhörlich in das Meer herabfließt, wie das harmonische Läuten der Glocken in unaufhörlichem Klang die Ohren durchdringt, so sollten die Gedanken in unablässigem Strom zu Gott hinschwingen. Es bedarf eines unaufhörlichen Flusses *(vritti pravaha)* geistiger Gedanken zu Gott hin, der durch ununterbrochenes *sadhana* geweckt wird. An nichts denken bedeutet höchste Konzentration. In tiefer und ununterbrochener Meditation *(nidi-dhyasana)* hört alles Denken auf, gibt es nur noch den einen Gedanken: »*Aham Brahmasmi*« (Ich bin Brahma). Verlöscht auch dieser Gedanke, tritt man in das Über-Bewusstsein *(nirvikalpasamadhi, sahaja-advaira-nishta)* ein.

Der Mensch bemüht sich, das Abstrakte in Gedankenformen zu erfassen. Ist das Bewusstsein gereinigt, bildet sich ein abstraktes Bild im Innern (durch Vernehmen geistiger Worte oder heiliger Schriften). Dieses abstrakte Bild löst sich später in den Tiefen ununterbrochener Meditation *(nidhi-dhyasana)* auf. Zurück bleibt das reine Wesen *(chinmatra, kevala asti)*. Das Geistige sollte als

Brahma verehrt werden *(upasana vakya)*. Das Geistige ist Brahma, der offenbarte Gott. Er ist Gott in Bewegung. Ebenso wie man sich Brahma im Geist nähern kann, so kann man auch über den Geist als Brahma meditieren.

Wenn man von Büchern, die der Erkenntnis des Absoluten *(atman-jnana)* gewidmet sind, in Begeisterung versetzt wird, aber, geduldig genug, nicht nach sofortigen Ergebnissen verlangt, sondern in allmählicher regelmäßiger Meditation über deren Inhalt verharrt, werden die Gedanken langsam reifen, und man wird den unendlichen Atman erreichen.

Ebenso wie die Gedanken sich gebannt auf die Ideen eines Buches von besonderem Interesse konzentrieren, wird in der Meditation auf das Absolute *(nirguna meditation)* das Bewusstsein völlig von der einen Idee – Atman – ausgefüllt sein.

Setz dich in eine der klassischen Stellungen in *padma-, siddha- oder sukhasana* an einem einsamen Ort und befreie dich von allen leidenschaftlichen Erregungen und Impulsen; nimm die Sinne in Zucht und ziehe die Gedanken von allen Gegenständen ab. Sie werden sich beruhigt, geläutert und verfeinert auf einen Punkt richten. Mit Hilfe des auf diese Weise disziplinierten Bewusstseins versenke dich in das Eine Unendliche Selbst und denke an nichts anderes. Lass die eine Idee des Unendlichen *(brahma)* leise und unaufhörlich in dich eindringen. Entferne, ohne Härte, alle fremden, weltlichen Gedanken und versuche das geistige Bild des Absoluten *(brahmakara vritti)* in dir wachzuhalten, indem du in Gedanken unaufhörlich die Silbe OM oder »Ich bin Brahma« *(aham brahmasmi)* wiederholst. Die Idee der Unendlichkeit, eines Lichtmeeres oder der Allwissenheit und Glückseligkeit *(ananda)* sollte das Wiederholen begleiten. Beginnen die Gedanken umherzuwandern, wiederhole laut sechsmal die lange mystische Silbe *(dirgha)*. Dieser Vorgang dauert 3½ Sekunden und beendet die Zersplitterung der Gedanken *(vikshepa)*. Nach einer langen schweren Arbeit fühlt der menschliche Geist sich erschöpft, ein Zeichen, dass er nicht Atman ist, die Fülle aller Kräfte *(ananta shakti)*, sondern nur dessen Werkzeug. Er muss deshalb ebenso der Pflege und Zucht unterworfen werden wie andere körperliche Übungen.

Wie Salz sich im Wasser auflöst, so versinkt das *sattva*-erfüllte Bewusstsein im Schweigen, wenn der Schüler über Brahma, das eigene innerste Wesen *(adhistan)*, meditiert. OM ist der Pfeil der Gedanken, Brahma das Ziel. Brahma wird von dem getroffen, dessen Gedanken konzentriert sind. Wie der Pfeil sich der Zielscheibe verbindet, die er durchdringt, so wird der Schüler eins mit der Natur *(tanmaya)* Brahmas.

Die beste und geeignetеste Zeit für die Übung der Meditation ist zweifellos *brahma-muhurta*, die Zeit zwischen vier und sechs Uhr morgens, zu der die Gedanken, vom Schlaf erfrischt, ruhig und verhältnismäßig rein sind. Nur ein Bewusstsein, das rein ist wie ein unbeschriebenes Blatt, kann beliebig geprägt werden. Auch die Atmosphäre ist zu dieser Zeit mit Ruhe und Güte erfüllt.

Alle physische Tätigkeit sollte aufgegeben, alle Bindungen entschlossen für fünf oder sechs Jahre abgebrochen werden, wenn man Meditation *(dhyana yoga)* üben und durch Konzentration der Gedanken Gott erfahren will. Zeitunglesen und Briefwechsel mit Freunden und

Verwandten sollte vollkommen eingestellt werden, da beides die Gedanken zersplittert und sie an die äußere Welt bindet. Die völlige Abschließung für fünf bis sechs Jahre ist unbedingt erforderlich.

Das Bewusstsein besteht in bezug auf das »Ich«. Das »Ich« besteht in bezug auf das Bewusstsein. »Ich« ist nur ein Gedanke. »Ich« und Gedanke sind eins. Löst das »Ich« sich auf, löscht auch das Bewusstsein aus und umgekehrt. Zerstöre das Bewusstsein durch wahre Erkenntnis *(tattva-jnana)*; zerstöre in unaufhörlicher, tiefer Meditation das »Ich« durch die Erkenntnis: »Ich bin Brahma« *(aham brahmasmi bhavana)*. Wenn das Bewusstsein schwindet, werden Name und Form *(namarupa)* sich auflösen: Das Ziel ist erreicht.

12. Drei Sitzungen der Meditation

Anfangs sollte man täglich nur zweimal Meditation üben, einmal morgens von vier bis fünf Uhr, das andere Mal abends von sechs bis acht Uhr. Nach sechs Monaten oder einem Jahr kann man eine dritte Sitzung einlegen, nachmittags von vier bis fünf Uhr, oder morgens von zehn bis elf Uhr. Konzentration kann bis zu zwei Stunden Dauer geübt werden, aber man muss sehr vernünftig vorgehen. Im Sommer ist das Meditieren in warmen Gegenden ermüdend und durch Schwitzen erschwert. Deshalb sollte man nur zweimal meditieren und das Unterlassene im Winter nachholen, der für die Meditation sehr günstig ist.

Winter wie Frühjahr sind für die Anfänger die besten Zeiten, da die Gedanken im Winter überhaupt nicht müde werden, und man ohne Erschöpfung selbst vierundzwanzig Stunden lang meditieren kann. Die Dauer sollte allmählich und vorsichtig verlängert werden. Nichts sollte plötzlich sein. Vernunft und Überlegung müssen vorherrschen. Ohne jemals nachzulassen, langsam, Schritt für Schritt, ist der Gipfel des Yoga zu erreichen.

Eine Stunde am Morgen und eine am Abend sollte jeder Schüler anfänglich einhalten. Wesentlich ist, während der vierundzwanzig Stunden den Brahma-Geist, die geistige Erhebung in sich wach zu halten. Der Strom des Bewusstseins darf nicht nachlassen, der Gedanke des »Ich bin Brahma«, die Idee göttlicher Gegenwart, auch nicht eine Minute vergessen werden. Gott vergessen ist wahrhafter Tod, ist Selbstmord. Es ist die Tötung Atmans *(atmadroha)*, die größte Sünde.

13. Notwendige Eigenschaften für die Meditation

Bevor man das Bewusstsein mit Gedanken Brahmas erfüllt, muss man sich den göttlichen Gedanken zunächst anpassen. Dann folgt die Verwirklichung, die nicht auf sich warten lassen wird. Dieses »Dreifachen« soll man sich immer bewusst sein: Anpassen, Erfüllen, Verwirklichen.

Der Wille sollte gestärkt, rein und unwiderstehlich werden, indem die von Atman erfüllten Gedanken *(atma-chintana)* zunehmen, die unbewussten Eindrücke *(vasanas)* ausgemerzt, die Sinne beherrscht werden, und ein starkes Innenleben erwacht. Jede Minute an Sonn- und Feiertagen muss für die geistige Entwicklung genutzt werden.

Hat man – und es mag schon einen Monat her sein – eine Leckerei sehr genossen, wird man sich in Gedanken noch davon angezogen fühlen. Ist man in Begleitung wandernder Mönche *(sannyasins)* gewesen, oder hat man ein Buch über Yoga, über die Vedanta oder dergleichen gelesen, so bleibt gleichfalls eine Anziehungskraft wirksam und lässt zu geistiger Erkenntnis streben. Dieser gedankliche Anreiz allein wird aber nicht ausreichen. Notwendig sind entschlossener Verzicht *(vairagya)*, intensiver Wunsch nach Befreiung *(mumukshutva)*, Fähigkeit zu geistiger Askese und ständige Übung der Meditation. Nur dann kann Selbsterkenntnis erlangt werden.

Tugendhaftes Leben reicht nicht aus zur Gotteserfahrung. Es bereitet das Bewusstsein nur vor und macht es zum Instrument der Konzentration und Meditation, die zur Selbstverwirklichung führen. Wie man trübes Wasser durch Brechnuss *(strychnos potatorum)* reinigt, so muss man das trübe, mit unbewussten Eindrücken und ungeordneten Wünschen *(sankalpas)* erfüllte Bewusstsein durch Gedanken an das Absolute *(brahma-chintana)* läutern. Nur so kann wahre Erleuchtung möglich werden.

Bei Beginn der Meditation darf man nicht zu voreilig Ergebnisse erwarten. Eine junge Dame lief eines Tages hundertundachtmal um einen Aswattha-Baum *(ficus religiosa)* herum, um ein Kind zu empfangen, und berührte dann ihren Schoß, das Wunder erwartend. Das ist töricht. Sie hätte einige Monate warten müssen. Auch der Geist wird erst nach einer längeren regelmäßig geübten Meditation reifen und endlich zur Selbstverwirklichung *(atman-sakshatkara)* gelangen. Zuviel Eile verdirbt alles.

Es ist wichtig, dass fortgeschrittene Schüler, die Familienväter sind, ihre weltliche Arbeit aufgeben, wenn sie wirklich Fortschritte in der Meditation machen wollen. Arbeit hindert die Meditation des Vorangeschrittenen. Darum Sagt Krishna in der Gita: »Für den Weisen, der Yoga sucht, ist Tätigkeit das Mittel. Für den im Yoga Fortgeschrittenen ist Ruhe *(sama)* das Mittel.« Bei ihm vertragen sich Arbeit und Meditation so wenig wie Säure und Lauge, Feuer und Wasser oder Licht und Finsternis.

Täglich müssen Bereitschaft zur Entsagung *(vairagya)*, Meditation und *sattva*-Eigenschaften wie Geduld, Ausdauer, Erbarmen, Liebe, Vergebung, Reinheit zunehmen. Verzicht und gute Eigenschaften fördern die Meditation, während diese wieder die *sattva*-Eigenschaften verstärkt. Der Schüler soll stets die Empfindung des allesdurchdringenden Absoluten *(brahmabhavana)* haben und den Körper auf seine tatsächliche Erscheinungsform beschränken. Das ist der seelische Zustand, den es zu erhalten gilt.

Es sollte nicht nötig sein, die Augen während der Meditation zu schließen. Das geistige Gleichgewicht kann selbst in der Unruhe der Städte bewahrt werden. Zu Anfang, wenn die Konzentration noch sehr schwer fällt, kann der Schüler die Augen schließen, um seine Gedanken vor Zerstreuung zu bewahren. Später aber muss er mit offenen Augen, selbst beim Gehen zu meditieren vermögen. Inhalt seiner Gedanken muss sein, dass die Welt unwirklich ist, dass es überhaupt keine Welt gibt, sondern nur Atman. Wenn er dann über Atman selbst bei offenen Augen zu meditieren vermag, ist er sehr stark und wird nicht so leicht mehr aus der Fassung gebracht werden können. Doch um meditieren zu können, muss er ohne Furcht sein.

In Meditation und Konzentration muss der Schüler seine Gedanken auf verschiedenste Weise schulen. Nur dann wird das grobstoffliche Bewusstsein subtil *(sukshma)* werden. Alle Impulse *(vrittis)* wie Angst, Neid, Hass usw. nehmen feinstoffliche Formen an, wenn man Japam und Meditation übt. Sie werden zerstört, wenn man den überbewussten Zustand erreicht. Nur hier bist du in Sicherheit. Zuvor werden die latenten Impulse darauf warten, in grober und konkreter Form wirksam zu werden. Deshalb muss der Schüler wachsam und aufmerksam bleiben und dem verhängnisvollen Zug nach unten widerstehen, der von den dunklen, feindlichen Kräften ausgeht. Er soll regelmäßig meditieren und ein zielloses Herumwandern der Gedanken durch klares und geordnetes Denken verhindern. Er darf nicht auf das falsche Murmeln des niederen Geistes hören, sondern muss seinen inneren Blick auf die göttliche Mitte gerichtet halten. Er darf sich nicht vor schweren Rückschlägen auf diesem Weg fürchten, sondern muss tapfer und kühn weiterschreiten, bis er am Ende inmitten der unendlichen Glückseligkeit ruht.

Auf dem Markt einer großen Stadt vermag man schwächere Geräusche nicht zu vernehmen. Im stillen Zimmer aber, in gemeinsamer Meditation mit Freunden, ist selbst ein leichtes Niesen oder Räuspern vernehmbar. Ebenso kann man böse Gedanken nicht erkennen, wenn man an dieser oder jener Arbeit tätig ist, wird sie aber in der Meditation sofort entdecken. Doch sei nicht erschreckt, wenn böse Gedanken dein Bewusstsein während der Meditation durchkreuzen. Fahre ernsthaft in Japam und Meditation fort. Sie werden sich bald auflösen.

Der Schüler soll beim Meditieren nicht auf Anrufe der Sinnenwelt hören und sorgfältig jede Erinnerung, jeden Hinweis, jede Vorstellung vermeiden. Die ganze Kraft des Bewusstseins soll auf die eine Idee, Gott oder Atman, konzentriert sein ohne jede Beziehung zu anderen Gedanken. Der Schüler des Yoga sollte nicht viel Reichtum besitzen, da dieser weltliche Versuchungen mit sich bringt. Eine kleine Summe zur Befriedigung der Bedürfnisse des Körpers sollte genügen. Wirtschaftliche Unabhängigkeit wird ihn vor Sorgen bewahren und es ihm ermöglichen, ohne Unterbrechung *sadhana* fortzusetzen.

14. Dauer der Meditationsübungen

Anfangs kann man eine halbe Stunde am Morgen von vier bis vier Uhr dreißig und eine halbe Stunde am Abend von acht bis acht Uhr dreißig meditieren. Die Morgenzeit, wenn die Gedanken nach einem tiefen Schlaf erfrischt sind und die *sattva*-Eigenschaften im Körper wie in der Atmosphäre vorherrschen, ist die beste. In seinem Buch »Yoga Vasishta« sagt Shri Vasishta: »O Rama, schenke mir am Anfang ein Viertel deines Denkens zur Meditation, ein weiteres Viertel zur Pause, ein drittes Viertel zum Studium und das letzte zum Dienst für den Guru. Später drei Achtel zur Meditation, ein Achtel zur Pause, drei Achtel zum Studium, ein Achtel zum Dienst für den Guru.« Pause bedeutet hierbei Zeit für Handlungen wie Waschen, Reinigen usw., nicht für Golf oder Fußballspiel. Sie bedeutet Entspannung und Ablenkung der Gedanken nach Konzentration und Meditation, um zu vermeiden, dass die Gedanken sich erschöpfen und weitere Arbeit verweigern. Später soll die Hälfte der Zeit der Meditation gewidmet sein, die andere Hälfte dem Studium. Der Schüler soll die Zeit der Meditation allmählich ausdehnen, nach zwei Monaten auf je eine Stunde, morgens von vier bis fünf Uhr und abends von acht bis neun Uhr, nach einem Jahr auf eineinhalb Stunden am Morgen und Abend, im dritten auf je zwei Stunden, im vierten Jahr auf je drei Stunden am Morgen und am Abend. Dies sollte das Normale sein. Ein ernster *sadhak* aber mit starker Vitalität und subtilem Intellekt wird schon im ersten Jahr seines *sadhana* sechs Stunden meditieren. Gleichzeitig soll der Schüler geeignete Bücher wie Upanishaden, Yoga *vasishta*, die Gita, *viveka chudamani*, *avadhutha gita* studieren. Ein solches Studium ist wahrhaft erhebend. Sechs Stunden Meditation und sechs Stunden Studium ist eine Wohltat. Es kann zur Kontemplation *(nidhi-dhyasana)* während vierundzwanzig Stunden führen.

Wichtig ist das Einhalten einer *sattva*-Diät *(mithahara)*. Ein überladener Magen macht schläfrig und stört die geistige Schulung. Ein Schlemmer, ein der Sinnenfreude hingegebener oder träger Mensch kann nicht mit Erfolg meditieren. Milchdiät macht den Körper gewichtslos, sodass man bequem stundenlang in einer Stellung verharren kann. Fühlt man sich matt, kann man einen oder zwei Tage lang ein wenig Reis, Graupen mit Milch oder eine andere leichte Diät zu sich nehmen. Wer eine Arbeit zu verrichten, Vorträge zu halten oder andere geistige Aufgaben auszuführen hat, braucht dagegen substantiellere Nahrung.

In der Gita stehen oft Ausdrücke wie: *anaya cheta* (nicht an einen anderen denken), *machita, nitya yukta, manmana, ekagram, mahah* und *sarva-bhava.* Alle diese Ausdrücke bedeuten, dass man sein ganzes Denken voll und ganz auf Gott richten muss. Nur dann kann man Selbstverwirklichung erreichen. Lässt sich auch nur ein Gedankenstrahl ablenken, ist es unmöglich, Gottes-Erfahrung zu erlangen.

Sei still. Erkenne dich. Erkenne »Das«. Versinke im »Das«. Die Wahrheit ist ganz rein und einfach.

Ein einsamer Ort, geistige Schwingungen, ein kühler Fleck mit gemäßigtem Klima sind für die Konzentration der Gedanken unbedingt notwendig. Wie das Salz sich im Wasser auflöst, so löst sich der *sattva*-erfüllte Geist während der Meditation über Brahma, das innerste Wesen *(adhisthana),* in Schweigen auf. Ein Anfänger soll zu Beginn der Meditation zehn Minuten lang heilige Strophen *(shlokas)* und erhabene Hymnen *(stotras)* aufsagen. Dies wird seine Gedanken erheben und ihn von weltlichen Gegenständen abziehen. Anschließend soll er in ständiger, ernster Anstrengung sein Bewusstsein auf einen Punkt konzentrieren, bis er völlig darin aufgeht *(nishtha).* Bei Beginn der Meditation muss vor seinem inneren Auge das Bild Gottes oder Brahmas stehen.

15. Stellungen für die Meditation

Zu Beginn setze sich der Schüler eine halbe Stunde lang in *padma-*, *siddha-*, *svastika-* oder *sukha*-Stellung und verlängere dann die Dauer allmählich auf drei Stunden. In einem Jahr kann er auf diese Weise okkulte Fähigkeiten *(asana siddhi)* erlangen.

Jede bequeme Stellung ist *asana.*

Padmasana (die Lotusstellung): Man legt den rechten Fuß auf den linken Schenkel, den linken Fuß auf den rechten Schenkel. Die Hände werden auf die Schenkel nahe den Kniescheiben gelegt. Kopf, Nacken, Rumpf bleiben in einer geraden Linie. Mit geschlossenen Augen konzentriere man sich auf *trikuta,* den Zwischenraum zwischen den beiden Augenbrauen. Diese Stellung ist besonders für Familienväter sehr geeignet zur Meditation.

Siddhasana (die sogenannte »vollkommene Haltung«): Man legt eine Ferse unter den After *(guda),* die andere in die Höhe der Genitalien. Dabei sollen Kopf, Hals, Rumpf in einer geraden Linie bleiben, die Hände an die Kniescheiben gelegt. Bei geschlossenen Augen konzentriere man sich auf *trikuta* oder die Nasenspitze. Diese Stellung ist wohltuend für Enthaltsame *(brahmacharin)* und wandernde Mönche *(sannyasin).*

Svastikasana: Bei dieser Stellung setzt man sich bequem mit geradem Oberkörper hin. Der rechte Fuß muss neben dem linken Schenkel, der linke Fuß zwischen rechtem Schenkel und Wade liegen. Beide Füße sind zwischen Schenkel und Wade gekreuzt.

Sukhasana: Dies ist eine leichte und angenehme Stellung für Japam und Meditation. Wichtig ist, dass Kopf und Oberkörper in einer geraden Linie bleiben. Eine Abwandlung dieser Haltung ist sehr angenehm für ältere Menschen: Ein fünf Ellen langes Tuch wird längsweise zusammengefaltet. Die Knie werden zur Brust angezogen. Ein Ende des Tuchs wird vom linken Knie ausgehend um den Rücken herumgeführt bis zum rechten Knie und von dort aus mit dem anderen Ende am linken Knie geknotet. Die Hände liegen zwischen den Knien. Da Beine, Hände, Rücken gestützt sind, kann man in dieser Stellung lange Zeit verharren.

Die Vorteile der Stellungen: Die richtige Stellung *(asana)* befreit von Krankheiten wie Hämorrhoiden, Verdauungsschwäche, Verstopfung und zügelt übermäßige Unruhe der Gedanken *(rajas),* da sie dem Körper wirkliche Ruhe gibt. In unbeweglicher Haltung und festem Sitz kann man leicht Atemübungen *(pranayama)* ausführen. Das ist die dritte Stufe des achtfachen Yoga *(ashtanga),* des Raja-Yoga des Patanjali.

Die erste Stufe ist Selbstbeherrschung und die Übung von Nicht-Gewaltsamkeit *(ahimsa),* Wahrheit und Enthaltsamkeit. An zweiter Stelle stehen religiöse Regeln oder Vorschriften wie Reinheit *(shaucha),* Zufriedenheit *(santosha),* Enthaltsamkeit *(tapas),* Studium heiliger Bücher *(svadhyapa)* usw. Die dritte Stufe ist *asana.* Beherrscht man die Stellung, fühlt man seinen Körper nicht mehr und ist unempfindlich gegen Wärme und Kälte. Man soll die Stellungen nur mit leerem Magen ausführen. Nur eine kleine Tasse Milch, Tee oder Kaffee darf eingenommen werden.

Bei Meditation, Konzentration und Japam ist die *padmasana-* und *siddhasana-*Stellung vorgeschrieben. Für die Gesundheit ganz allgemein und für die Enthaltsamkeit sind Stellungen wie *shirshasana, sarvangasana, matsyasana* oder *pashchimottanasana* zu empfehlen.

16. Regelmäßigkeit der Meditation

Bei jeder geistigen Übung – *japa, asana,* konkrete Meditation über ein bestimmtes Bild *(saguna-murti)* oder Atemkontrolle *(pranayama)* – muss man systematisch und regelmäßig vorgehen. Dann ist der Erfolg sicher und ewiges Leben *(amritatva)* das Ergebnis. Wenn alle Wünsche sich auflösen, wird Selbstverwirklichung *(nitya-tripti)* erlangt. Es ist immer wieder notwendig zu meditieren, sich zu konzentrieren und nicht aus Trägheit, dem ärgsten Feind des Schülers *(sadhak),* einen einzigen Tag zu verlieren. Das Leben ist kurz, die Zeit entflieht, und viele Hindernisse sind auf dem geistigen Pfad durch Übung und Gebet zu überwinden. Wer ernsthaft seine Übungen verrichtet, wird die verschiedensten Hilfen erhalten, sowohl im Innen wie im Außen. Auf der astralen Ebene sind es die Hilfen der lebenden »Befreiten« *(jivanmuktas),* die über alle Teile der Welt verstreut sind, und der Unsterblichen *(amara-purushas),* wie *sri vyasa, vasishta, kaila, muni, dattatreya, agastya muni.* Will man beschleunigt zur Selbstverwirklichung gelangen, sollte man systematisch und regelmäßig viermal am Tag meditieren, ebenso wie man viermal am Tag Nahrung zu sich nimmt.

Wie Hanf, Indigo, Opium oder Alkohol selbst bei geringstem Quantum für einige Zeit berauschen, so wird auch der Gottes-Rausch, das Ergebnis regelmäßiger Meditation, mag sie auch nur eine halbe Stunde dauern, einige Stunden anhalten, wenn die Meditation regelmäßig erfolgt. Das Entwickeln göttlicher *(sattva)* Fähigkeiten durch Meditation prägt einen geistigen Weg in das Bewusstsein ein. Nur wenn es an Regelmäßigkeit fehlt, wenn die innere Ruhe gestört wird, wenn man sorglos und unachtsam ist, wird der geistige Pfad immer wieder durch die Fluten unreiner Gedanken und schlechter Keime des Unbewussten *(vasanas)* zerstört.

Durch Meditation, *japa, kirtana, pranayama* oder Innenschau werden weltliche Gedanken, Wünsche und *vasanas* unterdrückt. Wird die Meditation jedoch nicht regelmäßig geübt, geht die innere Ausgeglichenheit verloren, und die Begierden suchen sich wieder gewaltsam durchzusetzen. Deshalb sind Ausdauer, strenge geistige Disziplin und eine starke innere Ausgeglichenheit notwendig. So werden die Begierden schwächer und schwächer, bis sie völlig vernichtet sind.

IV. ÜBUNG DER MEDITATION

1. Allgemeines

Diese Welt ist voller Elend und Leiden. Um sich von den Anfechtungen dieses Lebens *(samsara)* zu befreien, bedarf es der Meditationsübungen, die zur Selbsterkenntnis und damit zum ewigen Frieden und zur höchsten Glückseligkeit führen. Meditation ist die Vorbereitung für eine umfassende Erfahrung und eine unmittelbare, intuitive Erkenntnis. Sie schafft einen ununterbrochenen Fluss der Gedanken zu Gott oder Atman hin. Sie ist der Pfad zum Göttlichen, der königliche Pfad zum Königreich Brahmas, die mystische Leiter, die von der Erde zum Himmel *(vaikunthakailasha-Brahman)*, vom Irrtum zur Wahrheit, von der Dunkelheit zum Licht, von der Unruhe zum ewigen Frieden, vom Nichtwissen zur Weisheit, von der Sterblichkeit zur Unsterblichkeit führt.

Wahrheit ist Brahma, ist Atman. Zur Wahrheit kann man nicht ohne Meditation gelangen, deren Art je nach dem gewählten Pfad verschieden ist. Ein Bhakta-Yogi, ein Mystiker, wird sich bei der Meditation auf das Bild seiner erwählten Gottheit *(ishta devata)* mit ihren Attributen *(saguna dhyana)* konzentrieren. Ein Hatha-Yogi, der auf dem Wege körperlicher Übungen vorgeht, meditiert über die Chakras, die Energie-Zentren. Ein Jnana-Yogi, der dem philosophischen Weg folgt, meditiert über sein wirkliches Selbst, die Übung des *ahamgra upasana.* Ein Raja-Yogi meditiert über die Weltseele *(purusha),* die unberührbar ist für Schmerz wie Begierde.

Das Bewusstsein nimmt die Form des Gegenstandes an, den es erfasst. Nur so ist Wahrnehmung möglich. Ein Bhakta-Yogi meditiert unaufhörlich über die Gestalt seiner Schutz-Gottheit, seiner *ishta devata.* Seine Gedanken umfangen immer wieder diese Gestalt. Ist seine Meditation erfolgreich und erlangt er den Zustand höchster Hingabe *(para bhakti),* erblickt er in allem nur noch seine *ishta devata.* Namen und Formen schwinden. Der Anbeter Krishnas erblickt überall nur Krishna und erfährt den Zustand, der in der Gita beschrieben wird: »*Vasudeva sarvam iti* – Alles ist nur *vasudeva* (Krishna).« Ein Vedanta-Anhänger *(jnani)* erblickt überall nichts als das eigene Selbst, Atman. Die Welt der Worte und Formen entschwindet seinem Blick. Er erfährt – wie es in den Upanishaden heißt – »*sarvam kilvidam Brahma* – Alles in der Tat ist Brahma.«

Nur ein reines Bewusstsein vermag das Selbst zu erkennen. Hat es nicht alle Wünsche, Begierden, allen Kummer, Stolz, Täuschung und Lust, Bindung, Anziehung und Abstoßung von sich geworfen, kann es nicht in den Bereich des Höchsten Friedens, der Ungestörten Seligkeit, in die Ewige Heimat eingehen. Ein sinnlicher oder träger Mensch kann nicht Meditation üben. Wer aber seine Zunge und seine Organe beherrscht, wer einen durchdringenden Geist besitzt, wer mit Maß isst, trinkt und schläft, wer Selbstsucht, Lust, Begierde und Ärger vernichtet hat, kann durch Meditation *samadhi* erlangen.

Solange Zerstreuung und innere Unruhe *(vikshepa)* vorherrschen, vermag man nicht zu meditieren und den Frieden des Geistes zu erfahren. Solange wohnt Unruhe der Gedanken *(rajas)* neben der Begierde. Will man sie wirklich überwinden, muss man auch alle irdischen Wünsche und Begierden durch inneren Frieden und völlige Hingabe an Gott zerstören.

Grünes Holz kann nicht brennen, während trockenes sofort Feuer fängt. Wer seine Gedanken nicht geläutert hat, wird das Feuer der Meditation nicht anzünden können. Während der Meditation wird er einschlafen, träumen oder Luftschlösser bauen. Wer aber durch Japam, durch Opfer, Erbarmen und Atemübungen alle Unreinheiten aus seinem Bewusstsein entfernt hat, wird, sobald er eine Stellung eingenommen hat, schnell in Meditation fallen. Das gereinigte, gereifte Bewusstsein wird im Augenblick vom Feuer der Meditation erfasst.

Das Bewusstsein ist einem Garten zu vergleichen. Wie durch Pflügen und Düngen, durch Unkrautjäten und Bewässerung schöne Blumen und Früchte gezogen werden können, so kann auch im Garten des Bewussteins die Blume der Hingabe blühen, wenn die Unreinheiten des Denkens, wenn Lust, Ärger, Begierde, Täuschung, Stolz usw. ausgerissen wurden und der Garten mit göttlichen Gedanken begossen wird. Der Samen von Unkraut und Dornen aber bleibt weiter in der Erde, um wieder aufzugehen, wenn er nicht bekämpft wird. Ebenso werden Gedankenformen *(vrittis)* einmal an die Oberfläche des Bewusstseins steigen, dann wieder verschwinden, aber immer als feinste Keime *(samskara)* im Unterbewussten wirksam bleiben. Wenn sie von außen oder innen angeregt sind, werden sie wieder zu *(vrittis)* Gedankenwellen.

Ist der Garten gesäubert, frei von Unkraut und Dornen, können gute Früchte geerntet werden. Ist das Bewusstsein rein, bringt die Meditation guten Erfolg. Darum müssen die Gedanken zuerst von allen Unreinheiten befreit werden, damit der Strom der Meditation von selbst fließen kann.

Soll der Garten auf lange Zeit sauber bleiben, muss man nicht nur Unkraut und Dornen entfernen, sondern auch den Samen, der unter der Erde liegt und immer erneut, lange Jahre hindurch, Unkraut hervorbringt. So muss auch der Schüler nicht nur die starken Wellen unruhiger Gedanken *(vrittis)*, sondern auch die unterbewussten Eindrücke *(samskaras)* zerstören, den Samen für Tod und Wiedergeburt, der unaufhörlich neue Gedanken und Wellen *(vrittis)* entstehen lässt, wenn er den Zustand des *samadhi*, das heißt Befreiung und vollkommene Freiheit erlangen will.

Ohne Meditation ist Selbsterkenntnis nicht möglich, ohne sie kann man sich von den geistigen Begrenzungen nicht befreien, den göttlichen Zustand nicht erreichen, der Unsterblichkeit gewährt. Ohne Meditation bleibt die strahlende Schönheit, die unvergängliche Herrlichkeit Atmans vor den Augen des Schülers verborgen, ohne sie kann er die Schleier, die die Seele verdecken, kann er die fünf Hüllen *(koshas)*, die Atman umschließen, nicht zerreißen, und das Leben der Seligen erlangen.

2. Wahre Ruhe in der Meditation

Die Ermüdung durch die Sinnesorgane *(indriyas)* verlangt nach Ruhe. Deshalb tritt in rhythmischem Ablauf allnächtlich der Schlaf ein. Bewegung und Ruhe sind der Rhythmus des Lebens. Durch die Kraft der unbewussten Eindrücke *(vasanas)* bewegen sich die Gedanken in den Pfaden der Sinne. Tatsächlich ist ein traumloser Schlaf *(dhrida sushupti)* außerordentlich selten. Auch der Traum ist ein subtiles Werk der Gedanken. Deshalb gibt der Schlaf oft keine vollkommene Entspannung, die allein in der Meditation gefunden werden kann. Nur die *dhyana*-Yogi, die sich ganz der Meditation hingeben, erlangen wirkliche Ruhe, da während der Meditation die Gedanken aus Mangel an gegenständlicher Ablenkung vollkommen konzentriert sind. In dieser vollkommenen Ruhe offenbart sich die ununterbrochene, ungestörte Seligkeit *(ananda)*. Man muss Meditation selbst erfahren haben, um dies zu verstehen.

In Benares lebt ein Hatha-Yogi, der sich von dem Gesetz der Schwere befreien kann. Niemals schläft er des Nachts, sondern sitzt in *asana* und schöpft aus der Meditation wirkliche Ruhe, ohne des Schlafs zu bedürfen. Zu Anfang seiner Übungen wird der Schüler diese Ruhe wahrscheinlich nicht voll genießen, da sich noch ein ernster Kampf zwischen dem Willen und dem bewussten Ich *(svabhava)* abspielt, zwischen den alten Eindrücken *(samskaras)* und den neuen, zwischen den alten und neuen Gewohnheiten, zwischen dem aufgeklärten Bewusstsein *(purushartha)* und der vergangenen Haltung. Die

Gedanken widersetzen sich dem Neuen. Hat der Schüler den Zustand des »*tanumanasi*« erreicht, das heißt hat er seine Gedanken geschwächt – die dritte Stufe *(bhumika jnana)* –, dann erfüllt ihn während der Meditation große Ruhe, und er wird in der Läge sein, seinen Schlaf allmählich auf drei bis vier Stunden täglich zu verkürzen.

3. Schau

Der Schüler soll während einiger Minuten auf das Bild seiner Schutz-Gottheit *(ishta devata)* blicken, dann mit geschlossenen Augen versuchen, sich das Bild in Gedanken vorzustellen. Er wird es klarumrissen in sich erblicken. Lässt diese Schau nach, soll er die Augen wieder öffnen und das Bild erneut anblicken. Wiederholt er diese Übung täglich fünf- bis sechsmal, so wird er nach einigen Monaten imstande sein, *ishta devata* in aller Deutlichkeit sich vorzustellen.

Macht es Schwierigkeiten, das ganze Bild zu erschauen, soll der Schüler es mit einem Teil versuchen, auch wenn das Bild noch verschwommen ist. Nach wiederholten Übungen wird es klare und bestimmte Formen annehmen. Hat er auf diese Weise keinen Erfolg, so soll er seine Gedanken auf die Fülle des Lichts im Herzen konzentrieren und dies Licht als Gestalt des Gottes oder als Gestalt der Mutter *(devi)* erblicken.

Man soll sich nicht quälen, wenn man das Bild der Gottheit mit geschlossenen Augen nicht vollkommen zu erblicken vermag, sondern regelmäßig und ohne Unterbrechung in seinen Übungen fortfahren. Der Erfolg wird eintreten. Notwendig ist vor allem die Liebe *(prema)* zu Gott. Sie muss mehr und mehr gestärkt werden, bis sie unmittelbar und unaufhörlich fließt. Das ist wichtiger als die Fähigkeit, das Bild der Gottheit in sich zu schauen.

4. Yoga der Meditation

Im »*Yoga Vasishta*« heißt es: »Die rechte Methode für den Anfänger ist die folgende: Zwei Teile des Bewusstseins müssen mit Gegenständen der Freude erfüllt werden, ein Teil mit Philosophie und der letzte mit Hingabe an den Lehrer. Nach einigem Fortschritt sollte ein Teil des Bewusstseins mit den Gegenständen der Freude, zwei Teile mit Hingabe an den Lehrer und der letzte mit Einsicht in den Sinn der Philosophie erfüllt sein. Hat der Schüler einen höheren Zustand erreicht, sollte er täglich zwei Teile seines Bewusstseins mit Philosophie und mit höchster Entsagung und die anderen zwei Teile mit Meditation und mit Hingabe an den Guru erfüllen. Dies wird schließlich zu einer Meditation von vierundzwanzig Stunden führen.«

Der Schüler sollte in der Stellung sitzen, die ihm die liebste ist, Kopf, Hals und Rumpf in gerader Linie aufrechterhalten, die Augen schließen und sich ruhig auf die Nasenspitze, auf den Zwischenraum zwischen den Augenbrauen, auf das Herz-Lotus oder auf den Scheitel des Kopfes konzentrieren. Hat er sich einmal für ein Zentrum der Konzentration entschieden, soll er an ihm mit der Zähigkeit eines Blutegels festhalten und es nicht wechseln. Wurde nach verschiedenen Versuchen mit anderen Zentren das Herz-Zentrum gewählt, darf der Schüler sich nur auf dieses konzentrieren, wenn er schnellen Fortschritt erreichen will.

Es gibt zweierlei Meditation: *saguna,* bei der man das Bewusstsein der *gunas* (Eigenschaften oder Attribute des Gegenstandes, über den man meditiert) behält, und *nirguna,* bei der alle Eigenschaften sich auflösen. Meditation über *Krishna, Shiva, Rama* oder Jesus ist *saguna.* Form und Eigenschaften bleiben erhalten, und der Name des Herrn wird wiederholt angerufen. Diese Meditation übt der *shakta*-Yogi. Meditation, die die Vedanta-Anhänger über das wirkliche Selbst üben, ist *nirguna;* ebenso die Meditation über OM, *so-ham, aham brahmasmi* und *tat tvam asi* (Formeln, in denen man sich mit dem Absoluten identifiziert).

Blitzt ein Strahl der Erleuchtung auf, ist dies nicht Anlass zur Furcht, sondern eine bisher noch unbekannte Erfahrung unermesslicher Freude. Man darf keinen Schritt zurückgehen, die Meditation nicht aufgeben, nicht stehen bleiben, sondern muss weiter voranschreiten. Noch offenbart der Lichtstrahl nicht die volle Wahrheit, noch vermittelt er nicht die ganze Erfahrung, die höchste Erkenntnis. Nur eine neue Stufe ist erreicht, auf der man weiter voranschreiten muss, um das letzte Ziel, das Unendliche *(bhuman),* zu erreichen. Erst dann sind alle Anfechtungen zu Ende. In langen Zügen trinkt man den Nektar der Unsterblichkeit und genießt die ewige Ruhe.

Der Gipfel, die letzte Stufe, ist erklommen. Nun bedarf es keiner Meditation mehr.

Unendliche Kräfte und latente Fähigkeiten ruhen im Menschen, deren er sich eigentlich niemals bewusst ist. Sie müssen durch Yoga und Meditation geweckt werden. Der Wille muss entwickelt werden, um die Sinne in Zaum zu halten, Läuterung und regelmäßige Meditation allein wecken den Übermenschen, den Gottmenschen in uns. Wie das Licht einer Sturmwindlaterne nicht ausgeht, so brennt seit unvorstellbaren Zeiten die göttliche Flamme in unserem Herzen. Meditiere über diese göttliche Flamme, versenke dich tief in dein Herz. Dann wirst du selbst zur Flamme.

Ein kurzer Docht in der Lampe lässt die Flamme nur niedrig brennen, bei einem langen flammt sie hoch auf. Ebenso wird die Offenbarung, der Ausdruck des Selbst, mächtig sein und wunderbares Licht ausstrahlen, wenn *jiva,* die individuelle Seele, rein ist und sich der Meditation hingibt. Ist die Seele aber unrein und nicht erneuert, wird sie nur wie Holzkohle glimmen. Wie ein starker Magnet Eisenspäne selbst in weiter Entfernung beeinflusst, so wird ein hochentwickelter Yogi großen Einfluss auch auf weit entfernte Menschen auszuüben vermögen, die in Kontakt zu ihm kommen.

Der Schüler sollte beobachten, wie lange er während der Meditation alle weltlichen Gedanken ausschalten kann. Erreicht er eine Dauer von zwanzig Minuten, sollte er sie auf dreißig Minuten erhöhen und das Bewusstsein immer erneut mit Gedanken an Gott erfüllen. »Auch wenn man sich die schwersten Beschränkungen *(tapas)* auferlegt, wenn man zum Beispiel tausend Jahre auf einem Bein stände, so würde dies nicht einmal den sechzehnten Teil einer rechten Meditation (*dhyana* Yoga) aufwiegen«, heißt es in den *paingala*-Upanishaden.

Täglich muss der Geist der Entsagung *(viragya)*, müssen Meditationen und die wesentlichen Tugenden *(sattva)* wie Geduld, Ausdauer, Güte, Liebe, Verzeihen usw. zunehmen. Entsagung und Tugenden fördern die Meditation, und diese wieder verstärkt die *sattva*-Eigenschaften.

Durch die Meditation treten beachtliche Veränderungen im Bewusstsein, im Gehirn- und Nervensystem auf. Neue Nervenströme, neue Schwingungen, neue Wege, neue Zellen und Kanäle bilden sich. Herz und Bewusstsein erneuern sich, auch die Empfindungen und Gefühle, Denken und Handeln, selbst die Auffassung vom Weltall, das zur Offenbarung Gottes wird.

Im Lauf der Meditation verfällt man in höchste Begeisterung. Es gibt fünf Arten dieser Ekstase: ein einfacher Schauer, ein schwacher, kurzanhaltender Rausch, eine Begeisterung, in die der Mensch ganz eintaucht eine Ekstase, die den Menschen weit fortführt, und endlich eine Begeisterung, in der man völlig versinkt. Im Erschauern sträuben sich die Haare, und der Körper erbebt. Der kurze Rausch erinnert an aufleuchtende Blitze. Die Begeisterung, in die der Körper ganz eingehüllt scheint, gleicht Wogen, die sich am Strande brechen. Die Ekstase, die den Körper erhebt, lässt ihn gleichsam in der Luft schweben. Und wenn die alles durchdringende Begeisterung den Menschen erfasst, empfindet er seinen Körper als aufgeblähte Blase.

»Was auch immer der Yogi mit seinen Augen erblickt, sei ihm Atman. Was er mit seinen Ohren vernimmt, sei ihm Atman. Was er mit seiner Nase riecht, sei ihm Atman. Was er mit seiner Zunge schmeckt, sei ihm Atman. Was er mit seiner Haut berührt, sei ihm Atman. So sollte sich der Yogi ohne zu ermüden jeden Tag bemühen, seine Sinne während eines *yama* (drei Stunden) zu begeistern. Dann werden ihm wunderbare Kräfte verschiedenster Art zuteil wie Hellsehen, Hellhören, die Möglichkeit, in einem Augenblick weiteste Entfernungen zu durchmessen, die Macht des Wortes, die Fähigkeit, jede Gestalt anzunehmen, sich unsichtbar zu machen, und Metalle zu verwandeln.« *(yogatattva upanishad)*

5. Zurückgezogenheit und Meditation

Weise, wie Ekanath, König Janaka und andere, erlangten Selbstverwirklichung durch geistige Schulung *(sadhana)*, während sie in der Welt blieben. Die Lehre der Gita lehrt die Selbstverwirklichung, die Versenkung im Göttlichen in der Welt und durch die Welt. Dies klingt verständlich und recht erfreulich, ist aber den meisten Menschen nicht möglich. Es ist leichter gesagt als getan. Wie viel Janakas und Ekanaths hat es gegeben, und diese waren wahrhafte Yogis in früheren Leben (Yoga *bhrastas*).

Jesus zog sich achtzehn Jahre zurück. Buddha ging acht Jahre lang in die Einsamkeit des *uruvala*-Waldes, Swami Rama Thirtha lebte zwei Jahre lang in der Abgeschiedenheit des Waldes *Brahmapuri*. Shri Aurobindo lehrte zwar, dass man sich inmitten des tätigen Lebens

»verwirklichen« müsse, lebte aber zwanzig Jahre lang in der Abgeschiedenheit seines Zimmers.

Viele entschlossen sich, während ihres *sadhana* in die Einsamkeit zu gehen. Man kann den geistigen Weg in der Welt beginnen, nach einigen Fortschritten aber muss man sich von ihr zurückziehen und einen geeigneten einsamen Ort suchen, an dem geistige Schwingungen wirken können.

Bei vielen Menschen ist die Willenskraft sehr geschwächt, da sie keine Selbstdisziplin besitzen, in ihrer Jugend keine religiöse oder geistige Schulung genossen und materiellen Einflüssen unterliegen. Für sie ist es notwendig, einige Wochen, Monate oder Jahre in die Abgeschiedenheit zu gehen, um sich dem Japam zu widmen und ungestörte Meditation zu üben.

Du vermagst deine weltliche Natur in die göttliche umzuwandeln und volle Kontrolle über deine Nerven- und Muskelzentren, über deine fünf Hüllen *(koshas)*, Empfindungen, Triebe und Impulse durch Meditation zu erlangen. Wer seine Kinder versorgt und sich von der Arbeit zurückgezogen hat oder keinen weltlichen Bindungen und Verpflichtungen unterworfen ist, sollte vier oder fünf Jahre in der Abgeschiedenheit leben, um sich intensiver der Meditation und der Entsagung *(tapas)* zu widmen, sich zu läutern und zur Selbstverwirklichung zu gelangen. Dies ist dem Eintritt in eine Universität zur Absolvierung höherer Studien zu vergleichen. Nach Beendigung der Zeit strengster Entsagung *(tapas)*, nach Erlangung der Selbsterkenntnis kann der Schüler wieder in die Welt zurückkehren und mit anderen seine Erkenntnisse und seine Glückseligkeit teilen. Er kann die Selbsterkenntnis durch Vorträge, Diskussionen und Zwiegespräche je nach Fähigkeit und Veranlagung anderen nahe bringen.

Ein Hausvater *(grihasta)*, den es nach Yoga und Geistigkeit verlangt, kann Meditation in einer einsamen Ecke seines Hauses üben oder auch an einem entlegenen Ort, an den Ufern eines heiligen Flusses, an dem er seine Ferien verbringt oder das ganze Jahr über bleibt, wenn er sich von seinen Geschäften zurückgezogen hat.

Wer als Familienvater von dem brennenden Wunsch erfüllt ist, den geistigen Pfad zu beschreiten und sich in die Einsamkeit zurückzuziehen, um Meditation zu üben, darf nicht plötzlich alle Bindungen an die Familie zerreißen. Ein solcher Bruch würde eine starke Angst in seinem Bewusstsein auslösen und für die Familie einen schweren Schock bedeuten. Die Bindungen müssen allmählich gelockert werden. Zu Anfang darf er sich nur für eine Woche oder einen Monat zurückziehen. Verlängert er später die Zeit allmählich, wird der Schmerz der Trennung nicht mehr so fühlbar sein.

Der Schüler sollte frei sein von Hoffnungen, Wünschen und Begierden, die ruhelos machen, die Gedanken verwirren und Feinde des Friedens und der Selbsterkenntnis sind. Nur dann wird sein Bewusstsein regungslos bleiben. Er sollte auch nicht viel äußere Güter besitzen, sondern nur behalten, was für das körperliche Dasein unbedingt notwendig ist. Viel Besitz wird Gedanken anziehen, um ihn zu bewahren. Weder durch Korrespondenz noch durch Zeitungslesen, durch Gedanken an Familienmitglieder oder Besitztum sollte der Schüler, der schnelle Fortschritte in der einsamen Meditation anstrebt, Beziehungen zur Welt aufrechterhalten. Erst wenn er seine Bedürfnisse beschränkt hat, wenn die Welt für ihn nicht mehr den geringsten Reiz besitzt, wenn er Unterscheidungsvermögen gewonnen hat und Unbeweglichkeit, wenn er brennend nach Befreiung strebt und monatelang Schweigen *(mauna)* geübt hat, wird er fähig sein, in der Einsamkeit zu leben.

Der Schüler sollte voll Heiterkeit sein, denn das göttliche Licht dringt nur in einen freudigen Sinn ein. Diese Heiterkeit wird er durch Auslöschen der unbewussten Erinnerungen *(vasanas),* der Wünsche und Anreize erlangen. Auch die Angst sollte er austreiben. Das ist sehr wichtig. Schüchternheit oder Feigheit lassen keine Selbstverwirklichung zu.

Der Schüler sollte sich nicht um materielle Dinge sorgen, denn das äußere Leben wird von der göttlichen Vorsehung bestellt, von unserer Mutter *prakriti* (kosmische Natur) vorausgeordnet. Sie wacht sorgfältig und wirksamer als man selbst vermöchte über unsere körperlichen Erfordernisse. Sie weiß besser als irgendjemand, was notwendig ist, und sorgt dafür nach Ort und Zeit. Der Schüler sollte die geheimnisvollen Wege der Mutter weise verstehen lernen und ihr für ihr Wohlwollen, ihre Güte und Gnade danken.

Die Flüssigkeit des Lebens, der Samen, stärkt Nerven und Gehirn und gibt dem ganzen Organismus Kraft. Wer durch das Gelübde der Keuschheit seine Vitalkraft erhalten und zur höchsten Form der Energie *(ojas shakti)* sublimiert hat, vermag lang und unbeweglich Meditation zu üben und auf diese Weise die Leiter des Yoga aufzusteigen. Ohne Keuschheit *(brahmacharya)* ist kein geistiger

Fortschritt möglich, da sie das einzige Fundament ist, auf dem Meditation und *samadhi* aufgebaut werden können. Viele Menschen zerstreuen diese Vitalkraft, die ein wahrhaft geistiger Schatz ist, wenn sie in ihrer Erregung verblendet und unvernünftig werden. Sie sind zu bemitleiden, denn sie werden niemals wirkliche Fortschritte im Yoga erreichen.

Durch regelmäßige Übung des *asanas* sollte der Schüler seinen Körper beherrschen, ehe er ernsthaft und stetig die Meditation beginnt. Ein unbeweglicher Sitz ist die Voraussetzung, da bei unruhigem Körper auch das Bewusstsein unstet ist. Zwischen Körper und Geist besteht eine enge Beziehung. Tägliche Übung *(asana jaya)* führt zur Beherrschung der Stellung. Sei unbeweglich wie eine Statue, halte Körper, Kopf und Hals gerade. Dann wird auch die Wirbelsäule aufrecht sein, und *kundalini* vermag durch den Kanal, der das Rückenmark *(sushumna)* entlangführt, aufzusteigen. Auch wird dich kein Schlaf überfallen.

Ist es dem Schüler zur Gewohnheit geworden, die Gedanken von den Wahrnehmungen der Sinne *(pratyahara)* abzuschalten und die Sinne vollkommen zu beherrschen, so wird er, selbst im größten Lärm der Großstadt, seine Einsamkeit finden. Sind die Sinne dagegen erregt und kann er sich ihren Eindrücken nicht entziehen, wird er auch in der einsamen Höhle des Himalaya Luftschlösser bauen und den Frieden nicht finden, den der geistig geschulte Yogi empfängt, der seine Sinne und Gedanken beherrscht.

Hat man die Wege und Gewohnheiten seines Bewusstseins durch tägliche Innenschau, Selbst-Analyse oder Selbstprüfung kennen gelernt, weiß man um die Gesetze des Geistigen, dann ist es leicht, die wandernden Gedanken in Zaum zu halten. Wenn man zu meditieren beginnt und sich bemüht, alles Weltliche zu vergessen, werden die unsinnigsten und gleichgültigsten Gedanken lebendig, um zu stören. «Es ist erstaunlich, wie Jahrealte Gedanken, wie Erinnerungen an vergangene Vergnügungen an die Oberfläche kommen und das Bewusstsein in die verschiedensten Richtungen drängen. Der Gedanken- und Erinnerungsraum des Unbewussten hat sich geöffnet, und die Gedanken entströmen ihm in unaufhörlichem Fluss. Je mehr man sie zu beruhigen sucht, um so stärker werden sie mit verdoppelter Kraft und Intensität heraufwirbeln.

Sei nicht entmutigt und verzweifelt, vor allem sei niemals verzweifelt. Durch regelmäßige und anhaltende Meditation kann man das Unterbewusstsein reinigen und Gedanken wie Erinnerungen beherrschen. Sei dessen gewiss, Meditation ist ein wirksames Gegengift, geeignet, die weltlichen Gedanken zu vernichten.

Während der Innenschau kann man beobachten, wie das Bewusstsein von einer Idee zur anderen springt. Das ermöglicht, es umzubilden und seine Kräfte auszurichten auf dem Weg zum Göttlichen.

Durch Umstellung der Gedanken kann man neue Verbindungen auf der *sattva*-Ebene hervorbringen. Hat man den irdischen Gedanken ihre Bezogenheit auf einen Gegenstand genommen, so kann man sie wie Unkraut ausrotten und statt ihrer im göttlichen Garten des Bewusstseins *(antahkarana)* erhabene Gedanken in geduldiger Arbeit pflegen, eine wirklich erstaunliche Aufgabe, doch leicht für den Yogi, der Selbstentschlossenheit und dank der Gnade Gottes einen eisernen Willen besitzt.

Die Meditation über das unsterbliche Selbst wird wie ein Sprengstoff wirken, der alle Gedanken und Erinnerungen des Unbewussten zerstört. Man darf aber die Gedanken, die bedrängen, nicht gewaltsam unterdrükken, sondern sollte sie schweigend beobachten, bis sie allmählich an Kraft verlieren und durch regelmäßige, anhaltende und schweigende Meditation vollkommen ausgerottet werden. Nur wenige Minuten am Tag, hier und dort einmal zu meditieren, führt zu keinem sichtbaren Erfolg im Yoga.

Wie kann man in einem einsamen Wald, in dem es keine Versuchungen gibt, feststellen, ob man seine Sinne in der Gewalt hat? Die Schüler des Yoga, die in abgeschiedenen Höhlen leben, sollten sich prüfen, indem sie wieder unter Menschen gehen. Dies aber sollte nicht zu jeder Zeit geschehen, dem Manne gleich, der eine junge Pflanze jeden Tag umpflanzte, um zu sehen, ob die Wurzeln wieder gewachsen waren. Möge der Schüler lernen, die Sinne durch anhaltende Meditationen zu beherrschen, und so als Erfolg der Yoga-Übungen in die unendliche Ekstase *(nirvikalpa-samadhi)* eingehen, in den seligen Zustand der Vereinigung mit dem Herrn. Eine geheimnisvolle innere Stimme wird ihn dabei führen. Wie das Wasser eines Gefäßes sich mit dem Meer vereint, wenn das Gefäß zerbrochen wird, so wird die menschliche Seele eins mit dem Höchsten Selbst, wenn das Gefäß des Körpers durch Meditation über Atman zerbrochen ist.

Ein Mensch, der niemals Swami Ramakrishnananda gesehen hatte, hörte von seiner Persönlichkeit und seinen Eigenschaften durch einen Menschen, der ihn tatsächlich kannte, und versuchte, in seinem Innern sein Bild zu schauen. Auf gleiche Weise sollte der Schüler von den Weisen, die Selbstverwirklichung erlangten, alles über den unsichtbaren Brahma zu erfahren suchen und dann über Atman, das Selbst, meditieren.

Konzentration und Atembeherrschung *(pranayama)* gehen ineinander über. *Pranayama* gibt Konzentration, andererseits ist natürliche Atembeherrschung eine Folge der Konzentration. Ein Hatha-Yogi übt *pranayama* und beherrscht dadurch seine Gedanken. Er steigt von der unteren Stufe zu höheren auf. Ein Raja-Yogi übt Konzentration und beherrscht auf diese Weise seinen Atem. Sein Weg führt von oben nach unten. Am Ende begegnen sich beide auf einer gemeinsamen Stufe. Es gibt verschiedene Methoden für die verschiedenen Fähigkeiten, Wünsche und Temperamente. Manchen wird für den Anfang *pranayama* am leichtesten fallen, anderen die Konzentration. Wahrscheinlich werden diese im früheren Leben *pranayama* geübt haben und in diesem Leben die nächste Stufe des Yoga, die Konzentration, aufnehmen.

6. Fehlerhafte Ansichten über den Zustand der Meditation

Schüler halten manchmal eine Mischung von Schläfrigkeit *(tandra)* und Verträumtheit *(manorajya)* für tiefe Meditation und *samadhi.* Sie glauben, ihr Bewusstsein sei in der Konzentration gesammelt und frei von Zerstreuung der Gedanken *(vikshepa)*. Das ist ein häufiger Irrtum. Es ist deshalb erforderlich, die Gedanken genau zu beobachten und diese falsche Beurteilung durch Unterscheidung *(vichara)*, durch *pranayama* und eine leichte *sattva*-Diät zu vermeiden. Es heißt überlegt, sorgfältig und wachsam sein. Fühlt man sich schläfrig, so stehe man für zehn Minuten auf und lasse kaltes Wasser über Gesicht und Kopf fließen.

Manchmal vermag auch die Sehnsucht Konzentration vorzutäuschen, die aber nicht auf das wirkliche Ziel *(lakshya)* ausgerichtet ist, sondern auf etwas anderes. Man muss dies zu erkennen suchen und seine Gedanken wieder auf das eigentliche Ziel zurückführen. Von manchen wird fälschlicherweise tiefer Schlaf mit *samadhi* verwechselt. Diesem Fehler sollte der Schüler nicht verfallen, denn *samadhi* ist ein positiver, tatsächlicher Zustand, ist vollkommene Erkenntnis. Erreicht das Bewusstsein während der Meditation einen ruhigen Zustand der Harmonie *(samata)*, erwacht ein ausgesprochenes Gefühl von Glückseligkeit, dann soll der Schüler empfinden, dass er am Beginn des *samadhi* steht. Diesen Zustand soll er nicht stören, sondern so lange als möglich in ihm verweilen und ihn voller Sorgfalt beobachten.

Die Dinge wollen in ihrem eigenen Licht erkannt werden, damit keine Täuschungen entstehen. Erregung darf nicht mit Hingabe verwechselt, heftige Eindrücke, die eine heilige Handlung *(sankirtan)* auslöst, nicht für Ekstase gehalten werden. Die Erschöpfung, die starken Erregungen folgt, ist nicht *bhavasamadhi*. Bewegung im Irdischen *(rajas)* hat nichts gemeinsam mit der göttlichen Aktivität des Karma-Yoga, ebenso wenig wie ein Mensch mit schwerfälligem Bewusstsein *(tamas)* einem geistig Hochstehenden *(sattva)* gleicht. Man darf Empfindungen im Rücken, die Folgen von Rheumatismus sind, nicht für das Aufsteigen der *kundalini* halten, oder den Schlaf für *samadhi*, Traumgebilde *(manorajya)* für Meditation, physische Nacktheit für den Zustand der Befreiung in diesem Leben *(jivanmukti)*. Unterscheidung und Erkenntnis sind vor allen Dingen wichtig.

Schläfrigkeit *(tandra)* ist ebenso wenig *savikalpa-samadhi*, wie Tiefschlaf *nirvikalpa-samadhi* ist. Die Herrlichkeit des Zustands jenseits des traumlosen Schlafs *(turiya oder bhuman)* ist ohnegleichen und nicht zu beschreiben. Ist man in Meditation versunken, so ist der Körper gewichtslos; die Gedanken sind klar und beschwingt. Ist dagegen der Körper schwerfällig und das Bewusstsein verdunkelt, so hat der Schüler während der Meditation geschlafen.

Immer wieder hört man die Klage: »Ich meditiere nun schon zwölf Jahre lang und habe keine Fortschritte gemacht, keine Selbstverwirklichung erlangt. Was kann der Grund dafür sein?« Die Ursache ist, dass der Schüler nicht tief genug in Meditation, in das Innerste seines Herzens versunken ist, dass er nicht die eigenen Gedanken mit den göttlichen wirklich vereinigt hat, dass er nicht regelmäßige und systematische Askese *(sadhana)* übte und seine Sinne schulte. Ursache ist, dass er seine Gedanken nicht auf einen Punkt konzentrierte im festen Entschluss: »Jetzt, in diesem Augenblick, will ich die Selbstverwirklichung erfahren«, dass er nicht seine Seele Gott ganz hingegeben und den Strom des göttlichen Bewusstseins nicht in Fluss gehalten hat *(taila-dharavat)*.

Selbst wenn ein Yogi-Schüler *(sadhak)* während der Meditation keinen Pulsschlag mehr hat, selbst wenn sein Atem anhält, kann man nicht daraus schließen, dass er den höchsten Zustand der Ekstase *(nirvikalpa samadhi)* erreicht hat. Nur wenn er mit übersinnlicher, göttlicher Erkenntnis zurückkehrt, hat er *samadhi* erfahren. Atem und Puls können aus vielen anderen Gründen aussetzen, zum Beispiel wenn man sich von Nahrung und Trinken enthält und ein wenig Konzentration übt, oder wenn man einige Zeit unbeweglich im *asana* sitzt. Der Schüler sollte sich in der Meditation seines Zustandes voll und ganz bewusst bleiben. Der Zustand der Leere *(jada)* allein bringt ihm kaum geistigen Gewinn, auch dann nicht, wenn er gegen äußere Geräusche unempfindlich geworden ist.

Zwei wandernde Asketen *(sannyasins)* wurden einst von einem Sadhu getäuscht, der stundenlang ohne Atembewegung und Pulsschlag in Meditation zu sitzen pflegte. Später entlarvte er sich als Heuchler und Betrüger, der sie um Geld betrog und dann verschwand. Man muss in seinem Urteil sehr vorsichtig sein.

Während der Meditation darf man sich nicht in einen Zustand der Trägheit und Leere *(jada)* fallen lassen, dem jede Erkenntnis des Überbewussten fremd ist und der nichts gemeinsam hat mit dem Einswerden, der Versenkung in Gott. Es ist nicht gut, stundenlang in einem Zustand der Leere zu verharren, der dem Tiefschlaf gleicht und der zur geistigen Entwicklung nichts beiträgt. Die gleiche Zeit mit Japam, Kirtan, dem Aufschreiben von Mantrams und dem Studium heiliger Bücher verbracht, würde den geistigen Fortschritt mehr fördern. Nach wirklicher Versenkung oder tiefer Meditation wird man Frieden und Glückseligkeit empfinden, verbunden mit göttlicher Erkenntnis. Man muss sich befreien von allem Zweifel, von Furcht, Täuschung, Egoismus, Ärger, Leidenschaft und Abneigung *(dvesha)*. Unerfahrene Schüler ziehen aus der Verwechslung des *jada*, dem Zustand der Trägheit, mit *nirvikalpa-samadhi* eine unberechtigte Zufriedenheit, die ihre Askese unterbricht und hemmt.

7. Unterweisungen in der Meditation

Anfänglich bedarf es ernster Bemühungen, um eine regelmäßige und systematische Meditation durchzuführen und keinen Tag auszulassen. Auseinandersetzungen und Diskussionen sollte der Schüler vermeiden und sich statt dessen in ein entlegenes Zimmer zurückzuziehen, die Augen schließen und in schweigende Meditation versinken.

Fühle Seine Gegenwart, wiederhole Seinen Namen – OM – mit Eifer, Freude und Liebe. Lass göttliche Liebe *(prema)* dein Herz erfüllen. Zerstöre die unbewussten Eindrücke *(sankalpas)*, Gedanken, Phantasien, Launen und Begierden, sobald sie in das Bewusstsein aufsteigen. Sammle die wandernden Gedanken und richte sie auf den Herrn. Nun können Versenkung *(nishtha)* und Meditation tief und intensiv werden. Öffne nicht die Augen und verharre in deiner Stellung. Versenke dich in Ihn, versinke ganz hinein in die Tiefen deines Herzens. Gehe auf im strahlenden Atman und trinke den Nektar der Unsterblichkeit. Erfreue dich der Stille. Frieden! Stille! Herrlichkeit!

Mein geliebter Rama, nun bist du in einer starken geistigen Festung eingeschlossen. Keine Versuchungen können dich in deiner Sicherheit mehr berühren. Ohne Furcht kannst du dich einem starken *sadhana* hingeben, angelehnt an einen unerschütterlichen geistigen Pfeiler. Sei ein guter Kämpfer und töte erbarmungslos deinen Feind, die zerstreuten Gedanken. Bekränze deine Stirn mit dem geistigen Lorbeer des Friedens, der Zufriedenheit und ganzheitlicher Schau. Schon erstrahlt dein Antlitz in der Herrlichkeit Brahmas. Der allerbarmende Herr hat dich mit Freuden und Gesundheit begabt, er schenkte dir einen Guru, der dich führt. Was willst du noch mehr? Wachse, entwickle dich! Erkenne die Wahrheit und verkünde sie überall.

Immer von neuem kläre deine Gedanken. Dein Denken sei klar und rechtschaffen, die Konzentration tief. In der Stille dringe ein in dein tiefstes Wesen und bringe die unruhigen Gedanken zur Ruhe. Wie der Arzt in der Sprechstunde immer nur einen Patienten hereinlässt, so soll auch nur eine einzige Gedankenwelle in das Bewusstsein eindringen und sich dort in Ruhe festsetzen. Danach erst darf ein anderer Gedanke aufsteigen, und auch nur, wenn er dem augenblicklichen Gegenstände zugehörig ist. Eine wirksame Kontrolle der Gedanken, durch lange Übung erreicht, wird bei der Meditation von großer Hilfe sein.

Jeden Gedanken soll man sorgfältig überwachen, um nutzlose vertreiben zu können. Das Leben muss im

Gleichklang mit der Meditation verlaufen, die auch während der Arbeit fortdauern sollte. Bösen Gedanken soll man nicht neue Kraft geben, indem man immer wieder an sie denkt, sondern soll sie unschädlich machen und durch erhabene ersetzen. Beherrschung der Gedanken ist eine unbedingte Voraussetzung. Nicht ein einziger Gedanke darf verschwendet werden.

Deshalb soll man das Bewusstsein zur Ruhe bringen und das Herumwandern der Gedanken verhindern. Man soll auch nicht in seinen Gedanken unnötiges Wissen ansammeln, sondern sein Bewusstsein ausräumen und all das vergessen, was nicht mehr von persönlicher Bedeutung ist. Nur dann kann man in der Meditation das Bewusstsein mit göttlichen Gedanken erfüllen und neue, geistige Kräfte erlangen.

Positives besiegt Negatives. Ein positiver Gedanke treibt den negativen aus. Mut verjagt Angst, Liebe zerstört Hass, Einheit setzt der Gesondertheit ein Ende. Großzügigkeit vernichtet Enge (Eifersucht), Weitherzigkeit vertreibt Geiz und Habsucht. Man soll immer das Positive in sich wach halten. Dann wird man wunderbar meditieren.

Sei still und erkenne dich. Erkenne »Das«. Versenke dein Bewusstsein in »Das«. Wahrheit ist ganz rein und einfach. Einsamkeit und intensive Meditation sind zwei wesentliche Erfordernisse für die Selbst Verwirklichung. Treibe die negativen Gedanken aus. Nimm in dich auf, was dich begeistern und erheben kann.

In jedem Augenblick soll der Schüler Disziplin üben, denn sonst könnten seine Sinne unruhig werden. Darum spricht Krishna zu Arjuna: »O Kunti-Sohn. Erregte Sinne – selbst des Weisen, der unermüdlich sie bekämpft – treiben die Gedanken fort. So führt ihr Ungestüm, wenn sie des Denkens sich bemächtigen, von Einsicht und Verständnis fort, dem Sturm gleich, der das Schiff hintreibt.«

Gedanken wandern und verändern sich immerfort. Dies zeigt sich auf verschiedenste Art. Deshalb muss man stets bemüht sein, sie zu zügeln. Viele Weise legen ihre Gedanken während *sadhana* nicht fest. Trotzdem muss ihr Bewusstsein geordnet und auf einen Ort, eine einzige Methode, einen einzigen Guru, eine einzige Form des Yoga konzentriert sein. Ein rollender Stein sammelt kein Moos. Studiert man ein Buch, darf man nicht ein anderes in die Hand nehmen, bevor man das erste zu Ende gelesen hat. Verrichtet man eine Arbeit, so muss man seine ganze Aufmerksamkeit auf sie richten und erst wenn sie beendet ist eine neue aufnehmen. »Jedes Ding zu seiner Zeit.«

Wer niemals Yoga geübt, niemals seine Sinne, seine Impulse *(vrittis)* oder seine Unreinheit gebändigt hat, wird Schwierigkeiten bei der Konzentration und Meditation erfahren; denn seine Gedanken werden immer ausschwingen, wie das Pendel der Uhr. Sie werden herumschweifen wie ein wilder Stier. Man darf keinem lebenden Wesen Schmerz oder Leid antun durch Gier, Selbstsucht, Zorn oder Langeweile und soll sich von Wut und Böswilligkeit, Kampfgeist und Widerspruch freimachen. Man soll sich nicht streiten oder mit Heftigkeit debattieren, sonst wird man drei oder vier Tage lang nicht fähig sein zu meditieren. Das geistige Gleichgewicht ist gestört, und viel verschwendete Energie fließt ungenützt ab. Wenn das Blut sich erhitzt und die Nerven sich erregen, muss man versuchen, das innere Gleichgewicht zu halten und die Heiterkeit des Wesens zu bewahren. Nur so kann die Meditation erfolgreich fortschreiten. Ein ausgeglichenes Bewusstsein ist der wertvollste Besitz.

Der Schüler muss sensibel sein und doch zugleich seinen Körper und seine Nerven vollkommen beherrschen. Je stärker die Feinfühligkeit, um so schwieriger ist diese Aufgabe. Es gibt viele Geräusche, die ein normaler Mensch überhört, die dem übersensiblen aber wirkliche Pein bereiten.

Konzentration der Gedanken bedeutet Entwicklung innerer Kräfte und Zentralisierung der Energie. Durch sinnlose Gespräche, Pläne und gegenstandslose Beunruhigungen *(chintana)* wird Energie vergeudet, die man andernfalls bewahren und in der Meditation auf Gott richten kann. Dann wird die Meditation wunderbar sein, und auch bewundernswerte Aktivität in weltlicher Arbeit kann im Geist der Gemeinschaft *(lokasangraha)* eingesetzt werden.

Wie der Mensch, der zwei Hasen nachjagt, keinen von beiden fangen wird, so wird auch der Meditierende, der sich gleichzeitig mit zwei einander entgegengesetzten Gedanken befasst, in keinem erfolgreich sein. Geht er zehn Minuten lang göttlichen Gedanken, die nächsten zehn Minuten aber irdischen Gedanken nach, wird er das göttliche Bewusstsein nicht erlangen. Mit aller Kraft, Anstrengung und Zielgerichtetheit kann man nur einen Hasen jagen. Dann aber wird man ihn mit Sicherheit fangen. So soll der Schüler zu allen Zeiten nur göttliche Gedanken denken. Dann wird er mit Bestimmtheit in kurzer Zeit

Gott erfahren. Wer sich einbildet, er übe täglich tiefe Meditation, dabei aber die schlechten Eigenschaften und die Unruhe seines Bewusstseins *(vikaras)* nicht überwunden hat, täuscht und betrügt sich selbst und die anderen.

Verlangt der Schüler in der Meditation zu viel von sich und überschreitet er damit seine Möglichkeiten, wird er in Untätigkeit und Trägheit verfallen. Meditation muss das natürliche Ergebnis eines ausgeglichenen heiteren Bewusstseins *(sama)*, der Selbstbeherrschung *(dama)*, der Ausschaltung von Sinneswahrnehmungen *(uparati)* und der Gedankenkonzentration *(pratyahara)* sein. Atman ist die Quelle aller Energie. An Atman zu denken ist eine dynamische Art, Energie, Kraft und Macht zu steigern. Seine Energie aber soll der Schüler schonen, indem er nur wenig spricht und Stillschweigen *(mauna)* bewahrt, indem er den Zorn beherrscht, Keuschheit *(brahmacharya)* übt, den Atem schult *(pranayama)* und unerwünschte Gedanken unter Kontrolle hält. Auf diese Weise wird eine Fülle von Energie zu seiner Verfügung bleiben, mit der er Himmel und Erde bewegen könnte.

Ohne Bedauern soll man allen Objekten der Sinne entsagen, die nur Leid erzeugen, und langsam das innere Gleichgewicht durch Zurückdrängen der Sinne, der Lust, des Ärgers und der Begierden erstreben. Der leidenschaftliche Mensch führt immer und immer wieder die gleiche schmachvolle Tat aus: er füllt seinen Bauch, sooft er kann. Der Schüler, der von der Sehnsucht nach dem Absoluten erfüllt ist, wird dagegen nur wenig Milch zu sich nehmen und die Freuden der ewigen Glückseligkeit des Selbst genießen, wenn er Tag und Nacht meditiert. Beide leben auf ihre Weise, aber während der erste an das Rad von Tod und Wiedergeburt gekettet ist, empfängt der andere Unsterblichkeit. Wer im Yoga Erfolg haben will, muss alle irdischen Befriedigungen aufgeben, muss Entsagung *(tapas)* und Keuschheit *(brahmacharya)* üben. Beide Tugenden helfen zur Erlangung von Konzentration und *samadhi.*

Will man mit ein wenig Stroh, Papier und dünnen Holzscheiten ein Feuer anzünden, so muss man es mit Hilfe des Blasebalgs immer wieder anfachen und vorm Verlöschen bewahren. Nach einiger Zeit wird es brennen. Dann kann es selbst mit viel Anstrengung nicht mehr ausgelöscht werden. Ähnlich fällt der Anfänger bei seiner Meditation immer wieder in alte Gewohnheiten zurück und muss seine Gedanken erneut anfachen und auf ihr Ziel *(lakshya)* hinführen. Zum Anzünden des Feuers der Meditation bedarf es intensiver Entsagung *(tivra vairagya)* und inbrünstiger Konzentration. Ist die Meditation tief und stetig geworden, ruhen die Gedanken in Gott, da der Zustand der Meditation zu ihrer Natur *(sahaja)* geworden ist.

Der Schüler sollte selbst nach jahrelanger geistiger Übung sehr sorgfältig beobachten, ob er auf dem geistigen Pfad stehen bleibt oder weiter fortschreitet. Manchmal kann er sogar Rückschritte machen, wenn er in der Meditation nachlässt. Manche haben nach fünfzehnjähriger Übung noch keine wirklichen Fortschritte gemacht. Dies liegt an einem Mangel an Eifer und Entsagung, an einem Nachlassen des brennenden Verlangens nach Befreiung und einem Fehlen des *sadhana.*

Lässt sich der Schüler durch Geringfügigkeiten beleidigen, kann er nicht zum Erfolg in der Meditation kommen. Er muss vielmehr seine freundschaftlichen Gefühle pflegen und sich besser anpassen, damit seine schlechten Eigenschaften an Bedeutung verlieren. Mancher Anfänger fühlt sich schon beleidigt, wenn man ihm seine schlechten Eigenschaften aufzeigt, und kämpft entrüstet gegen den Betreffenden in der Annahme, er handle aus Neid oder Hass. Andere geben sich Mühe, immer nur die Fehler ihrer Nächsten zu sehen. Wer kein Innenleben hat und nur nach außen lebt, vermag seine eigenen Fehler nicht zu erkennen. Die Meinung, die er von sich selbst hat, verschleiert seine geistige Schau. Wer sich wirklich entwickeln will, muss die Fehler in sich erkennen, auf die andere ihn aufmerksam machen. Er muss sein möglichstes tun, um sie auszutilgen, und jedem dankbar sein, der sie ihm aufzeigt. Nur so vermag er im Geistigen zu wachsen.

Zerstreuung *(vikshepa)* bildet ein großes Hindernis, ebenso Pläne und Wünsche, Handlungen des täglichen Lebens *(vyavahara)* und äußere Belastungen *(pravritti)*. Dagegen fördern Anbetung der Bilder *(murti upasana)*, *pranayama*, Wiederholen der heiligen Silbe OM *(pranava)*, rechtes Denken *(manana)*, Unterscheidung *(vichara)* und Gebet.

Leider kann sich die falsche Auffassung des Schülers bemächtigen, als sei das Selbst, der Körper und die Welt eine feste Wirklichkeit *(viparita bhavana)*, und Zweifel *(samshaya bhavana)* wird ihn erfüllen. Die Energie wird sich durch Anziehung *(raga)* auf Gegenstände und verborgene Wünsche verbrauchen, wie das Wasser eines drainierten Bodens durch Röhren abfließt. Unterdrückte Begierden werden ihn plagen und erschöpfen und ihn unbewusst zu ihrem Opfer machen.

Wenn man einen Raum, der monatelang abgeschlossen war, zu säubern beginnt, werden alle Ecken und Winkel voll des verschiedensten Unrats sein. Ebenso werden bei der Meditation unter dem Druck des Yoga und der Gnade Gottes alle möglichen Unreinheiten auf die Oberfläche des Bewusstseins kommen. Entferne eine nach der anderen mutig mit Geduld und Ausdauer durch die entgegengesetzten Tugenden. Frühere unbewusste Eindrücke suchen sich zu rächen, wenn man anstrebt, sie zu unterdrücken. Nach einiger Zeit aber verlieren sie ihre Kraft, wenn man die Gedanken zähmt wie einen wilden Elefanten. Man darf die lasterhaften Gedanken nicht schonen, die dem Bewusstsein Nahrung geben, damit es sich nach innen kehren kann *(antar-mukha)*. Dagegen soll man gute, tugendhafte, erhabene Gedanken aufnehmen und das Bewusstsein mit edlen Wünschen und Ideen nähren. So werden die früheren unbewussten Eindrücke *(samskaras)* geschwächt und allmählich endgültig beseitigt.

Anfänger verwechseln bedauerlicherweise im allgemeinen ihre eigene Phantasie und ihre Impulse mit der inneren Stimme, dem göttlichen Befehl *(adesha)*. Manchmal erfüllt die Schau einer schönen Gestalt das Bewusstsein mit Freude, nach der es mit aller Kraft verlangt. Wenn es aber durch Meditation gelernt hat, die Glückseligkeit des gestaltlosen Brahma oder des Selbsts im innersten Herzen zu genießen, wird es nicht mehr ausweichen, um die Schönheit im Außen zu suchen.

Ist der Schüler noch nicht fähig, das Bild seiner Schutz-Gottheit *(ishta devata)* in sich zu erschauen und seine Gedanken auf dieses Bild zu konzentrieren, muss er versuchen, den Klang des *mantram* zu hören, das er wiederholt, oder sich die Buchstaben vorzustellen, aus denen es besteht. So wird er der Unruhe seines Bewusstseins ein Ende setzen, die sich aus der Zerstreuung der Gedanken ergibt. Das wirksamste magische Mittel gegen Zerstreutheit und Unausgeglichenheit der Gedanken, die unreinen Eindrücken entstammen, ist die Einsamkeit.

Mag die Zerstreuung *(vikshepa)* auch sehr mächtig sein, die geistige Tugend *(sattva)* ist noch mächtiger. Stärkt man sie, so wird man dem Umherschweifen der Gedanken leicht Einhalt gebieten.

8. Zwanzig Ratschläge für die Meditation

1. Nimm dir ein abgesondertes Zimmer zur Meditation, das du verschließen kannst. Lass niemand dieses Zimmer betreten. Zünde dort Weihrauch an. Betritt den Raum erst, wenn du dir deine Füße gewaschen hast.
2. Ziehe dich an einen ruhigen Platz oder in einen stillen Raum zurück, wo du dich ungestört und ruhig fühlst. Da die idealen Bedingungen meist nicht zu erfüllen sind, wähle die bestmöglichen. Du musst allein sein in deiner Kommunion mit Gott oder Brahma.
3. Stehe um vier Uhr am Morgen auf *(brahma-muhurta)* und meditiere von vier bis sechs Uhr. Zum zweiten Mal setz dich abends von sieben bis acht Uhr zur Meditation.

4. Stelle in dem Zimmer das Bild deiner Ishta und fromme Bücher auf, wie die Gita, die Upanishaden usw. Setze dich vor das Bild.
5. Nimm die dir angenehmste Haltung ein. Bewahre Kopf, Hals und Rumpf in senkrechter Linie und neige dich weder nach vorn noch nach rückwärts.
6. Schließe die Augen und konzentriere dich ohne Krampf auf den Zwischenraum zwischen den Augenbrauen *(trikuta)*. Halte die Hände gefaltet.
7. Kämpfe niemals gegen die Gedanken und strenge dich in der Konzentration niemals an. Entspanne alle Muskeln und Nerven, auch das Gehirn. Denke ruhig an Ishta, wiederhole langsam das *mantram,* das dir von deinem Guru gelehrt wurde, und lege alle Bedeutung und alle Liebe hinein. Stille die Unruhe des Bewusstseins und bringe die Gedanken zum Schweigen.
8. Mache keine gewaltsame Anstrengung, um die Gedanken zu beherrschen. Lass sie sich eine Weile bewegen und ihre Kraft erschöpfen. Zunächst werden sie sich der Gelegenheit freuen und wie ein Affe herumspringen. Nach und nach aber ermüden sie und unterstellen sich deinem Befehl. Dies kann zuerst eine Zeitlang dauern. Bei jedem erneuten Versuch aber wird die Zeit kürzer.
9. Gib deinen Gedanken immer einen festen Halt, in Gestalt des konkreten Bildes der Schutzgottheit und des *mantram,* oder – als Jnana-Schüler – in der abstrakten Idee des Unendlichen und der Silbe OM. Dies wird alle weltlichen Gedanken zerstreuen und dich zum Ziel führen. Kraft der Gewohnheit werden die Gedan-

ken sofort Zuflucht in diesem Halt suchen, sobald du dich von der weltlichen Tätigkeit freimachst.

10. Wenn sich die Gedanken von ihrem wirklichen Ziel *(lakshya)* abwenden, musst du sie immer und immer wieder von den weltlichen Gegenständen zurückholen und dann ihrem Ziel zuführen. Dieser Kampf kann monatelang dauern.

11. Wenn du über Krishna meditierst, stelle anfänglich ein Bild vor dich hin und betrachte es, ohne mit den Augen zu zwinkern. Zuerst schaue auf seine Füße, dann auf sein Kleid aus gelber Seide. Dann blicke auf den Schmuck um seinen Hals, auf sein Gesicht, auf die Ohrgehänge, die Diamantkrone auf seinem Haupte, auf seine Armbänder. Nun blicke auf Muschelschale, Diskus, Zepter und Lotus. Kehre dann wieder zu seinen Füßen zurück und beginne den Vorgang von neuem. Wiederhole dies eine halbe Stunde lang. Fühlst du dich erschöpft, blicke fest auf sein Gesicht. Übe dies drei Monate lang.

12. Schließe die Augen, erblicke das Bild in innerer Schau, Teil für Teil.

13. Während dieser Meditation kannst du die Eigenschaften Gottes, wie Allmacht, Allwissenheit, Reinheit, Vollkommenheit, miteinbeziehen.

14. Wenn sich böse Gedanken in dein Bewusstsein einschleichen, treibe sie nicht durch Willenskraft aus. Dadurch verlierst du nur deine Energie und erschöpfst dich. Je mehr du dich anstrengst, um so schneller werden die bösen Gedanken mit verdoppelter Kraft zurückkehren und an Macht gewinnen. Blick gleichgültig und ruhig, dann werden sie sich bald auflösen.

Oder rufe gute Gedanken *(praitipaksha bhavana)* zu Hilfe. Denke immer und immer wieder mit aller Kraft an das Bild Gottes, an das *mantram* oder bete.

15. Lass niemals einen Tag in der Meditation aus. Sei regelmäßig und systematisch. Nimm nur *sattva*-Nahrung zu dir. Früchte und Milch werden die geistige Konzentration unterstützen. Gib es auf, Fleisch, Fisch, Eier, Liköre zur dir zu nehmen und zu rauchen.
16. Tauche dein Gesicht in kaltes Wasser, um dich von Müdigkeit zu befreien. Stelle dich fünfzehn Minuten hin und binde dein Haarbüschel mit einem Bindfaden an einem Nagel über dir fest. Sobald du schläfrig wirst, zieht der Bindfaden an deinen Haaren und du wachst auf. Du kannst auch auf einer improvisierten Schaukel zehn Minuten lang hin- und herschaukeln und in gleichem Rhythmus atmen. Dann nimm die »Umgekehrte Stellung« *(shirshasana)* oder die Stellung des »Pfauen« *(mayurasana)* ein. Durch diese Methoden kannst du die Schläfrigkeit überwinden.
17. Sei vorsichtig bei der Auswahl deiner Umgebung, gehe nicht in Gesellschaften und sprich wenig. Bewahre täglich zwei Stunden lang vollkommenes Schweigen *(mauna)*. Halte dich von unangenehmen Leuten fern. Lies gute, anregende religiöse Bücher (das ist gute negative Gesellschaft, wenn du schon keine gute positive findest). Suche Gemeinschaft mit Heiligen *(satsangha)*. Dies sind wichtige Hilfen für die Meditation.
18. Bewahre deinen Körper vor Unruhe, damit er fest bleibt wie ein Fels. Berühre ihn nicht dauernd. Atme langsam. Bleibe in der rechten geistigen Haltung, die dein Guru dich lehrte.

19. Ist der Geist müde, konzentriere dich nicht, sondern entspanne ein wenig.
20. Erfüllt eine Idee allein dein Bewusstsein, so gewinnt sie eine tatsächliche, physische oder geistige Form. Wenn du deshalb dein Bewusstsein vollkommen mit Gott und mit ihm allein erfüllst, wirst du sehr schnell den Zustand vollkommener Ekstase *(nirvikalpa-samadhi)* erlangen.

9. Meditationsübungen

1. Stelle ein Bild von Jesus vor dir auf und setze dich in deine beliebteste Meditations-Stellung. Konzentriere dich unverkrampft mit offenen Augen auf das Bild, bis Tränen deine Backen herunterfließen. Richte deine Gedanken nacheinander auf das Kreuz, auf die Brust, die Haare und Bart, auf die Augen, die anderen Glieder des Körpers und auf die strahlende Aura, die über Seinem Haupt erstrahlt. Denk an Seine göttlichen Eigenschaften, an verschiedene Stufen Seines ereignisreichen Lebens, an die »Wunder«, die Er vollbrachte, an die verschiedenen »außergewöhnlichen« Kräfte, die Er besaß. Dann schließe die Augen und suche dir das Bild in Gedanken vorzustellen. Wiederhole diese Übung immer von neuem.
2. Stelle ein Bild des Gottes *Hari* vor dir auf. Setze dich wieder in Meditations-Stellung und konzentriere dich unverkrampft auf das Bild, bis dir Tränen herunter-

laufen. Richte die Gedanken auf seine Füße, auf sein gelbseidenes Kleid, auf die verschiedenen Halsketten, den Halsschmuck aus *kaushtubha*-Gemmen, die lange Girlande aus verschiedenfarbigen, wunderbaren Blumen, auf die Ohrgehänge, auf die mit kostbaren Juwelen geschmückte Krone, auf seine langen, dunklen Haare, auf die sprühenden Augen und das Zeichen auf seiner Stirne *(tilak)*, auf die magnetische Aura um sein Haupt, auf seine langen, mit Ringen und Armbändern geschmückten Hände, auf die Flöte, die bereit ist zum Spiel, und stelle dir das Bild in Gedanken vor. Wiederhole diese Übung immer von neuem.

3. Eine Meditation für Anfänger: Setze dich in Lotusstellung *(padmasana)* in dein Meditationszimmer und schließe die Augen. Meditiere über den Glanz der Sonne, über die Herrlichkeit des Mondes, über die Strahlen der Sterne und die Schönheit des Himmels.
4. Meditiere über die Weite des Meeres und seine Unendlichkeit. Vergleiche das Meer mit dem unendlichen Brahma, die Wellen, den weißen Schaum und die Eisberge mit den verschiedenen Namen und Formen Brahmas. Identifiziere dich mit dem Meer und weite dich ins Unendliche aus.
5. Meditiere über den Himalaya. Stelle dir den Ganges vor, der in eisigen Regionen von Gangotri bei Uttarakashi entspringt, durch Rikhikesh, Hardwar und Benares fließt und in die Bucht von Bengalen bei Gangasagar mündet. Himalaya, Ganges und das Meer – nur diese drei Gedanken sollten dich erfüllen. Zuerst richte dein Bewusstsein auf die Gletscher des Gangotri, dann auf den Lauf des Ganges und zuletzt auf das

Meer. Zehn bis fünfzehn Minuten sollten die Gedanken diesen Weg einschlagen.

6. Es gibt eine lebendige Kraft des Weltalls, die all diesen Namen und Formen zugrunde liegt. Meditiere über diese Kraft, die formlos ist. Dies führt zur Erkenntnis des Absoluten ohne Attribute *(nirguna)* und ohne Form *(nirakara)*.
7. Setze dich in den Lotussitz *padmasana* und schließe die Augen. Betrachte fest die formlose Luft und konzentriere dich darauf. Meditiere über ihre allgegenwärtige Natur. Dies führt zur Idee des Brahma ohne Namen und ohne Form, zu der einzigen und lebendigen Wahrheit.
8. Setze dich in deine Meditationsstellung, mit geschlossenen Augen. Stelle dir ein strahlendes, unendliches Leuchten verborgen hinter Namen und Formen vor, das in seinem Glanz Millionen von Sonnen gleicht. Dies ist eine andere Art der Meditation über das Absolute ohne Attribute *(nirguna)*.
9. Konzentriere dich und meditiere über den blauen Himmel, der sich ins Unendliche ausdehnt. Auch dies ist eine Art der *nirguna*-Meditation. Durch diese Methoden wird das Bewusstsein aufhören, an endliche Formen zu denken, und indem es sich von allem Inhalt befreit und die Gedanken immer feinstofflicher werden, wird es langsam in das Meer des Friedens versinken.
10. Stelle eine Tafel mit den Schriftzügen der heiligen Silbe OM vor dich hin und konzentriere dich darauf, bis deine Tränen fließen. Verbinde die Idee der Ewigkeit, der Unendlichkeit und der Unsterblichkeit mit dem

Gedanken an die Silbe OM. Das Summen der Bienen, der liebliche Laut der Nachtigall, die sieben Töne der Tonleiter, all diese Klänge entsteigen allein der Silbe OM, die der wesentliche Inhalt der Veden ist. Stelle dir OM als Bogen, den Gedanken als Pfeil und Brahma, Gott, als Zielscheibe vor. Ziele mit Sorgfalt auf die Scheibe. Wenn der Pfeil eins wird mit der Scheibe, wirst du eins mit Brahma. OM als kurzer Klang verbrennt alle Sünden, lang betont, verleiht es psychische Kräfte *(siddhis)*. Wer diese eine Silbe OM singt und meditiert, besingt in seiner Meditation alle heiligen Schriften der Welt.

11. Setze dich in *padmasana*- oder *siddhasana*-Sitz in dein Meditationszimmer und beobachte deine Atembewegungen. Du wirst den Laut »SO'HAM« vernehmen: SO wahrend des Einatmens, HAM während des Ausatmens. »SO'HAM« bedeutet: »Ich bin Er« und erinnert dich an deine Identität mit der höchsten Seele. Unbewusst wiederholst du 21 600-mal am Tag SO'HAM, fünfzehnmal in der Minute. Verbinde mit SO'HAM die Idee der Reinheit, des Friedens, der Vollkommenheit und der Liebe. Negiere den Körper, während du das Matram wiederholst. Identifiziere dich mit diesem, identifiziere dich mit Atman, der Höchsten Seele.
12. Uddhava fragte eines Tages Krishna: »O Lotus-Äugiger, wie kann man dich meditieren? Erkläre mir Natur und Sinn einer solchen Meditation.« Der Gott Krishna antwortete: »Setze dich in eine Stellung, die weder zu hoch noch zu tief ist, halte den Körper gerade und unverkrampft und lege die Hände in den Schoß. Richte deinen Blick auf die Nasenspitze, um deine

Gedanken zu konzentrieren, und reinige die Atemwege *(prana)* durch Einatmung *(puraka)*, durch Anhalten des Atems *(kumbhaka)* und durch Ausatmen *(rechaka)*. Ändere dann die Reihenfolge, das heißt: Atme zuerst durch das linke Nasenloch ein, während du das rechte Nasenloch mit der Daumenspitze zuhältst. Dann schließe das linke Nasenloch mit der Spitze des Ring- und kleinen Fingers und halte das Atmen in beiden Nasenlöchern an. Nimm nun den Daumen fort und atme durch das rechte Nasenloch aus. Kehre den Vorgang um und atme durch das rechte Nasenloch ein, halte den Atem in beiden Nasenlöchern an und lasse ihn durch das linke wieder hinaus. Übe diese Atembeherrschung *(pranayama)* längere Zeit und lerne so deine Sinne zu beherrschen.

Die Silbe OM (AUM) breitet sich wie der Klang einer Glocke nach allen Richtungen aus und steigt von dem untersten Punkt der Wirbelsäule *(muladhara)* auf. Führe sie durch Prana zum Herzen (zwölf Finger höher) hinauf, als wäre sie der Faden eines Lotusstängels. Dann füge *»bindu«* (den Laut des 15. Vokals) hinzu und verbinde auf diese Weise die Atemschulung *(pranayama)* mit der Wiederholung der Silbe OM. Diese Übung, dreimal am Tag ausgeführt, wird es dir in einem Monat ermöglichen, Herr deines Atems zu sein. Im Herzen liegt der Stängel des Lotus nach oben, die Blüte nach unten, geschlossen wie die Blüte des Bananenbaumes *shridara* unter ihren Deckblättern. Trotzdem musst du über den Lotus meditieren, als läge er umgekehrt und als wären seine Blüten voll aufgegangen, mit acht Blütenblättern und dem Fruchtstempel. Denke dabei nacheinander an Sonne,

Mond und Feuer. Meditiere zunächst über alle Teile des Lotus, dann ziehe die Gedanken von den Einzelteilen zurück und konzentriere dich mit Hilfe der Erkenntnis *(buddhi)* vollkommen auf dein Selbst. Gib alles andere auf und konzentriere dich auf ein Ding allein, auf Brahmas lächelndes Antlitz. Meditiere über nichts anderes. Dann ziehe die konzentrierten Gedanken auch hiervon zurück und richte sie auf den Äther *(akasha)*. Auch dies gib auf und, fest verwurzelt in Mir (als Brahma), denke nichts mehr. Dann wirst du Mich als Atman erschauen, eins mit allem Atman, wie Licht mit allem Licht identisch ist. So wirst du frei sein von allen Täuschungen, die aus der Welt der Sinne, aus Wissen und Handeln erwachsen.

Diese wunderbare Meditationsübung hat Krishna selbst in der Bhagavata Purana beschrieben.

10. Der Zustand der Meditation

Wenn man in tiefem, traumlosem Schlaf liegt, erinnert man sich im allgemeinen nicht an das Geträumte oder ist in einem Zustand todgleicher Bewusstlosigkeit versunken, ein Vorgeschmack des Todes. Es gibt aber auch einen Schlaf, in dem man mit seinem ganzen Wesen in vollkommene Stille, Unsterblichkeit und Frieden eingeht und das Bewusstsein sich in *sat-chit-ananda,* in das Absolute, versenkt. Diesen Zustand kann man kaum als Schlaf ansprechen, da man vollkommen bewusst bleibt. Verharrt man einige Minuten in ihm, findet man mehr Ruhe und Erholung als nach Stunden gewöhnlichen Schlafes. Dieser Zustand ist kein zufälliger; es bedarf vielmehr langer Schulung, um ihn zu erreichen.

Wird die Meditation tiefer, so wirkt man im Allgemeinen durch den Kausalkörper *(karana sharira)*, dessen Bewusstsein die Stelle des physischen einnimmt. Dies trifft bei den Yogis zu. Der Bhakta-Yogi (Mystiker) wird eins mit Brahma und der göttlichen Erhabenheit *(aishvarya)* teilhaftig. Er lebt in seinem ätherischen Körper, behält aber weiter seine Individualität, wie ein Strudel eins ist mit der Wassermenge und doch sein gesondertes Dasein behält.

Sechs Stufen der Meditation müssen durchlaufen sein, bevor die letzte, der Zustand des Überbewusstseins *(nirvikalpa-samadhi)*, erreicht wird, in dem die Wahrnehmung von Formen und Reflexen völlig aufhört und es weder ein Objekt der Meditation noch die Meditation selbst gibt. Der Meditierende und das Meditierte sind nach Erlangung der höchsten Erkenntnis und des ewigen Frieden eins geworden. Das ist das Ziel des Daseins, die endgültige Seligkeit des Lebens. Du bist gefestigt in der Weisheit, ein erleuchteter *jivan-mukta*, ein im Leben »Befreiter«. Alle Leiden, Sorgen, Furcht, Zweifel und Täuschung sind genommen, wenn man eins geworden ist mit Brahma. Der Strom ist in das Meer eingegangen, ist zum Meer geworden. Alle Unterscheidungen und Verschiedenheiten sind aufgehoben. Du erkennst, dass du das Unsterbliche selbst bist, dass in Wahrheit alles Brahma ist, dass es nichts gibt außer Brahma.

Wenn nur noch eine Schwingung das Bewusstsein erfüllt *(vritti)*, ist der *samadhi* in der Dualität *(savikalpa-samadhi)* erreicht. Verebbt auch diese Schwingung, ist man im formlosen *samadhi (nirvikalpa-samadhi)* aufgegangen. Im *samadhi* gibt es nicht mehr die begriffliche Dreiheit *(triputi):* Erkennender, Erkenntnis und Erkanntes. Der Meditierende und der Gegenstand der Meditation, der Denkende und das Objekt des Denkens werden eins. Im *samadhi* gibt es keine Meditation. Sie löst sich auf. Der Meditierende *(dhyata)* und die Meditation *(dhyana)* versinken im Gegenstand der Meditation *(dhyeya)*.

Zu Beginn wird man während der Meditation ruckartiges Schütteln in Kopf, Händen, Armen und Rumpf empfinden. Furchtsame werden sich ganz grundlos beunruhigen, denn es ist ohne Bedeutung. Die Meditation bewirkt Veränderungen in den Zellen des Gehirns und der Nerven. Alte Zellen werden durch neue ersetzt, die jung und kräftig sind, erfüllt von erhabenen Empfindungen *(sattva)*. Neue Gruppen, neue Kanäle, durch die die *sattva*-Ströme fließen, neue Wege bilden sich in Bewusstsein und Gehirn und erregen die Muskeln. Man soll sich nicht davon beeinflussen lassen, sondern mutig und standhaft bleiben. Mut ist eine notwendige Tugend und Voraussetzung für den Anfänger.

Einige Tage lang wird sich wahrscheinlich keine Veränderung ergeben und der Schüler wird weiter unruhig bleiben. Wiederholt er seine Übung aber jeden Morgen, überlegt er sich, sobald er etwas Erregtes aussprechen will: Ich sollte geduldiger sein, so wird der Gedanke der Geduld zugleich mit der Erregung aufsteigen. Diese Wirkung wird anhalten, wenn er weiter seine Übung ausführt. Die Unruhe wird schwinden, und Geduld wird zu seiner natürlichen Haltung gegenüber allen Störungen. Auf diese Art kann er weiterhin die Tugenden der Sympathie, der Selbstbeschränkung, der Reinheit, der Demut, des Wohlwollens, der Großzügigkeit und des Edelsinns in sich entwickeln.

Nur ein geschulter Geist, der seinen Körper vollkommen beherrscht, vermag in die Tiefe zu dringen und zu meditieren. Solange man lebt, soll man keinen Augenblick den Gegenstand der Sehnsucht und Versenkung *(brahma)* aus den Augen verlieren, soll man keinen Augenblick dulden, dass er durch irdische Versuchungen verdunkelt wird.

Beim Atmen spürt man die ausgeatmete Luft bis etwa sechzehn Finger von der Nase entfernt. Ist man konzentriert, vermindert sich dieser Abstand langsam auf fünfzehn, vierzehn, dreizehn, zwölf, zehn, acht. Bei tiefer, schweigender Meditation entweicht kaum Luft mehr aus den Nasenlöchern. Gelegentlich können noch leichte Bewegungen von Lunge und Zwerchfell vorhanden sein. Nach der Natur des Atems lässt sich der Grad der Konzentration des Schülers bemessen. Es ist deshalb wichtig, die Atmung mit Sorgfalt zu überwachen.

Mit dem Fortschritt auf geistigem Weg wird es dem Schüler immer schwerer fallen, zu meditieren und gleichzeitig einen Beruf auszuüben, da auf diese Weise das Bewusstsein doppelt angespannt wird und es durch verschiedene Kanäle auf verschiedenen Wegen arbeiten und sich mit unterschiedlichen unbewussten Eindrücken *(samskaras)* auseinandersetzen muss. Es wird ihm schwer fallen, den verschiedenartigen Anforderungen gerecht zu werden. Aus der Meditation erwachend, wird er sich erst langsam orientieren. Beginnt er mit der abendlichen Meditation, kostet es einen schweren Kampf, die unbewussten Eindrücke des Tages auszuwischen und die Gedanken in Ruhe auf einen Punkt zu richten. Oft sind Kopfschmerzen die Folge. Die Energie *(prana)*, die während der Meditation in besonderen Kanälen fließt und feinstofflich ist, wird während der weltlichen Tätigkeit andere Wege geführt und grobstofflich.

Fixieren sich die Gedanken während der Meditation, werden die Augäpfel unbeweglich. Ein Yogi mit ausgeglichenem Denken hat auch ein ruhiges Auge ohne Zwinkern, mit strahlendem Glanz, von reiner roter oder weißer Färbung.

Die allmähliche Läuterung führt zu einer tieferen Einsicht in die Wahrheit. Dies ist die Gnade des Herrn, die sich der meditierenden Seele erschließt. In diesem Gnadenstrom erwacht jenes Licht des Geistes, durch das Gott einen Strahl seiner wolkenlosen Herrlichkeit sendet und das von unbeschreiblicher Kraft ist.

Wenn der zentrale Kanal *(sushumna nadi)* wirksam ist, wenn der Atem durch beide Nasenlöcher strömt, ist die Meditation leicht und bereitet Freude. Das Bewusstsein ist ausgeglichen, die höheren Fähigkeiten *(sattva-guna)* werden verstärkt. Deshalb sollte man sich in Meditation versenken, sobald *sushumna* sich zu öffnen beginnt.

Durch die Meditation vollziehen sich im Bewusstsein, Gehirn und Nervensystem beachtliche Veränderungen. Neue Nervenstränge, neue Schwingungen, neue Wege, neue Haltung, neue Zellen bilden sich. Das ganze Denk- und Nervensystem erneuert sich. Ein neues Herz, ein neues Bewusstsein, Empfinden und Fühlen, eine neue Denkweise, eine neue Schau des Weltalls als Offenbarung Gottes entfaltet sich. Ist das Bewusstsein mit *sattva* erfüllt, leuchten intuitive Einfälle auf, Gedichte entstehen, die Bedeutung der Upanishaden wird auf wunderbare Weise erfasst. Ein solcher Zustand wird bei dem Anfänger nicht lange anhalten. Geistige Schwere *(tamas)* oder Unruhe *(rajas)* werden von dem Bewusstsein Besitz ergreifen. Zu Anfang wird der Fortschritt niemals beständig sein und anhalten. Glaubt man, fast am Ziel zu sein, erfährt man die nächsten fünfzehn bis zwanzig Tage nichts als Enttäuschung. Man springt von einem Zustand in den anderen und kommt nicht zu einer stetigen Entwicklung. Eine intensive und ununterbrochene Enthaltsamkeit *(vairagya)* ist notwendig, eine langanhaltende, geistige Schulung *(sadhana)*. Damit der Fortschritt stetig und sicher wird, ist für einige Jahre ein enger Kontakt mit dem Guru notwendig.

Bisweilen wird die Glückseligkeit, die der Meditation entspringt, durch bestimmte Empfindungen gestört. Die Sehnsucht nach Harmonie *(sattva)* verstärkt sich während der Meditation, wird aber zugleich durch die Neigung zu innerer Unruhe *(rajas)* gehemmt. Eine eigenartige Empfindung von Unsicherheit entsteht. In solchen Fällen soll man seine Übung unterbrechen und sich in Gedanken sagen: Ich habe jetzt nichts mehr zu tun und bin mit allem fertig. Nimmt *sattva* durch Selbstbeobachtung zugleich mit stärkerem *sadhana* und einer größeren Enthaltsamkeit *(vairagya)* zu, wird diese Störung vergehen, und man wird wieder zu tieferer Meditation gelangen, eine Wohltat, die von Dauer sein wird.

Vollkommene Wesen *(siddhas)* und Gottheiten *(devas)* umgaben einst Uddalaka Muni. Eine Vielfalt weiblicher Gottheiten *(apsaras)* war erschienen. Der Gott Indra bot ihm sein Paradies an. Uddalaka aber wies alles zurück. Umsonst entfalteten die *apsaras* die Macht ihrer Reize und boten ihm Platz in ihrem himmlischen Wagen an, um ihn ins Paradies zu führen. »Springbrunnen der Unsterblichkeit wirst du dort finden, und himmlische Nymphen werden dir dienen. Deine große Enthaltsamkeit *(tapas)* hat dir dies beschert. Du findest dort *chintamani* (das Kleinod, das die Verwirklichung aller Wünsche gewährt).« Uddalaka, der Tapfere, widerstand allem, verharrte in seinem strahlenden Glanz und suchte nichts Irdisches. Erst nach sechs Monaten erwachte der Weise *(muni)* aus seiner Ekstase *(samadhi)*. Tage, Monate, selbst Jahre konnte er in diesem Zustand verbringen und wieder erwachen. Während des *samadhi* glich Bali einer Statue. Auch Janaka und Prahlada verharrten einige Jahre lang statuengleich im *nirvikalpa samadhi*.

11. Die Übung des samyama

Konzentration *(dharana)*, Meditation *(dhyana)* und *samadhi* zu gleicher Zeit ausgeübt, ergeben *samyama*. Ein Yogi, der *samyama* auf äußere Gegenstände bezieht, erlangt verschiedene übernatürliche Kräfte *(siddhis)* und die Erkenntnis verborgener Dinge der feinstofflichen Natur *(tanmatras)*. Auch wenn er sich auf die Sinnesorgane *(indryas)*, auf die Idee des Ego *(ahamkara)* und auf sein Bewusstsein konzentriert, werden ihm außergewöhnliche Fähigkeiten und Erkenntnisse zuteil. Die drei höheren Stufen des Yoga *(dharana, dhyana* und *samadhi)* sind innerlicher als die vorangehenden Stufen *(yama, niyama, asana, pranayama* und *pratyahara)* und bedeuten Yoga im eigentlichen Sinn, während die fünf anderen als nur äußerliche Vorläufer anzusehen sind. Die drei Stufen führen unmittelbar zum *samadhi* und werden deshalb *»anta-ranga samadhana«*, der innerliche Teil der geistigen Schulung, genannt, während die fünf anderen nur Körper, Atem *(prana)* und Sinnesorgane *(indriyas)* reinigen.

Die Verwirklichung des Zustands *samyama* führt zur Erkenntnis. In dem Maß, in dem dieser Zustand sich festigt, wird die Erkenntnis des *samadhi* wirksamer und klarer. Das Ergebnis des *samyama* sollte zu einem natürlichen Zustand werden und damit eine wesentliche Kraft für den Yogi bedeuten. Wie ein Bogenschütze zunächst auf eine große Scheibe schießt und sich dann allmählich kleinere Ziele aussucht, wird der Yoga sein *samyama* zuerst auf grobe Substanz und erst später auf feinstoffliche ausrichten. In langer Übung steigt er Sprosse für Sprosse die Leiter des Yoga hinauf.

Samyama auf die Sonne gerichtet, gibt Erkenntnis der Welten, auf den Mond gerichtet, Erkenntnis der Sternenwelten, auf den Polarstern gerichtet, Erkenntnis der Sternenbewegungen. Wendet man *samyama* auf die Kraft der Elefanten an, gewinnt man selbst ihre Stärke. Richtet man *samyama* auf den Charakter anderer, versteht man ihre Gedanken, richtet man es auf die Beziehung zwischen Ohr und Äther, vernimmt man das Göttliche; auf die Beziehung zwischen Äther und Körper gelenkt, wird der Yogi federleicht und vermag sich durch die Luft fortzubewegen.

Richtet man *samyama* auf die unmittelbare Wahrnehmung unbewusster Eindrücke *(samskaras)*, erkennt man seine früheren Geburten. Ist *samyama* auf die klare und bestimmte Beziehung zwischen Reinheit *(sattva)* und Weltseele *(pu-rusha)* gerichtet, ergeben sich die Kräfte der Allmacht und Allwissenheit. *Samyama,* auf das Nabel-Chakra gelenkt, ergibt körperliche Erkenntnisse. Richtet man *samyama* auf das Chakra des Halses, vermag man Hunger und Durst zu unterdrücken. Auf das Licht des Kopfes gerichtet, führt es zur Beziehung *(darshan)* mit Menschen, die Vollkommenheit erlangt haben *(siddhas)*.

12. Zwiegespräch über die Meditation

A. Soll ich vor der Meditation ein Bad nehmen?

B. Bist du stark, kräftig und unternehmend genug, erlauben es Jahreszeit und Wetter, bist du von jugendlicher Frische: nimm ein Bad in kaltem, lauem oder heißem Wasser, je nach Belieben. Im anderen Fall wasche deine Hände, Füße und Gesicht mit kaltem Wasser. Schlucke in kleinen Zügen *(achamaniya)* Wasser, während du das *mantram* wiederholst: »*Achyutaya namaha OM, anantaya namaha OM, govindaya namaha OM!*«

A. Wie kann man sich bei der Meditation auf den einen Punkt *(ekagrata)* konzentrieren?

B. Konzentriere dich zuerst ein Jahr lang auf das Bild des Gottes Hari mit seinen vier Händen. Wende dich dann der abstrakten Meditation über eine Idee zu. Du kannst beispiels weise über den einen unteilbaren Atman meditieren, der in allen Geschöpfen wirkt und in das tiefste Bewusstsein eindringt, wie der Äther *(OM, ekam, akhanda, chidakasha, sarvabhuta, antaratma)*.

A. Meine größte Schwierigkeit besteht im Konzentrieren der Gedanken. Immer wieder entweichen sie. Was kann man dagegen tun?

B. Verstärke deine Entsagung *(vairagya)* und deinen Eifer *(abhyasa)*. Unaufhörlich, immer von neuem, musst du dich bemühen, deine Gedanken auf den erwählten Gegenstand hinzulenken *(lakshya)*. Kannst du das Abwandern der Gedanken von fünfundfünfzig- auf fünfzig Mal verringern, ist dies schon ein großer Erfolg. Absichtliches Schweigen *(mauna)* kann dir von großer Hilfe sein. Im Winter musst du dich am Morgen, Nachmittag, abends und nachts zur Meditation hinsetzen.

A. Was kann ich außer *pranayama* machen, um die Gedanken, die sich während der Meditation verdunkeln, zu erheben? Soll ich Autosuggestion üben?

B. Ermüdet dein Bewusstsein, wiederhole: »Ich bin Atman, ich bin voller Erkenntnis. Ich bin *jnana-svarupa,* das Wesen der Erkenntnis selbst. Ich bin allwissend. OM. OM. OM.« Deine Gedanken werden auf diese Weise sich erheben und sich in der Meditation festigen.

A. Ein Yogi erzählte mir, dass ich während der Meditation über Gott den Klang von Krishnas Flöte und seiner Muschelschale *(shankha-nada)* vernehmen könnte. Ist das wahr? Und wie kann ich es erreichen?

B. Was dir gesagt wurde, ist wahr. Konzentriere dich auf Krishnas Bild und du wirst diese beiden Töne vernehmen. Schließe die Ohren mit beiden Daumen, mit gelbem Bienenwachs oder Watte und konzentriere dich fest auf die Töne, die du im rechten Ohr vernehmen wirst. Übe dies des Nachts.

A. Warum sollen wir Zeit auf die Meditation verschwenden? Gott verlangt nicht nach unseren Gebeten.

B. Ziel des Lebens ist es, göttliche Erkenntnis und Selbstverwirklichung zu erreichen. Nur dies vermag unser Elend, unsere Wiedergeburten, unser Altern und Sterben zu beenden. Diese Erkenntnis können wir durch Meditation über Gott erlangen. Andere Möglichkeiten gibt es nicht. Gott führt uns zu Gebet, Japam usw., weil Er unsere Gedanken inspiriert *(preraka)*.

A. Hilft mir Gott während der Meditation?

B. Ja. Seine innere Gegenwart, die unser Herz erleuchtet, wartet mit geöffneten Armen, um den wahrhaft Anbetenden aufzunehmen.

A. Ist es ratsam, abends nach dem Essen zu meditieren? Ein Hausvater ist abends so oft gestört, dass er schwerlich die Zeit zur Meditation finden kann.

B. Eine zweite Meditationssitzung am Abend ist unbedingt notwendig. Auch wenn die Zeit knapp ist, kann man immer noch vor dem Schlafengehen etwa zehn bis fünfzehn Minuten für die Meditation erübrigen und auf diese Weise die geistigen Eindrücke *(samskaras)*, unschätzbare Werte für dich, verstärken. So wirst du auch keine schlechten Träume haben. Die göttlichen Gedanken werden während deines Schlafes weiter wirksam sein, und die guten Eindrücke werden gegenwärtig bleiben.

A. Welcher Unterschied besteht zwischen Japam und Meditation?

B. Japam ist das schweigende Wiederholen des Namens Gottes. Meditation ist der ununterbrochene Gedankenfluss zu Gott hin. Wenn du wiederholst: »*OM, namo narayana*« ist dies das Japam des *mantram* Vishnus. Wenn du an die Muschelschale, an Diskus, Zepter und die Lotusblume in den Händen Vishnus, an seine Ohrgehänge, seine Krone, an sein Kleid aus gelber Seide *(pitambara)* denkst, ist dies Meditation.

A. Gib mir praktische Unterweisungen zur Meditation.

B. Setze dich in Lotus-Stellung *(padmasana)* oder im »Vollkommenen Sitz« *(siddhasana)* in ein einsames Zimmer, Kopf, Hals und Rumpf in einer geraden Linie. Schließe die Augen und stelle dir vor, dass eine strahlende Sonne dein Herz erleuchtet. Stelle das Bild des Gottes Vishnu in die Mitte einer Lotusblume, später in die Mitte der strahlenden Sonne und sage in Gedanken sein *mantram* »*OM namo narayana*« auf. Betrachte in Gedanken sein Bild von Kopf zu Fuß, mit den Waffen in seiner Hand und vertreibe alle weltlichen Gedanken.

A. Beim Meditieren wird mir der Kopf schwer. Wie kann ich das vermeiden?

B. Reibe den Kopf mit Myrobolam-Öl *(amalaka)* ein und nimm ein kaltes Bad. Schütte kaltes Wasser über deinen Kopf, ehe du dich zur Meditation hinsetzt. So wirst du dich wohl fühlen. Aber kämpfe nicht gegen deine Gedanken.

A. Ist Einsamkeit notwendig?

B. Sie ist unbedingt notwendig und unvermeidbar.

A. Wie lange soll man in Abgeschiedenheit leben?

B. Bestimmt drei Jahre lang.

A. Wie soll ich mich für ein kontemplatives Leben vorbereiten?

B. Verteile deinen Besitz unter deine Söhne und mache wohltätige Stiftungen. Behalte nur genug für das tägliche Leben zurück. Schreib deinen Söhnen nicht und kümmere dich nicht um ihre Pläne. Wenn du nun die Meditation beginnst, werden deine Gedanken Frieden finden. Entschließe dich ohne Verzug, denn du hast keine Zeit zu verlieren.

A. Als ich in Uttarakashi lebte, empfand ich vollkommene Hingabe *(nishtha)*, Antrieb zum Erhabenen *(vrittis)* und gute Konzentration *(dharana)*. Dies alles verschwand, als ich wieder in die Ebene zurückkehrte, trotz meiner geistigen Disziplin *(sadhana)*. Wie kommt das, und wie kann ich die frühere Haltung zurückgewinnen?

B. Der plötzliche Kontakt mit weltlich gesinnten Menschen beeinflusst das Bewusstsein und zerstreut die Gedanken *(vikshepa)*. Sie passen sich der Umwelt an und entwickeln schlechte Gewohnheiten. Umgebung und unerfreuliche Beziehungen spielen eine wesentliche Rolle und üben einen schlechten Einfluss auf die Gedanken des Schülers *(sadhak)* aus. Alte, unbewusste Eindrücke werden neu belebt. Ich möchte dir raten, sofort nach Uttarakashi zurückzukehren, ohne eine Minute zu verlieren. Das Bewusstsein, aus der subtilen Materie der Nahrung gebildet, die es empfängt, bewahrt den Eindruck dessen, der die Nahrung spendet. Deshalb soll man sich keinem verpflichten und ein unabhängiges Leben führen, im Vertrauen auf sein Selbst.

V. ARTEN DER MEDITATION

अैत्न छैं म्छीतअतीरव्न

1. Allgemeines

Es gibt verschiedene Arten der Meditation, der Besonderheit des Bewusstseins entsprechend. Sie passt sich dem Geschmack und Temperament, der Begabung und Gedankenart des Einzelnen an. Ein Mystiker meditiert über seine Schutz-Gottheit, die Ishta Devata. Ein Raja-Yogi meditiert über den höchsten Gott Purusha, der unberührt ist von Anfechtungen, Wünschen und Karma. Ein Hatha-Yogi meditiert über die Chakras und die sie beherrschenden Gottheiten. – Ein Jnana-Yogi meditiert über sein Selbst oder Atman. Du musst die für dich geeignetste Art der Meditation herausfinden oder, falls du hierzu nicht fähig bist, einen Lehrer fragen, der die Selbstverwirklichung erlangt hat. Er wird die Art deines Bewusstseins und die richtige Meditationsart für dich erkennen.

Das Bewusstsein nimmt die Gestalt des Gegenstandes an, den es erkennt. Nur so ist Wahrnehmung möglich. Ein Mystiker *(bhakta-yogi)* wird unaufhörlich über die Gestalt seiner Ishta Devata meditieren. Seine Gedanken nehmen die Gestalt dieser Gottheit an. Hat er, in Meditation gefestigt, den Zustand der höchsten Hingabe *(para-bhakti)* erreicht, sieht er in allem nur noch seine Ishta Devata. Namen und Formen lösen sich auf. Der Anbetende des Gottes Krishna sieht überall Krishna und macht die in der Bhagavad Gita beschriebene Erfahrung: »*Vasudeva sarvam itti.*« (Alles ist nur Vasudeva [Krishna]). Ein Jnana-Yogi oder Vedanta-Anhänger erblickt in allem nur sein eigenes Selbst (Atman). Die Welt der Namen und Formen entschwindet seinem Blick, und er empfindet, was die Worte des Sehers der Upanishaden ausdrücken: »*sarvam khalvidam brahman*« (In Wahrheit ist alles Brahma).

Sieht man das Bild Krishnas vor sich und meditiert mit offenen Augen darüber, ist dies konkrete Meditation. Denkt man mit geschlossenen Augen über das Bild nach, ist es auch noch eine konkrete, doch feinstofflichere Meditation. Meditiert man über das unendliche, abstrakte Licht, ist dies eine noch feinstofflichere Meditation. Die beiden ersten Arten gehören der *saguna*-Meditation, die letztere der *nirguna*-Meditation an. Selbst bei der letztgenannten Art handelt es sich zu Anfang noch um eine konkrete Form, auf die die Gedanken sich richten. Allmählich schwindet diese Form, und der Meditierende wird eins mit dem meditierten Gegenstand.

Die Meditation mit Attributen *(saguna)* richtet sich auf eine Gestalt *(murti)* des Herrn. Die Meditation auf *gunas* oder Attribute Gottes entspricht mystisch veranlagten Menschen. Sie sollen den Namen Gottes, das unaussprechliche OM, wiederholen und die Gedanken auf seine Attribute, seine Allwissenheit, Allmacht und Allgegenwart richten. So wird Reinheit sie erfüllen. Erschaue den Herrn im Lotus deines Herzens, in einem strahlenden Licht. Erblicke in Gedanken Füße, Beine, Brust, Kopf, Hände, Schmuck und Gewand und kehre wieder zu den Füßen zurück. Wiederhole immer von neuem diesen Vorgang.

Erblicke in Gedanken einen schönen Garten mit wunderbaren Blumen. In einer Ecke blüht herrlicher Jasmin, in einer anderen prächtige Rosen. In einer dritten Ecke stehen »Wunderblumen«, in der vierten »*shampak* «-Blumen. Zuerst meditiere über den Jasmin, dann über die Rose, dann über die »Wunderblume« und endlich über die *shampak*-Blume. Lass deine Gedanken sich fünfzehn Minuten lang in dieser Weise bewegen. Meditation über solche materiellen Formen bereitet den Geist für eine abstrakte Meditation über feinstofflichere Formen vor.

Stelle die Zeichnung des OM vor dir auf und konzentriere dich auf sie. Übe auch *trataka,* das heißt: Halte mit offenen Augen den Blick unverwandt auf einen Punkt gerichtet, ohne mit den Wimpern zu zucken, bis dir die Tränen reichlich fließen. Das ist zugleich Meditation mit und ohne Attribute. Bewahre das Bild des OM immer in deinem Meditationszimmer. Vor diesem Symbol Brahmas kannst du einen Kult feiern *(puja),* Weihrauch abbrennen und Blumen opfern, wie dies dem Menschen entspricht, der in heutiger Form erzogen ist.

Abstrakte Meditation über das Absolute ohne Form und Attribute *(nirguna Brahman)* verlangt, dass man in Gedanken OM wiederholt im Gefühl seiner wirklichen Gegenwart *(bhava)* und hiermit die Ideen des Reinen Seins, der Reinen Erkenntnis, der Reinen Seligkeit *(sat-chit-ananda)* verbindet: »Ich bin ganz Freude, ganz Seligkeit.« Es gibt kein Weltall mehr, nicht mehr Körper noch Gedanken, nur noch Reine Erkenntnis *(chaitanya).*

Die Meditation über die »große Energie« *(mahavakya)* ist der Meditation über OM ähnlich. Man kann die Worte wählen: *aham Brahma asmi* (Ich bin Brahma) oder: *tat twam asi* (Du bist Das). Das sind die *mahavakyas,* die großen Aphorismen der Upanishaden. Meditiere über ihre Bedeutung und leugne oder negiere deine körperliche Hülle *(koshas),* indem du dich mit der reinen Wesenheit identifizierst, die sie durchdringt.

Meditiere und reinige deine Gedanken. Konzentriere dich an einem einsamen Ort, lass aus deinem zusammengepressten Herzen die Upanishaden und die Gita herausquellen. Begnüge dich nicht mit unvollkommenen Kommentaren, denn wenn du ehrlich strebst, vermagst du die Wahrheit *(sankalpa)* der Gedanken der *rishis,* der Upanishaden, des Gottes Krishna zu verstehen ebenso wie den wahren Sinn der Worte, die in den Versen der Heiligen Schriften *(shlokas)* bewahrt sind.

Entschleiere die Gottheit, die sich in deinem Herzen verbirgt, indem du dich konzentrierst und meditierst. Verliere keine Zeit. Meditiere, meditiere ohne einen Augenblick zu verlieren. Die Meditation allein hebt das Leid des Lebens auf. Meditation ist der Feind des Denkens, denn sie führt zu seiner Aufhebung *(manonasha).*

Es gibt zwei Arten der Meditation: die konkrete und die abstrakte. Der Anfänger sollte immer die konkrete Meditation üben, wenn auch einigen die abstrakte Meditation die leichtere zu sein scheint. Der Anfänger kann mit der Meditation beginnen, wenn er seine Gedanken gut zu konzentrieren *(pratyahara)* und seine Sinnesorgane *(indriyas)* auszuschalten vermag. Ist das Bewusstsein unruhig und können die Gedanken sich nicht in einem Punkt sammeln, kann man auch in hundert Jahren nicht zur rechten Meditation kommen. Man muss Stufe für Stufe, Schritt für Schritt vorangehen und die Gedanken immer von Neuem zu dem gewählten Punkt zurückführen. Man muss seine Wünsche verringern und auf Unwesentliches verzichten lernen, denn nur ein wunschloser Mensch kann ruhig in seiner Stellung verharren und Meditation üben. Leichte, *sattva*-erfüllte Nahrung und Keuschheit sind eine weitere Vorbedingung.

Auch das Bewusstsein ist von zweierlei Art: auf einen Punkt gesammelt oder ohne Ausrichtung. Ist man auf den Zwischenraum zwischen beiden Augenbrauen *(trikuta)* konzentriert, ist auch das Bewusstsein in diesem Raum festgelegt. Wenn Fliegen sich auf die linke Hand des Schülers setzen, wird er sie mit der rechten fortjagen, ohne sie zu bemerken, denn sonst wäre sein Bewusstsein nicht mehr ausgerichtet. Ebenso wenig wie ein Samenkorn, das auch nur eine Sekunde im Feuer lag, jemals keimen und Blätter hervorbringen kann, auch wenn es auf fruchtbaren Boden gesät wird, ebenso wenig vermag das Bewusstsein, das sich während der Meditation in Sinneswahrnehmungen verliert, vollkommene Früchte des Yoga hervorzubringen.

2. Verschiedene Wege der Meditation

Meditation ist von zweierlei Art, wie gezeigt wurde. Die Konzentration der Gedanken kann auf einen Punkt, ein inneres Objekt (im Körper) erfolgen oder auf ein äußeres Objekt. Der Konzentration folgt die Meditation.

Durch lange Übung der Kontemplation *(nidhi-dhyasana)*, nicht durch *pranayama* oder Hatha-Yoga-Übungen wird *sa-madhi* zu einem natürlichen Zustand *(sahaja)*. Ein Raja-Yogi tritt wohlüberlegt in den Zustand der Meditation ein, indem er die Disziplinen übt, die als *yama, niyama, asana, pranayama, pratyahara* und *dharana* bekannt sind. Ein Mystiker *(bhakta-yogi)* pflegt die reine Liebe zu Gott. Der Vedanta-Anhänger oder Jnana-Yogi erwirbt die »vier Mittel«, indem er die offenbarten Schriften *(shruti)* anhört und über sie nachdenkt. Ein Hatha-Yogi tritt in den Zustand der Meditation ein, indem er tief und ohne Unterbrechung *pranayama* übt.

Man kann über die Gestalt des Gottes Hari mit seinen vier Händen oder über Krishna, der die Flöte trägt, oder über Rama mit seinem Pfeil und Bogen meditieren. Das ist konkrete, auf Objekte bezogene Meditation *(sthula dhyana)*. Man kann schweigend über den Frieden *(shanti)* meditieren. Das ist feinstoffliche Meditation *(sukshma dhyana)*. Man kann wie folgt meditieren: »Ich bin die Verkörperung des Schweigens und des Friedens.« Das ist *nirguna-* oder *ahamgra-upasana*-Meditation der Vedanta-Anhänger. Auch über die Glückseligkeit *(ananda)* zu meditieren, ist abstrakte Meditation. Der Schüler soll die Art der Meditation wählen, die für seinen Geschmack, sein Temperament, seine Fähigkeiten oder Veranlagungen am geeignetsten ist, und auf diese Weise das Ziel des Lebens in dieser Daseinsform erreichen.

Es gibt zwei Arten von Meditation *(dhyana)*. Die eine ist mit Japam verbunden, die andere ist die reine Meditation ohne Japam *(japa rahita dhyana)*. Wenn man in Gedanken oder mit Worten »*OM namo narayana*« wiederholt, ist dies reines Japam. Wenn man das Mantram wiederholt und gleichzeitig über das Bild des Gottes Hari mit Muschelschale, Diskus, Keule und Lotus, mit seinem Gewand aus gelber Seide und seinen Armreifen meditiert, ist dies *japa rahita dhyana.* Je weiter man in der Meditation fortschreitet, um so mehr schwindet Japam von selbst, und es bleibt nur noch die reine Meditation übrig, das *»japa rahita dhyana«*.

Befreie die Sinnesorgane von ihren Objekten und mache Gott durch äußerste Enthaltsamkeit *(tapas)* dir zugeneigt. Meditiere über den Herrn Hari. Steige ein in seinen strahlenden göttlichen Wagen und lass dich zu den höchsten Bereichen Vishnus führen. O meine Freunde, wacht auf und schlaft nicht mehr. Meditiert, denn es ist die Stunde Brahmas *(brahma-muhurta)* gekommen. Öffnet mit dem Schlüssel der Liebe die Tore des Tempels des Herrn und hört den Gesang eurer Seele, singt das heilige Lied der Liebe *(prema)*, den wunderbaren Gesang des Unendlichen. Versenkt euer Bewusstsein in der Kontemplation und vereint euch mit Ihm. Taucht ein in das Meer der Liebe und der Glückseligkeit.

Bestimmte Zeichen werden dem Schüler anzeigen, dass er in der Meditation und auf seinem Wege zu Gott Fortschritte macht. Er wird keine Sehnsucht nach der Welt mehr verspüren, und seine Sinneswahrnehmungen Werden ihn nicht mehr in Versuchung führen. Er wird frei sein von Begierde und Furcht, ohne Ich und ohne Gedanken. Die Bindung an den Körper *(deha adhyasa)* wird allmählich schwächer werden, und der Gedanke »Das ist meine Frau, das ist mein Sohn« wird fremd. Jedes Ding wird zur Offenbarung Gottes, in jedem Ding wird Gott erschaut und erfahren.

Körper und Denken werden immer mehr an Gewicht verlieren. Man fühlt sich froh und glücklich, immer ist der Name Gottes auf deinen Lippen. Das Bewusstsein wird konzentriert auf die Lotusfüße des Herrn gerichtet sein und das Bild Gottes widerspiegeln. Du fühlst ununterbrochen Ströme der Reinheit *(sattva)*, des Lichts, der Glückseligkeit und Erkenntnis von Gott zu dir hinfließen und dein Herz erfüllen.

Höchstes Ziel menschlicher Sehnsucht ist nach Patanjali, dem großen *rishi*, nicht die Vereinigung mit Gott und das Aufgehen in Ihm, sondern die völlige Absonderung *(kaivalya)* der Seele von der Materie.

Lass deine Gedanken ruhig werden, festige dein Bewusstsein und schalte die Sinne aus. Dann kannst du dich in tiefe Meditation versenken, aber bleibe wachsam, damit nicht Unruhe *(rajas)* dich bedrängt. Verjage den Eindringling und gib dich wieder der Heiterkeit hin.

Im Yoga ist die Schau nach innen gerichtet. Die nach außen drängenden Sinne und Gedanken werden durch unaufhörliche Übungen im Zaum gehalten. Der Yogi dämpft die Schwingungen seiner Gedanken *(vrittis)* und ruht gesichert im »*samadhi*, der keinen Samen hat« *(asamaprajnata samadhi)*. Wohl wird er auf seinem Weg großen Schwierigkeiten begegnen, denn die Wogen des Meeres sind schwach im Vergleich zu den Schwingungen der Gedanken. Der wirkliche und unerschrockene Yogi ist Kapitän und Meister des menschlichen Schiffes, das auf dem gefahrvollen Meer der Geburten und Tode dahintreibt *(samsara)*.

Durch unaufhörliche Konzentration *(dharana)* und Meditation beruhigt er die Schwingungen der Gedanken und erreicht die jenseitige Küste der Ruhe und Unsterblichkeit.

Wer den geistigen Gipfel erreicht hat, auf dem es keine Gedanken mehr gibt, ruht im schützenden Bereich der Unsterblichkeit und des ewigen Friedens. Betritt den Weg zu deiner Heimat, o Rama, und gehe mutig voran auf dem geistigen Pfad. Mögen dich keine Schwierigkeiten veranlassen, anzuhalten. Steige energisch von Gipfel zu Gipfel empor, überschreite die tiefen Abgründe der subtilen Täuschung *(moha)* und eitlen Ruhmsucht. Überspringe mit einem großen Anlauf die mystische Grenze und dringe endlich ein in den unendlichen Bereich reiner Glückseligkeit und höchster Erkenntnis. Gewinne die göttliche Herrlichkeit zurück, die dein von Anfang war, und ruhe im Absoluten ohne Form *(sat-chit-ananda svarupa)*.

Verstehe und erkenne Natur und Macht der Gedanken. Beherrsche die niederen und stärke die erhabenen. Überwinde auch diese und dringe ein in den Zustand der Gedankenlosigkeit. Identifiziere dich mit der reinen Erkenntnis.

Selbst der sündigste Mensch wird zum Asketen von größter Reinheit, wenn er nur für einen Augenblick über den unwandelbaren Atman meditiert.

Das Opferfeuer wird angezündet, indem man zwei Holzstücke aneinander reibt *(arani)*. So wird das Feuer der Weisheit durch Meditation über das Selbst angefacht.

Zu Anfang schult man die Gedanken, indem man sie auf ein konkretes Objekt oder auf ein Symbol richtet. Sind sie fest und subtil geworden, können sie auf eine abstrakte Idee konzentriert werden, auf »*aham brahmasmi*« (Ich bin Brahma).

Meditiere ohne Unterbrechung: »Ich bin reine Erkenntnis, ich bin *sat-chit-ananda brahman*. Ich bin das unsterbliche, unwandelbare, strahlende Selbst. Ich bin der schweigende Zeuge der drei Zustände, des Wachens, Träumens und des tiefen Schlafes. Ich bin weder Körper noch Bewusstsein, weder *prana* noch Sinne. Ich unterscheide mich von den fünf Hüllen.« Auf diese Weise wird Selbst-Verwirklichung erlangt, wird Selbst-Erkenntnis erfahren *(brahma jnana)*.

Der Anachoret *(yati)* sollte immer über den Zustand *(bhava)* meditieren, der kurz vor dem Einschlafen liegt, wenn das Wachsein endet. Diese Meditation führt ihn zur Befreiung. Es ist der einzige Anhaltspunkt *(alambana)*, auf dem der Zustand ohne Gedanken *(nissankalpa)* und Dualität *(nirdvandva)* aufgebaut werden kann.

Ein Wunsch steigt im Bewusstsein auf. Ist er befriedigt, erhebt sich der Nächste. Zwischen beiden Wünschen liegt vollkommene Stille. Das Bewusstsein ist frei von jedem Gedanken *(sankalpa)* – von Liebe und Hass. Vollkommener Friede *(shanti)* herrscht zwischen zwei Gedankenwellen *(vrittis)*.

Sind die Gedanken auf Brahma, das höchste Selbst, gerichtet, werden sie eins mit Brahma, wie Kampfer mit der Flamme, Salz mit Wasser oder Wasser mit Milch. Das Bewusstsein löst sich in Brahma auf und empfängt Brahma-Natur. Es gibt keine Dualität mehr, der Meditierende ist Brahma geworden. Der Zustand der Befreiung *(kaivalya)* ist erreicht.

Mikrokosmos und Makrokosmos – die drei Götter Brahma, Vishnu, Shiva – sind in OM enthalten. Alle Veden und die sechs philosophischen Lehren *(darshanas)* sind in OM enthalten. OM ist alles. OM ist Brahma. Meditiere über OM als reine Wirklichkeit *(bhava)*. Erkenne Brahma und erlange Befreiung!

Mit aller Kraft muss der Schüler das Gefühl der Unterschiedslosigkeit *(akhanda)* aufrecht erhalten und so lange als möglich auf dieser Ebene verweilen. Von nun an sei dies sein Ziel.

3. Vorbereitende Meditation

a) Meditation über eine Rose

Konzentration oder *dharana* ist Konzentration der Gedanken auf eine konkrete Sache oder eine abstrakte Idee. Es ist der unaufhörliche Fluss der Gedanken auf den Gegenstand, auf den sie sich konzentrieren. Konkrete Meditation auf einen Gegenstand ist für das ungeschulte Denken des Anfängers unbedingt notwendig. Setze dich in die Lotus- *(padmasana)*, die *siddha*- oder *sukha*-Stellung an einem für die Meditation abgeschlossenen Raum und meditiere über Farbe, Form und die verschiedenen Teile der Rose wie Blütenblätter, Stängel, Blütenstaub, über die verschiedenen Rosenarten, die weißen, gelben, roten ... die großen oder zwerghaften, über die verschiedenartigen Zubereitungen wie Rosenwasser, Rosensirup, Parfüm, Essenz, Zuckerwerk aus Rosen, über ihre Verwendungen als Rosenwasser für die Augen oder als Laxativ. Denke auch an die Rosengirlanden, die man selbst trägt oder die die Statuen der Götter schmücken, an die verschiedenen Heilwirkungen der Rose zum Erfrischen oder gegen Blähungen, denke an den Preis der Rosen und Girlanden, an die Orte, wo sie im Überfluss wachsen – mit einem Wort an alles, was mit der Rose zusammenhängt. Jeder andere Gedanke, der sich mit irgendeinem anderen Gegenstand beschäftigt, muss ausgeschaltet werden. Durch diese konkrete Methode bereitet sich das Denken auf die abstrakte Meditation vor. Der Schüler sollte jeden Morgen um fünf Uhr einen Monat lang diese Meditation üben.

b) Meditation über einen Büffel

Krishna Chaitanya, ein junger Schüler, der nach Weisheit strebte, lebte in Omkarashrama, am Ufer des heiligen Flusses Narmada. Eines Tages kam er zu Rama Acharya und bat ihn um Unterweisung in der Methode der Konzentration. Dieser riet ihm: »O Krishna, meditiere über den Gott Krishna in seinem gekreuzten Sitz, die Flöte in den Händen, inmitten einer riesigen Sonne im Lotus deines Herzens, und wiederhole in Gedanken das berühmte Mantram Krishnas: »*OM namo bhavagata vasudevaya.*« Krishna Chaitanya antwortete: »Meister, lieber Meister, ich habe einen zu harten Kopf und kann dies nicht tun. Es ist zu schwer für mich. Das Mantram ist zu lang für mich. Gib mir – ich bitte dich – eine leichtere Aufgabe.« Da sprach Rama Acharya: »O Krishna Chaitanya, sei ohne Furcht. Ich werde dir ein einfacheres Mittel sagen. Gib gut acht: stelle eine kleine kupferne Statue von Krishna vor dir auf. Setze dich in Lotussitz und blicke aufmerksam auf diese Statue, auf Hände, Beine und so fort. Anderes darfst du nicht sehen.« Da antwortete Krishna: »Geliebter Meister, das ist noch schwerer. Wenn ich die Beine kreuze, schmerzen mich Hüften und Knie, und wenn ich an meine Schmerzen denke, kann ich meinen Blick nicht auf Gott richten. Wie kann ich unbeweglich sitzen und aufmerksam alle Teile betrachten, wenn ich nur eine Sache auf einmal fertig bringe. Lieber Meister, lehre mich Einfacheres.«

Da sprach Rama Acharya: »O Chaitanya, stelle die Photographie deines Vaters vor dir auf und setze dich hin, wie immer du magst. Betrachte nur einen kleinen Augenblick dieses Bild.«

Krishna Chaitanya wehrte sich: »O lieber Meister, mein Beschützer, auch dieses ist schwer, da mir mein Vater Angst einflößt. Es ist ein schrecklicher Mensch, der mich hart schlägt. Ich zittere allein bei dem Gedanken an ihn, und meine Füße zittern. Demütig flehe ich dich an, geliebter Meister und Guru, sage mir eine andere, leichtere Aufgabe, die ich ausführen will ohne Fehler.«

Rama Acharya antwortete: »Dann sage mir, o Krishna, was du am meisten liebst.« – »O Guru, ich habe zu Hause eine kleine Büffelkuh aufgezogen, die mir Milch und Butter gibt. Ich liebe sie am meisten auf der Welt und denke immerfort an sie.«

Da gab ihm Rama Acharya den Rat: »Geh in dieses Zimmer, o Krishna, und schließe dich ein. Setze dich in eine Ecke, denke immerfort und allein an deinen Büffel und meditiere darüber. Denke an nichts anderes und beginne sogleich.«

Entzückt ging Krishna Chaitanya voller Fröhlichkeit und Vertrauen in das Zimmer und meditierte nach den Anweisungen seines Gurus mit aller Kraft über den Büffel. Drei Tage lang bewegte er sich nicht. Er vergaß zu essen und zu trinken. Er war sich weder seines Körpers noch seiner Umgebung mehr bewusst, sondern war vollkommen in die Gestalt des Büffels versunken. Am dritten Tag wollte sich Rama Acharya von dem Zustand Krishnas überzeugen. Er fand ihn in seine Meditation versunken und rief ihn mit lauter Stimme an: »Wie fühlst du dich, o Krishna? Komm doch heraus und nimm etwas Nahrung zu dir.« – »O mein Guru, ich danke dir sehr. Aber ich bin in Meditation versunken und kann nicht herauskommen. Ich bin zu groß und Hörner sind mir gewachsen. Ich kann nicht mehr durch die kleine Tür hinausgehen. Ich liebe den Büffel so sehr, dass ich selbst zum Büffel geworden bin.«

Rama Acharya gewahrte, dass Krishna den Zustand vollkommener Konzentration *(ekagrata)* erreicht hatte und reif zum *samadhi* war. Da sprach er zu ihm: »Du bist kein Büffel, o Krishna. Verändere den Gegenstand deiner Meditation. Vergiss die Gestalt der Büffelkuh und meditiere über ihr Wesen, das *sat-chit-ananda,* ihre wirkliche Natur, ist.« Krishna Chaitanya wechselte die Methode, folgte den Weisungen seines Gurus und erlangte die vollkommene Einswerdung *(kaivalya mukti),* das Ziel des Lebens.

Diese Geschichte soll die Tatsache erhellen, dass die Meditation über einen Lieblingsgegenstand des Bewusstseins sehr leicht ist.

Der weise Patanjali gibt verschiedene Methoden der Meditation an: »Meditiere über das Strahlen im Lotus deines Herzens, das jenseits aller Sorgen ist. Meditiere über das Herz, das auf jede Bindung an die Gegenstände der sinnlichen Wahrnehmungen verzichtet hat. Meditiere über die Erkenntnisse während des Schlafes.«

Schließlich schrieb er im 39. Aphorismus *(sutra):* »*yathabhimata dhyanadva*« – Meditiere über alles, was dir als gut erscheint. So wird es leicht sein, sich zu konzentrieren.

c) Meditation über Mahatma Gandhi

Ziehe dich in dein Meditationszimmer zurück. Nimm den Lotussitz ein. Meditiere über Aussehen, Gestalt, Größe, Gesichtsfarbe Gandhis, über seine Erziehung in England, seine Karriere als Rechtsanwalt in Afrika, über seine politische Tätigkeit, um die sozialen Bedingungen der Hindus in Südafrika zu bessern, über seine großen Bemühungen für die »Nicht-Angriffs-Bewegung« in Indien, über sein berühmtes Spinnrad *(charka)* und handgewebtes Leinen *(khaddar)*. Meditiere über seinen rednerischen Feldzug durch das ganze Land, um das Spinnrad einzuführen, über seine Anstrengungen, Hindus und Mohammedaner zu verbinden, über die Opfer, die er unternahm, um die elenden Bedingungen der Unberührbaren *(harijans)* zu bessern, über seine edlen Gedanken, seine lobenswerten Grundsätze, sein Leben vollkommener Entsagung *(tyaga* und *sannyasa)*, seine Entbehrungen, seine strengen Ernährungsvorschriften, über seinen unaufhörlichen Kampf um die Reinheit des Denkens *(brahmacharya)*, über seine Gedanken der Nicht-Gewaltsamkeit *(ahimsa)* und Wahrheit *(satya)* in Gedanken, Wort und Tat, über seine journalistische Arbeit, seine zahlreichen Veröffentlichungen in Englisch, Hindu und Gujarati, über die Organisation seines *ashrams* (freie Gemeinschaft), die so notwendig ist für die Erziehung guter Karma-Yogi (die sich dem Dienst an ihren Mitmenschen widmen), über seinen starken Willen und alle seine erhabenen Eigenschaften. Lass keinen anderen Gedanken in dein Bewusstsein eindringen. Wenn die Gedanken entfliehen, müssen sie wieder eingefangen werden. Dies sollte jeden Tag eine halbe Stunde zwei Monate lang ausgeführt werden. Es ist eine gute Art der Meditation.

d) Meditation über die Zwölf Tugenden

Meditiere zehn Minuten am Tag über diese 12 Tugenden:

Demut im Januar,
Freimütigkeit (arjava) im Februar,
Mut im März,
Geduld im April,
Barmherzigkeit (karuna) im Mai,
Großzügigkeit im Juni,
Lauterkeit im Juli,
Reine Liebe im August,
Großzügigkeit im September,
Vergebung im Oktober,
Gleichmut im November,
Zufriedenheit im Dezember.

Meditiere auch über Reinheit, Ausdauer, Fleiß, Aufmerksamkeit *(sahasa)*, Fröhlichkeit *(utsaha)*. Der Schüler muss sich einbilden, dass er diese Eigenschaften besitzt, und sich sagen: Ich bin geduldig. Ich werde mich von nun an nicht mehr aus der Ruhe bringen lassen. Ich werde diese

Tugend im täglichen Leben beweisen und mache schon Fortschritte. Er muss an die Vorteile dieser Tugend der Geduld denken und an die Nachteile der Reizbarkeit.

Der geistige Weg ist hart, dornig und steil. Der Fuß mag müde und wund werden. Das Herz mag schmerzhaft schlagen. Die Belohnung aber ist wunderbar: sie ist Unsterblichkeit. Darum muss man ausharren und mutig weitergehen. Doch sei immer auf der Hut, geschickt und schnell wie ein Eichkätzchen. Es gibt auf dem Wege Plätze zum Ausruhen. Lausche leise der inneren Stimme. Sie wird dich führen, wenn du rein und standhaft bist.

e) Meditation über heilige Lieder

Wenn du musikalisch bist, setze dich an einen einsamen Ort und singe *raga* und *ragini* (Arten indischer Musik) aus der Fülle deines Herzens. Vergiss dich, vergiss die Vergangenheit, vergiss deine Umgebung. Die Methode ist leicht. Wähle eine schöne Hymne *(stotra)*, Gebete oder philosophische Themen aus.

Auf diese Art hat Ram Prasad, der berühmte Heilige Bengalens, Selbst-Verwirklichung erfahren. Seine Lieder sind in ganz Bengalen bekannt geworden. Ravana gefiel dem Gott Shiva durch sein »*sama gana*«, das er auf Saiten spielte, die aus seinen eigenen Nerven hergestellt waren. Shakespeare sagt über die Musik: »Ein Mensch, der keine Musik in sich spürt, der nicht von der Harmonie der schönen Töne berührt wird, ist reif für Verrat, List und Räuberei. Die Schwingungen seines Herzens sind düster wie die Nacht, seine Empfindungen dunkel wie Erebus. Einem solchen Menschen darf man nicht vertrauen.«

Durch Gesang kann man leicht die Gedanken von äußeren Dingen abziehen. Gesang erhebt im Augenblick und weitet das Bewusstsein, das nun auf Brahma mit oder ohne Eigenschaften gerichtet werden kann. Es bedarf nur des guten Geschmackes, der musikalischen Begabung, eines reinen Herzens und ununterbrochener Übung der Konzentration.

f) Meditation über Strophen der Gita

Lerne einige wichtige Verse der Bhagavad-Gita auswendig und wiederhole sie in Gedanken, nachdem du deine Stellung *(asana)* eingenommen hast.

1. Konzentriere dich und meditiere über Verse des 2. Kapitels, die von der Unsterblichkeit der Seele handeln. Diese Übung ist von großem Nutzen.
2. Meditiere über die Gedanken, die im 2. Kapitel den Zustand der Gedankenfestigkeit beschreiben *(shita-prajna)*.
3. Meditiere über die Gedanken, die im 6. Kapitel die Wirkungen des Yoga beschreiben.
4. Meditiere über die Verse des 13. Kapitels, die über die Eigenschaften des Yogi handeln, der sich der reinen Erkenntnis widmet *(jnanin)*.
5. Meditiere über die göttlichen Eigenschaften *(daivi sampad)*, die im 16. Kapitel aufgezeigt werden.
6. Meditiere über die vielerlei Gestalten des Kosmos *(vishvarupa)*, die im 11. Kapitel beschrieben werden.

7. Meditiere über: »Solch ein Verehrer ist mir lieb« (aus dem 12. Kapitel).
8. Meditiere über den Gedanken »jenseits der drei Eigenschaften« *(gunatita)*.

Ich habe acht Gedankenreihen angegeben, von denen der Schüler diejenige aussuchen kann, die ihm am besten entspricht. Die Gedanken können auch von einer Reihe zur anderen übergehen.

4. Meditation über Eigenschaften

a) Allgemeines

Diese konkrete Meditation über Krishna, Rama, Shiva oder Devi in konkreter Gestalt ist geeignet für Schüler, die den Weg der Anbetung *(bhakti marga)* gehen. Man muss den Namen des Gottes wiederholen, an seine Eigenschaften denken: an Allwissenheit, Allmacht, Allgegenwart usw., dann werden die Gedanken rein. Das Bild Krishnas mit der Flöte in seinen Händen oder Vishnus mit Muschel, Diskus, Zepter und Lotus eignet sich gut für die konkrete Meditation. Stelle das Bild Vishnus in den Lotus deines Herzens inmitten eines strahlenden Lichtglanzes. Denke an seine Lotusfüße, an sein Kleid aus gelber Seide, an seinen Halsschmuck aus Gemmen, an sein Ohrgehänge, seine Krone usw. Dann kehre mit deinen Gedanken zu seinen Füßen zurück und meditiere weiter in gleicher Weise ohne Unterbrechung.

Diese Meditation über Eigenschaften *(gunas)* bezieht sich auf eine Gestalt oder ein Bild, das man auswählt, auf Shiva, Vishnu, Rama oder Krishna, je nachdem, wie es den Neigungen des einzelnen entspricht. Der Schüler kann auch die Anweisungen seines Gurus befolgen, der für ihn die Schutz-Gottheit aussucht *(ishta devata)*, die ihn leiten soll. Ein Bogenschütze nimmt zu Anfang ein weithin sichtbares Ziel. Später geht er zu kleineren, am Ende zu subtilsten und kleinsten Zielen über. In gleicher Weise muss man zu Anfang mit der Meditation über Eigenschaften *(sapuna)* beginnen und sich dann zur abstrakten Meditation ohne Eigenschaften *(nirakara, nirguna)* erheben, wenn die Gedanken geschult und diszipliniert sind. Die höhere Form der konkreten Meditation hebt die Zerstreutheit *(vikshepa)* auf. Drei bis sechs Monate lang sollte man den Blick fest auf ein Bild gerichtet halten *(trataka)*.

Nach sechs Monaten solcher Übung sollte der Schüler in Gedanken über die Vorstellung des Bildes eine halbe bis zwei Stunden zwischen beiden Augenbrauen *(trikuta)* und nur dort meditieren. Schaue und fühle, dass deine *ishta* in jedem Ding des Weltalls gegenwärtig ist. Wiederhole in Gedanken während der Meditation das Mantram deiner Gottheit. Denke an ihre Eigenschaften, wie Allmacht, Allwissenheit usw. ... Fühle, dass ihre *sattva*-Tugenden auf dich überfließen und du sie wirklich besitzt. Gehst du ernsthaft deinen Weg, wirst du nach einem oder zwei Jahren deine Schutzgottheit erblicken. Folge diesen Anweisungen. Sie werden dir bei deiner Konzentration von Nutzen sein.

Meditiere zu Beginn über das universelle Selbst *(virat purusha)*. Gehe dann zur konkreten *(saguna)* und später zur abstrakten Meditation *(nirguna)* über.

b) Meditation über das universelle Selbst (virat purusha)

Setze dich im Lotussitz *(padmasana)* oder im »vollkommenen Sitz« *(siddhasana)* in dein Meditationszimmer und meditiere eine halbe Stunde am Tag über folgende Gedanken: (Dies ist eine elementare Art der Meditation für sechs Monate)

1. Der Himmel ist Sein Haupt.
2. Die Erde ist Sein Fuß.
3. Die Kardinalpunkte sind Seine Hände.
4. Sonne und Mond sind Seine Augen.
5. Feuer ist Sein Mund.
6. Das göttliche Gesetz *(dharma)* ist Sein Rücken.
7. Gras und Pflanzen sind Seine Haare.
8. Die Berge sind Seine Knochen.
9. Das Meer ist Seine Blase.
10. Die Flüsse sind Seine Venen und Arterien.

So wird sich dein Bewusstsein ausweiten. Dann beginne die Meditation über Eigenschaften, die sich Gott in Gestalt von Rama, Krishna oder Shiva zuwendet. Ein Jahr lang sollte der Schüler bei dieser Meditation bleiben und dann zur Meditation ohne Eigenschaften *(nirguna)*, zur Meditation über Brahma übergehen. Durch diese verschiedenen Meditationen wird das Bewusstsein geeignet zum Werkzeug der abstrakten Meditation über eine feinstoffliche Idee.

c) Meditation über Gayatri

Gayatri ist die »gesegnete Mutter« der Veden, das Symbol Gottes, des Schöpfers der Kreaturen. Japam mit dem Mantram der Gayatri bewirkt Reinheit der Gedanken *(chitta shuddhi),* ohne die nichts möglich ist auf der geistigen Ebene. Gayatri ist ein Gebet von universeller Wirksamkeit und ist auch unter dem Namen *brahma gayatri* bekannt.

OM BHUR BHUVAR SVAHA
Tat savitur varenyam bhargo devasya dhimahi dhio
yo nah prachodayat

OM	Das höchste Brahma
Bhuh	Die physische Ebene *(die Erde)*
Bhuvah	Die Atmosphäre *(antariksha)*
Svah	Die himmlische Ebene *(svargo-loka)*
Tat	Das – das Höchste
Savitur	Der Schöpfergott, Ishvara
Varenyam	Der Anbetung würdig
Bhargah	Der die Unwissenheit und Sünde auslöscht
Devasya	Herrlichkeit
Dhimahi	Wir meditieren
Dhiya	Über die Weisheit *(buddhi)*
Yah	Der
Nah	Uns
Prachodayat	Erleuchtet

»Lass uns über den Schöpfer und Seine Herrlichkeit meditieren. Über Ihn, der das Weltall geschaffen hat, den

Anbetungswürdigen, der die Sünden und die Unwissenheit auslöscht. Möge Er unseren Geist *(buddhi)* erleuchten!«

Der Schüler sollte sich kurz vor Sonnenaufgang gleich nach dem Bad in sein Meditationszimmer zurückziehen und in seinem *asana* das Mantram so oft wie möglich, zumindest 108-mal, in Gedanken wiederholen. Fühle, wie Licht, Reinheit und Weisheit in dich eindringen.

Konzentriert sich der Schüler auf den Sinn von *gayatri* und richtet er seinen Blick auf den Zwischenraum zwischen den beiden Augenbrauen *(trikuta)*, so wird er empfinden, wie durch *gayatri* Licht, Reinheit, Weisheit in ihn einfließen.

5. Meditation ohne Formen

a) Allgemeines

Meditation über Brahma ohne Formen und Attribute *(nirguna brahman)* ist *ahamgra upsana*, die Meditation über OM, über eine abstrakte Idee. Man setze sich in Lotussitz, wiederhole in Gedanken OM und halte sich die Bedeutung dieser Silbe gegenwärtig.

Fühle dich als unendliches, allesdurchdringendes Licht, als Weltseele von unendlicher Reinheit *(shuddha sat-chit-ananda atman)*, als allgegenwärtig *(vyapaka)*, als reiner ewiger Buddha *(nitya-shuddha)*, als Befreiter, als ewig freier Brahma, denke, du wärest unteilbar *(chaitanya)*, unendlicher Friede, unveränderliches Sein. Die unbedeutendste Zelle, alle Nerven, Venen und Arterien müssen in diesem Gedanken schwingen.

Die gesprochene Wiederholung der Silbe OM allein kann dies nicht bewirken. Kopf, Herz und Seele, alles im Schüler muss fühlen, dass er selbst der feinstoffliche, alles durchdringende Geist ist. Und dies Gefühl müsste unaufhörlich andauern.

Leugne die Idee des Körperlichen, wenn du in Gedanken OM wiederholst, und empfinde:

Ich bin Unendlichkeit	OM OM OM
Ich bin All-Licht	OM OM OM
Ich bin All-Freude	OM OM OM
Ich bin All-Herrlichkeit	OM OM OM
Ich bin All-Macht	OM OM OM
Ich bin All-Weisheit	OM OM OM
Ich bin All-Glückseligkeit	OM OM OM

Über diese Gedanken soll der Schüler ohne Unterbrechung mit Eifer und Begeisterung meditieren und sie in sich gegenwärtig halten. Auf diese Weise wird er Selbstverwirklichung erfahren und in wenigen Jahren die Vision des Göttlichen erlangen *(atma darshan)*.

Wille und rechtes Denken *(manana)* sind für die Meditation ohne Form und für die Askese der Vedanta *(sadhana)* von großer Bedeutung. Rechtem Denken geht rechtes Verstehen, das heißt das Vernehmen der offenbarten Schriften *(shrutis)*, voraus. Ihm folgt tiefe Meditation als ununterbrochener Zustand *(nidhi-dyasana)*. Aus ihr ergibt sich die wahre Schau *(sak-shatkara)*, die unmittelbare Erkenntnis *(aparoksha)*. Wie ein Wassertropfen sich auf heißem Eisen sofort auflöst, so versinken Gedanken und Bewusstsein *(abhasa-chaitanya)* in Brahma.

Durch Verehrung und Meditation, durch Japam und Mantram nimmt das Bewusstsein tatsächlich die Form der verehrten Gegenstände an und wird geläutert durch die Reinheit dieses Gegenstandes, durch die Ishta Devata. Unaufhörliche Übung und anhaltendes Streben erfüllen das Bewusstsein ausschließlich mit dem Objekt der Meditation. Sie lassen keinen Raum mehr für etwas Unreines.

Solange es Gedanken gibt, muss es für sie auch ein Objekt geben. Ziel der geistigen Schulung *(sadhana)* ist die Läuterung der Gedanken. Der Ton, der im Japam und Mantram wiederholt und harmonisch geformt wird, soll das entsprechende Objekt, die Gottheit *(devata)*, erschaffen und sichtbar machen. Die Mantrams sammeln die schöpferischen Kräfte der Wiederholung zur Macht angehäufter Eindrücke *(samskaras)* an.

Im *samadhi* verliert das Bewusstsein sich selbst und identifiziert sich mit dem Gegenstand der Meditation. Eins werden Meditation und der Gegenstand der Meditation, Anbetender und der Gegenstand der Anbetung, Denker und Gedanke. Subjekt und Objekt, Ich *(aham)* und Dies *(idam)*, Sehender *(drik)* und Gesehenes *(drisha)*, Erfahrender und Erfahrung verschmelzen. Das Licht *(prakasha)* und der Gedanke *(vimarsha)* gehen ineinander auf.

Einheit, Identität, Gleichheit, Einssein sind die charakteristischen Merkmale des *samadhi* ohne Formen oder Attribute *(nirvikalpa samadhi)*.

Es gibt zwei Arten von *nirvikalpa samadhi:* in der einen erblickt der Mensch, der durch Erkenntnis *(jnana)* zu Gott hinfindet, die ganze Welt im eigenen Inneren, als

Bewegung von Gedanken, als Art des Seins, des eigenen Daseins. So sieht er Brahma, der in *brahman (svarupa visranti)* ruht, sieht das Weltall in sich selbst als eigenen Gedanken *(sankalpa)*. Das gleiche erfährt der Jnana-Yogi. Es ist der höchste Zustand der Selbstverwirklichung, der Zustand des Gottes Krishna und Dattatreya, des Shri Shankara, der Jnanadeva und anderer. »Sich selbst in allen Wesen sieht und alle Wesen auch in sich, Wer so sein Selbst in Andacht übt und Alles schaut gleichmütig an.« (Bhagavad Gita 6, 29)

Der Mensch, der Selbstverwirklichung noch nicht erreichte, sieht infolge seiner Unwissenheit *(avidya)* die Welt als etwas Äußeres, Unterschiedenes und Abgesondertes an.

Bei der zweiten Art des *nirvikalpa samadhi* löst die Welt sich auf, und der Jnana-Yogi ruht im Reinen Brahma ohne Attribute *(shuddha nirguna brahman)*, wie das Gleichnis von dem Strick und der Schlange *(rajju sarpa nyaya)* zum Ausdruck bringt. Gibt der Raja-Yogi *samadhi* in der Dualität *(savikalpa)* auf, trifft er sich im *samadhi* ohne Dualität *(nirvikalpa)* mit dem Jnana-Yogi in der Erkenntnis des Brahma *(brahmakara vritti)*.

Allen diesen Namen und Formen liegt eine lebendige, universale Kraft oder Intelligenz zugrunde, die ohne Form ist. Über sie zu meditieren, ist eine elementare Methode der Meditation ohne Formen, die zur Erfahrung absoluter Erkenntnis ohne Attribute *(nirguna)* führen wird, zu Gott ohne Form *(nirakara)*.

Setze dich in den Lotussitz *(padmasana)* und konzentriere dich auf die Luft. So wirst du den namen- und formenlosen Brahma, die eine lebendige Wahrheit, erfahren. Meditiere – eine andere Form der Meditation ohne Attribute *(nirguna)* – über ein unendliches, erhabenes Leuchten *(param, ananta, akhanda, jyotish)* hinter allen Erscheinungen, das so hell erstrahlt wie der Glanz vieler Millionen von Sonnen, oder konzentriere dich und meditiere über den grenzenlosen Himmel. Auch das ist eine Art der Meditation ohne Formen *(nirakara)*.

Bei all diesen Methoden kennt das konzentrierte Bewusstsein keinen Gedanken an bestimmte Formen mehr, sondern beginnt langsam in das Meer des Friedens zu versinken, sich von seinen verschiedenen Inhaltsformen zu befreien und feinstofflicher zu werden.

Die Meditation ohne Attribute ist die abstrakte Meditation über *nirguna Brahman.*

Wiederhole in Gedanken OM, empfinde zugleich ein starkes Gefühl *(bhava)* und füge die Gedanken von *sat-chit-ananda* (Sein, Erkenntnis, Glückseligkeit), von Reinheit und Vollkommenheit hinzu. »Alle Freude bin ich; alle Glückseligkeit bin ich; ich bin reine Form *(svanipa)*, ohne Beziehung *(asangoham)*; ich bin ohne Bindung *(kevaloham)*; ich bin allein *(akhanda eka rasa chinmatroham)*.«

b) Vedanta-Meditation

Reine Meditation ohne Attribute *(nirguna)* ist die Meditation über die folgende Formel:

Ich bin das All — OM OM OM
Ich bin Alles in Allem — OM OM OM
Ich bin das unsterbliche Selbst in Allem — OM OM OM
Ich bin die lebendige Wahrheit — OM OM OM
Ich bin die lebendige Wirklichkeit — OM OM OM
Ich bin Zeuge der drei Zustände — OM OM OM
(aham, sakshin, avasthatraya sakshin)
Ich bin Licht vom Lichte — OM OM OM
(nirakara jyoti svarupoham)
Ich bin Sonne der Sonnen — OM OM OM
Ich bin Sein, Erkenntnis, — OM OM OM
vollkommene Glückseligkeit
(sat-chit-ananda svarupoham)

Selbst in der Vedanta-Meditation ohne Attribute *(nirakara)* bedarf der Schüler zu Beginn seiner geistigen Schulung eines abstrakten Bildes, das er später entbehren kann. Bei dieser Meditation soll er die drei Körper negieren, sich mit der ihm innewohnenden Wesenheit identifizieren, soll er Namen und Formen verneinen und sich hüten, den physischen Körper, die Gedanken, den Atem *(prana)*, den Intellekt oder die Sinnesorgane *(indriyas)* für den reinen, ewigen Atman zu halten. Das höchste Selbst ist völlig unterschieden von all seinen »Gefäßen« oder von den Produkten der Täuschung *(maya)*. Meditiere über all diese Gedanken, lass sie auch in dein Gefühl *(bhava)* eingehen.

Du kannst nach deinem Wunsch irgendeine der angeführten Formeln anwenden. Schweifen die Gedanken umher, müssen sie wieder auf den Gegenstand der Meditation zurückgeführt werden. Sie können zwar von einer Formel zur anderen übergehen, müssen sich aber nach dem Umhersuchen auf eine konzentrieren, der Flamme vergleichbar, die an windstillem Ort kerzengerade aufsteigt. Fällt die ausgewählte Formel später von allein fort, ruht der Schüler in seiner eigenen Form *(svarupa)*, im gedankenlosen Zustand reiner Glückseligkeit.

c) Aussagen der Vedanta

Ich bin das Licht der Lichte OM OM OM
Ich bin vollkommene Reinheit OM OM
OM
Ich bin vollkommene Seligkeit OM OM
OM
Ich bin allesdurchdringendes OM OM
OM
Bewusstsein
Ich bin die Form selbst des Absoluten OM OM
OM
(sat-chit-ananda svarupoham)
Ich bin reiner ungeteilter Geist OM OM
OM
(akhanda ekrasa chinmatroham)
Ich bin die Form selbst des Höchsten OM OM
OM
(bhumananda svarupoham)

Ich bin der Zeuge *(aham sakshin)* OM OM OM
Ich bin die reine Intelligenz OM OM OM
(nirvishesha chinmatroham)
Ich bin ohne Bindung *(asangoham)* OM OM OM

Der Glanz des zu Lebzeiten Befreiten *(jivanmukta)* ist unbeschreiblich. Er ist Brahma selbst, und alle okkulten Fähigkeiten *(siddhis* und *riddhis)* liegen ihm zu Füßen. Durch seinen Willen zu Reinem Dasein *(sat sankalpa)* vermag er Wunder zu vollbringen. Ehre den zu Lebzeiten Befreiten, den gesegneten Seelen dieser Erde! Möge ihr Segen auf uns allen ruhen!

d) Kontemplation nach der Vedanta

Dringe in die Tiefe deines Herzens ein und trenne deine Gedanken von den Gegenständen dieser Welt. Töte dies kleine, trügerische Ich und wisse: Ich bin Er *(so'ham)*. Wie der Wassertropfen Namen und Form verliert und im Meer verrinnt, so taucht die verkörperte Seele *(jiva)* in die Höchste Seele ein und verliert in ihr Name und Gestalt.

Wer geschäftig ist und herumreist, braucht nicht einen besonderen Raum oder eine besondere Zeit zur Meditation. Japam auf *»so'ham«*, Meditation über den Atem, das Mantram über Rama, verbunden mit Meditation, genügen und stellen keine besonderen Anforderungen. Jeder Atemzug wird so zum Gebet und dient der Meditation. Denke *»so'ham«* (Ich bin Er) oder Rama. Fühle überall Seine Gegenwart. Das genügt.

Beschäftigen die Gedanken sich mit Gegenständen der Sinneswahrnehmungen, wird das Wissen um die Wirklichkeit des Weltalls zunehmen, beschäftigen sie sich unaufhörlich mit Atman, wird die Welt zum Traum. Deshalb soll der Schüler sich von allen niederen Gedanken, von allen sinnlosen Vorstellungen *(sankalpas)* befreien und die Gedanken an Atman vertiefen. Nur so vermag die Morgenröte geistiger Erkenntnis aufzusteigen.

In der Vedanta, die der Pfad der wahren Erkenntnis ist *(jnana)*, werden Ausdrücke: *nidhi-dhyasana* (Meditation) und *manana* (Rechtes Überlegen) häufig verwandt. *Manana* stellt den Menschen in eine andere Seinsordnung *(vijatiya vritti)*. *Tiraskara* trennt seine Gedanken von den Gegenständen der Sinneswahrnehmung; *svajatiya vritti pravaha* richtet die Gedanken in ständigem Strom auf Gott oder Brahma. *Nidhi-dhyasana* ist tiefe und intensive Kontemplation *(anatma-vritti-nirodha* oder *atmakara vritti sthiti)*. Das Bewusstsein ruht erfüllt und gefestigt im Absoluten, sodass kein irdischer Gedanke einzudringen vermag. Die Versenkung gleicht dem ununterbrochenen Fluss des Öls *(taila-dharavat)*.

Zu Anfang ist dem Schüler erlaubt, die Augen zu schließen, um die Ablenkung seiner Gedanken zu vermeiden. Später jedoch muss er mit offenen Augen selbst beim Gehen meditieren können und zu jeder Zeit den Gleichmut bewahren. Er muss sich versenken können in das Nicht-Vorhandensein dieser Welt der Erscheinungen, in Atman, der allein besteht. Sonst fehlt jede Hoffnung, Vollkommenheit zu erreichen.

Alles Sichtbare ist Maya. Wahre Erkenntnis *(jnana)* wird Maya vertreiben. Man muss sich bemühen, Maya durch Vernichtung des Denkens zu überwinden. Meditation ist die einzige Art, um Maya zu beherrschen.

Die Handlungen des Bewusstseins bewirken im eigentlichen Sinn das Karma. Wahre Befreiung verlangt Überwindung des Denkens. Wer sich von dem Herumwandern der Gedanken freizumachen vermag, erreicht die höchste Stufe der Meditation *(nishtha)*. Wird das Bewusstsein von all seinen Unreinheiten geläutert, findet es Frieden und Befreiung von allen irdischen Täuschungen über Tod und Wiedergeburt.

Stellt man einen Hund vor einen großen Spiegel, in dem sich auch ein Stück Brot widerspiegelt, wird der Hund sofort zu bellen anfangen, weil er sich törichterweise einbildet, es sei ein anderer Hund. Ebenso erblickt der Mensch sein eigenes Bild nur im Spiegel seiner Gedanken in vielerlei Aspekten und bildet sich – wie der Hund – unsinnigerweise ein, dies seien von ihm unterschiedene Menschen, mit denen er in Hass und Eifersucht kämpfen muss.

»Es gibt keine Welt, keinen Körper, kein Bewusstsein. Es gibt nur das eine Reine Erkennen *(chaitanya)*. Ich bin dieses reine Erkennen.« Das ist die Meditation ohne Attribute *(nirguna)*.

Die auf Brahman und die Göttliche Gegenwart gerichteten Gedanken sollten überquellen. Deshalb sollte das Bewusstsein freigehalten werden von den Dingen dieser Welt *(vija-tiya-vritti-tiraskara)*. Verzichte auf den Gedanken an sie. Treibe sie aus mit der Peitsche der Unterscheidung *(viveka)* und der Absonderung *(vichara)*. Denn zu Anfang wird Kampf notwendig sein, in dem man sich bewähren muss. Später werden Kräfte und Reinheit zunehmen und die Gedanken sich immer mehr auf Brahma *(brahma chintana)* richten. Dann wird der geistige Weg leichter sein und ein Leben in der Einheit dich erfreuen. Die inneren Kräfte, aus Atman gewonnen, werden sich steigern, wenn der sinnliche Antrieb *(vishaya vrittis)* fortfällt und die Gedanken sich festigen *(ekagra)*.

Es geht darum, sich mit dem ewigen Atman zu identifizieren, der in den Tiefen des Herzens lebt, und unaufhörlich zu denken und zu fühlen: »Ich bin der ewig Reine Atman.« Dieser eine Gedanke wird Sorgen und trugvolles Denken beenden.

e) Die Meditation über OM

Pranava (die Silbe OM) ist ein Fährboot für den Menschen, der in das unendliche Meer des menschlichen Lebens gefallen ist. Viele schon kreuzten das Meer des Todes und der Wiedergeburten *(samsara)* auf diesem Boot. Auch du vermagst es zu tun, wenn du ohne zu ermüden über OM »im richtigen Zustand« *(bhava)* meditierst und dein Selbst verwirklichst.

OM ist das einzige Symbol dieses Atman oder Unsterblichen Selbst, das alles durchdringt. Man muss ausschließlich an OM denken und alle irdischen Gedanken verjagen. Dringen sie immer wieder vor, so muss man seinen Geist immer wieder auf das Reine Selbst richten. Mit OM muss man den Gedanken der Reinheit, der Vollkommenheit, der Freiheit, Erkenntnis, Unsterblichkeit und Unendlichkeit verbinden. OM ist in Gedanken wieder und wieder auszusprechen. OM ist alles: OM ist

Name und Symbol von Gott, Ishvara oder Brahma, OM ist dein wirklicher Name, der die dreifache Erfahrung des Menschen überdeckt. OM ist der Urgrund der Welt der Erscheinungen, denn ihm entstammt das sichtbare Weltall. OM ist enthalten in AUM und löst sich in ihm auf. »A« bedeutet die physische Ebene, »U« die mentale und astrale Ebene, die Welt des Geistes und die Himmel. »M« bedeutet den tiefen Schlafzustand und alles, was dem Wachzustand unbekannt jenseits der Reichweite des Verstandes liegt. OM stellt alles dar und ist damit die Grundlage unseres Lebens, Denkens und Wissens.

Alle Worte, die Gegenstände bezeichnen, haben ihren Mittelpunkt in OM! So ist die Welt aus OM entstanden, ruht in OM und löst sich in OM auf. OM ist das Symbol Brahmas, des Höchsten Seins, Meditation über OM ist deshalb zugleich Meditation über Brahma, dass heißt über Seine symbolische Wesenheit. Mit OM verbunden zu sein, bedeutet eins zu werden mit dem von ihm Symbolisierten. *»Tad japas tadartha bhavanam.«* Man muss versuchen, sich mit dem glückseligen Selbst zu identifizieren, wenn man denkt, meditiert oder die heilige Silbe OM singt, und die fünf Hüllen *(koshas)* verleugnen, die trügerischen Beigaben der Maya. Das Symbol OM muss als *sat-chit-ananda* (reines Dasein, reine Erkenntnis und reine Glückseligkeit) betrachtet werden, das heißt als Brahma oder Atman, denn das ist sein Sinn. Bei der Meditation muss die Empfindung vorherrschen, dass man nur Reinheit, Licht und allesdurchdringendes Sein ist, muss man sich vorstellen, dass man weder Körper noch Gedanke ist. »Ich bin *sat-chit-ananda,* ich bin Reine Erkenntnis.« Das ist Meditation nach der Vedanta.

Der Schüler soll über OM meditieren, bis er *samadhi* erreicht. Werden die Gedanken durch Trägheit *(tamas)* oder unruhiges Tun *(rajas)* abgelenkt, so muss Konzentration *(dharana)* und Meditation *(dhyana)* geübt werden.

»Verwendet man seinen Körper und sein niederes Ich als trockenes Unterholz und legt *pranava,* die heilige Silbe OM, darüber, wird die Flamme durch die Reibung unaufhörlicher Aufmerksamkeit *(abhyasa)* oder Meditation hell brennen und man wird Gott (Atman), der sich verborgen hatte, erschauen.« *(shvetashvatam upanishad)*

O Rama, du lebst nun im Himalaya. Lebe in Harmonie mit dem Herrn der Natur und lass dir von den hohen Gipfeln die Geheimnisse des ewigen Lebens zuflüstern. Das gurgelnde Wasser, das an dir vorbeifließt, wird dir das Lied des heiligen Symbols *(omkara)* singen. Festige deine Gedanken auf den mystischen Ton *(pranava dhvani)* und gehe ein in die Kommunion mit dem Höchsten. Wenn die Natur dir ihre wohlbehüteten Geheimnisse offenbart, höre auf ihre Lehren und erfahre deine Einheit mit den schneebedeckten Höhen, mit den Gletschern und der Luft des Himalaya, mit den Strahlen der Sonne, dem Blau des Himmels und dem Funkeln der Sterne.

Könnten wir alle in Brahma, dem Einmaligen Einen, ruhen und den Nektar der Unsterblichkeit trinken, könnten wir alle durch die Erfahrungen des Wachseins, des Traumes und des traumlosen Schlafzustandes zu dem vierten Zustand der Gnade *(turiya)* emporsteigen, könnten wir alle den Sinn von OM *kara* oder *pranava* und die Unermesslichkeit *(amatra)* erkennen, könnten wir alle in die schweigende Silbe eindringen, indem wir über die Töne A, U, M hinauswachsen und in der Meditation über

OM die höchste Wirklichkeit, *brahman sat-chit-ananda* erreichen. Möge dieses OM uns führen, unsere Mitte, unser Ideal und Ziel sein.

f) Meditation über »so'ham«

»*So'ham*« bedeutet »Ich bin Er. Ich bin Brahma«. »*So*« bedeutet »Er«. »*Aham*« bedeutet »Ich«. Das ist das größte aller Mantrams, das Mantram der *paramahamsa sannyasins,* der hochentwickelten Seelen, der herumwandernden Asketen. Es ist ein *abheda-bodha-vakya* und bedeutet die Identität der individuellen Seele mit Brahma, dem höchsten Selbst. Dieses Mantram nimmt in den Ishavasya-Upanishaden die Form der »*sohamasmi*« an.

»*So'ham*« ist nichts anderes als OM. Entfernt man die Konsonanten S und H, bleibt OM übrig. »*So'ham*« ist das *pranava* oder das veränderte OM. Einige ziehen *so'ham* dem OM vor, weil sie es leichter ihrer Atmung anpassen und einfügen können. Dieses Mantram verlangt keinerlei Anstrengungen, und die normale Atmung paßt sich leicht an. Konzentration und Beobachtung des Atems genügen vollkommen.

Die Meditation über *so'ham* gleicht der des OM. Manche wiederholen ein Mantram, das aus »*hamsah so'ham* – *so'ham hamsah*« besteht. Ehe man die Meditation über »Ich bin Er« *(so'ham dhyana)* übt, muss die Unterweisung: »Nicht Dies, nicht Dies *(neti-neti)* gelernt sein, das heißt, man leugnet den Körper und die übrigen Hüllen *(koshas),* indem man »*noham idam shariram*« und »*Aham etat na*« wiederholt. »Ich bin nicht dieser Körper, nicht dieses Denken, nicht dieser Atem. Ich bin Er, ich bin Er.«

Wenn man in Gedanken dieses Mantram wiederholt, empfindet man mit seinem ganzen Herzen, seiner ganzen Seele, dass man der alleswissende, allmächtige Brahma, die Seele der höchsten Glückseligkeit ist. Das ist wichtig, denn nur so empfängt man wirklich die Früchte des Japam oder der Meditation über dieses Mantram. Eine einfache mechanische Wiederholung wird kaum etwas nützen, wenn sie auch gewisse Vorteile bringt. Den höchsten Segen bringt nur das Erlebnis, und dieses ist Selbst Verwirklichung. Sucht der Intellekt zu erfahren: »Ich bin Brahma, ich bin allmächtig«, beschäftigen sich zu gleicher Zeit aber die Gedanken *(chitta)* damit: »Ich bin Justizbeamter«, oder »ich bin schwach, mir hilft niemand, wo soll ich Geld für die Aussteuer meiner Tochter hernehmen, ich fürchte, dass man mich zu einer Buße verurteilen wird«, dann ist keine Selbstverwirklichung möglich. Alle diese unbewussten Eindrücke *(samskaras)*, alle falschen Einbildungen, alle Schwächen, aller Argwohn, alle Unruhe müssen ausgemerzt werden. Selbst im Rachen des Tigers muss man noch ausschreien können: »Ich bin Er, ich bin Er. Ich bin nicht dieser Körper.« Selbst wenn man nichts zu essen hat, wenn man arbeitslos ist, muss man mit aller Kraft verkünden: »Ich bin Er.« Nur dann ist man wahrer Vedanta-Schüler.

Man ist das Opfer seiner Gedanken und seiner Unwissenheit *(avidya)* und wird von ihnen durch Identifikation mit seinem Körper an die eigenen Grenzen gebracht, wenn man den Schleier der Unwissenheit, der soviel Schmerz bereitet, nicht zerreißt und die fünf Hüllen nicht durchbricht. In seinem wahren Wesen, das reines Sein, Erkenntnis und Glückseligkeit *(sat-chit-ananda svarupa)* ist, vermag man kraft der Meditation über das Mantram: »Ich bin Er« *(so'ham)* zu ruhen.

Der *jiva*, die individuelle Seele, wiederholt dieses Mantram innerhalb vierundzwanzig Stunden 21 600-mal.

Selbst während des Schlafes setzt sich diese Wiederholung des *so'ham* fort. Beobachtet man seine Atmung sorgfältig, wird man feststellen, dass beim Einatmen der Laut *»so«*, beim Ausatmen der Laut *»ham«* entsteht. Dies nennt man das Mantram ohne Worte *(ajapa mantram)*, weil die Lippen sich während der Atmung nicht bewegen. Man wiederhole in Gedanken *»so«*, wenn man einatmet, und *»ham«* beim Ausatmen und übe dies zwei Stunden lang morgens und abends. Kann man es zehn Stunden lang tun, ist es noch besser. Man muss volle vierundzwanzig Stunden meditieren können, wenn man auf dem Pfad fortgeschritten ist. Studiere die *hamsa upanishad* und du wirst in der Meditation wirkliche Ruhe erfahren und keinen Schlaf mehr benötigen.

Die Wiederholung des zusammengesetzten Mantram: *»Hamsah so'ham, so'ham hamsah«* ist von großer Kraft. Der berühmte Shri Sheshadri Swami von Tiruvannamalai hatte die Gewohnheit, es zu wiederholen und zu meditieren, wenn er allein des Wegs oder über die Märkte ging. Man sagte »Gott ist Liebe und Liebe ist Gott«. In gleicher Weise *»hamsah so'ham – so'ham hamsah«* zu wiederholen, verleiht höhere Kräfte und verstärkt die Macht des Mantram. Der Schüler empfängt innere Kräfte durch Atman, die Seelenkraft, und seine Überzeugung nimmt zu. Diese Art der Wiederholung entspricht der sogenannte *mahavakya: »Aham brahma asmi – brahmai-vaham asmi)*. Ich bin Brahma – Brahma ist Ich!«

Die Formel *»ana'l haq«* der Sufis und Fakire entspricht dem *so'ham* der *sannyasins*. Der berühmte Nanak sang das Lob dieses Mantram.

Die Dauer des Lebens bemisst sich im Sinne des Yoga tatsächlich nach der Anzahl der Atemzüge des *»so'ham«*, nicht nach Jahren. Durch die Übungen des *pranayama* werden die *»so'ham* «-Atemzüge beeinflusst und so das Leben verlängert.

Zu Beginn der Übungen sollte man seinen Atem gelegentlich beobachten und eine Stunde lang in einem verschlossenen Zimmer über *so'ham,* sein Erlebnis *(bhava)* und seinen Sinn meditieren. Man kann den Atem beobachten, wenn man *so'ham* sitzend oder stehend, beim Essen, Sprechen oder Baden in Gedanken wiederholt. Es ist eine leichte Art der Konzentration.

»*So'ham*« ist der Lebensatem, OM die Seele des Atems. Konzentriert man sich auf die Atmung, wird man feststellen, dass sein Rhythmus sich stark verlangsamt, wenn die Konzentration sich vertieft. Die Wiederholung des *so'ham* wird allmählich ganz fortfallen, wenn tiefe Konzentration erreicht ist. Das Bewusstsein wird sehr ruhig werden und mit Freude erfüllt, bis man eins geworden ist mit dem Höchsten Selbst.

g) Meditation über »mahavakyas«

»*Mahavakyas*« sind die vier heiligen Aphorismen, die in den offenbarten Büchern *(shrutis)* enthalten sind.

1. »*Prajnanam brahman*«.
2. »*Aham brahma asmi*«.
3. »*Tat tvam asi*«.
4. »*Ayam atma brahman*«.

Der erste steht in den *aitareya upanishads* der *rig veda,* der zweite in den *brihadaranyaka upanishads* der *yajur veda,* der dritte in den *chhandogya upanishads* der *sama veda,* der vierte in den *mandukya upanishads* der *atharva veda.*

Der erste Aphorismus ist die unfehlbare Erkenntnis *(lakshana vakya),* die Brahma beschreibt und die Erkenntnis des Selbst *(tatbodha jnana)* vermittelt. Der zweite vermittelt unmittelbar die Erkenntnis *(anubhava vakya)* des »einzigen Beweises des Weltalls« *(sakshi-jnana).* Der dritte ist das Wort der »Belehrung« *(upadesha vakya),* das auf Grund der Unterweisung des Guru die Erkenntnis Shivas ermöglicht *(shiva-jnana).* Der vierte gibt die unmittelbare Schau *(sakshatkara vakya),* die zur Erkenntnis Brahmas *(brahma-jnana)* führt. Man kann den einen oder anderen der *»mahavakyas«* auswählen und darüber wie über OM meditieren.

h) Meditation über »aham brahma asmi«

Der Schüler soll sich als reines *sat-chit-ananda-vyapaka atman* (Vollkommenes Sein, vollkommene Erkenntnis, vollkommene Glückseligkeit, allesdurchdringender Brahma) fühlen, während er in Gedanken *»aham brahma asmi«* wiederholt. Ein Wiederholen mit den Lippen allein wird keinen Segen bringen, das Mantram muss tief im eigenen Herzen erlebt werden. Durch dies Erleben wird er allmählich in den Zustand des Überbewusstseins geführt. Dazu setze er sich auf ein vierfach gefaltetes Tuch in seiner Lieblingsstellung, das Gesicht nach Norden oder Osten gewendet, und meditiere unaufhörlich:

1. Unendlichkeit bin ich,
2. Ewigkeit bin ich,
3. Unsterblichkeit bin ich.

i) Positive Meditation

1. Ich bin das All *(sarvata)*,
2. Ich bin in Allem *(sarvatmika)*.

Bei einer Meditation über diese Gedanken werden Körper und Weltall als Brahma empfunden, als Ausdruck Brahmas, von dem sie eingeschlossen sind. Es wäre töricht, zu denken, Brahma, auf sich allein gestellt, sei vollkommene Seligkeit *(ananda)*, alles außer ihm aber sei nur Elend, Mühe und Kummer. Dieser Vorstellung liegt die individuelle Auffassung von der Welt *(jiva srishti)* zugrunde. In der göttlichen Auffassung von ihr *(ishvara srishti)* kann es nichts Schlechtes geben, in ihr liegt nicht der Anlass zum Leid. Im Gegenteil, die Begierde *(kama)*, die Wut *(krodha)*, die Idee des Mein und Dein, der Gedanke: »Ich bin es, der handelt« sind es, die alles Leid verursachen. Es entstammt der Unwissenheit *(ajnana)*, deren Folge eine Identifizierung mit dem beschränkten Verstand ist. Deshalb soll man sich zu jeder Zeit als das All empfinden und spüren, dass die bewusste Energie *(shakti)* ständig im eigenen Körper am Werk ist. Man wiederhole immer wieder den Gedanken: »Die ganze Welt ist mein Körper, alle Leiden sind die meinen. Alle Körper, alle Leben sind mein.« Eifersucht, Ärger, Hass, Selbstsucht werden schwinden. Im *samadhi* der positiven Meditation sieht der Wissende *(jnanin)* in sich das ganze

Weltall als Gedankenschwingung, und zwar zugleich mit und ohne Attribute *(saguna-nirguna)*.

k) Dic negative Meditation

»Ich bin nicht der Körper. Ich bin nicht das Bewusstsein. Ich bin reines *sat-chit-ananda*«. Über diese Gedanken soll der Schüler unaufhörlich meditieren und sich während all der Stunden des Tages als *sat-chit-ananda* unter Leugnung der Idee seines Körpers empfinden. Dagegen ist unaufhörliche geistige Schulung notwendig, um eine falsche Identifizierung *(deha adhyasa)* aufzulösen, die auf undenkliche Zeiten zurückgeht *(anadi samskaras)*. Wenn man das Bewusstsein seines Körpers verliert, wenn man den Körper nach Willen verlassen kann, hat man Dreiviertel des geistigen Wegs *(sadhana)* zurückgelegt. Es bleibt nur noch ein kleiner Schritt zu tun übrig, den Vorhang zurückzuziehen und den Schleier der Unwissenheit zu zerreißen. Selbst wenn man beschäftigt ist, wenn man arbeitet, soll man empfinden, dass man der alles-durchdringende, ewige Brahma ist. Das ist wichtig. Denken, Konzentration und die Bemühung, sich von dem Körper zu trennen, müssen zusammengehen. In der negativen Meditation ruht der Jnana-Yogi im Schoß des Absoluten ohne Attribute *(shuddga nirguna brahman)* und ist sich der Welt nicht bewusst.

6. Vergleich zwischen der Meditation mit und ohne Attribute

Die *isha, prashna, katha, tapaniya* und andere Upanishaden behandeln eingehend die Methode der Kontemplation Brahmas ohne Eigenschaften. *Badarayana* führt in einem Kapitel der Brahma Sutras, das sich mit den Eigenschaften Brahmas befasst, positive Attribute an wie »fröhlich, intelligent« und negative wie »ohne Grenzen, ohne Farbe«. Diese beiden Arten von Attributen werden dem Absoluten zugeteilt, und trotzdem kann man die Konzentration auf diesen Brahma als Konzentration auf den bedingungslosen Brahma *(nirguna upsana brahman)* ansehen. Der Hauptunterschied zwischen einer Kontemplation des bedingten Brahma mit Attributen *(saguna)* und des bedingungslosen, attributlosen Brahmas *(nirguna)* besteht darin, dass der Anbetende im ersten Fall Brahma als tatsächlich an seine Attribute gebunden erkennt, während im anderen Fall positive und negative Eigenschaften für ihn nicht unbedingt mit Brahma verbunden sind, sondern seiner absoluten Natur nur unterstellt werden. Sie gehören also nicht zu seinem Wesen, sondern sind nur das Tor, durch das man die Erkenntnis seiner wahren Natur erlangt. Bei der Betrachtung des bedingten Brahmas dagegen werden alle seine Eigenschaften von der Versenkung in ihn miterfasst.

Die Bezeichnung »*nirguna*« bedeutet nicht, dass Brahma ein negativer Begriff, eine Nicht-Wesenheit, ein Nichts ist. Es bedeutet vielmehr, dass die Eigenschaften, die in unserer Welt begrenzt sind, sich in Brahma ohne

Grenzen finden, dass diese Eigenschaften die wesentliche Natur Brahmas ausmachen *(svarupa)*, dass Brahma nicht die vergänglichen Eigenschaften der Materie, zum Beispiel die blaue Farbe des Stoffes, sondern alle positiven Attribute besitzt *(sarva kalyana gunas)*. Brahma ist *nirguno guni. Nirakari* bedeutet auch nicht, dass Brahma ohne Form ist, sondern dass »er keine begrenzte Form besitzt wie Gegenstände, sondern eine unvorstellbare«. Welche Gestalt könnte man dem Unendlichen zusprechen? Manche haben eine ungeschliffene Vorstellung von Brahma. Sie halten ihn für einen Steinblock, weil er keine Eigenschaften besitzt, für eine wirkliche Leere, eine Null. Hierin aber irren sie vollkommen. Sie haben noch keine wirkliche Unterscheidung *(sat vichara)* gewonnen, sondern sind voller Zweifel. Ihr Verstand ist grob, für philosophische Untersuchungen, Unterscheidung *(vichara)*, Nachdenken und vernünftige Einsicht nicht geeignet. Sie haben die untrüglichen Upanishaden nicht studiert, das wahre Mittel der Erkenntnis, die rechte Quelle der Weisheit, die genaue Kenntnis von Brahma vermittelt. Die Upanishaden sind untrüglich, weil sie sich an die Vernunft jedes Denkers, jedes Philosophen wenden. Sie entsprechen den Erfahrungen der Selbstverwirklichung. Ihre Autorität ist bedeutsamer als Wahrnehmungen oder Schlussfolgerungen.

Brahma ist in höchstem Maß subtil, feinstofflicher als der tausendste Teil einer Haarspitze. Deshalb bedarf es eines subtilen, ruhigen, reinen, scharfen, klaren und konzentrierten, ungetrübten Geistes *(suddha-buddhi)*, um Brahma zu verstehen und über ihn zu meditieren. Wer an dem Wert der Upanishaden zweifelt und die wahre

Natur Brahmas nicht kennt *(samshaya-bhavana)*, sollte mit einem durch selbstloses Opfer gereinigten Geist die Upanishaden studieren, die vier Mittel der Unterscheidung in sich entwickeln und den Umgang mit heiligen Männern pflegen *(satsanga)*. Dann wird er bewusst und überzeugt Brahma erkennen und ihn in den Schriften *(shravana)* in rechtem Denken *(manana)* und in tiefer Meditation *(nidhidhyasana)* erfassen. Das ist der königliche Pfad, auf dem sich Brahma in seinen positiven Eigenschaften *(gunas)* offenbart, als Brennpunkt des Lichts, als Zustand höchster Erkenntnis *(prajnana-ghana)*, als eine Ballung von Wissen, festverwurzelter als der Himalaya. Denn Wissen ist gewichtiger und konkreter als ein gewaltiger Steinblock.

In der *saguna*-Meditation (mit Eigenschaften) betrachtet sich der Anbetende als vollkommen unterschieden von dem Gegenstand seiner Verehrung. Der Anbetende ergibt sich ohne Rückhalt und ohne Murren dem Herrn, achtet und ehrt ihn, betet ihn an und unterwirft sich ihm in allem, für Nahrung und Schutz, für sein ganzes Sein. In allem sucht er Hilfe bei der Schutzgottheit *(ishta devata)*, als deren Werkzeug er sich in tiefster Abhängigkeit empfindet. Seine Hände und Füße, seine Sinne und Gedanken, höchste Vernunft *(buddhi)* und physischer Körper gehören dem Herrn. Der Mystiker liebt keineswegs Erkenntnis *(jnana)* oder Versenkung, denn er will seine gesonderte Wesenheit bewahren, um zu dienen, zu verehren und den Herrn zu lieben. Er will nicht, wie der wahrhaft Erkennende *(jnani)*, zum Zucker werden, sondern den Zucker schmecken und essen. Die Verehrung der *saguna*-Meditation ist eine Kontraktion. Stelle dir vor, du stehst in der Mitte eines Kreises und ziehst dich zu einem Punkt zusammen, in dem die Kreislinie versinkt. Die *saguna*-Meditation eignet sich für Menschen mit emotionalem Temperament, also für die Mehrzahl der Menschen.

In der *nirguna*-Meditztion hält der Schüler sich für Brahma. Er negiert oder unterwirft seine schlechten Eigenschaften oder Einbildungen, seinen Egoismus, sein Denken und seinen Körper. Er hängt allein von sich und nur von sich ab, vertraut allein auf sich. Der Schüler ist erfüllt von seinem Selbst; er denkt nach, erforscht, unterscheidet, ergründet sein Selbst und meditiert darüber. Er will eintauchen, sich mit Brahma identifizieren. Diese Methode bringt eine Ausweitung des Ichs. Stell dir vor, du stehst in der Mitte eines Kreises. Durch diesen geistigen Weg *(sadhana)* weitet sich der Punkt so stark aus, dass er die Peripherie ganz überdeckt. Diese Methode der Meditation eignet sich für Menschen von subtilem Intellekt, unerschrockenem Verstand, starker und präziser Urteilskraft und machtvollem Willen, also nur für eine sehr kleine Anzahl von Menschen.

Verhältnismäßig leicht ist es, über *»aham brahma asmi«* zu meditieren, wenn man in einem einsamen, verschlossenen Zimmer eine bestimmte Haltung einnimmt, aber ungeheuer schwer, diesen Gedanken festzuhalten, wenn man sich in einer von Menschen überfüllten Umgebung bewegt. Empfindet man sich eine Stunde als Brahma, die übrigen dreiundzwanzig Stunden des Tages aber im eigenen Körper, kann der geistige Weg *(sadhana)* nicht den rechten Erfolg bringen. Es ist vielmehr unbedingt notwendig, zu jeder Zeit den Gedanken festzuhalten, man sei Brahma. Das weltliche Bewusstsein bedarf eingehender Erforschung und vollkommener psychologischer Umwandlung für die neue Art des Denkens, die Konzentration und Meditation verlangen. Kontemplatives Leben ist dem weltlichen diametral entgegengesetzt. Die bisherige Auffassung von Tod und Wiedergeburt *(vishaya samskaras)* muss durch unaufhörliche, intensive und mit Eifer lange Zeit ausgeführte Übungen vollkommen zerstört und durch neue geistige Eindrücke *(samskaras)* ersetzt werden.

7. Meditation und Handlung

Der Mensch besteht aus Atman, Bewusstsein und Körper. Atman hat zwei Aspekte, einen unveränderlichen und einen veränderlichen. Der letztere heißt Welt, der erstere Gott. Die Welt aber ist nichts anderes als der geoffenbarte Gott, ist Gott in Bewegung. Die Welt ist zwar vorhanden, ihr Sein aber ist ein relatives.

Atman ist allesdurchdringend, ewig, vollkommen und rein, ist All-Seligkeit, All-Macht, All-Wissen. Er nimmt von sich aus Namen und Formen an, die der Welt angehören *(nama rupa jegat)*. Er kennt kein Begehren, da es für ihn keinen Gegenstand außerhalb seiner selbst gibt. Sein Wille heißt *shakti*. Er ist Atman in Bewegung. Im *nirguna-Atman* ist *shakti* statisch, im *saguna* dynamisch. Atman hat keinen Wunsch, weil es für ihn nichts Gegenständliches gibt und er vollkommen ist. Wunsch bedeutet Anziehung, die Unvollkommenheit voraussetzt. Negation des Willens bedeutet, dass die Entscheidung zur Handlung im Innern erfolgt. Wenn Atman will, entsteht ein Weltall. Der Wille Atmans hält und beherrscht das Weltall. Der Mensch wird durch Egoismus, Begierde und Furcht hin- und hergetrieben, weil er sich mit der Begrenzung durch Bewusstsein und Körper identifiziert. Die Idee dieser Begrenzung heiß Egoismus.

Ziel des menschlichen Lebens ist die wirkliche Erfahrung der Einheit in allem offenbarten und nicht offenbarten Dasein. Diese Einheit, die von jeher vorhanden ist, hat der Mensch in seiner Unwissenheit vergessen. Deshalb ist die hauptsächlichste Aufgabe auf dem geistigen Weg *(sadhana)*, den Schleier zu heben und sich von dem Gedanken zu befreien, dass man in Körper und Bewusstsein begrenzt ist. Es ist die selbstverständliche Voraussetzung, dass man die Verschiedenheit aufgeben muss, um die Einheit zu erlangen. Es ist ungenau, von einem Wunsch nach Befreiung zu sprechen. Denn Befreiung bedeutet nur die Erlangung des Zustands der Unendlichkeit, der schon besteht, der unsere wahre Natur ist und deshalb nicht Gegenstand unseres Wunsches sein kann. Dies Verlangen sollte ebenso wie das nach Nachkommen, Reichtum und Glück in dieser oder der nächsten Welt ausgelöscht und alle Handlungen sollten nur von reinem, keine Vorteile suchenden Streben nach dem einen Ziel bestimmt werden.

Diese geistige Schulung *(sadhana)* – der unaufhörliche Versuch, sich als das All zu fühlen – kann und sollte sogar inmitten intensivster Tätigkeit geübt werden. Das ist die hauptsächlichste Lehre der Gita. Sie ist einleuchtend, da Gott *saguna* und *nirguna* zugleich ist, mit und ohne Form. Wenn Gedanken und Körper ihre Arbeit verrichten, sollte der Mensch sich über diese erhaben fühlen und sie als Zeuge kontrollieren. Er soll sich nicht mit *adhar* (der Kristallisierung von Bewusstsein und Körper) identifizieren, auch nicht, wenn dieses in Tätigkeit ist. Dazu bedarf es zu Beginn der Zuflucht in die Meditation. Ohne diese kann nur «in außergewöhnlich willensstarker Mensch auskommen. In der Meditation wird *adhar* beherrscht und dadurch *sadhana,* der Versuch, die Einheit zu erfahren, erleichtert. Inmitten des tätigen Lebens aber ist dies schwer zu erreichen. Deshalb ist Karma-Yoga schwerer als reiner Jnana-Yoga. Um so wichtiger ist es, ihn zu jeder Zeit zu üben. Sonst wird der Fortschritt ein langsamer sein.

Besser ist es, mit der Idee das Wortsymbol OM zu verbinden, das seit undenklichen Zeiten die Idee der Einheit ausdrückt. Deshalb ist es die beste Methode, immer wieder dieses Wort OM zu wiederholen und über seine Bedeutung zu meditieren. Einige Stunden am Morgen und Abend müssen trotzdem der reinen und einfachen Meditation gewidmet bleiben.

VI. HINDERNISSE FÜR DIE MEDITATION

झीन्छैनीस्सै ढत्रं छौ म्छीतअतीरव्न

Einleitung

Die Eindrücke früherer Leben *(samskaras)*, Feindschaften, Hass, Lust, Eifersucht, Furcht, Ehre, Achtung usw., konkretisieren sich oft in bestimmte Formen und stellen sich dem Schüler in den Weg. Dieser vermag sie nur einen nach dem anderen fortzuräumen, wenn er ein kluges und vernünftiges Verständnis für die verschiedenen Hindernisse aufbringt, die als Steine auf dem Pfad zur Selbstverwirklichung liegen. Wie der Kapitän mit Hilfe eines Lotsen an einer gefährlichen Küste vorbei einen Hafen erreicht, so wird der Schüler dank genauer Kenntnis dieser Hindernisse und der Möglichkeit ihrer Überwindung das Meer des Geistes sicher durchsteuern. Darum soll nachstehend eine Einteilung der verschiedenen Hindernisse und die wirksamste Methode angegeben werden, diese beim Üben der Meditation zu überwinden.

Da die wirklichen und ernsthaftesten Störungen aus dem eigenen Innern und nicht von außen kommen, ist die Hauptaufgabe, sein Bewusstsein im richtigen Sinn zu schulen. Man wird den verschiedensten Hindernissen begegnen, wenn man seine Gedanken zu beherrschen und in tiefe Meditation und *samadhi* einzudringen sucht. Auch Buddha, Uddalaka und Sikhidhwaja erfuhren sie.

Man darf sich deshalb nicht entmutigen lassen. Nil desperandum. Misserfolge sind Stufen zum Erfolg. Es gibt kein Hindernis für einen Menschen von ernster Entschlossenheit und Willenskraft. Vollkommenheit kann nicht in einer einzigen Geburt erlangt werden. Die Heiligen erreichten sie durch tugendhafte Handlungen in verschiedenen Geburten. Krishna sagt in der Bhagavad Gita:

»Wenn er nur eifrig sich bemüht, andachtsvoll und
von Sünden rein,
Vollendet durch manche Geburt, wandelt er dann
die höchste Bahn.« (Kap. 6, 45)

Physische Hindernisse

1. Zielloses Wandern

Manche Schüler haben die Angewohnheit, ziellos umherzuwandern, da sie nicht an einem Ort zu bleiben vermögen, selbst nicht eine Woche lang. Sie wollen neue Orte, neue Gesichter sehen und mit neuen Menschen reden. Ein rollender Stein sammelt kein Moos an. Ein *sadhak* (Schüler auf dem geistigen Weg) sollte zumindest zwölf Jahre (eine *Tapa*-Periode) an einem Ort bleiben. Wenn seine Gesundheit zart ist, kann er während des Sommers und der Regenzeit sechs Monate an einem Ort und während des Winters sechs Monate an einem anderen bleiben. Während des Winters mag er in Rikhikesh oder Rajpur *(dehra dun)* leben und während des Sommers nach Badrinath oder Uttarakashi gehen. Die geistige Schulung *(sadhana)* aber leidet, wenn er unaufhörlich herumwandern würde. Wanderung macht müde und schwach.

2. Aufgaben des sadhana (der geistigen Schulung)

Zu Anfang ist der Schüler begeistert von seinem geistigen Weg. Voller Eifer und Interesse erwartet er Erfolg oder geistige Kräfte *(siddhis)*. Erlangt er diesen Erfolg nicht gleich, ist er entmutigt, verliert das Interesse an den geistigen Übungen *(abhyasa)* und lässt in seinen Bemühungen nach. Eines Tages gibt er dann die geistige Schulung *(sadhana)* ganz auf, weil er den Glauben an ihren Erfolg verloren hat. Manchmal lehnt er auch nur eine Art der Schulung ab, da das Bewusstsein nach anderen Arten von *sadhana* verlangt, ebenso wie der Körper bisweilen verschiedene Nahrung wünscht und sich gegen die Eintönigkeit auflehnt.

Der Schüler sollte wissen, wie er unter solchen Umständen seinem Bewusstsein schmeicheln und es durch ein wenig Entspannung anregen kann. Mit der geistigen Schulung aufzuhören, wäre ein schwerer Fehler. Unter keinen Umständen sollten geistige Übungen aufgegeben werden, nur weil schlechte Gedanken durch das Tor des Bewusstseins einzudringen versuchen.

Hört der Schüler mit seiner geistigen Schulung auf, wird Satan das Bewusstsein zu seinem Tummelplatz machen. Wenn der Schüler aber nichts von außen erwartet, sondern ernsthaft und regelmäßig in seiner täglichen Übung, in Entsagung *(tapas)* und Meditation verbleibt, wird die geistige Schulung *(sadhana)* für sich selbst sorgen. Die Früchte werden von selbst reifen.

Lass mich die Worte Krishnas wiederholen: »Kümmere dich allein um die Handlung selbst (*tapas, sadhana* und Meditation) und niemals um ihre Ergebnisse. Nicht die Früchte der Handlungen sollen deine Triebfeder sein, noch sei an Nicht-Handeln gebunden.«

Mühen, die der Schüler auf sich nimmt, werden vom Herrn mit Zuversicht und Erfolg gekrönt.

Da die Reinigung des Bewusstseins und seine Konzentration auf einen Punkt langer Zeit bedarf, heißt es kühl und geduldig sein und regelmäßig in seiner geistigen Schulung *(sadhana)* fortfahren.

In der Auswahl seiner Begleiter soll der Schüler vorsichtig sein, da unerfreuliche Menschen seinen Glauben und seine Zuversicht erschüttern werden. Seinem geistigen Lehrer und dem geistigen Pfad, den er lehrt, soll er vollkommen vertrauen und seine geistige Überzeugung durch nichts erschüttern lassen.

Fährt er mit Eifer und Begeisterung in seinen Übungen fort, so wird er schnellen geistigen Erfolg finden und Stufe für Stufe auf der geistigen Leiter emporsteigen, bis er das letzte Ziel erreicht hat.

3. Deha-adhyasa (Körperverhaftung durch Unwissenheit)

Wenn der Schüler sich zu intensiver Übung der Enthaltsamkeit *(tapas)* und Meditation zurückzieht oder wenn er tiefe Meditation in einem einsamen Zimmer übt, sollte er sich nicht viel um seinen Bartwuchs kümmern und seine Haare wachsen lassen. Mechanische Gedanken wie Rasieren werden ihn ablenken und die göttlichen Gedanken unterbrechen. Körper, Bart, Kleidung usw. sind unwesentlich. Wichtig ist, mehr an Gott oder Atman zu denken.

4. Krankheiten

Krankheiten entstehen im Körper durch Schlaf während der Tageszeit, durch zu spätes Schlafengehen, durch Exzesse sinnlicher Art, durch Aufenthalt in Menschenmengen, durch Zurückhalten von Urin und Exkrementen, durch unbekömmliche Nahrung, zu starke Gedankenarbeit, Mangel an regelmäßiger Ausarbeitung usw. Entwickelt der Yoga-Schüler durch mangelnde Beobachtung der Gesetze der Gesundheit und durch Unbedachtsamkeit Krankheiten, darf er nicht meinen, sie stammten aus der Yoga-Übung, und diese unterbrechen. Es ist das erste Hindernis auf dem Pfad des Yoga.

Unser Körper ist Werkzeug für die Erreichung der Gott-Erkenntnis. Ohne gute Gesundheit kann keine strenge

Yoga-Übung und keine Meditation ausgeführt werden. Darum ist es notwendig, den Körper durch regelmäßige Übungen, durch richtige Stellungen und durch Beherrschung des Atems *(pranayama)*, durch richtige Nahrung, Sonnenbäder, frische Luft, kalte Bäder usw. gesund und stark zu erhalten.

Wie Wolken die Sonne verdecken und verdunkeln, so überschatten Krankheiten den geistigen Weg. Aber auch dann darf die Übung des Japam, dürfen Konzentration und Meditation nicht aufgegeben werden. Diese kleinen Wolken der Krankheit werden bald vorübergehen. Suggeriere dir den Gedanken: »Selbst das wird vorbeigehen.« Wie man das Essen nicht einmal für einen Tag aufgibt, sollte man auch seine geistigen Übungen nicht einen Tag lang vernachlässigen. Die Gedanken werden immer versuchen, den Schüler zu betrügen und ihn von den Meditationsübungen abzuhalten. Er darf nicht auf ihre Stimme hören, sondern soll auf die liebliche Stimme seiner Seele achten. Meditation ist selbst Spannkraft und Allheilmittel für die Seele. Bei ernsthafter Krankheit kann man Japam und leichte Meditation auch im Bett ausführen.

5. Zuviel Diskussion

Manche Menschen mit besonders geschultem Verstand haben die Gewohnheit, unnötigerweise auf Widersprüche und Diskussionen einzugehen, da ihr Intellekt zu argumentieren liebt *(tarkika-buddhi)*. Auch nicht eine Minute lang können sie still bleiben, sondern schaffen sich Gelegenheiten für erregte Debatten. Übersteigerte Diskussionen enden leicht in Feindschaft und verschwenden viel Energie in sinnloser Weise. Der Verstand bedeutet eine Hilfe, wenn er auf die rechte Weise, zur rechten Entscheidung Atmans *(atmic vichara)* angewandt wird. Er stellt aber ein Hindernis dar, wenn er nur nutzlosen Diskussionen dient. Er kann den Menschen zur Schwelle der Intuition führen, aber nicht weiter. Vernunft lässt auf das Dasein Gottes schließen und sucht nach geeigneten Methoden zur Selbsterkenntnis. Intuition geht über die Vernunft hinaus, steht aber nicht in Widerspruch zu ihr. Sie ermöglicht die unmittelbare Erkenntnis der Wahrheit, über die es keine Diskussion mehr gibt. Beurteilen kann man Dinge auf der physischen Ebene, bei denen es sich um »Warum« und »Wozu« handelt. In der Transzendenz, die jenseits der Reichweite des Urteils liegt, ist Urteilen sinnlos.

Der Intellekt hilft zum Nachdenken und Schlüsseziehen. Menschen mit entwickeltem Verstand werden jedoch skeptisch, und ihre Urteilskraft wird pervertiert. Sie verlieren den Glauben an die Veden und die großen Weisen *(mahatmas)*. Sie sagen: »Wir sind Rationalisten und können nichts glauben, was nicht an unser Urteilsvermögen appelliert. Wir glauben nicht an die Upanishaden. Wir verwerfen alles außerhalb der Vernunft. Wir glauben nicht an Gott und Gurus.« Diese Rationalisten sind eine Art von Atheisten. Es ist sehr schwer, sie zu überzeugen, da sie ein unreines, pervertiertes Urteil besitzen und Gedanken an Gott nicht in ihr Gehirn einzudringen vermögen. Sie finden sich zu keinerlei geistiger Schulung *(sadhana)* bereit und argumentieren: »Zeigt mir den Brahma der Upanishaden, die Ishvara der Bhakta-Yogi.« Wer so zweifelt, wird vergehen, denn Überlegungen sind ein Werkzeug des Endlichen. Sie können viele Geheimnisse des Lebens nicht erklären. Nur wer frei ist von Rationalismus und Skeptizismus, kann auf dem Pfade der Gottverwirklichung wandeln.

Gib das Argumentieren auf. Werde still und blicke in dich. Alle Zweifel werden sich klären, und ein Strahl göttlicher Erkenntnis wird in dir aufleuchten. Die Seiten des inneren Buches göttlicher Erkenntnis werden offen vor dir liegen. Übe und fühle es. Ein Schüler sollte sich nicht in vielerlei Unterhaltungen und Gedanken einlassen, um seinen Verstand zu befriedigen. Er sollte allein an Gott denken, allein über Ihn sprechen.

6. Umgebung

Ungeeignete Atmosphäre, ungünstige Umgebung und äußere Hindernisse werden dazu beitragen, dass der Schüler den Kampf stärker und sorgfältiger führt. Er wird sich schneller entwickeln und an Willenskraft und Zähigkeit zunehmen.

7. Schlechte Gesellschaft

Schlechte Gesellschaft ist von höchst verheerender Auswirkung. Der Schüler sollte deshalb schlechte Gesellschaft jeder Art vermeiden. Sie erfüllt sein Bewusstsein mit bösen Gedanken, und er verliert auch den letzten Glauben an Gott und die Schriften. Man erkennt den Menschen an seiner Begleitung. Vögel von gleichem Gefieder halten zusammen. Das sind sehr wahre Sprichworte. Wie eine Kinderstube gut geschützt sein sollte, so muss sich der Schüler sorgfältig vor bösen Einflüssen Fremder hüten. Zusammensein mit Lügnern, Ehebrechern, Dieben, Betrügern, Doppelzüngigen, Gierigen, leeren Schwätzern, Verleumdern, Klatschbasen, mit Menschen, die nicht an Gott und die Schriften glauben, werden ihn verderben und sollten deshalb streng vermieden werden. Auch die Begleitung von Frauen oder von Männern, die sich mit Frauen einlassen, ist gefährlich. Obszöne Bilder und Gesänge, Liebesromane, Filme, Theater, der Anblick sich paarender Tiere, Worte, die schlechte Gedanken aufkommen lassen, kurz alles, was böse Gedanken verursacht, ist schlechte Gesellschaft.

Schüler, die sich beklagen, fünfzehn Jahre lang geistige Schulung *(sadhana)* geübt zu haben, ohne gefestigte geistige Haltung zu erreichen, werden offensichtlich die schlechte Gesellschaft nicht vollkommen aufgegeben haben. Zeitungen beschäftigen sich mit aller Art von weltlichem Geschwätz. Schüler sollten sie nicht lesen, um nicht weltlicher Verstrickung zu verfallen und ihre Gedanken auf sensationelle Art zu erregen. Es wird der

Eindruck geschaffen, als sei die Welt eine feste Wirklichkeit, und die Wahrheit wird vergessen, die jenseits ihrer Namen und Formen liegt.

8. Fehler der anderen

Es ist eine abscheuliche, tiefeingewurzelte Angewohnheit des Menschen, immer seine Nase in die Angelegenheiten anderer zu stecken. Wie kann das Bewusstsein eines Schülers sich mit Gott beschäftigen, wenn er immer nur damit beschäftigt ist, die Fehler anderer herauszufinden. Würde er nur einen Bruchteil dieser vergeudeten Zeit auf die Erkenntnis seiner eigenen Fehler verwenden, könnte er in der gleichen Zeit zum Heiligen werden. Was kümmert er sich um die Fehler anderer, statt sich erst selbst zu läutern und die Unreinheiten seines eigenen Denkens zu entfernen. Wer sich seinen geistigen Übungen sorgfältig widmet, wird auch nicht einen Augenblick Zeit finden, sich um die Angelegenheiten anderer zu kümmern. Hat man es aufgegeben, nach Fehlern anderer zu suchen, wird man auch keine Gelegenheit mehr haben, andere zu kritisieren. Viel Zeit wird mit Verleumdung, Schwätzen und Skandalberichten vergeudet. Zeit aber ist kostbar, denn wir wissen nicht, wann Gott Yama (der Tod) uns das Leben nehmen wird. Man sollte deshalb die Welt ihre Wege gehen lassen, sich um seine eigenen Sachen kümmern, seine Gedanken reinigen und jede Stunde zur göttlichen Betrachtung verwenden. Wer sich in anderer Angelegenheit nicht einmischt, ist der friedlichste Mensch von der Welt.

9. Gewohnheit der Selbstverteidigung

Die gefährlichste und dabei alt-eingefleischte Gewohnheit des Schülers ist es, sich ständig selbst zu verteidigen. Dadurch verfällt er in Selbstbestätigung, Selbstzufriedenheit, Eigensinn, Verstellung und legt falsches Zeugnis ab. So wird er niemals lernen, seine Fehler zuzugeben und sich zu bessern. In der Selbstverteidigung wird er vor Lügen nicht zurückschrecken, um falsche Behauptungen aufrechtzuerhalten. Er wird eine Lüge aussprechen, um eine andere zu verdecken, und so ad infinitum lügen. Wenn der Schüler seine Fehler, Irrtümer und Schwächen zuzugeben wagt, wird er schnelle Fortschritte machen.

10. Impulse

Impulse stören die Meditation. Alle dunklen, unbewussten Antriebe sollten deshalb von Verstand und Willen beherrscht werden. Vor allem sind sinnliche Impulse und Ehrgeiz zwei störende Faktoren, die einen Guerillakampf gegen den Schüler führen und ihn stets erneut angreifen. Selbst wenn sie eine Zeitlang ausgeschaltet scheinen, werden sie wieder lebendig. Es bedarf größter Anstrengung, um sich von ihnen freizumachen durch Unterscheidung *(vichara, viveka)* zwischen Atman und Nicht-Atman, zwischen Ich und Nicht-Ich und durch die Empfindung, dass das Ich »Das« ist *(shivo-ham bhavana)*.

11. Unreine und maßlose Ernährung

Aharashtiddhan sattvashuddih;
Sattva shuddhan dhntva smritih;
Smrititambha sarvagranthinam vipramokshah
(CHANDOGYA UPANISHAD VII, 26, 2)

Eine reine Nahrung enthält reine Natur; eine reine Natur festigt das Gedächtnis, in einem festen Gedächtnis sind alle Knoten (des Herzens) gelöst.

Das Mentale bildet sich aus dem feinstofflichsten Teil der Nahrung. Ist die Nahrung unrein, wird es auch das Bewusstsein sein. Weise und Psychologen wissen, dass Nahrung eine wichtige Rolle bei der Entwicklung des Bewusstseins spielt und von unmittelbarem Einfluss ist. Fleisch, Fisch, Eier, ungesunde, scharfe Nahrung wie Zwiebel und Knoblauch sollten von dem Schüler gemieden werden, da sie Leidenschaften und Zorn wecken, ebenso Liköre und Narkotika, Pfefferschoten, Gewürze, scharfe, heiße, saure oder gezuckerte Gerichte. In der Gita steht: Der Reine liebt Speisen, die saftig, mild, fest und angenehm sind und Lebenskraft, geistige Energie, Stärke, Gesundheit, Freude und Liebe steigern. Der Leidenschaftliche wird nach Speisen verlangen, die scharf und erhitzend sind. Sie werden Leiden, Kummer und Krankheit verursachen.

Wer im Dunklen wohnt, liebt Speisen, die abgestanden, geschmacklos, faul oder verdorben sind, Überreste und Unreines. (Kap. XVII, 8, 9, 10) Ein Schüler soll seinen Magen nie überladen. Neunzig Prozent der Krankheiten entstehen durch Unmäßigkeit in der Kost, da die Menschen von Jugend an die Gewohnheit entwickelt haben, mehr Nahrung zu sich zu nehmen, als tatsächlich für sie notwendig ist. Wenn Hindu-Mütter die Mägen ihrer Kinder voll stopfen, ist dies keine richtige Art der Liebe und Verwöhnung. Überladung zieht Erschöpfung und Müdigkeit nach sich. Ohne Hungergefühl sollte man überhaupt nicht essen. Vor allem sollten die Abendmahlzeiten für den Schüler sehr leicht sein: Ein halber Liter Milch mit ein oder zwei Bananen ist vollkommen ausreichend. Überladen des Magens ist Hauptanlass zu nächtlicher Samenentladung. Herumwandernde Mönche *(sannyasin)* und Schüler sollten ihre Nahrung *(bhiksha)* nur von einem Hausvater erbitten, der seinen Lebensunterhalt auf ehrliche Art verdient.

12. Unregelmäßigkeit des sadhana

Auch Unregelmäßigkeit ist ein ernstes Hindernis auf dem Pfad der Selbstverwirklichung. Wie der Mensch regelmäßig seine Nahrung zu sich nimmt, sollte er auch in seiner geistigen Schulung *(sadhana)* regelmäßig sein. Pünktlich sollte er um drei Uhr dreißig oder vier Uhr morgens aufstehen und mit Japam und Meditation beginnen. Regelmäßigkeit der morgendlichen und abendlichen Übungen erleichtert den Eintritt in die Meditationsstimmung wesentlich. Man wähle dabei die gleiche Stellung, das gleiche Zimmer, denselben Sitz, die gleiche geistige Haltung *(bhava)*, die gleichen Stunden. Man sollte sein Tagesprogramm *(dinachara)* festlegen und daran festhalten. Jede Nachsicht seinen Gedanken gegenüber vermag den ganzen Tagesablauf umzuwerfen. Nur wenn man regelmäßig meditiert und unermüdlich, mit unerschöpflicher Energie, Geduld der Seele, ehernem Willen und eiserner Entschlossenheit an seiner geistigen Schulung arbeitet, ist ein Erfolg möglich. Mahlzeiten, Schlaf und Erwachen sollten zu regelmäßigen Zeiten vor sich gehen, wie auch die Sonne in ihrem Aufgang und in der Erfüllung ihrer täglichen Aufgabe einen regelmäßigen Rhythmus besitzt.

13. Plötzliche Zuckungen

Zu Beginn der Übungen kann man erfahren, dass Hände, Beine, Rumpf und der ganze Körper sich von allein bewegen, manchmal in erschreckender Weise. Doch dies ist ohne Bedeutung und Wirkung, da es nur die Folge plötzlicher Zusammenziehung der Muskeln durch neue Prana-Einflüsse und neue Nervenanreize ist. Man vergegenwärtige sich, dass infolge der Reinigung der Kanäle *(nadis)* neue Nervenströme gebildet werden müssen. Nach einiger Zeit werden diese Zuckungen aufhören. Manchmal zuckt der Körper auch während der Meditation, wenn die Lebensenergie *(prana)* durch die Meditation vom Rumpf zum Gehirn hinaufgeführt wird. Man soll sich nicht ängstigen und die Meditation nicht unterbrechen. Diese Zustände sind ein Beweis des Fortschritts auf dem mühsamen Pfad, ein Anstoß, weiter auf ihm voranzuschreiten. Hilfe erwächst dem Schüler aus seinem Innern, vom inneren Führer *(antaryamin)*, dem Zeugen *(sakshin)* des unbeweglichen, universellen Atman *(kutastha-pratyagatman)*. Dies alles sind neue Erfahrungen. Auch Inspirationen empfängt der Schüler während der Meditation, die ihm wunderbare Verse eingeben.

14. Mangel an Enthaltsamkeit

Kein geistiger Fortschritt ist ohne Keuschheit möglich. Der Samen ist eine dynamische Kraft, die mit Hilfe von reinen Gedanken, Japam oder Meditation in geistige Energie *(ojas)* verwandelt werden sollte. Wer göttliche Verwirklichung mit ehrlichem Eifer erstrebt, sollte strenge Enthaltsamkeit wahren. Familienväter brechen solche Gelübde leicht aus Schwäche und werden deshalb auf dem geistigen Pfad kaum vorankommen. Sie steigen zwei Stufen empor und fallen gleich wieder zurück, weil sie nicht enthaltsam sind, ein schwerer Fehler. Sie sollten ein eigenes Zimmer haben und alles sehr ernst und bedeutungsvoll nehmen. Ein Gelübde stellt einen so heiligen Akt dar, dass es unter allen Umständen eingehalten werden muss. Verletzt der Mensch die Gesetze und Regeln, so ist er der allein Schuldige. Frauen fällt die Selbstbeschränkung leichter als den Männern, auch wenn die heiligen Schriften behaupten, die Frau sei achtmal so leidenschaftlich als der Mann.

Man muss sich der Vorteile der Keuschheit und des Übels bewusst bleiben, das der Verlust des Samens bedeutet. Nervöse Schwäche und Erschöpfung sind die Folge, die zu frühem Tod führen. Der Geschlechtsakt zerstört die Kraft des Bewusstseins, des Körpers und der Sinne *(indryas)*. Er schwächt Gedächtnis, Verständnis und Intellekt. Der unendliche Körper ist für die Gott-Verwirklichung gedacht und muss für ein hohes, geistiges Ziel verwendet werden. Es ist sehr schwer, eine Geburt als Mensch zu erlangen. Man kann die Größe der keuschen Heiligen *(brahmacharins)* erlangen, die unsterblichen Ruhm und Namen gewannen, wenn man diese Lebensenergie bewahrt und der Versenkung in das Göttliche weiht. Dann kriecht man nicht mehr umher, sondern steht aufrecht und geht wie ein Mensch. Beachte deshalb mit aller Strenge das Gelübde der Keuschheit *(brahmacharya)*. Auch die eigene Frau wird die Bedeutung und Herrlichkeit dieser Tugend begreifen. Sie sollte täglich religiöse Bücher lesen, den elften Tag jeder vierzehntägigen Mondphase *(ekadashi)* fasten und 21 600-mal am Tag das Japam eines Mantrams üben. So werden alle Hindernisse beseitigt, und der Schüler kann sein heiliges Gelübde halten. Paulus sagt einmal, dass es gut sei, wenn der Mann sich des Weibes enthalte. Buddha lehrte, dass »ein Weiser die Ehe vermeiden sollte, als sei sie eine Grube voll feuriger Kohlen«.

Ojas

Ojas nennt man die geistige Energie, die im Gehirn aufgespeichert ist. Sie entsteht durch die Verwandlung der Sinnenkraft, durch erhabene Gedanken, Meditation, Japam, Anbetung und Beherrschung des Atems *(pranayama)*. Auch Zorn und Muskelkraft können sich in *ojas* verwandeln. Diese schöpferische Energie *(ojas shakti)* kann zu Versenkung und zu geistiger Erforschung verwandt werden.

Wer in seinem Gehirn viel dieser geistigen Energie besitzt, ist in der Lage, große geistige Arbeit zu verrichten, ist sehr intelligent und vermag mit wenigen Worten Einfluss auf Menschen auszuüben und auf die Gedanken seiner Zuhörer in ungewöhnlichem Maß einzuwirken. Seine Persönlichkeit, die von einer magnetischen Aura umgeben ist, und seine seltsam strahlenden Augen rufen eine Art heiliger Ehrfurcht hervor. Shri Shankara, der von vollkommener Keuschheit war, hat mit Hilfe seines *ojas* Wunder vollbracht und machte wahrhafte Eroberungen *(dug-vijaya)*, wenn er in verschiedenen Teilen Indiens mit großen Gelehrten Diskussionen und erhitzte Debatten führte.

15. Nicht-Beobachten der Regeln

Wer keine Meditation ausführen kann, ist auch nicht in der Lage, in *samadhi* einzugehen. Meditation kann nicht ausüben, wer seine Gedanken nicht fest auf einen Gegenstand zu richten und zu konzentrieren vermag. Man konzentriert sich nicht, wenn man nicht *pratyahava* zu üben versteht, das heißt, die Sinne ganz von den Gegenständen zurückzuziehen vermag. Dies ist nur möglich, wenn man durch *pranayama* Beherrschung der Stellungen *(asanas)* und des Atems erlangt hat und fest die Regeln *yama* und *niyama* beobachtet, die die Grundlage des Yoga bilden.

16. Zügellosigkeit der Zunge

Zuviel zu reden, ist eine der schlechten Angewohnheiten, die die geistige Kraft schwächen. Ein Mensch, der zuviel redet, leidet an Zungendiarrhöe. Ein ruhiger Mensch vermag auch nicht für einen Augenblick in Begleitung solcher Schwätzer zu bleiben, die hundert Worte in der Minute aussprechen (sie müssen einen Motor in der Zunge haben), die Stille nicht kennen und sterben würden, schlösse man sie allein in ein Zimmer ein. Die Energie, die durch Reden vergeudet wird, sollte statt dessen ehrfürchtig gesammelt und für die Kontemplation aufbewahrt werden. Das Sprachorgan *(vak-indriya)* zerstreut die Gedanken so sehr, dass ein Schwätzer auch nicht einen Augenblick lang von Frieden träumen kann. Der Schüler sollte nur wenig Worte aussprechen, wenn es nötig ist, und dann nur über geistige Dinge. Wer zuviel redet, ist für den geistigen Weg nicht geeignet. Zwei Stunden am Tag, vor allem während der Mahlzeiten, sollte man Schweigen *(mauna)* bewahren und am Sonntag vierundzwanzig Stunden schweigend Japam und Meditation üben. Das während der Meditation bewahrte Schweigen hat nichts mit einem Gelübde des Schweigens zu tun, ebenso wenig wie der Schlaf. Schweigen sollte vom Familienvater vor allem dann gewahrt werden, wenn er große Möglichkeiten zum Reden hätte oder wenn Besucher kommen, denn nur so lernt er den Antrieb zum Reden zügeln. Frauen reden gern und stiften im Haus durch ihr sinnloses Geschwätz und Klatschen Unfrieden. Sie vor allem müssten Schweigen geloben. Man sollte Mäßigung im Reden lernen, denn zuviel Gerede ist die Folge von Erregung *(rajas)*. Längere Perioden des Schweigens *(mauna)* schaffen Frieden. Durch fortschreitende Übungen wird man die Periode des Schweigens auf drei Monate verlängern können.

17. Notwendigkeit eines Lehrers

> Diese Wahrheiten werden nur dann leuchten und wirken, wenn sie einer edlen Seele verkündet werden, die Gott anbetet und gleichzeitig auch Verehrung für ihren Meister oder Guru empfindet.
>
> (SHVETASHVATARA UPANISHAD VI, 23)

Der geistige Weg ist dornig, rau und steil, von dunklen Abgründen umgeben. Anleitung durch einen Guru, der den Pfad schon gegangen ist, bleibt unbedingt notwendig. Nur er ist imstande, Licht zu bringen und Hindernisse fortzuräumen. Die Erkenntnis des Selbst wurde von dem Meister Parampara offenbart und von Guru auf Schüler weitervermittelt. Matsyendra Nath lehrte sie

Brahma-Vidya, der sein Wissen Nivritti Nath weitergab. Nivritti Nath übermittelte sie Jnanadeva und so fort. Gaudapada führte Govindapada in die Geheimnisse der Einheit im Herrn ein, Govindapada seinerseits weihte Sureshvaracharya ein.

Der geistige Pfad ist von besonderer Natur. Er kennt keine Abschlussprüfung; die Hilfe des Meisters bleibt zu jeder Zeit notwendig. Junge Schüler werden heutzutage leicht selbstzufrieden, arrogant und selbstsicher und wollen den Befehlen des Gurus nicht nachkommen. Sie wollen überhaupt keinen Guru haben, sondern von Anfang an unabhängig sein. Auf absurde Weise und mit falschen Verstandesargumenten wenden sie die *»neti-neti«*-Lehre (Nicht das – Nicht das) und die Lehre der Unabhängigkeit *(bhagatyaga lakshana)* auf den Guru an und sagen: *»sarvam khalvidam Brahma. Na gourou na shishyah, chidananda, rupa shivo'ham shivo'ham«* (Alles ist Brahma. Es gibt weder Meister noch Schüler. Ich bin die Gestalt der allseligen Erkenntnis. Ich bin Shiva, ich bin Shiva). Sie bilden sich ein, die höchste Stufe *(turiya avastha)* erlangt zu haben, obwohl sie noch nicht einmal das ABC der Geistigkeit und Wahrheit kennen. Das ist Philosophie der Dämonen *(asuras)*. Sie verwechseln Freiheit mit Freizügigkeit ihres eigenen Weges und Willens, ein beklagenswerter Irrtum, der ihr Wachstum hindert und ihnen das Vertrauen in die Wirksamkeit des *sadhana* und des Daseins Gottes nimmt. So wandern sie leichten Herzens ziellos von Kashmir nach Gangotri und von Gangotri nach Rameshvaram, zitieren unterwegs Vichara Sagar oder Panchadashi unter Hinzufügung einiger sinnloser Bemerkungen und geben sich als »im Leben Befreite« *(jivanmuktas)* aus.

Wer aber zwölf Jahre den Weisungen eines Gurus gemäß lebt, treu seine Befehle ausführt, ihm mit Wahrhaftigkeit dient und als Höchsten Brahma anerkennt, wird auf dem geistigen Weg vorankommen. Einen anderen Weg gibt es nicht. Solange das Weltall besteht, werden Meister und geistige Bücher bestehen. Die Zahl der »im Leben Befreiten« mag in unserem Maschinen-Zeitalter *(kali-yuga)* geringer sein als im Zeitalter der Wahrheit *(satya-yuga)*. Findet man keinen idealen Guru, so kann man auch einen fortgeschrittenen Schüler zum Guru nehmen, der den Pfad der Selbstverwirklichung seit Jahren beschreitet, einen ehrlichen, geraden Menschen, ohne Egoismus und Stolz, von gutem Charakter und in den Schriften *(shastras)* bewandert. Man kann bei ihm einige Zeit leben und ihn nach aufmerksamer Prüfung als Lehrer annehmen. Hat man ihn als Guru gewählt, so muss man seine Anweisungen genau befolgen und ihm niemals misstrauen und keinen Fehler in ihm suchen. Es ist falsch, den Guru mehrmals zu wechseln. Es verwirrt und weckt sich widersprechende Gedanken. Jeder besitzt eine ihm eigene geistige Schulung *(sadhana)*, und man erreicht nichts mit einem Wechsel der Methode. Um voranzukommen, muss man sich an einen Guru und seine Lehren binden. Ungeteilte Hingabe an einen Guru, an ein Ideal, eine einzige Methode des Sadhana und eine von Herzen kommende Aufmerksamkeit sind unbedingte Voraussetzung zur Gott-Erfahrung.

Vor den falschen Gurus, die es in unseren Tagen in Oberfülle gibt, muss der Schüler sich in acht nehmen. Sie stellen Kräfte oder Kunststücke zur Schau, um Menschen anzuziehen. Die Ehrgeizigen, die hier und dort herumschwirren, um Schüler zu gewinnen, die Geld und weltliche Güter sammeln, die lügen oder sich brüsten, die sich unter die Menschen mischen oder dem Luxus frönen, sind Betrüger, von deren süßen Reden und Worten man sich nicht betören lassen darf.

Als einst ein Mann nach langer Suche endlich einem angesehenen Guru *(sad-guru)* begegnete, fragte er ihn: »Verehrungsvoller Meister, gib mir die Einweihung *(upadesha).*« »Welche Einweihung willst du?« antwortete der Guru. Der Schüler antwortete: »Geliebter Meister, wer ist der größere, der Schüler oder der Meister?« »Der Meister«, war die Antwort. Der Schüler rief: »Geliebter Meister, dann mache mich zum Guru. Das ist mein Streben.« Schüler solcher Art gibt es viele in unseren Tagen.

18. Ausschweifungen

Übermäßiges Essen, zu stark ermüdende Arbeit, zu vieles Sprechen, zu schwere Nahrung am Abend, zuviel Verkehr mit Menschen, all das sind Hindernisse auf dem Pfad des Yoga. Man soll Yoga nicht üben, wenn man an schlechter Verdauung, Aufstoßen, Übelkeit, Diarrhöe oder anderen Krankheiten leidet, auch nicht, wenn man zu stark deprimiert oder ermüdet ist.

19. Schwache Gesundheit

Gott-Erkenntnis ist ohne *sadhana,* ohne geistige Übung nicht möglich. Diese aber erfordert Gesundheit. Ein kränklicher, zerstörter Körper macht Yoga-Schulung *(abhyasa)* unmöglich. Durch regelmäßige Übung, richtige Haltung *(asana),* Atembeherrschung *(pranayama),* gemäßigtes Essen, Spazieren gehen in frischer Luft und Regelmäßigkeit in Arbeit, Essen und Schlaf sollte der Schüler sein Bestes tun, um gesund zu bleiben. Medizinen sollte er möglichst meiden und dagegen natürliche Hygiene, frische Luft, gesunde Nahrung, kalte Bäder und richtige Diät beachten. Immer sollte er in allen Lebenslagen fröhlicher Stimmung sein, denn Fröhlichkeit bringt geistige Auffrischung. Zwischen Körper und Geist besteht ein enger Zusammenhang. Ein fröhlicher Mensch hat auch einen gesunden Körper. Darum verschreiben Ärzte heute bei Behandlung von Krankheiten dreimal täglich Lachen.

Töricht aber ist es, bei ernsthafter Erkrankung Medizinen zu verweigern und zu meinen, »alles sei die Folge des Karmas *(prarabdha).* Man könne nichts dagegen tun, denn Arzneien seien gegen Gottes Willen. Der Körper beruhe auf Täuschung *(mithya)* und sei das Nichts-Selbst *(anatman).* Eine Verwendung von Arzneien verstärke nur das Bewusstsein körperlicher Wirklichkeit *(deha adhyasa)*«. Das ist eine törichte Philosophie. Man soll Arzneimittel nehmen und das innere geistige Wesen *(purusha)* pflegen. Das Ergebnis überlasse man dem Karma *(prarabdha).* Das ist Weisheit. Unvernünftige Menschen quälen den Körper unnötigerweise, lassen Krankheiten sich tief einwurzeln und verderben so ihre Gesundheit … In solchem Zustand können sie nicht *sadhana* üben, da sie ihr körperliches Werkzeug durch eine falsche Auffassung der Vedanta zerstören, die lehrt: »Fühle dich nicht gebunden an den Körper. Aber halte ihn rein, stark, gesund für ununterbrochene, strenge, geistige Schulung. Dieser Körper ist das Boot, auf dem man das andere Ufer der Unsterblichkeit erreicht. Er ist das Pferd, das dich zum Ziel bringt. Nähre dies Pferd gut, gib jeden Gedanken an den Eigenbesitz dieses Körpers auf.« Ist es besser, ein oder zwei Tage ein Mittel einzunehmen und in kurzer Zeit die körperlichen Beschwerden zu überwinden, um bald wieder die geistige Schulung *(sadhana)* aufzunehmen, oder die Krankheit zu vernachlässigen, nichts gegen sie zu tun, den Zustand zu verschlimmern und auf diese Weise ein oder zwei Monate zu leiden, bis die Krankheit chronisch oder unheilbar geworden ist zum größten Schaden für *sadhana*?.

Es gibt in Indien eine Gruppe von Menschen, die *rasayanas* genannt werden. Sie versuchen durch besondere Kräftigungsmittel *(siddha kalpas)* ihren Körper stark und gesund zu machen und glauben, ihm auf diese Weise Unsterblichkeit verleihen zu können. Sie argumentieren folgendermaßen: »Der Körper ist ein Werkzeug, um zur göttlichen Verwirklichung zu gelangen. Ohne gesunden und starken Körper ist dies nicht möglich. Der Mensch macht wohl Fortschritte im Yoga, stirbt aber, ehe er Vollendung erreicht hat. Dann übt er in einer neuen Geburt jahrelang wieder Yoga, stirbt aber erneut und versäumt so viel Zeit mit Tod und Wiedergeburt. Wird der Körper dagegen lange Zeit kräftig und gesund erhalten, kann der

Mensch in einem einzigen Leben ›Selbstverwirklichung‹ erlangen, das heißt zu Gott gelangen.« Darum schreiben die *rasayanas* Mittel vor *(kalpas)*, die aus der Essenz des Nimba-Baums, aus Brechnuss, Gold, Arsen, Schwefel und Quecksilber hergestellt sind und den Körper hart wie Diamant machen, sodass keine Krankheit ihn befallen kann. Erst nach einer solchen Reinigung und Stärkung des Körpers beginnen diese Adepten ihren geistigen Aufstieg.

20. Sogenannte Freunde

Sogenannte Freunde sind wahre Feinde, denn man wird im ganzen Weltall nicht einen einzigen, wirklich selbstlosen Freund finden. Der wahre Freund in der Not, der wirklich für den anderen da ist, ist Gott, der im eigenen Herzen wohnt. Weltliche Freunde kommen, um Geld oder andere Vorteile zu erlangen, wenn man reich ist. Geht es einem schlecht, wird sich niemand um einen kümmern. Selbst Frau und Kinder werden dich aufgeben, denn diese Welt ist voller Geiz, Heuchelei, Doppelzüngigkeit, voll Schmeichelei, Lüge, Betrug und Selbstsucht. Freunde kommen, um mit leerem Geschwätz die Zeit zu vergeuden, deren Wert sie nicht kennen. Sie suchen dich nach unten zu ziehen und dich wieder in die Welt zurückzuführen. Sie werden dir zuflüstern: »Lieber Freund, was machst du eigentlich? Verdiene lieber Geld, lebe bequem, trink und amüsiere dich. Lass uns in einen guten

Film gehen oder tanzen. Wer kann die Zukunft kennen? Wo ist Gott, wo der Himmel? Es gibt nur ein Leben; Befreiung *(mukti)* von ihm ist törichtes Geschwätz der Gelehrten *(pandits)*. Genieße das Leben, statt zu fasten. Da es doch kein Leben nach dem Tod gibt, lass ab von Meditation und *sadhana,* die nur Zeitverlust bedeuten.« Geben dir die irdischen Freunde solchen Rat, brich ohne Zögern jede Beziehung zu ihnen ab. Sprich mit keinem Freund, so ernsthaft er auch erscheinen mag. Bleib allein, ohne Gesellschaft, und vertraue nur dem einen unsterblichen Freund, der in deinem Herzen lebt und der allein die wahre Sicherheit zu geben vermag. Stelle dein Bewusstsein fest auf die guten Ratschläge ein, die er dir durch dein eigenes Innere gibt, und folge ihnen.

21. Soziale Haltung

Für einen Karma-Yogi ist soziale Haltung vorteilhaft, für den Jnana-Yogi und seine Meditation aber ist sie außerordentlich abträglich, da sie ihn in die äußere Welt zieht und sein Bewusstsein unruhig macht. Sie veranlasst ihn, viele Freunde einzuladen, die auf die verschiedenste Weise stören.

22. Tandra-Alasya-Nidra

Tandra ist ein Zustand des Halbschlafs, *alasya* bedeutet Trägheit und *nidra* (ähnlich wie *laya)* Schlaf. *Alasya* und *tandra* sind die Vorboten des Schlafs, alle drei aber stellen ernste Hindernisse auf dem Pfad zur Verwirklichung dar. Der Schlaf ist ein bedeutsamer Wirkungsraum der Maya, die seine treibende Kraft ist *(nidra-shakti)*.

Laya, die geistige Trägheit, ist ein Zustand, der dem tiefen Schlaf gleicht. Sie ist eine Quelle des Übels und der Leidenschaft. Deshalb ist es notwendig, das Bewusstsein wachzurufen, wenn es in diesen Zustand verfällt.

Kaum beginnt der Schüler zu meditieren, stürzen die Gedanken durch die alten Kanäle in die ursprüngliche Unwissenheit *(mula-ajnana)* zurück, um hier einen Augenblick lang auszuruhen. Zweifelnd wird er sich fragen, ob er meditiert oder geschlafen hat. »Ich werde wohl ein bisschen geschlafen haben, da Lider und Körper so schwer sind.« Schlaf hat eine große Macht und kann das schwerste Hindernis sein. Auch der fortgeschrittene Schüler *(sadhak),* der gewarnt und vorsichtig ist, wird noch hier und da von ihm übermannt. Es bedarf Zeit und starken Willen, um eine so festeingewurzelte Gewohnheit auszumerzen.

Arjuna wurde vom Gott Krishna Gudakesha genannt, das heißt Sieger über den Schlaf. Außer ihm ist uns noch Lakshmana bekannt, der den Schlaf besiegen konnte. Es gibt Menschen, die ihren Schlaf auf zwei bis drei Stunden beschränkt haben. Solange brauchen selbst Yogis und Jnanis den Schlaf. Er ist ein physisches Phänomen, das dem Gehirn die Möglichkeit gibt, wenigstens eine Zeitlang auszuruhen. Ohne Schlaf wird der Mensch müde und erschöpft und kann weder arbeiten noch meditieren. Der Schlaf eines Jnana-Yogi aber ist anders als der eines gewöhnlichen Menschen. In ihm bleiben die starken Eindrücke *(samskaras)* seiner geistigen Übungen *(brahma-abhyasa)* zurück. Er entspricht eher der Versenkung in Brahma *(brahma-nishta)*. Man muss bei Beschränkung des Schlafes sehr vorsichtig sein und darf nur allmählich vorgehen. Dies geschieht am besten auf folgende Art: Man legt sich während der ersten vier Monate um elf Uhr ins Bett und steht um vier Uhr auf. Das bedeutet fünf Stunden Schlaf. Die nächsten vier Monate legt man sich um Mitternacht ins Bett und steht um vier Uhr auf. Das ergibt vier Stunden Schlaf. Erst die dritten vier Monate legt man sich um Mitternacht hin und steht um drei Uhr früh auf.

Ein *sadhak* gewinnt durch Beschränkung seines Schlafes Zeit für *sadhana*. Zuerst wird dies sehr mühsam sein. Erst wenn es zur Gewohnheit geworden ist, erscheint es angenehm. Man muss abends auf Reis und schwere Kost verzichten und leichte Nahrung wie Milch und Obst zu sich nehmen. Das gibt die Kraft, früh aufzustehen. Auch wird der Schlaf nicht so leicht während der Meditation eintreten. Schwere *(tamas)* und Müdigkeit zeigen sich meist eine Stunde nach Beginn der Meditation.

Um den Schlaf zu vermeiden, muss man eine der klassischen Stellungen einnehmen *(shirshasana, sarvangasana, bhu-jangasana, salabhasana, dhanurasana)* und ein wenig *pranayama* üben, ehe man die Meditation beginnt, Manchmal fließen die Gedanken während der Meditation plötzlich in die alten Kanäle zurück und schlafen ein, während der Schüler meint, er meditiere noch. Dann sollte er sich das Gesicht mit kaltem Wasser waschen, aufstehen und fünf bis zehn Minuten lang Hymnen singen, um den Schlaf zu überwinden.

Ist die Meditation und das Aufstehen um vier Uhr zur Gewohnheit geworden und hat der Schüler abends nur leichte Kost zu sich genommen, wird der Schlaf ihn nicht mehr überfallen. Sollte er dennoch Macht gewinnen, muss der Schüler mit lauter Stimme einige Zeitlang sein Mantram wiederholen und die *vajrasana*-Stellung einnehmen. Viele Schüler widmen sich ihrer Meditation morgens eine Stunde lang zwischen vier und fünf Uhr und legen sich dann nochmals zum Schlafen hin. Im allgemeinen wird dies kritisiert. Deshalb sollte der Schüler nach der Meditation um fünf Uhr während zehn oder zwanzig Minuten *pranayama* üben und sich zwei Minuten lang auf den Kopf stellen, die Füße in die Luft *(shirshasana)*. Hiernach wird er wieder ganz wach sein zur Meditation. Immer ist der gesunde Menschenverstand einzuschalten. Wenn bei jeder Gelegenheit die alten Gewohnheiten sich wieder einstellen, sind sie durch geeignete Übungen, durch Willenskraft und Gebet zu zerstören. Die Sitte, an Vorabenden großer Feste wie Shivaratri, Shri Krishna Janmashtami usw. zu wachen, ist sehr empfehlenswert; auch die Christen wachen am Vorabend vor Weihnachten und Neujahr.

Bei der Meditation wird der Körper leicht, das Denken fröhlich. Im Schlaf dagegen wird der Körper schwer, die Gedanken düster, und die Lider fallen zu.

23. Gewöhnliche Vergnügungen

Parfüms, weiche Betten, Romane, Theaterstücke, leichte Musik, Tanz, Blumen, Begleitung von Frauen und schwere Kost erregen die Leidenschaften und verwirren die Gedanken. Zuviel Salz, Pfeffer oder Süßigkeiten wecken starken Durst und stören die Meditation. Zuviel Sprechen, Gehen, Arbeiten, Mit-Menschen-Zusammensein macht das Bewusstsein während der Meditation unruhig.

24. Reichtum

Reichtum *(artha)* ist in Wirklichkeit *das* Übel *(anartha)*. Es ist mühsam, Reichtum zu erwerben, noch mühsamer, ihn zu bewahren. Nimmt er ab, ist es erneut qualvoll, und verliert man ihn ganz, wird die Qual unerträglich.

Man kann nicht Geld verdienen und Güter erwerben, ohne dabei schwere Sünden zu begehen. Reichtum erfüllt mit Angst, ein Grund, um ihn zu meiden.

Pensionierte Beamte sitzen am Ufer des Ganges und üben jahrelang Japam und Meditation. Was ist der Grund dafür, dass sie keine wirklichen Fortschritte machen? Sie verwenden ihre große Pension nur für sich selbst und ihre Kinder und verschenken sie nicht für barmherzige Zwecke. Geld bleibt bei allem für sie wesentlich. Stattdessen sollten sie alles Geld für Barmherzigkeit ausgeben und auf Gott vertrauen. Nur wenn sie von Almosen *(bhiksha)* leben, werden sie sichere geistige Fortschritte machen.

VII. SEELISCHE HINDERNISSE FÜR DIE MEDITATION

Seelische Hindernisse für die Meditation

1. Zorn

Zorn ist das Tor zur Hölle, denn er zerstört die Erkenntnis des Selbst. Aus *rajas* (Unruhe) geboren, vernichtet und verunreinigt er alles. Er ist der große Feind des Friedens, ein anderer Aspekt der Begehrlichkeit. Wie frische Milch sauer wird, so wandeln sich Begehrlichkeit oder Begierde in Zorn, wenn sie nicht befriedigt werden. Die Gedanken verwirren sich und der Mensch verliert Gedächtnis und Intelligenz. Ein zorniger Mensch ist in der Verfassung, irgend etwas zu sagen und irgend etwas zu tun, selbst einen Mord zu begehen. Ein einziges lebhaftes Wort kann zu Kampf und Totschlag führen. Er ist wie berauscht und weiß nicht, was er tut. Er ist die Beute seines Zorns, der zu einer wahrhaft kosmischen Kraft *(shakti* oder *devi)* wird. In den *chandipat* steht:

Ya devi sarva bhuteshu
Krodha rupena samstitha
Namastasyai namastasyai
Namastasyai namo namaha.

(Ich verneige mich vor dieser Göttin, die unter der Gestalt des Zorns in allen Wesen lebt).

Ressentiment, Empörung, Wut, Verwirrung sind verschiedene Arten des Zorns, je nach seinem Grad und seiner Intensität. Will ein Mensch einen anderen erziehen und leichten Zorn selbstlos als Kraft einsetzen, um ihn zu strafen und zu bessern, dann spricht man von »religiösem Zorn«.

Nehmen wir als Beispiel, dass ein Mann ein Mädchen belästigt und schmäht und ein Zeuge über ihn zornig wird, dann nennt man dies »gerechte Empörung«, die nicht von Übel ist. Nur Zorn, der aus Gier oder selbstsüchtigen Motiven entsteht, ist von Übel.

Wenn ein religiöser Lehrer ein wenig Zorn nach außen zeigt, um seinen Schüler zurechtzuweisen, so ist dies notwendig und kein Fehler. Aber er muss im Innern kaltblütig bleiben und nur nach außen hitzig und heftig wirken. Sein Zorn darf in seinem Innern nicht tiefe Wurzeln schlagen *(antakarana)*, und die Stimmung muss wie eine Meereswoge bald vorübergehen.

Wenn sich ein Mensch oft wegen Kleinigkeiten beunruhigt, ist dies ein sicheres Zeichen von seelischer Schwäche. Jeder müsste seine Unruhe beherrschen können, indem er Geduld, Unterscheidung *(vichara)*, Nachsicht *(kshama)*, Liebe, Erbarmen und Opfergeist entwickelt. Zorn, den man in der Gewalt hat, kann sich in eine Kraft verwandeln, die imstande ist, das Weltall zu bewegen. Er wird zur höchsten Form der Energie *(ojas)*, ebenso wie Wärme oder Licht sich in eine andere Art von Energie verwandeln können. Hat ein Schüler seinen Zorn vollkommen in der Hand, so hat er die Hälfte seines *sadhana* erreicht. Beherrschung des Zorns bedeutet auch Beherrschung der schlechten Eigenschaften und fehlerhaften

Handlungen, der Wünsche und Begierden, die Ursprung aller Laster sind.

Wer seinen Zorn beherrscht hat, wird immer gerecht sein, während ein leicht erregbarer Mensch meist ungerecht ist und von Impulsen und Erregungen hin- und hergetrieben wird. Häufiger Samenverlust ist oft die Ursache für Erregbarkeit und Zorn. Da die Wurzel des Zorns im Egoismus liegt, sollte die Selbstsucht durch Unterscheidung *(vichara)* aufgelöst und damit der Zorn mit seiner Wurzel ausgerissen werden. Durch Entwicklung entgegengesetzter Eigenschaften wie Nachsicht *(kshama)*, Liebe, Frieden *(shanti)*, Mitleid *(karuna)* und Freundschaft kann man bis zu einem gewissen Grad den Zorn beherrschen lernen. Doch nur wahre Erkenntnis *(jnana)* ermöglicht vollkommene Befreiung von den unbewussten Eindrücken *(samskaras)*. Übung des Schweigens *(mauna)* wird hierbei von großer Hilfe sein. Nimmt der Zorn eine heftige Form an, ist es schwer, ihn zu beherrschen. Man sollte sich sorgfältig beobachten, um jedes Anzeichen von Reizbarkeit wahrzunehmen. Es ist leicht, sich zu beherrschen, solange nur eine kleine Unruhe im Unbewussten besteht.

Ein zorniger Mensch wird alle Kontrolle über sich verlieren. Durch Wiederholung verstärkt sich der Zorn noch mehr. Gelingt es, ihn zu zügeln, wird man allmählich seine Willenskraft zurückgewinnen. Deshalb sollte der Schüler alle Aufmerksamkeit auf die Beherrschung dieses mächtigen Feindes richten. *Sattva*-haltige Nahrung, Japam, Meditation, Gebet, Umgang mit Weisen *(satsanga)*, Unterscheidung *(vichara)*, Opfer, fromme Zusammenkünfte *(kirtanas)*, Keuschheit *(brahmacharya)* und *pranayama* werden vor allem dazu beitragen, diese schreckliche Krankheit zu entwurzeln. Man sollte auf verschiedene Weise den Kampf führen. Verletzt dich ein Mensch, bemühe dich, ruhig zu bleiben, und ertrage die Beleidigung. Es wird dich stark machen. Vor allem muss man Impulse und Erregbarkeit zügeln. Droht ein Zornesausbruch während einer Unterhaltung oder Debatte, soll man zu reden aufhören oder versuchen, liebenswürdig und leise *(madhura* und *mrida)* zu sprechen. Die Worte sollten sanft, die Argumente scharf sein, denn harte Worte bringen Zwiespalt. Ist es schwer, den Zorn zu beherrschen, sollte man sofort aufbrechen und einen kleinen Spaziergang machen. Man sollte etwas kaltes Wasser trinken und laut zehn Minuten lang die Silbe OM singen. Rauchen, Fleischessen und Alkohol machen das Herz reizbar und sind vollkommen zu vermeiden. Tabak schafft Herzkrankheiten, die »Tabakkrankheit des Herzens«, die leicht zu Reizbarkeit führt.

Man sollte in der Auswahl seiner Umgebung vorsichtig sein, wenig reden und sich wenig unter Menschen mischen. Geistiges *sadhana* und die Vorstellung, dass der Kosmos ein langer Traum und die irdische Welt nur Lüge ist *(mithya)*, bewahren vor Zorn. Die Unterscheidungskraft *(vichara)* argumentiere: »Was ist eine Beleidigung? Was erreiche ich durch Zorn? Beides ist nichts weiter als eine Vergeudung von Energie und Zeit. Ich bin nicht der Körper. Die Weltseele *(atman)* ist die gleiche in uns allen.« Solche Überlegungen werden den Menschen freimachen vom Zorn, der sein Blut verändert und vergiftet. Man hat Beispiele von Frauen angeführt, deren Kinder an der Milch ihrer Brust starben, weil diese durch Zorn vergiftet war. Im Licht der heutigen Psychologie entspringen alle Krankheiten dem Zorn, vor allem Herzkrankheiten, Rheumatismus und nervöse Krankheiten.

2. Verleumdung

Verleumdung ist eine schmutzige, ekelhafte Angewohnheit kleinlicher Menschen, eine traurige Krankheit, deren Opfer zahlreich sind und die in den Herzen engherziger, übelwollender Menschen chronisch geworden ist. Sie ist die Auswirkung grober Naturen *(tamo-guna-vritti)*, eine schlechte Angewohnheit, die das Spiel *(lila)* dieser Welt fördert, die wirksamste Art, um in der Welt Unruhe zu verbreiten. Unter vier Menschen eines Kreises ist bestimmt ein Verleumder. Auch von vier scheinbaren Asketen wird wahrscheinlich einer Übles nachreden. Denn ein wahrer *sadhu* ist in seiner Versenkung immer allein. Der Pseudo-*sadhu* mag sagen: »In dieser Herberge für Pilger *(kshettar)* ist das Essen schlecht. Dieser Swami dort ist ein böser Mensch.« Die üble Nachrede ist unter sogenannten *sadhus* sogar verbreiteter als unter Familienvätern. Aber auch gelehrte *sannyasins* und Familienväter sind von dieser furchtbaren Krankheit nicht unbedingt frei.

Die Hauptursache der üblen Nachrede ist Unwissenheit oder Eifersucht. Der Verleumder sucht einen Menschen, der in besserer Stellung ist, herabzuziehen oder zu vernichten, indem er ihn der Verachtung, Verleumdung und übler Nachrede aussetzt. Er kennt nichts anderes als die Liebe zum Skandal. Er freut sich am Bösen, das er in seinem Leben anrichtet. Das ist seine wahre Natur *(svabhava)*. Verleumder sind eine ständige Gefahr für die Gesellschaft, schlimmer als Verbrecher, und verdienten schwere Bestrafung. Doppelzüngigkeit, Perversität, Diplomatie, Schikane, Ausflüchte, List und Ränke sind Begleiter der üblen Nachrede. Ein Verleumder kann nicht ruhig und friedfertig sein, denn er verbringt seinen Tag mit Plänen und Kombinationen übler Art.

Ein Schüler sollte von diesem Laster vollkommen frei sein. Er sollte allein Spazieren gehen, leben, essen und meditieren. Wenn ein Mensch, der Eifersucht, Verleumdung, Hass, Stolz und Selbstsucht in sich nicht besiegt hat, von sich sagt, er meditiere täglich sechs Stunden, ist dies ein Unsinn. Er hat nicht die Möglichkeit, auch nur für wenige Minuten in eine Meditationsstimmung zu versinken, wenn er nicht alle diese bösen Impulse *(vrittis)* vertrieben und durch selbstlose Opfer sechs Jahre lang sein Bewusstsein geläutert hat.

3. Der Pessimismus

Sehr oft empfindet der Anfänger während der Meditation Depressionen, die noch von alten, unbewussten Eindrücken *(samskaras)* stammen, als Einfluss astraler Wesenheiten, böser Geister und schlechter Gesellschaft oder als Ergebnis trüber Tage und körperlichen Unbehagens. Es ist notwendig, die Ursachen zu behandeln und zu entfernen, denn der Pessimismus darf sich des Schülers nicht bemächtigen. Schnelle Spaziergänge, Lauf im Freien, eine Stunde lang Singen von Hymnen, lautes Modulieren des OM, weite Märsche am Wasser oder Meer werden Abhilfe schaffen. Mache etwas Musik, wenn du kannst. Denke an fröhliche Dinge und lache, wenn sich Gelegenheit bietet. Falls nötig, nimm ein Mittel ein.

Halte ein wenig den Atem an *(kumbhaka)* und übe *pranayama.* Trinke eine Tasse Orangensaft, warmen Tee oder Kaffee. Lies erhebende Stellen aus der Avadhuta Gita oder den Upanishaden. Aufsteigende Depressionen beunruhigen und revoltieren das Bewusstsein. Die Sinnesorgane *(indriyas)* ziehen den Menschen nach unten; alte, unbewusste Erinnerungen *(vasanas)* steigen zur Oberfläche des Bewusstseins auf und stiften Unruhe. Sinnliche Gedanken erregen und suchen ihn unter ihre Gewalt zu bringen. Sei unerschrocken. Bleibe fest wie der Diamant und blicke diesen vorübergehenden Angriffen ins Auge. Behalte deine Geistesgegenwart und identifiziere dich nicht mit diesen Hindernissen. Verlängere die Zeit deiner Japams und Meditationen und versuche, Bindungslosigkeit *(vairagya)* und die Kraft der Unterscheidung zu verstärken. Alles wird dann wie eine Wolke vorübergehen. Sind die Schwierigkeiten behoben, wirst du den geistigen Fortschritt spüren. Gedanken, Rede und Handlung werden sich verwandeln.

4. Zweifel (samshaya)

Der Schüler zweifelt bisweilen, ob es einen Gott gibt oder nicht, ob er der Gottes-Erfahrung teilhaftig werden kann oder nicht, ob er seine Übungen richtig ausführt oder nicht. Mangel an Vertrauen ist ein gefährliches Hindernis auf dem geistigen Pfad. Der Schüler lässt in seinen Bemühungen nach, wenn solche Zweifel aufsteigen. Maya hat eine große Macht und ist voller Geheimnis. Sie führt die Menschen durch Zweifel und Vergesslichkeit vom Wege ab. Gedanken sind Maya. Sie täuschen den Menschen, indem sie Zweifel säen, sodass er bisweilen seinen geistigen Weg ganz aufgibt. Droht der Zweifel den Schüler zu überwältigen, sollte er sofort Unterstützung bei hochentwickelten Wesen *(mahatmas)* suchen und einige Zeit bei ihnen bleiben, um den Einfluss ihrer Schwingungen in sich aufzunehmen. Durch Unterhaltung mit ihnen sollte er seine Zweifel klären. Im allgemeinen beginnt der Schüler *sadhana* in der Erwartung, übernatürliche Kräfte verschiedenster Art in kürzester Zeit zu erlangen. Tritt dies nicht ein, fühlt er sich enttäuscht und hört mit seinen Übungen auf. Größte Schwierigkeit bereitet in den meisten Fällen die Erwartung; die geistigen Kräfte *(kundalini)*, die ihren Sitz am unteren Ende der Wirbelsäule haben, würden innerhalb von sechs Monaten erwachen und er würde Hellsichtigkeit, Hellhörigkeit, Gedankenlesen, Inder-Luft-Schweben und andere phantastische und sonderbare Gaben erwerben.

Das Bewusstsein umschließt die verschiedensten Arten von Unreinheit. Seine Läuterung dauert eine gewisse Zeit, ebenso wie die Erlangung der Fähigkeit, die Gedanken auf einen bestimmten Punkt zu konzentrieren. Konzentration ist eine Frage der Übung in mehreren Leben, denn sie ist das Schwerste in der Welt. Man darf nicht nach wenigen Übungen, während einiger Monate oder ein bis zwei Jahren enttäuscht sein. Fortschritt stellt sich selbst bei geringer Übung in jedem Fall ein, denn nichts ist umsonst. Das ist ein unabänderliches Gesetz der Natur. Vielleicht wird man sich des kleinen Fortschritts, der aus wenig Übung erwächst, nicht bewusst, da das Bewusstsein nicht subtil und nicht rein genug ist. Man muss Tugenden entwickeln wie Entsagung *(vairagya)*, Geduld und höchste Ausdauer und muss einen unerschütterlichen Glauben besitzen an die Existenz Gottes und die Wirksamkeit der geistigen Übungen. Man muss den festen Entschluss fassen: »Ich will zu Gott gelangen, in diesem Leben oder lieber noch in diesem Augenblick. Ich werde es erreichen oder sterben.«

Es gibt dreierlei Zweifel: »*samshaya-bhavana, asambhavana, viparita-bhavana* (die falsche Empfindung, dass Selbst und Körper identisch seien und dass die Welt eine feste Wirklichkeit bedeute). Das Vernehmen der Schriften *(shravana)* wird den Zweifel des *samshaya-bhavana* auflösen. Meditation *(ma-nana)* wird das gleiche bei der zweiten Art vollbringen, während die tiefe Meditation *(nidhi-dhyasana)* und die »unmittelbare Schau« *(sakshatkara)* zur »Schau ohne Gestalt« vordringen werden *(viparita bhavana)*.

Zweifel oder Unsicherheit ist ein schweres Hindernis auf dem Weg zur Selbstverwirklichung und hält jeden geistigen Fortschritt auf. Durch Umgang mit Weisen *(satsanga)*, durch Studium religiöser Bücher, durch Unterscheidung und Einsicht kann man den Zweifel zerstören, den großen Feind, der das Bewusstsein in Unruhe versetzt und immer wieder vorrücken wird, um den Schüler von seinem Weg abzubringen. Er muss durch vollkommene Überzeugung, durch unerschütterliches Vertrauen, das auf vernünftiger Einsicht beruht, durch Unterscheidung *(vichara)* und Erkenntnis *(jnana)* getötet werden.

Man sollte sich seiner Zweifel wegen nicht beunruhigen – Zweifel wird es immer geben –, sondern sollte sein Herz läutern und mit aller Kraft, mit Hilfe von Japam und Meditation vorangehen. Werden diese Läuterungsmittel regelmäßig geübt, lösen sich die Zweifel auf geheimnisvolle Weise von selbst auf, denn der große Lehrer und Führer ist im eigenen Herzen. Er wird den Schüler erleuchten und die Zweifel von ihm nehmen.

5. Träume

Verschiedene Arten phantastischer Träume können den Schüler in starkem Maß beunruhigen. Manchmal gerät er in eine Mischung von Meditation und Traum. Da das Phänomen der Träume sehr sonderbar und nicht erklärbar ist, wird es sehr schwer sein, die Träume zu beherrschen. Es ist nur möglich, wenn man alle unbewussten Eindrücke *(samskaras)* des Kausalkörpers *(karana sharira)* auslöscht und alle Gedanken beherrscht. In dem Umfang, in dem man an Reinheit, Unterscheidung und Konzentration zunimmt, werden die Träume sich auflösen.

Die Tatsache, dass man träumt, beweist, dass man noch nicht Meister der tiefen Meditation ist, dass man der Zerstreuung seines Bewusstseins noch kein Ende gesetzt hat *(vikshepa)* und dass *sadhana* noch nicht ununterbrochen und tief ist.

6. Böse Gedanken

Angenommen, dass alle drei Tage böse Gedanken zwölf Stunden lang das Bewusstsein des Schülers erfüllen, so sollte er durch tägliche Konzentration und Meditation versuchen, dass sie nur einmal in der Woche und nur für zehn Stunden wiederkehren. Das wäre eine entscheidende Verbesserung.

Fährt er in seinen Übungen fort, wird sich die Periode des Kommens und Bleibens langsam verkürzen. Ein Vergleich des jetzigen Zustands mit dem des vorigen Jahres wird den Fortschritt aufzeigen, auch wenn dieser zu Anfang nur sehr gering ist und es schwer fällt, ihn wahrzunehmen.

Schreckt das Bewusstsein auf, wenn böse Gedanken eindringen, so ist dies ein Zeichen geistigen Fortschritts. Wird es von bösen Handlungen der Vergangenheit beunruhigt, so ist auch dies ein Zeichen geistigen Fortschritts; denn es zeigt, dass man jetzt nicht mehr die gleichen Handlungen vollbringen, sondern vor ihnen zurückschrecken würde. Das Bewusstsein wäre erschüttert und der Körper würde zittern, wenn eine alte ungute Neigung *(samskaras)*, auf die Macht der Gewohnheit pochend, den Menschen zu etwas Schlechtem hinzudrängen suchte. Es ist wichtig, in der Meditation mit allem Eifer, aller Kraft fortzufahren. Dann werden alle Erinnerungen an schlechte Taten, alle hässlichen Gedanken, alle ungesunden Einflüsterungen Satans von allein zugrunde gehen, und man wird gefestigt sein in Reinheit und Frieden.

Ein Schüler beklagte sich: »Je mehr ich in der Meditation fortschreite, um so mehr Schichten von Unreinheit steigen aus meinem Unbewussten auf. Manchmal sind sie so stark und fürchterlich, dass ich verwirrt werde und nicht weiß, wie ich sie zügeln soll. Ich bin noch nicht in Wahrheit und Keuschheit gefestigt. Die alten Gewohnheiten der Lüge und die schlechten Begierden lauern noch in meinem Bewusstsein und reagieren mit aller Kraft. Allein der Gedanke an Frauen beunruhigt mich so, dass ich unfähig bin, daran zu denken oder darüber sprechen zu hören. Sobald die Vorstellung Frau aufsteigt, beleben sich alle unbewussten Eindrücke *(samskaras)* und verderben mir den ganzen Tag meine Meditation und meinen Frieden. Ich kann meinem Bewusstsein gut zureden, ihm schmeicheln oder ihm drohen, alles bleibt vergeblich. Die Gedanken sind verstört, und ich weiß nicht, wie ich meine Leidenschaften beherrschen soll. Reizbarkeit, Egoismus, Zorn, Gier und Hass sind lebendig. Lege ich mir Rechenschaft ab, so stelle ich fest, dass meine Begierden mein Hauptfeind und sehr stark sind.«

Zu Anfang werden allerlei böse Gedanken im Bewusstsein lebendig, wenn der Schüler sich zur Meditation hinsetzt. Warum geschieht dies gerade während der Meditation, in der er sich um reine Gedanken müht? Wie ein Affe, den man erlegen will, sich auf den Jäger stürzt, um sich zu rächen, so wollen die schlechten unbewussten Eindrücke *(samskaras)* sich rächen und verdoppeln ihre Kraft in dem Augenblick, in dem man gute und göttliche in sich wecken will. Dein Feind wird die genialsten Anstrengungen machen, um deine Bemühungen, ihn herauszuwerfen, zum Scheitern zu bringen. Das ist das Naturgesetz des Widerstandes. Die alten, bösen Gedanken fordern und betteln: »Sei nicht grausam. Du hast uns seit undenklichen Zeiten erlaubt, in deinem Bewusstsein zu bleiben. Wir haben das Wohnrecht dort und haben dir bisher bei deinen hässlichen Handlungen geholfen. Warum willst du uns jetzt vertreiben? Wir wollen nicht fort aus unserer Behausung.« Der Schüler sollte sich dadurch nicht entmutigen lassen und regelmäßig seine täglichen Meditationen fortsetzen, um die schlechten Gedanken zu vertreiben.

Letzten Endes werden sie sich auflösen. Das Positive wird immer das Negative besiegen. Das ist Gesetz der Natur. Negative, böse Gedanken können vor positiven, guten nicht bestehen. Mut besiegt Furcht, Geduld besiegt Zorn und Reizbarkeit; Liebe besiegt Hass; Reinheit besiegt Begierde. Die Tatsache, dass man sich ungemütlich fühlt, wenn ein böser Gedanke während der Meditation an die Oberfläche des Bewusstseins dringt, zeigt, dass man an Geistigkeit wächst. Denn früher hätte man bewusst allerlei Arten von schlechten Gedanken in sich aufgenommen und sie genährt.

Der Erfolg ist dem Schüler, der mit Sorgfalt und Zähigkeit seine geistigen Übungen ausführt, gewiss. Selbst ein wenig begabter Schüler wird wunderbare Veränderungen wahrnehmen, wenn er sein Japam, seine Meditation zwei bis drei Jahre lang ununterbrochen fortsetzt. Später kann er gar nicht mehr auf sie verzichten. Unterbricht er sie auch nur für einen Tag, empfindet er ein Gefühl der Leere, und sein Bewusstsein fühlt sich nicht wohl.

Die Leidenschaft stellt ständig Fußangeln. Man empfindet so häufig Zorn, weil der Zorn eine Abart der Leidenschaft ist. Eine nicht befriedigte Begierde nimmt die Gestalt des Zornes an. Das ist zum Beispiel der Fall, wenn man sich über seine Untergebenen ärgert und dies zum Anlass für einen Ausbruch der Leidenschaft nimmt. Bindung *(raga)* und Hass *(dvesha)* sind dann noch nicht ganz entwurzelt. Sie sind nur bis zu einem gewissen Grade abgeschwächt.

Die Sinnesorgane *(indriyas)* sind noch ungestüm und nur bedingt gebändigt. Geheime Ströme unbewusster Eindrücke *(vasanas)* und Begierden *(trishnas)* haben noch Gewalt. Die Neigung der Sinne, herumzustreunen, besteht noch, und das Bewusstsein ist noch nicht in vollkommener geistiger Konzentration gefestigt *(pratyahara)*. Die Erregung des Bewusstseins ist noch wirksam, solange Unterscheidungsvermögen und Geistesgegenwart schwach sind und die Sehnsucht nach dem Göttlichen nicht intensiv genug ist. Erregung *(rajas)* und Trägheit *(tamas)* richten noch Verwüstung an, solange die *sattva*-Eigenschaften erst im Erwachen sind. Zu vollkommener Konzentration kann man nur gelangen, wenn das Bewusstsein geläutert ist. Die Konzentration kommt dann von allein.

Zu Beginn der Meditation werden weltliche Gedanken den Schüler stark beunruhigen. Fährt er aber regelmäßig fort, werden sie von allein nachlassen, das Feuer der Meditation wird sie verzehren. Er braucht nicht alle irdischen Gedanken auszutreiben, sondern kann diejenigen bewahren, die sich mit dem Gegenstand seiner Meditation beschäftigen. Er muss nur sein Bewusstsein sehr sorgfältig beobachten und keine Wogen der Reizbarkeit und der Eifersucht, des Zorns und des Hasses aufsteigen lassen. Diese dunklen Wellen und bösen Gedanken sind Feinde der Meditation, des Friedens und der Weisheit. Sie können zerstört werden durch das Erwecken erhabener, göttlicher Gedanken, die der Schüler verstärkt durch Wiederholen des Mantrams oder des Namens des Herrn, durch Beschwören Seines Bildes, durch Übung des *pranayama,* durch Vollbringen guter Taten oder durch die Vorstellung der schlimmen Folgen böser Gedanken. Ist der Zustand der Reinheit erlangt, ist das Bewusstsein gegen diese bösen Gedanken gefeit. Wie man an der Haustür ohne große Anstrengung Eindringlinge zurückhalten kann, lassen sich böse Gedanken im Keim ersticken, wenn man sie nicht Wurzel schlagen lässt.

Zu Anfang der Übungen wird es schwer sein, die Gedanken zu beherrschen, denn sie werden ihr Bestes tun, sich zu verteidigen, und um ihr Recht der Erstgeburt bis zuletzt kämpfen. Sobald der Schüler sich zur Meditation vorbereitet, werden die verschiedensten hässlichen Gedanken sich einstehlen und ihn bei jedem Versuch der Unterdrückung mit verdoppelter Kraft angreifen. Wie aber Dunkelheit nicht vor der Sonne bestehen, wie vor dem Leopard der Löwe sich nicht halten kann, so können all diese dunklen, negativen Gedanken, diese unsichtbaren Eindringlinge, die Feinde des Friedens, den erhabenen Gedanken nicht standhalten. Das Positive wird das Negative immer besiegen.

Ist man durch seine tägliche Arbeit sehr in Anspruch genommen, werden unreine Gedanken sich nur schwer festsetzen können. In Ruhe und Entspannung aber werden sie um so stärker Eintritt verlangen. Darum muss man seine Wachsamkeit verdoppeln.

7. Falsche Zufriedenheit

Der Schüler *(sadhak)* erlangt während *sadhana* gewisse Erfahrungen. Er hat wunderbare Visionen von *rishis, mahatmas* und astralen Wesen verschiedenster Art, vernimmt harmonische Klänge *(anahata)*, die für den gewöhnlichen Sterblichen nicht hörbar sind, atmet liebliche Düfte *(divya gandha)*, vermag Gedanken zu lesen und die Zukunft vorauszusagen. Er bildet sich dann törichterweise ein, er habe das höchste Ziel erreicht, und macht den Fehler, auf seinem geistigen Weg aus falscher Selbstzufriedenheit *(tushti)* anzuhalten. Dies sind bedauerliche Zeichen einer ungenügenden Konzentration und Reinheit. Die übernatürlichen Fähigkeiten gewährt Gott als Antrieb zu weiterem Fortschritt und zu intensiverer geistiger Schulung, damit der Schüler an ihnen die Kraft seiner Überzeugung stärkt.

8. Angst

Die Angst ist ein weiteres ernstes Hindernis auf dem Pfad zur Gott-Erfahrung. Ein ängstlicher Schüler ist vollkommen ungeeignet für den geistigen Pfad und kann Selbstverwirklichung auch nicht in tausend Jahren erwarten. Denn er müsste das Leben wagen, um Unsterblichkeit zu gewinnen. Geistiger Reichtum kann nicht ohne Selbstopfer, Selbstverleugnung oder Selbstverneinung erlangt werden. Ein furchtlos Verwegener, Unerschrockener dagegen, der sich mit seinem Körper nicht identifiziert *(deha-adhyasa)*, ist zur Selbstverwirklichung fähig. Furcht ist eine eingebildete Identifikation, die feste Formen annimmt und den Schüler auf verschiedenste Weise beunruhigt. Lernt er die Furcht zu besiegen, ist er fast am Ziel. Es ist ein großer Vorteil der geistigen Schulung des Tantrik-Yoga, das sie unerschrocken macht und den Mut des Schülers Prüfungen unterwirft. Hierzu gehört das Hocken zu Mitternacht auf einem Leichnam im Friedhof. Die Furcht nimmt vielerlei Formen an: Furcht vor dem Tod, vor Krankheiten, vor Schlangen, vor Einsamkeit, Scheu in Gesellschaft, Angst, jemand zu verlieren oder kritisiert zu werden, Angst vor dem Urteil der Menschen.

Angst hindert den Schüler auf seinem geistigen Weg. Er muss seinen eigenen Grundsätzen und Überzeugungen treu bleiben, auch wenn er verfolgt wird, auch wenn er vor dem Lauf eines Maschinengewehrs steht. Nur dann wird er wachsen und sich verwirklichen. Angst ist eine traurige Krankheit, an der fast jeder leidet, der den Weg der Vollendung geht. Sie muss völlig entwurzelt werden, unter welcher Form sie auch auftritt, durch Gedanken an das Absolute *(atmachintana)*, durch Unterscheidung *(vichara)*, durch Hingabe und dadurch, dass man die entgegengesetzte Eigenschaft, den Mut, entwickelt. Immer wird Positives das Negative, wird der Mut Angst und Furcht besiegen.

Ich habe viele Jahre gebraucht, um das geheime Wirken des Bewusstseins zu verstehen, das durch die Macht der Einbildung oft wahrhafte Verheerungen erleidet. Eingebildete Angst verschiedenster Art, Übertreibungen, Grübeln, Luftschlösser, dies alles entspringt der Einbildung. Selbst der ganz Gesunde leidet bisweilen an eingebildeten Krankheiten. Viel Energie wird durch unbegründete Angst vergeudet.

9. Unbeständigkeit

Auch Unbeständigkeit der Gedanken ist eine schwere Behinderung der Meditation. Leichte Kost und *pranayama* werden diese Gefahr mindern. Nicht den Magen überladen, eine halbe Stunde lang schnell hin- und hergehen, einen einmal gefassten Entschluss unter allen Umständen sofort ausführen sind Hilfsmittel, um die Unbeständigkeit der Gedanken zu beseitigen und die Willenskraft zu verstärken.

10. Fünf Hindernisse auf dem Weg der Meditation

Die fünf Hindernisse, die beseitigt werden müssen, sind: Sinnesbegierden, schlechter Wille, Faulheit, Erstarrung, Mutlosigkeit, Unruhe und Ratlosigkeit. Ein Bewusstsein, das von irdischen Wünschen geplagt wird, kann sich nicht konzentrieren oder in Meditation versinken. Schlechter Wille hindert daran, wirkliche Fortschritte zu machen. Erstarrung macht unfruchtbar; Mutlosigkeit und Unruhe lassen die Gedanken umherschweifen. Ratlosigkeit hindert den Fortschritt auf dem geistigen Pfad, der zu Meditation und *samadhi* führt.

11. Die Macht alter Eindrücke

Unterwirft sich der Schüler einer strengen geistigen Schulung, übt er intensiv *sadhana,* um sich von alten unbewussten Eindrücken *(samskaras)* freizumachen, bemühen sich diese, am Leben zu bleiben, und greifen ihn mit verstärkter Kraft an. Alte Eindrücke von Hass, Feindschaft, Eifersucht, Schamgefühl, Achtung, Ehre, Furcht nehmen Gestalt an und stellen sich ihm als Steinblock entgegen. Sie sind nun keine eingebildeten Nichtheiten mehr, sondern werden zur Wirklichkeit, wenn sich die Möglichkeit hierzu bietet. Der Schüler darf sich dadurch nicht entmutigen lassen, denn sie werden nach einiger Zeit ihre Kraft verlieren und von allein vergehen. Wie eine verlöschende Kerze noch einmal hell aufbrennt, ehe sie verlöscht, so zeigen die alten *samskaras* noch einmal ihre Kraft, ehe sie ausgerottet werden. Der Schüler sollte sich nicht unnötig erschrecken, sondern die Kraft seiner geistigen *samskaras* durch Japam, Meditation, tugendhafte Handlungen, Umgang mit Weisen *(satsanga)* und durch Entwicklung der höchsten Fähigkeiten *(sattva)* verstärken. Auf diese Weise werden neue, geistige Eindrücke die früheren schlechten aufheben.

Beginnt man abends seine Meditation, bedarf es eines harten Kampfes, um die *samskaras,* die während des Tages in die Gedanken eingedrungen sind, auszulöschen und Ruhe und Konzentration zu finden. Dies ist oft ein Anlass zu Migräne. Die kosmische Energie *(prana),* die das Innere in verschiedenen Kanälen durchzieht, ist gezwungen, während der weltlichen Tätigkeit andere Kanäle zu verwenden und auf diese Weise grobstofflicher zu werden. In der Meditation wird *prana* wieder subtiler und steigt bis zum Kopf hinauf.

12. Traurigkeit und Verzweiflung

Wie Wolken die Sonne verdecken und verdunkeln, schieben sich Traurigkeit und Verzweiflung vor den geistigen Weg. Gerade dann aber darf man sich Japam, Konzentration und Meditation nicht entziehen. Die düsteren Wolken werden schnell vorüberziehen. Man suggeriere seinem Bewusstsein: »Auch dies wird vergehen.«

13. Gier

An erster Stelle steht die Begierde *(kama)*, auf sie folgt der Zorn *(krodha)*, danach die Gier, endlich die Täuschung. Die Begierde ist sehr mächtig und nimmt den ersten Platz ein. Wie Begierde und Zorn in enger Beziehung stehen, so ist dies auch bei Gier und Täuschung der Fall. Ein gieriger Mensch wird mit Täuschung bezahlt. Gier zerstört den Verstand und blendet, sodass der Mensch mit seinen Augen nicht mehr sieht. Gier macht die Gedanken ruhelos. Der Millionär macht Pläne, um Multimillionär zu werden. Unersättliche Gier findet kein Ende, ebenso wenig wie der Durst nach Berühmtheit, nach Beifall, nach Erfolg in der äußeren Welt, nach Aufstieg in der Karriere. Andere Formen des gleichen Lasters sind das Verlangen des *sadhu* nach übernatürlichen Kräften oder der Wunsch, Gemeinschaftsgruppen *(ashrams)* in verschiedenen Orten zu errichten. Ein gieriger Mensch ist vollkommen ungeeignet für den geistigen Pfad. Deshalb muss der Schüler jede Art von Gier durch Unterscheidung *(vichara)*, Hingabe, Meditation, Japam, Zufriedenheit *(shantosha)*, Rechtschaffenheit, Selbstlosigkeit zerstören, damit er sich des Friedens freuen kann.

14. Hass

Hass ist der tödlichste Feind des Schülers, ein hartnäckiger, seit langen Zeiten der verkörperten Seele *(jiva)* verbundener Feind. Missachtung *(ghrina)*, Vorurteil, Verspottung, Neckerei, Lächerlichmachen, Grimmigsein, Grimassenschneiden sind verschiedene Abarten des Hasses. Hass ist ebenso unersättlich wie die Gier. Wohl kann er zeitweilig zurückgedrängt werden, bricht aber dann mit verstärkter Kraft wieder aus. Ein Familienvater, der einen Menschen missachtet, wird von seinen Söhnen und Töchtern darin nachgeahmt, auch wenn ihnen kein Unrecht zugefügt wurde. So stark ist der Hass. Erinnern wir uns auch nur der Gestalt eines Menschen, der uns vor mehr als vierzig Jahren ein Unrecht zufügte, steigt sofort Hass auf und prägt sich in das Gesicht ein.

Hass entwickelt sich durch Wiederholung des entsprechenden Impulses *(vrittis)*. Er lässt sich nicht durch Hass austreiben, sondern nur durch Liebe in intensivem, langem Mühen, da er im Unbewussten in den verschiedensten Richtungen Wurzel schlägt. Unablässiges, selbstloses Dienen verbunden mit Meditation ist wenigstens zwölf Jahre lang notwendig, um Hass auszutreiben.

Der Engländer hasst den Iren, der Ire den Engländer. Der Katholik hasst den Protestanten, der Protestant den Katholiken. Das ist religiöser und nationaler Hass. Ein Mensch hasst einen anderen ohne Grund auf den ersten Blick. Das ist eingeborener Hass *(svabhava)*. Reine Liebe ist in dieser Welt den irdischen Menschen unbekannt. Selbstsucht, Eifersucht, Begierde, wertlose Wünsche sind Begleiter des Hasses, dessen Macht in unserem eisernen Zeitalter *(kali yuga)* noch zugenommen hat.

Ein Sohn hasst den Vater und macht ihm den Prozess. Eine Frau lässt sich von ihrem Mann scheiden, selbst in Indien, wo die Ehe ein Sakrament ist und kein formaler

Kontrakt. Der Mann hält die Hände seiner Frau in den seinen, beide blicken auf den Stern Arundhati und er spricht als feierliches Gelöbnis vor dem geweihten Feuer: »Ich werde so keusch sein wie Rama und gelobe, in Frieden mit dir zu leben und eine gesunde und intelligente Nachkommenschaft zu zeugen. Ich werde dich bis zum Tod lieben und niemals das Gesicht einer anderen Frau betrachten. Ich werde wahrhaftig zu dir sein und mich niemals von dir trennen.«

Und die Frau gelobt ihrerseits: »Ich werde für dich sein, was Radha für Krishna, Sita für Rama war. Ich werde dir mit aller Wahrhaftigkeit bis zum Ende meiner Tage dienen. Du bist mein Leben und mein ›*prana vallabha*‹ Ich werde Gott finden, wenn ich dir diene wie dem Herrn.«

Es ist nicht gut, dass man den Hindufrauen heute vollkommene Freiheit gewährt. Die beklagenswerte heutige Lage ist auf die sogenannte moderne Zivilisation zurückzuführen, auf die moderne Erziehung. Die eheliche Ergebenheit *(pativratadharma)* ist verschwunden, denn die Frauen sind unabhängig geworden, verlassen ihren Mann und tun, was sie wollen. Kultur zeigt sich nicht darin, dass Mann und Frau Arm in Arm durch die Straßen gehen. Das ist nicht Freiheit, sondern nur hässliche Nachahmung. Eine solche Haltung ist für Hindu-Frauen nicht passend; sie lässt die Frauen ihr Geschlecht verlieren und zerstört die weibliche Anmut und Bescheidenheit, die ihre charakteristische Tugend, ihr Schmuck sind.

Man muss reine, selbstlose Liebe pflegen und Ehrfurcht vor Gott behalten. Salomon lehrte: »Furcht vor Gott ist Anfang der Weisheit.« Dienst im Geist des Absoluten *(atman)* vermag Hass zu zerstreuen und führt zur Erkenntnis von *advaita,* der Einheit des universellen Lebens. Es löst Abneigung *(ghrina),* Vorurteil und Missachtung auf. Wird die Vedanta im täglichen Leben befolgt, treibt sie alle Formen des Hasses aus. Warum sollte man den anderen missachten, wenn es nur ein einziges Selbst gibt, das allen Wesen zugrunde liegt? Man sollte die Einheit von Leben und Erkenntnis ganz begreifen und Atman überall erschauen. Dann wird man voller Freude sein und wo man auch weilt, Liebe und Frieden ausstrahlen.

15. Ungeduld

Bald nachdem der Schüler sich in Meditationsstellung niedergelassen hat, empfindet er den Wunsch, wieder aufzustehen, nicht weil die Beine ihn schmerzen, sondern aus Ungeduld. Diese unerfreuliche, negative Eigenschaft muss er bekämpfen, indem er langsam Geduld entwickelt, bis er imstande ist, drei oder vier Stunden hintereinander sitzen zu bleiben.

Wer *samadhi* erlangen will, muss geduldig sein wie der Vogel Tittibha, der versuchte, den Ozean Schluck für Schluck zu leeren. Hat man den ernsthaften Entschluss einmal gefasst, werden Götter zu Hilfe kommen, wie Garudha dem Vogel half. Handelt man aufrechte Weise, so kommt beständig Hilfe von allen Seiten. Selbst Affen und Eichhörnchen kamen Rama zu Hilfe, als er seine Gattin Sita im Kampf befreite. Wer Selbstzucht, Mut,

Charakterstärke, Geduld, Ausdauer und Geschicklichkeit besitzt, wird in allem erfolgreich sein, vorausgesetzt, dass er seine Versuche niemals aufgibt, auch nicht angesichts unübersteigbar erscheinender Schwierigkeiten.

16. Unabhängigkeit

Manche Schüler üben jahrelang ihre Meditation allein und unabhängig, bis sie eines Tages der ernsthafte Wunsch nach einem Guru überkommt, da sie auf ihrem Weg gegen Hindernisse zu kämpfen haben, die sie nicht allein fortzuräumen wissen. Sie beginnen, nach einem Meister zu suchen. Wenn es schon schwer ist, in einer großen Stadt einen Weg wiederzufinden, um wie viel schwerer mag es sein, dem geistigen Weg allein mit geschlossenen Augen zu folgen, der so schmal ist wie eine Messerklinge.

Lass die Gedanken nicht alteingetretenen Wegen folgen. Sinken sie während der Meditation ab, erhebe sie wieder und wecke neue göttliche Schwingungen und Gedankenwellen durch Gebet und Wiederholung von Versen der Gita. Nutzloses Denken vergeudet die geistige Energie, die man sich erhalten soll, indem man schädliche Gedanken vertreibt.

Wie Wasser, das durch Rattenlöcher aus den Kanalisationen heraussickert, für das Wachsen der Pflanzen oder das Reifen der Früchte vergeudet ist, so wird der Meditierende seine Anstrengungen vergeuden, wenn er nicht die Tugend der Entsagung *(vairagya)* besitzt, und er wird keine Fortschritte machen.

Beschäftigen die Gedanken sich ständig mit materiellen Gegenständen, kann sich die Auffassung von der Wirklichkeit der sichtbaren Welt nur verstärken. Sind die Gedanken immer auf das Absolute gerichtet *(atman)*, wird die Welt dem Schüler wie ein Traum erscheinen.

11. Eifersucht

Wieder ein Hindernis, ein schlechter Impuls *(vritti)*, von dem selbst *sadhus*, die auf alles verzichtet haben und nur mit einem einfachen Leinentuch um die Lenden *(kaupin)* in den Höhlen des Himalaya leben, nicht frei sind. Mancher *sadhu* ist viel eifersüchtiger als Menschen dieser Welt, denn sein Herz schlägt, wenn er andere *sadhus* sieht, die von der Bevölkerung geachtet und verehrt werden. Er sucht sie herabzusetzen und Mittel zu finden, um sie zu vernichten oder zu entfernen. Welch bedauerliches Schauspiel, dass selbst hochgelehrte Menschen gemein und engherzig sein können. Eifersucht ist der schlimmste Feind des Friedens und der Meditation, die beste Hilfe für falsche Erkenntnis *(maya)*. Der Schüler sollte immer auf der Hut sein, um nicht Sklave der Eifersucht, Sklave seines Namens und Rufes zu werden. Der Eifersüchtige ist ein armseliger kleiner Wicht, weit von Gott entfernt. Man sollte sich über das Gute freuen, das andere erfahren, sich mitfreuen *(mudita)*, wenn der

Nächste in glücklicher Lage ist. Man sollte die geistige Einheit *(atmabhava)* mit allen Wesen empfinden. Wie Milch während des Kochens immer wieder Blasen bildet, so bricht die Eifersucht immer und immer wieder hervor. Deshalb sollte der Schüler alle Arten der Eifersucht mit der Wurzel entfernen.

18. Die niedere Natur

I.

Auch der kleinliche, hartnäckige Egoismus, der im Menschen lebt, bildet ein ernsthaftes Hindernis für die Meditation auf dem Weg zum Selbst. Diese arrogante Selbstbestätigung des kleinen Ich nährt oberflächliche Gedanken und nimmt Einfluss auf die gewohnten Wege des Gefühls, des Charakters und der Handlung.

Ein solcher Egoismus kann schwerfällig und träge (*tamas*-artig) oder lebhaft und erregt (*rajas*-artig) sein. Er entwertet oder verwischt die erhabene göttliche *sattva*-Natur und verschleiert die unsterbliche Seele *(atman)*, die aus eigenem Licht erstrahlt.

Die niedere Natur muss von Grund auf erneuert und vollkommen verändert werden. Geschieht dies nicht, so muss jede geistige Erfahrung oder übernommene Kraft ohne Wert bleiben. Besteht dieses kleine Ich, die menschliche Persönlichkeit, darauf, ihr begrenztes, selbstsüchtiges, unedles, falsches und unergiebiges Bewusstsein zu behalten, werden weder Enthaltsamkeit *(tapas)* noch geistige Schulung *(sadhana)* Früchte tragen, und es wird sich erweisen, dass die Sehnsucht nach Gott-Erfahrung nicht wirklich, sondern nur eitle Neugier ist. Der Schüler sagt wohl zum Meister: »Ich will Yoga üben und *nirvikalpasamadhi* erlangen. Ich will zu deinen Füßen bleiben.« Aber er wird trotzdem nicht seine niedere Natur und seine alten Gewohnheiten ändern, sondern seine eigenen Methoden bewahren, seinen Charakter, sein Benehmen, seine gewohnten Grundsätze. Bleibt er dabei, ändert sich seine niedere Natur in nichts, so wird er in der Geistigkeit nicht um Haaresbreite vorankommen. Vorübergehende und teilweise Erhebungen seiner kleinen, gewohnten Persönlichkeit, flüchtige Inspirationen, kurze geistige Aufbrüche ohne wirkliche und grundlegende Verwandlungen sind von keinem praktischen Wert. Eine Veränderung der niederen Natur ist nicht leicht, da Gewohnheiten stark verwurzelt sind. Große Willenskraft ist notwendig, sonst wird der Schüler sich der Macht der alten Gewohnheiten hilflos gegenüber finden. Er muss vor allem versuchen, die eigene höhere Natur *(sattva)* durch regelmäßiges Japam, durch Teilnahme an religiösen Festen *(kirtanas)*, durch unermüdlichen, selbstlosen Dienst und durch Umgang mit Weisen *(satsanga)* zu entwickeln. Er muss durch Innenschau seine Fehler und Schwächen herauszufinden suchen und sich der Führung eines Gurus unterstellen, der seine schwachen Punkte erkennt und ihm den geeigneten Weg zu ihrer Oberwindung zeigt.

II.

Stützt die niedere Natur, der alte Adam, sich hartnäckig und anmaßend auf sein niederes Denken und Wollen, dann ist die Sache äußerst ernst. Der Mensch sieht seine Fehler nicht ein, wird ungestüm, undiszipliniert, arrogant und frech und setzt sich über alle Regeln und Ordnungen hinweg.

Ein solcher Schüler hält an seinem alten Ich fest und wird sich weder Gott noch seinem persönlichen Guru unterwerfen. Er lehnt sich bei der geringsten Sache gegen Gott und die Welt auf und wird niemals gehorchen. Nicht bereit, eine geistige Unterweisung anzunehmen, ist er auch nicht bereit, seine Fehler und Schwächen zuzugeben. Er hält sich für sündenlos und großer Taten fähig, obwohl er ein völlig ungeordnetes Leben führt.

Der alte Adam gefällt sich in den gewohnten Formen der niederen Natur. Er legt sich auf seine groben, egoistischen Gedanken, Wünsche, Einbildungen und Ansichten fest und folgt ihnen. Er beansprucht das Recht, mit aller Kraft seines Unernstes, seiner Unwissenheit, seiner Selbstsucht in seinem verkehrten niederen Dasein zu verharren und all diese Unreinheiten mit Wort, Handlung und Haltung zum Ausdruck zu bringen. Er rechtet mit Heftigkeit, verteidigt sich auf jede Art und sucht seine alte Gewohnheit des Denkens, Sprechens und Fühlens aufrechtzuerhalten.

Er behauptet das eine, tut das andere und sucht seine falschen Ansichten anderen aufzuzwingen. Sind diese nicht bereit, sie anzunehmen, kämpft er gegen sie. Sofort revoltiert er und behauptet, dass nur seine Ansichten richtig und die seiner Gegner ungerecht, unvernünftig, unerzogen seien. Er versucht die anderen davon zu überzeugen, dass seine Meinungen mit der Wissenschaft des Yoga übereinstimmen. Es sind erstaunliche Wesen.

Würde der Schüler wirklich offen mit sich und ehrlich mit seinem Guru sein, würde er sich ernsthaft zu bessern wünschen, würde er damit beginnen, seine Dummheit und seine Fehler zu erkennen und Verständnis für die wahre Ursache und die Natur seines Widerstrebens aufzubringen, dann wäre er bald auf dem rechten Weg, um sich zu bessern und zu ändern. Statt dessen aber versteckt er den alten Adam und seine teuflischen Gedanken hinter irgendeiner Rechtfertigung oder Ausrede.

III.

Ein anmaßender und arroganter *sadhuk* sucht eine Position in der Gesellschaft einzunehmen und seinen Nimbus in ihr zu wahren. Er spielt den großen Yogi und gibt vor, übernatürliche Kräfte zu besitzen. (Solche Fehler der Eitelkeit, Arroganz, die in der Richtung des *raja* liegen, sind übrigens, wenn auch in geringerem Ausmaß, in der Mehrzahl der Menschen vorhanden.)

Ein solcher Schüler ist nicht guten Willens, seinem Guru zu gehorchen oder Ältere und Vorgesetzte zu achten. Er folgt nur seinen eigenen Ideen und Impulsen. Undiszipliniertheit und Respektlosigkeit sind ihm gewohnheitsmäßig eingewurzelt. Manchmal verspricht er, seinem Guru wieder gehorsam zu werden, aber seine Handlungen stehen meist im Gegensatz zu seinen

Versprechungen. Ein solcher Mangel an Disziplin ist ein ernstes Hindernis für die geistige Schulung und ein schlechtes Beispiel für andere.

Wer ungehorsam ist und die Disziplin verletzt, wer nicht ehrlich gegen seinen Guru ist und ihm sein Herz nicht öffnet, wird die Wohltat seiner Hilfe nicht empfangen, in seinem eigenen Sumpf stecken bleiben und keine Fortschritte machen. Welch traurige Tatsache! Ein solcher Mensch kennt sich nicht wirklich und macht einen schlechten Gebrauch von seinem Verstand, indem er ihn verwendet, um seine verrückten Handlungen zu rechtfertigen.

IV.

Hätte der Schüler nur ein bisschen Gefühl für seine bemitleidenswerte Lage, zeigte er nur ein wenig Besserung, wäre er nur ein wenig aufnahmebereit, könnte er geändert werden und auf dem Weg des Yoga voranschreiten. Andernfalls aber kann ihm keiner Hilfe bringen.

Der Schüler sollte mit ganzem Wesen *(sarva-bhava)* der Verwandlung seiner niederen Natur in die göttliche zustimmen und sich ohne Vorbehalt dem Herrn oder seinem Guru unterordnen. Seine Absicht muss dabei wahrhaftig, seine Haltung beständig und seine Anstrengung ausdauernd sein. Nur dann ist die Veränderung möglich. Einfache Gesten der Zustimmung genügen nicht und werden niemals aus ihm einen Übermenschen oder Yogi machen.

Yoga kann nur von dem geübt werden, der ihn ernst nimmt und der bereit ist, sein kleines Ich und dessen

Ansprüche aufzugeben. Halbe Maßnahmen gibt es auf dem geistigen Weg nicht. Ernste Disziplin der Sinne und des Bewusstseins, strenge Enthaltsamkeit *(tapas)* und ununterbrochene Meditation sind zur Selbstverwirklichung notwendig. Die feindlichen Kräfte sind immer bereit, den Schüler zu überfallen, wenn er nicht wachsam ist oder wenn er ihnen auch nur das geringste Zugeständnis macht. Yoga kann nicht üben, wer an sein altes Ich, an seine alten Gewohnheiten, an seine alte, anmaßende und nicht verwandelte Natur gebunden bleibt.

Man kann nicht zwei Leben auf einmal führen. Reines, göttliches Leben, das Leben des Yogi, ist nicht vereinbar mit dem irdischen Leben der Leidenschaft und Unwissenheit. Göttliches Leben kann sich nicht den irdischen Ordnungen anpassen. Man muss sich vielmehr auf die höhere Ebene des göttlichen Bewusstseins erheben. Man kann für sein kleinliches Denken und sein enges Ich nicht die Freiheit der Handlung beanspruchen, man kann nicht bei seinen eigenen Ideen, Urteilen, Wünschen und Impulsen verharren, wenn man Yogi werden will. Die niedere Natur, begleitet von Anmaßung, Unwissenheit und Unruhe, hindert die göttliche Erleuchtung.

Es geht darum, ein ernsthafter, wahrer Schüler auf dem geistigen Pfad zu werden und die niedere Natur zu töten, indem man die höhere, göttliche entwickelt. Dazu ist es notwendig, aufwärts zu streben, immer bereit, das göttliche Licht zu empfangen, sich zu läutern und ein Weiser zu werden, voll der göttlichen Kraft.

Möge der Segen der großen Yogi mit euch allen sein!

19. Eitle Träumereien

»*Manorajya*« sind Luftschlösser, ein Spiel der Gedanken. Der Schüler meditiert in einer einsamen Höhle im Himalaya und schmiedet Pläne: »Nach meiner Meditation werde ich nach San Franzisko oder New York fahren und dort Vorlesungen halten. Ich werde ein geistiges Zentrum in Kolumbia eröffnen. Ich muss der Welt etwas Neues bringen. Ich muss etwas schaffen, was keiner vor mir erreichte.«

Das ist Ehrgeiz und egoistische Einbildung, ein großes, ernstes Hindernis *(vighna)*, das dem Bewusstsein auch nicht einen Augenblick Ruhe lässt. Denn der gleiche Plan, die gleiche Spekulation beschäftigt es immer wieder. Der Schüler bildet sich ein, tief zu meditieren; bei strenger Selbstanalyse aber wird er erkennen, dass er sich reiner Träumerei überlässt. Eine dieser Konstruktionen wird im nächsten Augenblick von einer anderen abgelöst. Sie mag nur ein unbedeutender Gedanke *(sankalpa)* sein, eine winzige Falte auf dem Meer des Bewusstseins, aber durch Wiederholung wird sie in kurzer Zeit erschreckend an Kraft gewinnen. Die Macht der Einbildung ist ungeheuer. Maya richtet dank dieser Einbildung Verheerungen an, indem sie wie Moschus oder gewisse ayurvedische Heilmittel *(siddha-makaradhvaja)* dem ermatteten Gedanken wieder Lebenskraft gibt und diesem keinen Augenblick der Ruhe lässt. Wie Schwärme von Heuschrecken strömt der Fluss der Einbildung unaufhörlich fort. Unterscheidung *(vichara)*, Gebet, Japam, Meditation, Umgang mit heiligen Männern, Fasten,

Atemübungen *(pranayama)* werden diese Hindernisse ausräumen, *pranayama* wird das Ungestüm der Gedanken zügeln und beschwichtigen.

Ein junger, ehrgeiziger Mann ist nicht imstande, in einer einsamen Höhle zu leben. Wer jahrelang in der Welt selbstlose Dienste geleistet und viele Jahre lang Meditation in der Abgeschlossenheit geübt hat, wird dazu in der Lage sein und Nutzen aus der Einsamkeit ziehen, die die Zurückgezogenheit des Himalaya ihm bietet.

Lang anhaltende Versenkung in die Bedeutung des heiligen Satzes: »*Aham Brahma asmi*« (Ich bin Brahma) oder »*Tat tvam asi*« (Das bist du) unter Verwendung des anhaltenden Japam *(maha-vakyanu-sadhana)* wird alles Gegenständliche, das in Beziehung zu den Sinnen steht (Sehen, Hören, Tasten, Schmecken, Riechen), auslöschen. Die Kraft früherer unbewusster Eindrücke aber wird die Angewohnheit der Einbildung *(manorajya)* aufrechterhalten. Auch der Schlaf wird in gleicher Richtung wirken. Diese beiden Hindernisse wird man durch Regsamkeit, anhaltende Anstrengung und durch wachsame Meditation über Brahma *(svarupa-chintana)* überwinden können, sodass der konzentrierte Gedanke an Brahma *(brahmakara-vritti)* und die Erkenntnis Brahmas *(brahma-jnana)* aufleuchtet wie die Morgenröte, und die Unwissenheit *(ajnana)* vergeht. Nun ist der Schüler gefestigt im Zustand höchster Glückseligkeit *(sahaja paramananda)*. Sein aufgespeichertes Karma *(sanchita)* wird im Feuer der Weisheit verbrennen.

20. Erinnerung

Während der Meditation beginnen Erinnerungen an Freunde, Arbeit, Unterhaltungen mit Eltern oder Bekannten die Gedanken des Schülers zu verwirren und zu zerstreuen. Immer wieder muss er sie von diesen irdischen Erinnerungen zurückholen und auf das konzentrieren, was einziger Gegenstand seiner Betrachtung *(lakshya)* ist. Er muss die Gedanken ablehnen und missachten, anstatt sich ihrer als Eigengebilde zu erfreuen. Er muss sich immer wieder sagen, dass er nichts mit ihnen gemein hat. Dann werden sie allmählich verschwinden.

Selbst wenn der Schüler eine einsame Höhle am Himalaya bewohnt und Meditation übt, können ihn die Erinnerungen an frühere Erfahrungen erreichen. Erlaubt er den Gedanken, sich mit ihnen zu beschäftigen, ist es das gleiche, als lebte er noch in der Ebene. Es gelingt ihm nicht, ein göttliches Leben in dieser einsamen Höhle zu führen, weil er in Gedanken sein Leben in der Welt nochmals durchlebt. Der Gedanke ist es, der die wirkliche Handlung darstellt.

Wer die Leiter des Yoga hinaufsteigt, wer auf dem geistigen Pfad wandelt, darf nicht zurückblicken, nicht an vergangene Erfahrungen denken. Er muss die Erinnerung an seine Vergangenheit töten und sich in seinem wahren Selbst *(bhava)* festigen. »Ich bin Brahma.« Diesen Gedanken muss er verstärken und unaufhörlich über die Natur Brahmas *(brahmakara-vritti)* meditieren. Erlaubt er sich eine noch so kleine Erinnerung an die Vergangenheit, verstärken sich die Bilder und ziehen ihn nach unten, sodass es schwer wird, den Weg wieder aufwärts zu gehen. Er darf nicht nach rückwärts blicken und muss die Erinnerung an seine Vergangenheit durch die Erinnerung an Gott aufheben.

Nur mit der Gegenwart soll man sich beschäftigen, nicht mit der Vergangenheit und auch nicht mit der Zukunft. Nur in der Gegenwart kann man glücklich, sorgenfrei, ohne Kummer und Angst leben und auf diese Weise sein Leben verlängern. Durch energische Anstrengungen müssen irdische Gedanken *(sankalpas)* zerstört werden. Unaufhörlich soll der Schüler über den höchsten Brahma *(sat-chit-ananda)* meditieren, um zu dem unbefleckten Thron des Absoluten zu gelangen und im Stand der Erleuchtung, im Meer göttlichen Segens zu versinken.

Bei allen Übungen bedarf es der Unterscheidung *(vichara)* und der Urteilskraft, ohne an Vergangenheit oder Zukunft zu denken. Die Zeiten der Kindheit und der Jugend sind nur noch Träume, wenn man vierzig geworden ist. Das ganze Leben ist nur ein langer Traum *(dirghasvapna)*. Heute ist es die Vergangenheit, später wird es auch die Zukunft sein. Man hat allein mit der Gegenwart zu tun und muss die beiden Flügel seiner Gedanken, Vergangenheit und Zukunft, beschneiden. Man muss die äußeren Eindrücke beseitigen, die Impulse der Gedanken *(vrittis)* beschränken, das Bewusstsein zum Schweigen bringen und den Wandel der Gedanken begrenzen. Man muss sich konzentrieren und die Fülle der Bilder, entstanden aus den Eindrücken der Sinne, verjagen. Das Bewusstsein muss genährt werden mit erhabenen Versen der Bhagavad Gita und der Avadhuta Gita oder mit Meditation über den Sinn der heiligen Silbe OM. Dann wird nach einiger Zeit die Täuschung der Gegenwart vergehen. Das Bewusstsein wird heiter und ruhig und die höchste Selbsterkenntnis leuchtet auf. Der Schüler ruht in Brahma, dem reinen Wesen *(adhisthana)*, der Quelle, dem Halt, dem Grund und Hintergrund aller Dinge. Er erlangt die bewusste Versenkung *(jnana-nistha), die göttliche Unbeweglichkeit (svarupa-sthiti)* und *sat-chit-ananda* (Dasein-Erkenntnis-Glückseligkeit).

21. Zwiegespräche der Gedanken

Während der Meditation wird man in Gedanken häufig mit irgendjemand sprechen. Diese schlechte Angewohnheit soll man aufgeben und seine Gedanken sorgfältig überwachen.

22. Selbsttäuschung

Ein anderes, schweres Hindernis, das selbst Shankara verwirrte, ist die Selbsttäuschung. Obwohl er ein herum wandernder Mönch *(sannyasin)* war, musste er am Krankenbett seiner Mutter und bei ihrem Begräbnis zugegen sein. Ein anderer großer Weiser aus Südindien, Swami Pattinathu, sang am Totenbett seiner Mutter: »Ganz am Anfang war das Feuer. Es war zu der Zeit, da die drei

Städte der Dämonen *(tripura-sambara)* zerstört wurden. Dann entbrannte Feuer in Lanka (Ceylon) durch Hanuman (Anspielung auf Berichte der Puranas und des Ramayana). Nun hat der Tod meiner geliebten Mutter Feuer in meinem Magen und Herzen angelegt. Lass mich auch Feuer an den Leichnam anlegen, der der Leib meiner Mutter war.« Selbsttäuschung *(moha)* ist törichte Liebe zum eigenen Körper, zu Frau, Kindern, Vater, Mutter, Brüdern, Schwestern und zu seinem Eigentum. Ebenso wie die Gier nimmt die Selbsttäuschung verschiedene und immer subtilere Formen an. Die Gedanken binden sich an die eine oder andere Form oder Bezeichnung. Lösen sie sich von dem einen ab, hängen sie sich um so fester an etwas anderes.

Was ist *moha* bei den Affen? Stirbt ein Affenbaby, zieht die Mutter mit der Leiche zwei bis drei Monate herum. Das ist die Kraft der Selbsttäuschung, das Geheimnis der Maya. Ein Telegramm, dass sein Sohn gestorben ist, gibt dem Vater einen Schock, sodass er ohnmächtig wird. Manchmal tötet ihn ein solcher Schlag. Die ganze Welt erhält sich durch Täuschung. Durch sie werden die Menschen an das Rad von Tod und Wiedergeburt *(samsara)* gebunden. Leid und Bindung entstehen durch Selbsttäuschung. Sie hat die Kraft, den Menschen in einem Augenblick zu berauschen. Sie macht selbst die *sannyasins* im Gedanken an ihren *ashram* und ihre Schüler zu ihrem Spielzeug. Man kann sich nur durch Unterscheidung *(vichara)*, Urteilskraft *(viveka)* und Entsagung *(vairagya)*, durch die Idee des Absoluten *(atma-chintana)*, durch Absonderung und das Studium der Vedanta-Schriften von *moha* freimachen. Vollkommen kann die Selbsttäuschung nur durch Verzicht auf die Welt *(sannyasa)* und durch Selbstverwirklichung aufgehoben werden.

Über die Millionen Toten des letzten Krieges hast du nicht geweint, wohl aber um den Tod deiner Frau. Warum? Weil du ihretwegen Selbsttäuschung empfindest, weil *moha* den Gedanken von Ich und Mein gebiert. Du sagst: meine Frau, mein Sohn, mein Pferd, mein Haus. Das ist Versklavung, Tod. Die Selbsttäuschung schafft törichte Liebe zu den Gegenständen der Sinne und verkehrt das Denken. Sie lässt den Menschen seinen befleckten Körper mit dem reinen und wahren geistigen Atman verwechseln und die unwirkliche Welt für eine feste Wirklichkeit halten. Das sind die Ergebnisse der Selbsttäuschung, die eine wirksame Waffe der Maya ist.

23. Hindernisse auf dem Weg des Yoga

(Auszüge aus dem Raja-Yoga des Patanjali)

Krankheit, Trauer, Zweifel, Gleichgültigkeit, Faulheit, Trägheit, weltliche Gedanken, Sinnlichkeit, Einbildungen, Unbeständigkeit und jeder Anlass zur Zerstreuung des Bewusstseins sind Hindernisse auf dem Weg des Yoga.

Krankheit entsteht durch Störung des Gleichgewichts der drei Körpersäfte: Wind, Galle, Schleim. Ist zu wenig Schleim vorhanden, wird der Körper schwerfällig, und man kann nicht lange in einer Stellung *(asana)* bleiben. Wenn Trägheit *(tamas)* vom Bewusstsein Besitz ergreift, wird man faul. Krankheiten können Folge sein von unregelmäßigem Essen, ungesunder Nahrung, die dem Temperament nicht zusagt, von durchwachten Nächten, von Samenverlust oder von Zurückhalten des Urins und des Kots. Sie können geheilt werden durch richtige Stellungen *(asana)*, durch *pranayama* und durch physische Übungen, durch Meditation, geeignete Diät und Fasten, durch Abführmittel, Klistiere, Bäder, Bestrahlung und Ruhe. Zuerst muss man diagnostisch die Ursache des Leidens feststellen und dann ein Heilmittel ausfindig machen oder einen Arzt aufsuchen.

Bei geistiger Trägheit *(styana)* ist man nicht in der Lage zu Gegenmaßnahmen, da man keine Erfahrungen besitzt und keine geeigneten unbewussten Eindrücke aus einem früheren Leben mitgebracht hat. Es ist eine Unfähigkeit zu geistiger Arbeit. Schwerfälligkeit und Trägheit können durch Atemübungen *(pranayama)* und die Gewöhnung an eine Tätigkeit überwunden werden.

Zweifel führt zu Unentschlossenheit. Der Schüler ist nicht in der Lage, auf dem Weg des Yoga voranzuschreiten. Er fragt sich, ob die Worte der heiligen Bücher *(shastras)* wahr sind oder nicht. Dieser Zustand kann durch wahre Erkenntnis und Unterscheidung *(viveka)*, durch Urteilsfähigkeit *(vichara)*, durch Studium der Schriften und Umgang mit Weisen *(mahatmas)* aufgehoben werden.

»*Avirati*« heißt das Verlangen des Bewusstseins, sich brennend diese oder jene Befriedigung der Sinne durch eine Bindung zu wünschen. Es wird aufgelöst durch Entsagung *(vairagya)*, die die Unvollkommenheit der Güter dieser Welt, ihre Unbeständigkeit, Krankheit, Alter, Elend und Tod erkennt, durch Umgang mit Weisen *(satsanga)* und leidenschaftslosen Mahatmas und durch Studium der heiligen Bücher.

Die »falsche Vorstellung« *(bhranti-darshan)* besteht in der Selbsttäuschung, die uns für den herrlichsten Zustand ansehen lässt, was in Wirklichkeit das Gegenteil ist. Das Ziel verfehlen heißt abirren vom rechten Weg, der zum *samadhi* führt, und übernatürlichen Kräften verfallen *(siddhis)*. Von einer solchen falschen Vorstellung kann man sich durch den Umgang mit Yogis freimachen, indem man Entsagung lernt und die geistige Schulung *(sadhana)* in der Einsamkeit verstärkt.

Unbeständigkeit *(anavasthitatva)* ist die Folge eines unruhigen Bewusstseins, das dem Yogi unmöglich macht, im endlich erlangten *samadhi* zu verharren. Maya ist mächtig und drängt sich überall hinein. Nur wer Japam übt und über die Silbe OM meditiert, wie es die 28. Strophe des zweiten Kapitals rät, wird jede Schwierigkeit überwinden.

Wenn leichte Hindernisse auftreten, soll man nicht anhalten, sondern Mittel ausfindig machen, um sie zu überwinden, und weiter auf dem Weg fortschreiten, bis man den höchsten Zustand der Ekstase *(asamprajnata samadhi)* erlangt hat.

24. Andere Hindernisse

Verzichtet man auf müßiges Geschwätz, Klatsch und nutzlose Neugier, mischt man sich nicht ein in die Angelegenheit anderer, wird man genug Zeit zur Meditation finden. Das Bewusstsein soll während der Meditation still werden. Weltliche Gedanken, die sich einmischen wollen, müssen vertrieben werden. Bleibt man fest in der Hingabe an die Wahrheit, fröhlich und stark in den *sattva*-Eigenschaften, so wird man ewiger Seligkeit teilhaftig.

Es ist nicht die Umgebung, die böse ist, sondern die Gedanken, die nicht genügend diszipliniert sind. Statt sich über die Umgebung zu beklagen, sollte man gegen diese schrecklichen Gedanken angehen und sie schulen. Übt man Konzentration in ungünstiger Umgebung, wird man seine Stärke und Willenskraft in kurzer Zeit entwickeln und zu einer dynamischen Persönlichkeit heranreifen. In allem soll man zuerst das Gute sehen und das Böse in Gutes verwandeln. Das ist wahres Yoga, das ist das Werk des wahren Yogi.

Weitere Hindernisse auf dem Weg der Konzentration sind Verlust an Energie, verborgene Ströme früherer unbewusster Eindrücke *(vasanas)*, Mangel an Sinneszucht, Nachlassen im *sadhana* und Mangel an Leidenschaftslosigkeit oder Strebsamkeit.

25. Vorurteile, Meinungen, Unduldsamkeit, Frömmelei

Vorurteile, unbegründete Ablehnung einer Sache oder eines Menschen, verhärten das Gehirn, das, nicht mehr richtig abgestimmt, die Dinge in einem falschen Licht erfasst. Man verträgt keine Meinungsverschiedenheiten mehr und wird unduldsam. Religiöse Intoleranz und

Vorurteile sind schwere Hindernisse auf dem Pfad zur göttlichen Verwirklichung. Manche Pandits (Gelehrte) glauben fest daran, dass nur Sanskrit-Kenner Selbstverwirklichung erlangen können, und halten englisch sprechende *sannyasins* für Barbaren. Bewundernswert ist die grobe Dummheit dieser verschrobenen Sektierer und unverbesserlich kleinlichen Geister. Hegt jemand Vorurteile gegen die Bibel oder gegen den Koran und vermag die Wahrheit dieser Schriften nicht zu erfassen, so ist sein Gehirn verhärtet, zu Stein geworden. Jeder Mensch kann zu Gott gelangen, ob er die Vorschriften des Korans, der Bibel, der Zend-Avesta oder der Pali-Bücher Buddhas studiert und befolgt.

Der Schüler sollte jedes Vorurteil vermeiden. Nur so vermag er die Wahrheit zu erfassen, die nicht das Monopol der Sanskrit-Gelehrten von Benares oder der *vairagis* von Ayodhya ist. Die Wahrheit, Rama, Krishna, Jesus gehören der ganzen Menschheit.

Sektierer und Fanatiker schließen sich selbst in einem engen Kreis ein. Sie haben kein weites Herz und können wegen ihrer falschen Gesichtspunkte das Gute im anderen nicht schätzen.

Nur ihre eigenen Grundsätze und Lehren halten sie für wertvoll. Die Überlieferung, an die sie sich klammern *(sampradya)*, erscheint ihnen überlegen und der Guru, den sie erwählten, der einzige, der wahre Gott-Erkenntnis besitzt. Sie stehen immer im Kampf mit den anderen. Sicherlich ist es gut, das Lob des eigenen Gurus zu singen und sich an seine Lehren zu halten. Aber man muss auch andere Propheten und Heilige achten. Nur so können sich wahre Liebe und allumfassende Brüderlichkeit offenbaren, die letzten Endes dazu führen, dass wir Gott oder Atman in allen Lebewesen erkennen. Vorurteil, Intoleranz, Fanatismus, Sektierertum, die nichts sind als Abarten des Hasses, müssen vollkommen ausgetilgt werden.

26. Trägheit und sinnlose Erregung

Trägheit *(tamas)* und sinnlose Erregung *(rajas)* können die Meditation hindern. Das Bewusstsein, das durch Vorherrschen erhabener Gefühle *(sattva)* ruhig und ausgeglichen wird, verwirrt sich, sobald Erregung *(rajas)* eindringt. Die Gedanken *(sankalpas)* vermehren sich und werden unbeständig. Man empfindet das Bedürfnis zu handeln, Pläne und Ideen zu schmieden. In solchen Augenblicken sollte man ein wenig ausruhen und sich erst nach einem Spaziergang wieder Japam, Gebet und Meditation zuwenden.

27. Sinnlose Gedanken

Man soll sich von sinnlosen Gedanken, von den verschiedenartigen unnötigen Gedankenkonstruktionen *(sankalpas)* befreien und ohne Unterlass die Kenntnis des Atman zu vertiefen suchen. Das Wort »ohne Unterlass« ist wichtig, damit die Morgenröte geistiger Erkenntnis aufdämmert und die Sonne der Erkenntnis *(jnana-surya)* am Firmament der Unendlichkeit aufsteigt, die wahres Wissen *(chidakasha)* ist.

28. Tamas oder Trägheit

Nur verschwindend wenige sind fähig, so lange zu meditieren, wie es notwendig ist. Nur Menschen wie Sadashiva Brahman und Shri Shankara vermochten es. Viele Schüler, die »den Weg, der entfernt« *(nivritti-marga)* beschritten haben, sind träge geworden und haben Trägheit *(tamas)* mit höchster Weisheit *(sattva)* verwechselt, ein großer Irrtum. Man kann sich geistig wunderbar entwickeln und trotzdem sein Karma in der Welt erfüllen, wenn man die Zeit nutzbringend anzuwenden versteht. Ein Familienvater kann sich von Zeit zu Zeit von einem *sannyasin* oder *mahatma* beraten lassen und Anweisungen für tägliche Übungen empfangen, an denen er inmitten der weltlichen Arbeit streng festhält. Seine Tätigkeit *(rajas)* kann sich auf diese Weise in reine Weisheit *(sattva)* verwandeln. Es ist aber unmöglich, Trägheit *(tamas)* mit einem Schlag in *sattva* zu verwandeln. *Tamas* muss zunächst durch *rajas* hindurchgehen. Der Schüler auf dem »Weg, der entfernt«, darf sich nicht an Routine binden, sondern soll den Worten der Älteren zuhören und seinem Guru gehorchen. Häufig aber will er von Anfang an vollkommen unabhängig sein und ein vergnügtes zügelloses Leben führen. Er will selbständig handeln und vermag dabei weder seine Energien einzuordnen noch sich ein tägliches Programm aufzustellen. So irrt er ziellos von einem Ort zum anderen, nimmt eine halbe Stunde lang eine bestimmte Stellung ein, verfällt aber nach kurzer Zeit in geistige Trägheit. Dabei hält er sich für eine Seele, die Selbstverwirklichung erlangt hat. Wenn dieser Schüler einsieht, dass er keine Entwicklung genommen, keinen Fortschritt gemacht hat, sondern sich im Zustand der Trägheit befindet, dann sollte er sich sofort einige Jahre lang irgendeiner Aufgabe widmen und kräftig arbeiten. Es wäre weise, die Arbeit mit Meditation zu verbinden. Erst dann dürfte er die Einsamkeit aufsuchen.

29. Drei andere Hindernisse

Verpflichten sich junge Schüler zu absoluter Einsamkeit und Stille, so stehen sie drei großen Hindernissen gegenüber: der Depression, der leeren Träumerei *(manorajya)* und der Abneigung gegen Frauen und Männer, die in der Welt geblieben sind. Sie werden zu Misanthropen. Ganz im Gegenteil aber sollten sie fröhliche Gedanken tragen, über ihr Bewusstsein wachen und Liebe für alle ausstrahlen. Wenn eine Art der Schulung nicht zur Entsagung führt, sollte man verschiedene *sadhanas* verbinden, wie Gebet, Meditation, *pranayama,* Umgang mit Weisen *(satsanga), sattva*-haltige Nahrung, Einsamkeit, Unterscheidung, Stellungen usw.

30. Liebe zu irdischen Gütern und das Unbewusste

Die Liebe zu den Dingen dieser Welt *(trishna)* ist der Feind des Friedens, denn wer nach den Gegenständen der Sinne dürstet, kann auch nicht das gereinigte Glück empfinden. Erst wenn dieser Durst verlöscht ist, wird man Frieden erfahren, meditieren und im Selbst ausruhen.

Unbewusste Eindrücke *(vasanas)* sind sehr mächtig. Die Sinne sind ungestüm und heftig. Gegen beide muss der Kampf in jedem Augenblick aufgenommen werden. Deshalb heißt der Weg zur Geistigkeit in den Katha-Upanishaden: der Weg auf des Messers Schneide. Es gibt aber keine unüberbrückbare Schwierigkeit für einen Menschen, der eisernen Willen besitzt, selbst nicht, wenn er den Weg auf des Messers Schneide beschreitet. Denn bei jedem Schritt, den er geht, verstärkt sich seine Kraft.

31. Zerstreuung

Vikshepas heißen die unruhigen Schwingungen des Bewusstseins, die eine alte Angewohnheit sind. Der Schüler beklagt sich oft über diese Zerstreuung, die die Konzentration auf einen einzigen Punkt hindert. Die Unruhe des Bewusstseins *(rajas)* lässt die Gedanken wie ein Affe von einem Gegenstand zum anderen springen. Jedes Mal, wenn Shri Jayadayal Goyendka zu mir kam, stellte er mir zwei Fragen: »Swamiji, wie kann man den Schlaf beherrschen? Und wie kann man die Zerstreuung der Gedanken *(vikshepa)* vermeiden? Sage mir eine leichte und wirksame Art.« Immer war meine Antwort: »Iss abends leicht, nimmt einen Augenblick die ›umgekehrte Haltung‹ *(shirshasana)* ein und mache *pranayama*. Man kann den Schlaf beherrschen. *Trataka* (siehe Kap. II, 8), kultische Handlungen *(upasana)*, Beherrschung des Atems *(pranayama)* und Yoga werden die Zerstreuung der Gedanken beenden.« Eine solche kombinierte Methode ist vorzuziehen und wirksamer.

Nach Patanjali sind die Haupthindernisse auf dem geistigen Weg Krankheit, geistige Trägheit, Zweifel, Gleichgültigkeit, Faulheit, Sehnsucht nach sinnlichen Vergnügen, Stumpfsinn, Erfolglosigkeit in der Konzentration, Unfähigkeit, in dem einmal Erlangten zu verharren. Er verschreibt *pranayama* als Mittel, um *»rajas«* zu zerstören, das die Gedanken zerstreut, und zur Konzentration des Bewusstseins zu gelangen.

Sind die unruhigen Schwingungen des Bewusstseins ausgeschaltet, beginnt das Gerichtetsein der Gedanken *(eka-grata)*, das den meisten unbekannt ist. Max Müller schreibt hierüber: »*Ekagrata* zu erlangen, ist uns Abendländern unmöglich, da unsere Gedanken durch Zeitung, Telegramme, Briefe usw. in alle Richtungen zerstreut sind.« Und doch ist die Fixierung der Gedanken in allen Religionen und philosophischen Systemen unentbehrlich, um zu tiefer Kontemplation *(nidhi-dhyasana)* zu gelangen. In der Bhagavad Gita schreibt Krishna folgende geistige Schulung *(sadhana)* vor, um der Zerstreuung ein Ende zu bereiten:

»Begierden, die der Wunsch erzeugt, aufgebend all
ohn' Unterschied,
Die Schar der Sinne mit Vernunft im Zaume haltend
allerwärts;
Werd' langsam, langsam ruhig man, und mit stand-
haft gewordnem Geist,
Versenke man sich in das Selbst und denke an nichts
Andres mehr.« (IV, 24, 25)

»*Trataka*« ist eine wirksame Methode, um das Herumirren der Gedanken zu unterdrücken. Man sollte jeden Tag eine halbe Stunde lang den Blick auf das Bild Krishnas oder zumindest auf einen schwarzen Punkt an der Wand richten. Zuerst kann man mit zwei Minuten beginnen und dann die Zeit langsam verlängern. Die Augen müssen geschlossen werden, wenn Tränen kommen. Betrachte fest und ohne Augenzwinkern, aber auch ohne Krampf und Anstrengung den Gegenstand, den du ausgewählt hast. Es gibt Schüler, die zwei bis drei Stunden lang »*trataka*« üben können. Zur ausführlichen Beschreibung lese man »Kundalini Yoga«[1].

Ein schwächlicher Schüler, auch wenn er in der Konzentration stark ist, kann von Trägheit übermannt werden, während ein starker, der schwach ist in der Konzentration, durch Zerstreuung und Unruhe der Gedanken abgelenkt wird. Konzentration und Energie sollten sich das Gleichgewicht halten.

---

1 O.W. Barth-Verlag München 1952 (Neuauflage im Goldmann Verlag im Sommer 1994)

32. Vishaya-shakti

Dieser Ausdruck bezeichnet den intensiven Wunsch und die Bindung an Objekte oder Freuden der Sinne, das größte aller Hindernisse. Das Bewusstsein weigert sich, von der Sinnenfreude ganz abzulassen. Durch Entsagung *(vairagya)* und Meditation schwindet das sinnliche Verlangen für einige Zeit, erscheint aber unerwartet durch die Macht der Gewohnheit oder durch Erinnerung wieder, verwirrt die Gedanken und schwächt die Konzentration. So heißt es in der Bhagavad Gita:

»Auch dem vernünft'gen Manne, der sich redlich
müht, o Kunti Sohn,
Rauben die Sinne den Verstand, ihn aufregend mit
Ungestüm.«
»Sobald der Geist sich richtet nach der losen Sinne
Wanderschar,
Dann reißt ihm das die Einsicht fort, gleichwie der
Wind das Schiff im Meer.«
»Die Sinnendinge weichen fort von dem, der streng
enthaltsam ist;
Die Neigung bleibt, doch sie auch weicht, sobald er
auf das Höchste schaut.« (II, 60, 67, 51)

Gewisse Wünsche lauern im Bewusstsein und kommen unter dem Druck der Yoga-Übungen mit verstärkter Kraft an die Oberfläche. Der *sadhak* muss sehr sorgfältig und wachsam seine Gedanken beobachten. Sinnenhafte Wünsche muss er im Keim ersticken, indem er Entsagung *(vairagya)* und Unterscheidung *(viveka)* übt, die Dauer des Japam und der Meditation verlängert und ununterbrochenes Schweigen bewahrt *(akhanda mauna)*. Vierzig Tage lang sollte er von Milch und Eiern leben und am elften Tag nach dem Neumond oder Vollmond *(ekadeshi)* fasten. Er sollte jeden Umgang mit anderen aufgeben und niemals sein Zimmer verlassen, sondern sich tief in *sadhana* versenken. Einzig lobenswerter Ehrgeiz ist Erlangung der Selbstverwirklichung.

VIII. SCHWERSTE HINDERNISSE FÜR DIE MEDITATION

1. Ehrgeiz und Wünsche

Wird man von einem Wunsch beunruhigt, erstrebe man Bindungslosigkeit *(vairagya)* und lege sich Rechenschaft über die Fehler eines sinnlichen Lebens ab. Man soll diesen Freuden gegenüber teilnahmslos und gleichgültig bleiben und daran denken, dass sie nur Leid und Mühen verursachen und dass sie vergänglich sind. Die Gedanken müssen immer und immer wieder von den irdischen Gegenständen zurückgeholt und auf das unsterbliche Selbst oder auf das Bild des Herrn gerichtet werden.

Ist das Bewusstsein ins Gleichgewicht gebracht, frei von Zerstreuung und Ablenkung *(laya)*, muss man sich hüten, es wieder zu beunruhigen.

Auch die Gegenstände, die der Ehrgeiz erstrebt, Wünsche und störende Gedanken verschiedener Art sind Hindernisse, die durch Unterscheidung, Entsagung, Urteilskraft, durch Beherrschung der Sinne *(indriyas)* und Keuschheit unschädlich gemacht werden müssen. Der Schüler soll unbeteiligt sein und frei von Erregung; denn der Wunsch wird ohnmächtig und stirbt ab, wenn Erregung und Bindung fehlen. Er muss sich über die Ursache der Gedankenunruhe klar werden und eine nach der anderen ausräumen, indem er sein Denken sorgfältig überwacht, in der Einsamkeit lebt und sich nicht unter Menschen mischt. Mut, Geduld und Optimismus *(utsaha)* sind notwendig. Hat der Schüler Freude und Anregung an der Meditation gewonnen, soll er das Studium einige Zeit lang aufgeben. Denn die Übung selbst ist auch Freude und Bindung *(vishaya)*, und Gott ist nicht in Büchern zu finden.

Manchmal wird das Bewusstsein sich ermüden. Dann muss der Schüler sich ausruhen und die Übungen nicht überspannen. Ein wenig am Ufer des Meeres oder am Ganges entlanggehen, OM singen, OM fühlen, OM vor sich hin summen und ein oder zwei Tage lang in der Meditation aussetzen, wird helfen. Höre auf deinen gesunden Menschenverstand und die innere Stimme. Der Schüler muss sein Bewusstsein beobachten, in dem die beiden Gegenpole von Freude und Trauer *(harsha* und *shoka)* sich auswirken. Ist er deprimiert, soll er die Bücher schließen, Spazieren gehen, an Erhabenes denken und fühlen, dass er ganz Freude ist und alles dem Gesetz *(dharma)* entspricht, das die äußeren Gegenstände *(upadhis)* beherrscht, aber nicht dem Ding an sich zugehört, das Atman ist. Dann vergeht die Depression bald.

2. Moralischer und intellektueller Stolz

Bisweilen ist ein Schüler, der einige geistige Erfahrung oder übernatürliche Kräfte *(siddhis)* erlangt hat, von Eitelkeit und Stolz geschwollen. Er überschätzt seine Verdienste und sondert sich von den anderen ab, auf die er mit Missachtung herabblickt. Hat er wirkliche Verdienste erworben, einen opferfreudigen Geist, Selbstaufgabe oder Keuschheit, dann wird er zu sich sagen: »Seit zwölf Jahren übe ich unaufhaltsam Entsagung *(akhanda brahmacharin)*. Wer ist so rein wie ich? Seit vier Jahren habe ich von Blättern und Erbsen gelebt. Zehn Jahre habe ich in einem Ashram gedient. Niemand hat gedient wie ich.« Wie die Menschen der Welt sich mit ihrem Reichtum brüsten, sind Schüler und *sadhus* bisweilen eingebildet auf ihre moralischen Tugenden. Auch diese Art von Stolz bildet ein schweres Hindernis auf dem Pfad zur Selbstverwirklichung und muss vollkommen ausgerottet werden. Solange der Mensch sich brüstet, bleibt er die kleine, unbedeutende Verkörperung einer Seele, die die Gottheit nicht zu erkennen vermag.

3. Religiöse Heuchelei (dambha)

Es gibt ebenso verschiedenartige *sadhus* wie Menschen der Welt. Wie die Heuchelei oft in weltlichen Menschen vorherrscht, zeigt sie sich auch bei Schülern, *sadhus* und *sannyasins,* die ihre niedere Natur nicht vollkommen geläutert haben. Sie geben vor, etwas zu sein, was sie in Wirklichkeit nicht sind, treten als *mahatmas,* als hochentwickelte Wesen auf und entbehren selbst der Anfangsgründe des Yoga. Sie nehmen ihre »Sonntagshaltung« ein, wie gewisse christliche Missionare an Feiertagen. Ostentative Zeichen auf der Stirn, heilige Pflanzen *(tulsi),* die man trägt, Rosenkränze, die die Shiva-Anbeter um den Hals tragen, sind oft äußere Zeichen von Heuchelei. Dieser Betrug, der das Lob der Verdienste zu laut erklingen lässt und damit überall Böses anrichtet, ist ein gefährlicher Trieb *(vritti)*. Durch Heuchelei suchen solche Menschen Achtung und Ehren, Nahrung und Kleidung von Gutgläubigen zu erlangen. Da es kaum ein schwereres Verbrechen gibt, als mit Religion Handel zu treiben, und religiöse Heuchelei viel gefährlicher ist als jede andere, sind Schüler und *sannyasins*, die auf alles verzichtet haben, um auf dem geistigen Weg zu Gott zu gelangen, nicht zu entschuldigen, wenn sie solcher Heuchelei verfallen. Harte Schulung ist nötig, um sie auszutreiben, denn ein falscher Gläubiger ist sehr weit von Gott entfernt und kann nicht einmal davon träumen, sich ihm zu nahen.

4. Name und Ruf (kirti und pratishtha)

Auf Frau und Reichtum kann man vielleicht noch verzichten, aber es ist schwer, seinen Namen und Ruf aufzugeben. Dies große Hindernis auf dem Weg zur Verwirklichung kann selbst zum vollen Misserfolg führen. Es stellt sich dem Fortschritt des Schülers entgegen, der zum Sklaven von Achtung und Anerkennung wird. Sobald er ein wenig an Reinheit und moralischem Erfolg gewonnen hat, umgeben ihn die Unwissenden und bringen ihm Ehrerbietung dar. Der Schüler fühlt sich in seinem Stolz gesteigert, dünkt sich ein *mahatma* und wird zum Sklaven seiner Anbeter, ohne dass er sich seines langsamen Falles bewusst wird. In dem Augenblick, in dem er sich wieder mit den Menschen der Welt verbindet, verliert er neben dem Gewinn, den er in acht bis zehn Jahren erreichte, auch seinen Einfluss. Denn seine Bewunderer verlassen ihn, weil sie keinen Trost und keine Entspannung mehr bei ihm finden.

Die Menschen bilden sich ein, dass ein *mahatma* übernatürliche Kräfte *(siddhis)* besitze und dass sie – dank seiner Gnade – Kinder, Geld oder Heilpflanzen erhalten könnten. Der Schüler verliert durch falsche Einschätzung jedes Urteil, und Bindung wie Begierde sammeln sich wieder in seinem Bewusstsein. Darum sollte er sich von den anderen Menschen zurückgezogen halten, seine übernatürlichen Kräfte nicht zur Schau stellen, und niemand sollte die geistige Schulung kennen, die er vollbringt. Er sollte demütig und bescheiden sein, durch nichts auffallen und keine wertvollen Geschenke von Menschen annehmen, die in der Welt leben; denn er würde zugleich auch ihre schlechten Gedanken mit annehmen. Er sollte sich anderen niemals überlegen fühlen und jedem mit Achtung begegnen. Nur auf diesem Weg wird er selbst Achtung empfangen. Alles, was mit Namen, Ehre, Ruf bezeichnet wird, sollte er als schlechten Geruch und Gift betrachten, während er Missachtung und Unehren als eine goldene Kette um den Hals tragen sollte. So wird er mit Sicherheit ans Ziel gelangen.

Erbauen von Ashrams und Ausbilden von Schülern ist manchmal Anlass zum Rückschritt. Der Schüler wird zu einer Art Familienvater und entwickelt einen gewissen Egoismus, da er sich an Ashram und Schüler bindet und der Begriff des »Mein« *(mamata)* auftaucht. Er hat äußere Sorgen, die von ihm Besitz ergreifen und seinen Willen schwächen. Selbst im Augenblick des Todes beschäftigt ihn der Gedanke an den Ashram. Der »geistige Kopf« der Institution kann den Ashram sehr gut leiten, solange er am Leben ist. Nach seinem Tod aber werden sich die kleinlichen Schüler untereinander bekämpfen und sich sogar bisweilen an die Gerichte wenden. Die Vorsteher der Ashrams sind oft gezwungen, ihren Geldgebern zu schmeicheln und um Geldmittel zu bitten. Wie kann man aber Gedanken an Gott im Herzen tragen, wenn man sich mit der Sammlung von Geld und der Entwicklung des Ashrams zu beschäftigen hat?

Ein Ashram, das von einem selbstlosen Yogi, von einem wirklich im Leben Befreiten *(jivan-mukti)* geführt wird, ist sicherlich ein dynamisches Zentrum der Geistigkeit, eine Grundlage für die geistige Entwicklung von Tausenden von Menschen. Und es sollte überall in der Welt solche Ashrams geben, die ungeheuer viel Gutes tun könnten. In unseren Tagen aber sind solche geistigen Führer und solche Ashrams leider sehr selten.

Auf die Dauer werden die Gründer der Ashrams unbewusste Sklaven von Ehren und Verehrungen *(puja)*, denn *maya* wirkt auf vielerlei Art. Sie legen großen Wert darauf, dass die Menschen ihren Nektar *(charanamrita)* trinken. Wie aber kann ein Mensch, der sich auf höchster Stufe wähnt und deshalb verehrungswürdig ist wie ein Avatar, den Menschen dienen? Wenn die Schüler, die oft einen engen Horizont haben, sich untereinander um ein Nichts schlagen und die friedliche Atmosphäre des Ashrams stören, was wird dann aus der Ordnung, und wie sollen die Besucher des Ashrams den Frieden *(shanti)* dort finden, den sie suchen?

Die Gründer der Ashrams dürften nur von der Barmherzigkeit leben, die ihnen von außen zuteil wird. Sie sollten ein ideales Leben des Selbstopfers und der Einfachheit führen, wie der verstorbene Kalikamlivala aus Rikhikesh, der auf seinem Kopf das Wasser für den Ashram holte und von der Barmherzigkeit *(bhiksha)* lebte. Nur so kann man den Menschen wirklich Gutes tun. Die Gründer der Ashrams sollten sich niemals um Geldmittel an die Öffentlichkeit wenden, denn das bringt den Weisen, der auf dem Weg der geistigen Verwirklichung wandert, in schlechtes Ansehen. Wohl ist es eine »ehrenwerte« Art des Betteins, aber sie zerstört die subtile und sensible Natur des Intellekts. Wer häufig um Geldmittel bittet, weiß nicht, was er damit tut. Betteln jeder Art zerstört die Kraft der Seele *(atma-bala)* und macht einen schlechten Eindruck auf die Öffentlichkeit. Wo bleibt die Freiheit eines Menschen, der bettelt? Die Menschen verlieren das Vertrauen in die Gründer des Ashrams. Bekommt man etwas geschenkt, ohne dass man es anregte, kann man es annehmen. Es ermöglicht Arbeit ohne Abhängigkeit. Nur Familienväter, die Ashrams gründen, sollten um Geldmittel bitten dürfen.

Es ist sehr schwer, gute Arbeiter für den Ashram zu finden. Man sollte keinen Ashram gründen, wenn man weder Geld noch Arbeiter, noch den Antrieb geistiger Kraft besitzt. Man lebe zurückgezogen, meditiere und entwickle sich selbst. Man kümmere sich um seine eigene Arbeit und verwandle sich erst selbst. Wie kann man anderen helfen, wenn man selbst noch im Dunkeln tastet und blind ist? Wie kann ein Blinder einen anderen Blinden führen? Sie werden beide in den Abgrund fallen und sich das Genick brechen.

Macht, Name, Ruhm und Reichtum verstärken das Ich und die Persönlichkeit. Will man zu Unsterblichkeit und ewigem Frieden gelangen, muss man darauf verzichten.

Zum Schluss möchte ich noch darauf hinweisen, dass wir zwar im Augenblick keine erstklassigen Ashrams besitzen, aber viele gute zweitklassige, die von edlen, *sattva*-erfüllten Seelen geführt werden. Sie erweisen dem Land selbstlos große Dienste vielerlei Art, veröffentlichen wertvolle philosophische Bücher und führen viele Schüler in die Übungen der Meditation und des Yoga ein. Es ist Aufgabe der Reichen, sie freiwillig auf jede Art zu unterstützen. Möge Gott ihnen geistige Kraft verleihen zur Verbreitung der Botschaft der Liebe, des Opfers und des Friedens. Meine schweigende Verehrung und mein Gruß gilt den hohen Seelen, die so reich an Glauben und Selbstaufgabe sind.

5. Elementarwesen (bhuta ganas)

Manchmal erscheinen Elementarwesen während der Meditation, sonderbare Wesen mit langen Zähnen, großen Gesichtern, dicken Bäuchen. Einige tragen das Gesicht auf dem Bauch, andere auf dem Kopf. Es sind Bewohner der niederen Welten *(bhuta-loka)*, Diener des Gottes Shiva. Ihre Gestalt ist erschreckend, und doch sind sie völlig unschädlich. Sie erscheinen ganz einfach auf der Bildfläche, um die Kraft und den Mut des Schülers zu prüfen. Sie selbst sind machtlos und leisten einem reinen, moralisch hochentwickelten Schüler keinen Widerstand. Die Wiederholung der Silbe OM hält sie in Abstand. Sei ohne Furcht. Ein Feiger ist nicht fähig zu geistigem Leben. Entwickle Mut und sei dir jederzeit bewusst, dass du Atman bist, das Absolute. Mach dich frei vom Körper und übe ohne Unterbrechung tiefe Meditation *(nidhi-dhyasana)*.

6. Visionen

Visionen und Erfahrungen kommen und gehen. Sie sind an sich nicht Inhalt des *sadhana.* Wer diesen kleinen Visionen großen Wert beilegt, wird keine schnellen Fortschritte auf seinem Weg machen. Darum sollte man diesen Erfahrungen keine Gedanken widmen. Das endgültige Erlebnis des Höchsten, das unmittelbar und intuitiv aufbricht, ist das einzig Wahrhafte.

Erhebe dich über die Visionen, die du während der Meditation erblickst, denn sie sind ein Hindernis zum *samadhi,* der Gott-Erfahrung. Das Bewusstsein wird sich den Tag über mit ihnen beschäftigen und sich nicht auf Gott richten. Vermeide sogar, an die Vision zu denken, und bleibe gleichgültig, wenn sie erscheinen. Ersetze sie durch den Gedanken an Gott.

7. Übernatürliche Kräfte

Es gibt neun große Kräfte *(riddhis)*, acht größere *(siddhis)* und achtzehn niedere. Die acht größeren *siddhis* sind: die Fähigkeit, eine ganz kleine *(animan)* oder eine riesengroße Gestalt *(mahiman)*, eine außergewöhnlich schwere Gestalt *(gariman)* oder eine außergewöhnlich leichte Gestalt *(laghiman)* anzunehmen, die Fähigkeit, alle Wünsche zu verwirklichen *(prapti)*, einen unwiderstehlichen Willen *(prakamya)* oder große Vornehmheit *(ishitva)* zu besitzen, und endlich die Beherrschung aller Dinge *(vashitva)*. Das Wort »*siddhi*« wird für weniger große Fähigkeiten gebraucht. An diese seelischen Kräfte soll man nicht zu oft denken. Hellsehen und Hellhören braucht nicht erworben zu werden, da man auch ohne sie größere Erleuchtungen und tieferen Frieden erlangen kann. Der Wunsch nach Kräften wirkt wie ein Windstoß, der die Lampe des Yoga, die er mit Sorgfalt unterhalten sollte, auslöscht. Das Nachlassen, dessen Ursache Sorglosigkeit oder der egoistische Wunsch nach seelischen Kräften ist, löscht die kleine geistige Flamme aus, die der Schüler mit so viel Mühe angezündet hatte, und stößt ihn wieder in den tiefen Abgrund der Unwissenheit hinab. Er vermag nicht mehr zu den ursprünglichen Höhen aufzusteigen, die er schon erreicht hatte. Die Versuchung hat daraufgewartet, den unvorsichtigen Schüler zu überwältigen. Der Reiz der astralen Welt und der himmlischen Spielleute *(gandharvas)* ist mächtiger als die der irdischen Welt.

Seelische und andere Kräfte erwachen im Yogi, der

seine Sinne, seinen Atem und seine Gedanken zu beherrschen gelernt hat. Dies aber sind Hindernisse für die Selbst Verwirklichung, Versuchungen für den Schüler, der wachsam sein und sich entschlossen von diesen Kräften abwenden sollte wie von einer wertlosen Lappalie.

Regelmäßige Meditation und Konzentration machen empfänglich für seelische Kräfte. Diese aber dürfen nicht für niedere und selbstische Zwecke ausgenützt werden, um diesen oder jenen materiellen Vorteil zu erlangen. Sonst straft uns unsere Mutter, die Natur, und führt uns zum Fall. Aktion und Reaktion entsprechen sich als Gegensätze. Jede schlechte Tat wird eine entsprechende Reaktion auslösen. Macht, Geschlecht, Geld und Bildung sind mächtige Rauschmittel. Wer sie besitzt, weiß nicht, was er tut; denn sein Geist ist verdunkelt und sein Verständnis verschleiert. Sie werden aber den Schüler nicht treffen, der stark ist in der Übung der Yoga-Tugenden und in *yama,* der Selbstbeherrschung.

Es gibt keine Wunder. Nur der alltägliche Mensch, der nichts von geistigen Dingen mehr weiß und sich jeder transzendenten Erkenntnis verschlossen hat, hält Ereignisse oder Tatsachen, die aus dem Gewöhnlichen herausfallen, für Wunder. Dem Weisen, der die Dinge im Licht des Yoga sieht, bedeutet das Wunder nichts. Wie ein Dorfbewohner erstaunt, wenn er zum ersten Mal ein Flugzeug oder einen Tonfilm sieht, erstaunt der alltägliche Mensch, der zum ersten Mal Zeuge eines »übernatürlichen« Vorgangs ist.

8. Kashaya

Kashaya ist der subtile Einfluss, der sich durch Befriedigung im Bewusstsein einprägt, sich dort festsetzt und wächst, um den Schüler später von *samadhi* abzuziehen, ein ernstes Hindernis für die Meditation, das dem Schüler nicht erlaubt, die höchste Ekstase zu erreichen *(nishtha)*. Es weckt in ihm die schwache Erinnerung an genossene Freuden und bedeutet eine okkulte Beeinflussung *(vasana)*, verursacht durch Eindrücke, die Handlungen vergangener Leben im Bewusstsein zurückgelassen haben *(samskaras)*. Zwischen ihnen besteht die Beziehung von Ursache und Wirkung. Es ist eine Art geistiger Unreinheit *(mala)*.

Das Wort *kashaya* bedeutet Färbung. Anziehung, Abstoßung *(raga-dvesha)* und Täuschung *(moha)* sind die Färbungen des Bewusstseins. Unaufhörliche Unterscheidung, verstärkt durch Meditation über das Absolute *(brahmabhavana)*, ist das beste Mittel gegen diese Krankheit.

9. Erstarrung (laya)

Wecke das Bewusstsein aus der Erstarrung *(laya)* auf. Selbst wenn man Erstarrung und Zerstreuung durch wiederholte Übungen von Entsagung, von Streben nach Erkenntnis *(jnana-abhyasa)* und von Meditation über Brahma aufgelöst hat, wird das Bewusstsein den Zustand der

Ausgeglichenheit und Heiterkeit nicht erlangen, sondern es wird ein Zwischenzustand eintreten. Das Bewusstsein ist noch nicht von den Anziehungskräften befreit, deren Keime seine äußere Tätigkeit gelegt hat. Frühere Eindrücke wirken noch im Unbewussten. Deshalb ist es notwendig, das Bewusstsein immer wieder zu überwachen, strenge Meditation zu üben, Selbstbeherrschung anzustreben und zu versuchen, *samadhi* zu erlangen. Dann endlich wird der Schüler »den samenlosen *samadhi*« *(nirbija samadhi)* erreichen.

10. Rasasvadana

»*Rasasvadana*« bezeichnet die Glückseligkeit, die eine niedere, aber nicht sinnengebundene Form des *samadhi* erweckt. Wer sie empfunden hat, glaubt, das endgültige Ziel erreicht zu haben, und gibt *sadhana* auf.

Aber wie ein Mensch den Boden tief nach dem kostbaren Schatz umgräbt und sich nicht mit den an der Oberfläche gefundenen unbedeutenden Dingen begnügt, so muss der Schüler seine geistigen Übungen fortsetzen, bis er das höchste Lebensziel *(bhuman)* erreicht hat. Er darf sich nicht mit unbedeutenden Erfahrungen begnügen, sondern muss sie mit den höchsten Erfahrungen der Weisen vergleichen, die in den Upanishaden beschrieben sind. Er muss herausfinden, ob die seinen jenen genau gleichen, und muss seine Übungen solange fortsetzen, bis er die sieben Stufen *(bhumikas)* der Meditation erreicht hat, bis er *brahma vasishtha* gleich geworden ist. Er muss solange kämpfen, bis er das innere Gefühl der Erleuchtung erfahren hat *(apta kama, krita-kritya, prapti-praptyam)* und sich sagen kann: »Ich habe empfangen, was ich wollte. Ich habe erfahren, was ich ersehnte. Ich weiß alles. Es bleibt nichts mehr zu erkennen, nichts mehr zu erlangen.«

Die schwächere Form der Glückseligkeit *(rasavadana)* hindert den Schüler am Genuss der höheren. Darum ist es ein Hindernis, das durch die angegebenen Mittel überwunden werden muss.

11. Tushnim-bhuta avastha

Manchmal bleibt das Bewusstsein eine Zeitlang still und wird von nichts angezogen *(raga)* oder abgestoßen *(dvesha)*. Dieser Zustand der Ruhe, der *»tushnim avastha«* genannt wird, tritt im Schlaf ein. Der Schüler aber darf diesen neutralen Zustand des Bewusstseins, der ein Hindernis auf dem Pfad zur Verwirklichung bildet und durch sorgfältige Innenschau und starke Meditation überwunden werden sollte, nicht mit *samadhi* verwechseln. Besitzt er Erfahrung und Scharfsinnigkeit, so vermag er die Natur seiner verschiedenen Bewusstseinszustände zu erkennen und geeignete Methoden anzuwenden, um diese zu beherrschen. Einfaches Studium wird kaum helfen. Praktische Erfahrung und Übung sind vorzuziehen.

12. Stabdha avastha

Dies ist wieder ein anderer Zustand des Bewusstseins, eine Betäubung, die aus Furcht oder Verwunderung entsteht und ebenfalls ein Hindernis auf dem Pfad bedeutet. Er ähnelt der Natur des »*tushnim avastha*«. Bei außergewöhnlichen Nachrichten wird das Bewusstsein einen Augenblick lang betäubt und ausgeschaltet. Dieser Zustand, der keine Wahrnehmung mehr aufnimmt, heißt »*stabdha avastha*«.

Das Bewusstsein gleicht einem Stück Holz und ist keiner aktiven Meditation fähig. Hält dieser Zustand an, wird der Körper schwer und die Gedanken düster. Ein intelligenter *sadhak,* der täglich meditiert, wird sich leicht über die Zustände klar, die sein Bewusstsein durchmisst.

Dem Anfänger erscheint die Meditation zu Beginn noch trocken, dem Fortgeschrittenen aber, der Natur und Wirksamkeit des Bewusstseins versteht und die Gesetze der Mentalebene kennt, wird die Meditation voller Anregungen sein. Je mehr er meditiert, desto mehr wird er seine Gedanken beherrschen. Zuletzt wird er deutlich die Kräfte empfinden, die er gewonnen hat und die das Bewusstsein ihm nicht mehr allzu leicht streitig machen kann.

13. Zustand der Leere

Auf dem Weg zum *samadhi* werden verschiedene Schwierigkeiten wie Schlaf, Trägheit, Mangel an Kontinuität, Verwirrung, Versuchung, Verblendung, Wunsch nach Gütern dieser Welt und der Eindruck der Trockenheit den Schüler überkommen. Er muss stets auf der Hut sein, voller Wachsamkeit und Umsicht, um allmählich durch unerschrockene Bemühungen diese hemmende Leere zu überwinden. Er muss aber auch durch die Leere hindurchgehen. Was ihm als solche erscheint, wenn alle Impulse im Bewusstsein aufgehört haben, ist nicht wirklich Leere *(avyakta)*. Darum muss auch dieser Zustand, der ihn in den Abgrund herabzuziehen sucht, durchschritten werden. Der Schüler fühlt sich vollkommen allein; es ist nichts mehr zu sehen, nichts zu hören. Niemand kann ihm Mut zusprechen. Er ist ganz allein auf sich gestellt. In dieser kritischen Lage bedarf er der Geistesgegenwart und muss Mut und Kraft aus sich selbst schöpfen. Auch der weise Uddalaka hatte große Mühe, diese Leere zu durchschreiten.

SEGNUNG

Meine geliebten Schüler! Gedankenströme des Friedens sende ich euch aus der friedvollen Atmosphäre des heiligen Himalaya, in dem die *rishis* leben.

Gott ist die wahre Form *(svarupa)* des Friedens *(shanti)*. Die heiligen Bücher verkünden: »*ayam atma shanto.*« Dieses einmalige Selbst *(atman)* ist Schweigen. Der Wunsch ist der größte Feind des Friedens und verursacht die verschiedensten Zerstreuungen. Es gibt keinen Frieden für den, der sich nicht zu konzentrieren vermag, kein Glück für den Unruhigen. Erst im höchsten Frieden schwinden alle Leiden und Sorgen, alles Elend und alle Verwirrung für immer.

Geliebte Brüder! Kinder der Unsterblichkeit! Geht weiter auf eurem Weg, geht voran, ohne euch jemals umzublicken. Man muss die Vergangenheit vergessen, Körper und Welt vergessen, nicht aber die Mitte, die Quelle von allem. Eine strahlende Zukunft wird euch erwarten, wenn ihr euch reinigt, wenn ihr dient, liebt und opfert. Lebt im OM und fühlt überall und immer seine innerste, allesdurchdringende Gegenwart. Verwirklicht euer Selbst und ruht aus in dem endlosen Meer des Friedens, in dem wunderbaren Meer der Stille. Trinkt den Nektar der Unsterblichkeit. Möge Seine innerste Gegenwart eure Mitte, euer Ideal, euer Ziel sein! Möge Freude, Segen, Unsterblichkeit, Frieden, Ruhm und Herrlichkeit immer in euch leben.

Kinder des Nektar! Ich habe alle Hindernisse vor eurem Auge ausgebreitet, die sich dem Weg zur Gott-Erfahrung entgegenstellen, und habe die verschiedenen Methoden gezeigt, um diese Hindernisse zu überwinden. Nun beweist euch als unerschrockene Soldaten auf dem geistigen Kampffeld. Eure ritterliche Haltung mache euch zu Helden der Seele. Überwindet furchtlos die Hindernisse und offenbart die Herrlichkeit, den Ruhm, die Reinheit und die Heiligkeit des Göttlichen. Erwartet mit ruhigem, heiterem Geist, ohne Hast und Ungestüm die Ergebnisse. Wiedergeburt und Erneuerung werden zu ihrer Zeit eintreten. »Nil desperandum«. Niemals verzweifeln. Zieht die Rüstung der Entsagung an, ergreift den Schild der Unterscheidung, schwingt das Zepter des Glaubens und marschiert guten Mutes und fröhlich voran mit der Fanfare des heiligen Mantrams: *bhum*, OM, OM, OM, *ram, ram, ram, shyam, shyam!* Haltet erst an, wenn ihr in langen Zügen das Elixier der Unsterblichkeit getrunken habt und in das unsterbliche Königreich eingegangen seid, das auf ewig erfüllt ist von dem Licht der Sonne, von unvergänglicher Schönheit, nie endender Ekstase, unverfälschter Seligkeit und immerwährendem Frieden.

Ruhet euch aus, ihr Freunde, in dieser unvergänglichen Heiterkeit. Ich sage euch allen Lebewohl. Möge Freude in euch sein. Teilt sie mit euren Brüdern und macht ihnen Mut. Dieses edle und selbstlose Werk erwartet euch von nun an auf »der großen Ebene«. Vollendet den göttlichen Willen und werdet zum Buddha unsterblichen Ruhms. Heil euch allen!

Wie eine Biene, die gewahr wird, dass ihre Beine vom Honig festgehalten sind, diese ableckt und voller Freude davonfliegt, so soll der Mensch sich von allem befreien, das durch Anziehung *(raga)* oder Täuschung *(moha)* sein Bewusstsein belastet oder sich an seinen Körper hängt. Entsagung *(vairagya)* und Meditation werden ihm hierbei helfen. Verlasst voller Freude euren Käfig aus Fleisch und Knochen und strebt hinauf zur höchsten Quelle des Absoluten, Brahma!

Genug der Worte. Ziehe dich in ein einsames Zimmer zurück, schließe die Augen und versenke dich in schweigende Meditation. Fühle Seine Gegenwart und wiederhole Seinen Namen OM mit Eifer, Freude und Liebe. Erfülle dein Herz mit göttlicher Liebe *(prema)* und vertreibe die Eindrücke der Vergangenheit *(sankalpas)*, die Gedanken, Launen, Phantasien und Wünsche, sobald sie an der Oberfläche des Bewusstseins entstehen. Sammle die Gedanken und richte sie fest auf den Herrn. Dann werden Versenkung in das Göttliche *(nishtha)* und Meditation tief und intensiv werden. Öffne nicht deine Augen, bewege dich nicht von der Stelle. Versenke dich in Ihn, versenke dich tief hinein in das Herz, in die Seele des Lichts *(atman)*. Trinke den Nektar der Unsterblichkeit. Erfreue dich der Stille. Nun muss ich dich verlassen, o Sohn des Nektar. Freue dich! Frieden! Schweigen! Herrlichkeit!

IX. ERFAHRUNGEN IN DER MEDITATION

1. Lichte

I.

Zu Beginn der Meditation leuchten vor der Stirn Lichter verschiedener Farbe, rote, weiße, blaue, grüne, auf. Sie bestehen aus subtilen Teilchen *(tanmatras)*. Jedes Element oder »wirkliche Ding« *(tattva)* hat seine besondere Färbung. Die Erde *(prithivi tattva)* ist gelb, das Wasser *(apas tattva)* weiß, das Feuer *(agni)* rot; die Luft *(vayu)* grün, der Äther *(akasha)* blau. Die farbigen Lichter gehören allein zu diesen wirklichen Elementen *(tattvas)*.

Manchmal leuchtet auch eine Riesensonne, ein Mond oder Lichtstrahl blitzähnlich auf. Diese Tatsachen dürfen den Schüler nicht beunruhigen. Er sollte sie ausschalten und tiefer in ihre Quelle eindringen.

Es geschieht auch, dass übernatürliche Wesen: *devas, rishis, nitya-siddhas* sich während der Meditation zu offenbaren suchen. Man soll sie mit Ehrfurcht empfangen, sich vor ihnen verbeugen und ihren Rat annehmen; sie wollen helfen und Mut zusprechen.

Zu Beginn der Konzentration und Meditation gewahrt man in der Mitte der Stirn einen blendenden Lichtstrahl, der eine halbe Minute andauert und dann verlöscht. Der Strahl kommt von der Seite oder von oben. Manchmal sieht man eine Sonne von sechs bis acht Daumen Durchmesser mit oder ohne Strahlen. Auch die Gestalt des Gurus kann man erblicken.

Wenn der Schimmer des Selbst auftaucht und man ein strahlendes Licht wahrnimmt, wenn auch andere außergewöhnliche geistige Erfahrungen sich offenbaren, darf man nicht erschrecken und im *sadhana* anhalten, denn diese Dinge sind keine Phantome. Sei mutig und gehe kühn und freudig voran.

II.

Welche Art Träume hast du? Welche Gedanken erfüllen dein Bewusstsein, wenn du aufwachst, wenn du allein in deinem Zimmer bist, wenn du auf der Straße gehst? Kannst du denselben Gemütszustand, in dem du dich während der Meditation im abgeschlossenen Zimmer befindest, auch in einer Menschenmenge bewahren? Halte Innenschau und beobachte deine Gedanken von nahem. Verwirren sie sich auf der Straße, so bist du noch schwach und wenig weit auf dem geistigen Weg fortgeschritten.

Der Schüler muss lernen, die Macht des Schweigens zu verstehen, die weit größer ist als die von Vorlesungen, Gesprächen und Diskussionen. Shri Dakshinamurti lehrte mit Schweigen seine vier jungen Schüler Sanaka, Sananda, Sanatana und Sanatkumara. Schweigen ist die Sprache Gottes und auch die Sprache des Herzens. Man soll sich deshalb schweigend hinsetzen und seine Gedanken anhalten. So kann man seine geistige Kraft in das ganze Weltall senden, das ihren Segen empfängt.

Lebe im Schweigen, werde zum Schweigen, ruhe aus im Schweigen. Erkenne so dein Selbst und werde frei.

Wenn der Schüler sich morgens zur Meditation hinsetzt, soll er allen lebenden Wesen Gedanken der Liebe und des Friedens senden mit folgenden Worten: *»sarvesham shanti bhavatu.«* Möge der Frieden des Herrn in allen Geschöpfen sein! Möge Gedeihen in allen Geschöpfen sein! *»Lokah samastha sukhino bhavatu.«* Möge Glück in der ganzen Welt sein!

Der Frieden hebt alle Pein auf, denn wer friedvoll im Geiste ist, hat auch ruhige Gedanken. Wenn Frieden im Bewusstsein erreicht ist, gibt es keinen Wunsch mehr nach den Gegenständen der Sinne. Der Yogi beherrscht seine Vernunft vollkommen. Sein Verstand ruht in seinem Selbst. Die Leiden seines Körpers und Denkens hören auf.

Während der Meditation hat man keinen Zeitbegriff. Man vernimmt keinen Ton mehr und hat keine Verbindung mit seiner Umgebung. Der eigene Name und die Beziehung zu anderen sind vergessen. Man genießt Frieden und Glückseligkeit und tritt langsam in *samadhi* ein.

Zu Beginn bleibt der Schüler nur für einige Zeit in einem Zustand der Glückseligkeit. Durch unaufhörliche Übung der Meditation aber wird er ihn für immer erreichen. Später verliert er selbst den Gedanken an seinen Körper.

In tiefer Meditation ist man sich seines Körpers und seiner Umgebung nicht mehr bewusst. Man empfindet vollkommene Ausgeglichenheit, bei der alle Eindrücke verlöschen und es keinen Egoismus mehr gibt. Unerklärbare Freude, unauslöschliches Glück erfüllen dich. Langsam schwinden Denken und Überlegung.

Gelangt man durch tiefe Meditation in völlige Stille, fallen äußere Welt und Sorgen ab. In diesem Schweigen leuchtet das herrlichste Licht aller Lichte; in ihm herrscht unvergängliche Seligkeit; in ihm liegt wirkliche Kraft und Freude.

Bei stärkster Meditation hält der Schüler von selbst den Atem an *(kevala kumbhaka)*. Es gibt für ihn weder Einatmen *(puraka)* noch Ausatmen *(rechaka)*. In solchen Augenblicken genießt er unermesslichen Frieden und volle Konzentration der Gedanken.

Die Visionen der *rishis,* die sich auf die Seele beziehen, und andere übersinnliche Dinge erscheinen von selbst dem Schüler, der voller Hingabe die Vorschriften der offenbarten Schriften *(shrutis)* und der Tradition *(smriti)* befolgt, der ohne Selbstsucht ist und den höchsten Brahma zu erkennen sucht.

Während der tiefen Meditation verliert der Schüler zuerst das Bewusstsein der äußeren Welt, dann das seines Körpers. Die Empfindung, dass man während der Meditation hochgehoben wird, bedeutet, dass man das Körperbewusstsein verloren hat. Sie bringt besondere Glückseligkeit *(ananda)*, dauert aber anfänglich kaum eine Minute an. Danach gleitet man wieder in seinen früheren Bewusstseinszustand zurück.

Der Schüler kann noch eine höhere Art dieses unauslöschlichen Friedens kennen lernen, aber es wird längerer Zeit bedürfen, bis er zur geistigen Erfahrung gelangt, bis er in den Gegenstand der Meditation *(lakshya)* versinkt und das Körperbewusstsein vollkommen verliert.

Mit Geduld und Ausdauer wird er auch dieses Ziel erreichen.

Seelen, die die Selbstverwirklichung erfahren haben, erlangen Zutritt zu dem kosmischen Bewusstsein. Es erscheint zunächst nur als ein kurzer Lichtstrahl, wird aber durch unaufhörliche Meditation zu einem natürlichen andauernden Erlebnis.

III.

Konzentration bedeutet Gerichtetsein der Gedanken auf irgendeinen äußeren oder inneren Punkt. Während der Meditation werden sie ruhig, heiter und gefestigt. Die verschiedenen Gedanken werden gesammelt und auf den Gegenstand der Meditation konzentriert *(lakshya)*. Nun beschäftigt eine einzige Idee das Bewusstsein, dessen gesamte Energie auf diese Idee konzentriert ist. Die Sinne werden ruhig und arbeiten nicht mehr. In tiefer Konzentration hört das Bewusstsein von Körper und Umgebung auf, und das Bild des Herrn erscheint für einen Augenblick ganz klar vor dem geistigen Auge.

Man soll nicht versuchen, die unnützen Gedanken zu vertreiben. Je mehr man sich darum bemüht, um so stärker kommen sie zurück. Beweis für die eigene Kraft ist es, gleichgültig zu werden und das Bewusstsein mit göttlichen Gedanken zu erfüllen. Dann werden die unnützen Gedanken nicht wiederkehren.

Alle seelischem Impulse wie Ärger, Eifersucht, Hass nehmen während der Meditation subtilere Formen an und schwächen sich ab. Durch *samadhi,* die selige Vereinigung mit dem Herrn, werden sie völlig aufgehoben. Erst dann ist man sicher. Denn latente Impulse *(vrittis)* warten stets auf die Gelegenheit, in grober und erweiterter Form wiederzukehren, wenn man nicht sorgfältig und wachsam ist.

In tiefer Meditation wird man das Körperbewusstsein verlieren und dabei unermessliche Freude empfinden. Gleichzeitig wird sich ein geistiges Bewusstsein bilden. Manche verlieren zuerst das Bewusstsein ihrer Füße, dann der Wirbelsäule, des Rumpfes und der Hände. Nun hat man den Eindruck, als ob der Kopf in der Luft schwebe. Vielleicht wird das Bewusstsein in diesem Zustand versuchen, den Körper wieder zurückzugewinnen.

Der Schüler darf nicht ein wenig Konzentration oder Gerichtetsein auf einen Punkt mit *samadhi* verwechseln und annehmen, er habe *samadhi* erreicht, nur weil er durch leichte Konzentration ein wenig über das Körperbewusstsein hinausgehoben ist. *Samadhi,* der Zustand des Überbewusstseins, ist das höchste Ziel, zu dem man durch Meditation gelangen kann. Man erlangt ihn nicht durch kurze Übungen, sondern allein durch strenge Keuschheit, Beschränkung der Ernährung und Reinheit des Herzens. Man muss diese Vorbedingungen erst erfüllt haben, ehe man versucht, die Pforte des *samadhi* zu durchschreiten. Nur ein großer Anbeter des Herrn kann in *samadhi* eingehen. Sonst ist das angebliche *samadhi* nur Trägheit *(jada)*.

Der Zustand des *samadhi* übertrifft alle Schilderung. Man kann ihn mit keinem Wort beschreiben, ebenso wenig wie man den Geschmack eines Apfels einem anderen erklären kann, der ihn nicht gekostet hat. *Samadhi* ist reine Seligkeit, reine Liebe, vollkommener Frieden. Das ist alles, was man sagen kann. Man muss ihn selbst erfahren.

2. Unhörbare Töne

Unhörbare Töne *(anahata)* sind die mystischen Klänge, die Yogis am Beginn ihres Meditationszyklus vernehmen. Sie heißen *»nada anusandhana«*, Eindringen in die mystischen Klänge, und sind ein Zeichen dafür, dass die Flüssigkeits-Kanäle *(nadis)* durch die Wirkung von *pranayama* gereinigt werden. Man kann die Töne auch vernehmen, wenn man hunderttausendmal *»ajapa gayatri mantra«* oder die heilige Formel *»hamsa so'ham«* (ich bin eine vollkommene Seele) wiederholt. Die Klänge dringen durch das rechte Ohr ein, gleichgültig, ob die Ohren offen oder geschlossen sind. Man kann in *»yonimudra«*-Haltung mit Hilfe der beiden Daumen die Ohren verschließen, nachdem man die Lotusstellung *(padmasana)* oder die »vollkommene Stellung« *(siddhasana)* eingenommen hat, und trotzdem die Töne durch das rechte Ohr, gelegentlich auch durch das linke, vernehmen. Bei den Übungen sollten die Töne nur durch das rechte Ohr zu hören sein, da der astrale Sonnenkanal *(pingala)* am rechten Nasenloch endet. Der »unhörbare Ton« wird auch *»omkara dhani«* genannt. Er stammt von der Schwingung des Lebensatems *(prana)* im Herzen.

Es gibt zehn Arten unhörbarer Töne. Die erste ist *»chini«* (wie der Klang dieses Wortes). Die zweite heißt *»chin-chini«*; die dritte ist der »Glockenton«; die vierte der »Ton der Muschelschale«; die fünfte der »Ton der Laute«; die sechste erinnert an das Geräusch der Cymbeln; die siebente an den Laut der Flöte; die achte an die Trommel *(bheri)*; die neunte an die Doppeltrommel *(mridanga)*; die zehnte endlich erweckt Donnergetöse.

Ehe man seinen Fuß auf die obersten Stufen der Leiter zu den mystischen Tönen setzt, muss man die Stimme seines inneren Gottes, des Höchsten Selbst, auf sieben verschiedene Arten vernehmen: die erste gleicht dem süßen Singen der Nachtigall, die ihrem Gefährten einen Abschiedsgesang bringt; die zweite erinnert an den Klang der silbernen Cymbel heiliger Spielleute *(dhyanins)*, die die schimmernden Sterne weckt; die folgende gleicht der melodischen Klage eines Meergeistes, der in der Muschel eingeschlossen ist. Ihr folgt der Gesang der *vina* (Violinensaite). Der fünfte Ton schrillt wie eine Bambusflöte in dein Ohr. Er wird abgelöst von dem Blasen der Trompete. Der letzte Ton schwingt wie das dumpfe Grollen des Donners und nimmt alle anderen Töne in sich auf, die für immer in ihm vergehen.

3. Lichterscheinungen

Verschiedene Lichtarten werden in der Meditation durch die starke Konzentration hervorgerufen. Anfangs wird ein nadelkopfgroßer weißer Lichtfleck auf der Stirn zwischen beiden Augenbrauen *(trikuta)* erscheinen, an der Stelle, wo das *»ajna chakra«* im astralen Körper liegt. Bei geschlossenen Augen wird man verschiedene weiße, gelbe, rote, rauchfarbige Schimmer beobachten oder auch Lichtblitze wie von Feuer, glühender Kohle, von Leuchtkäfern, Sonne, Mond oder Sternen. Dies alles spielt sich auf der Ebene der reinen Erkenntnis *(chidakasha)* ab. Es sind subtile Teilchen *(tanmatras)*, von denen jedes seine eigene, bestimmte Farbe hat. Das *tanmatra* der Erde *(prithivi)* hat ein gelbliches Leuchten, das des Wassers ein weißes, das des Feuers *(agni)* ein rotes. Das Leuchten des Luftelements ist rauchig, das des Äthers blau. Oft wird ein gelber oder weißer Schein, häufig auch eine Verbindung beider wahrgenommen, während rotes und blaues Licht selten zu sehen sind. Wenn kleine Bälle aus weißem Licht an dem inneren Auge vorüberfliegen, kann man überzeugt sein, dass das Bewusstsein sich festigt und man Fortschritte in der Konzentration macht. Nach einigen Monaten wird das Licht größer werden, bis es als weißer Lichtglanz erscheint, der größer ist als die Sonne. Anfänglich wird diese Erscheinung nicht anhalten, sondern kommen und sogleich wieder verschwinden. Sie blitzt über der Stirn und zu beiden Seiten auf und bewirkt eine seltsame Empfindung höchster Freude und Beglückung, die intensive Sehnsucht nach diesen Lichterscheinungen weckt. Bei anhaltender, regelmäßiger Meditationsübung von je zwei bis drei Stunden morgens und abends werden diese Visionen häufiger erscheinen und längere Zeit anhalten. Sie bedeuten eine große Ermunterung im *sadhana,* regen zu weiterer ununterbrochener Meditation an und schaffen Zutrauen zu den überphysischen Dingen. Die Lichterscheinung zeigt an, dass man das physische Bewusstsein überschritten hat, sich in einer Art von Zwischenzustand befindet und zwischen zwei Ebenen lebt. Man darf in diesem Zustand den Körper nicht bewegen, sondern soll unbeweglich in seiner Haltung verharren und möglichst langsam atmen.

Das Lichtdreieck auf dem Gesicht

Wer sich mit Maß ernährt, sich von Zorn freihält und jeden Geschmack an der Welt verloren hat, wer seine Leidenschaften besiegt und die »Gegensätze« wie kalt – warm usw. überwunden hat, wer keinen Egoismus mehr kennt, niemandem Schaden zufügt und nichts von anderen nimmt, wird während der Meditation die »Drei« – das Dreieck – auf seiner Stirn tragen.

Das Licht der *Sushumna*

»*Vishoka va jyotishmati*« (Kap. 1, 36 der Aphorismen des Patanjali): Du kannst *samadhi* erreichen, wenn du über Ihn meditierst, der über allem Kummer strahlt. Manchmal kann man während der Meditation ein strahlendes

Licht wahrnehmen, dessen Glanz kaum erträglich ist, sodass man sein inneres Auge von ihm abwenden muss. Dieser Lichtglanz entstammt dem astralen Kanal, der die ganze Wirbelsäule entlang läuft *(sushumna)*. Sein Sitz ist im Herzen.

Formen des Lichts

Man wird zwei Arten von Lichtformen wahrnehmen: 1. die strahlenden Formen der Gottheiten *(devatas)*, 2. die physischen Formen. Man wird seine Schutzgottheit *(ishta devata)* in schönem Gewand, prächtig mit Blumen und Girlanden geschmückt erblicken, mit vier Händen, die Waffen tragen. Weise *(rishis)* werden erscheinen, um Mut zuzusprechen. Man wird eine sehr große Anzahl von *devatas* sehen und göttliche Musikanten, die auf verschiedenen Instrumenten spielen. Schöne Blumen, Gärten, Paläste, Flüsse, Berge und goldene Tempel offenbaren sich, Schauplätze von so herrlicher und malerischer Schönheit, dass sie sich nicht beschreiben lassen.

Lichterglanz

Manchmal erscheint während der Meditation ein weißer Lichterglanz, der stärker blendet als die Sonne. Anfänglich blitzt er auf und verlöscht wieder. Später hält er länger an, zehn oder fünfzehn Minuten bis zu einer halben Stunde, je nach der Stärke der Konzentration. Wer sich zwischen den Augenbrauen konzentriert, sieht das Licht an dieser Stelle; wer sich auf dem Scheitel des Kopfes *(sahasrara chakra)* konzentriert, erblickt es hier. Bisweilen ist der Lichterglanz so mächtig und blendend, dass man sich abwenden und die Meditation unterbrechen muss. Manche Schüler erschrecken dabei und wissen nicht, was sie tun sollen. Wenn sie in der Konzentration fortfahren, wird sich ihr Bewusstsein an das Licht gewöhnen, und ihre Angst schwindet.

Erscheinungen

Wesen und Gegenstände, mit denen man während der ersten Periode der Meditation in Beziehung tritt, gehören der astralen Welt an. Sie ähneln menschlichen Wesen ohne körperliche Hülle. Wie die Menschen kennen sie Wünsche, Liebe und Hass. Ihr Körper aber ist subtiler und kann sich frei bewegen. Sie haben die Macht zur Materialisierung und zur Entmaterialisierung, zur Vervielfachung und zum Hellsehen niederen Grades. Die strahlenden Formen gehören Gottheiten der Mentalebene oder einer höheren Ebene an, die dem Schüler ihre Begleitung *(darshan)* anbieten und ihn ermutigen. Auch verschiedene kosmische Formen *(shaktis)* offenbaren sich unter einem leuchtenden Äußeren. Man muss sie verehren und in Gedanken eine kultische Zeremonie *(puja)* ausführen, sobald sie erscheinen. Engel, die sich dem geistigen Blick offenbaren, sind Wesen der höheren Mentalebene.

Manchmal spürt der Schüler eine unsichtbare Hilfe, die vielleicht von seiner Schutzgottheit *(ishta devata)* stammt, wenn er tatsächlich von der physischen Ebene zu einer anderen versetzt wird. Diese unsichtbare Macht hilft ihm, den Körper zu verlassen und das Körperbewusstsein zu überwinden.

Der Schüler sollte der Betrachtung dieser Visionen keine Zeit opfern und sie nur als eine Seltenheit, als Ermunterung, als Beweis für die Existenz der überphysischen Ebene und der Wirklichkeit »meta-physischer« Dinge, der Wahrheit Brahmas nehmen. Er soll sich von diesen Bildern freimachen, sich auf sein Ziel *(lakshya)* ausrichten und ernst und energisch voranschreiten.

Sobald man sich zu Bett legt, erscheinen diese Lichte ohne Bemühung von selbst im Augenblick, in dem man das physische Bewusstsein übersteigt. Dasselbe Phänomen ereignet sich morgens in dem Zwischenzustand, ehe man vollkommen erwacht.

Manchmal erblickt man während der Meditation einen ungeheuren, blauen Himmel, die Weite des Äthers und sich selbst in ihm als schwarzen Punkt, der sich bisweilen auch im Zentrum des Lichts offenbart. In anderen Fällen wird man in diesem Licht schnell schwingende, lebhaft kreisende Teilchen erblicken oder körperliche Formen von Menschen, Kindern, Frauen, Männern, von *rishis* mit Bärten und vollendete Wesen *(siddhas)*. Auch Lichterscheinungen *(tejomaya)* kann man wahrnehmen. Dies alles kann objektiv oder subjektiv sein, kann die eigenen gedanklichen Reaktionen darstellen oder Wirklichkeiten höherer Ebenen von verschiedenem Grad und Intensität. Rhythmische Schwingungen der subtilen Materie *(tanmatra)* lassen diese verschiedenen Ebenen entstehen. Jede von ihnen besitzt seine Wesen und Gegenstände. Die Vision des Schülers kann ihr entstammen, sie kann aber auch der Phantasie entspringen und einfache Kristallisationen eines intensiven Gedankens darstellen.

4. Mystische Erfahrungen der Schüler
(Auszüge aus Briefen)

»Ich empfand ein sonderbares Gefühl in der Höhe des Solarplexus, das heißt ich empfand ein Wirbeln um mich herum, dem Propeller eines Flugzeugs gleich. Dann hatte ich sonderbare Visionen. Ich erblickte mit meinen leibhaftigen Augen eine Art weiß oder blau gefärbten Lichts um die Köpfe der Menschen und über den Häusern. Wenn ich am hellen Tag zum Himmel blickte, sah ich ein weißes Licht, das sich einem Wurm gleich hin- und herschlängelte. Wenn ich intensiv in meinem Büro arbeitete, tanzten Lichtstrahlen vor meinen Augen. Manchmal setzten sich Lichtfunken auf meine Lippen. Ich wurde von Freude erfüllt und sang den Namen des Herren: »Shri Rama, *jaya Rama, jaya, jaya,* Rama. Wenn ich mit dem Rad zum Büro fahre, ist ein runder Lichtball sichtbar, bis ich angekommen bin. Das gleiche geschieht, wenn ich voller Bewunderung und Aufmerksamkeit den Äther *(akasha)* betrachte ...« S.

»Ich habe fünf Stunden am Tag einen Monat lang in Gangotri meditiert. Einmal fühlte ich mich zwei Stunden lang sehr deprimiert. Ich konnte keinen Frieden finden, und dieser Zustand der Depression erschien mir unerträglich. Ich ging deshalb zu den Ufern des Ganges, um über Mahatma Gandhi zu meditieren, was mir gut tat. Einige Tage später meditierte ich eineinhalb Stunden lang über Rama, als sich diese Meditation mit Attributen *(saguna)* in eine Meditation ohne Attribute *(nirguna)* verwandelte. Zehn Minuten lang erlebte ich vollkommenen Frieden *(shanti)*, und meine Gedanken versenkten sich eine halbe Stunde lang vollkommen in die Meditation über OM. Einen anderen Tag hatte ich eine ganz andere Erfahrung. Ich öffnete die Augen nach der Meditation und fühlte ohne Hilfe des Denkens, dass alles Brahma ist. Dieser Bewusstseinszustand hielt den ganzen Tag an. Ein Novize *(brahmacharin)* sprach an diesem Tag eine Stunde lang mit mir, ohne dass ich im geringsten auf seine Worte Acht gab oder irgend etwas behielt. Bei einer anderen Gelegenheit meditierte ich eine halbe Stunde lang, in ziemlich begeisterter Stimmung. Durch äußeren Lärm zerstreut, verflog diese Stimmung aber bald. Wieder begann ich zu meditieren. Ein wunderbares Licht offenbarte sich auf dem Grunde meines Herzens. Sobald das Licht entschwand, weinte ich, ohne mir dessen bewusst zu werden. Jemand kam und rief mich bei meinem Namen. Ich achtete nicht darauf. Er schüttelte mich. Da trockneten meine Tränen einen Augenblick und ich sah ihn an. Danach begannen sie wieder fünfundzwanzig Minuten lang zu fließen …« V.

»Ich übte als Prüfung zum ersten Mal Schweigen *(mauna)* vom 26. Februar bis zum 4. März 1932.

Irrtümer: Einmal musste ich mich durch Gesten verständlich machen. Die letzten drei Tage äußerte ich bei völliger Geistesabwesenheit Worte wie: ja, genug, was. Zu

Unrecht meinte ich, Schmerzen im Kiefer zu empfinden. Auch hatte ich große Sehnsucht, zu sprechen.

Vorteile: Ich konnte mehr Arbeit verrichten und länger lesen, auch länger als gewöhnlich Japam und Meditation üben. Ich konnte nicht vor Mitternacht einschlafen, da mich der Inhalt der Bücher beschäftigte, die ich gelesen hatte. Es war weder Zorn noch Erregung in mir. Ich konnte nichts auswendig lernen. Umsonst suchte ich einige Verse *(shlokas)* zu lernen. Dies ergab sich aus meiner früheren Gewohnheit, sie ein- oder zweimal laut vorzulesen ...« R.

»Einen Monat lang machte ich *pranayama*-Übungen und fing an, süße melodische Klänge oder »unhörbare Laute« *(nadas)* von Flöten, Violinen, Glocken, Glockenspielen, Muschelschalen, von Trommeln oder Donnergetöse zu hören. Diese Geräusche kamen manchmal aus dem rechten, manchmal aus dem linken, manchmal aus beiden Ohren ...« N.

»Während meiner Konzentration roch ich außergewöhnlich süßen Duft, angenehmste Wohlgerüche ...« R.

»Meist gewahrte ich, während ich mich zwischen beiden Augenbrauen konzentrierte, eine strahlende Sonne, ein blendendes Licht, einen glänzenden Stern. Die Vision hielt niemals an ...« G.

»Gewöhnlich empfing ich während der Konzentration zwischen beiden Augenbrauen den Besuch *(darshan)* von Weisen. So erblickte ich meine Schutzgottheit *(ishta)* und Krishna mit der Flöte ...« S.

»Manchmal erblickte ich in der Meditation farbige Lichter, rote, grüne, blaue oder weiße, zwischen beiden Augenbrauen *(trikuta)*. Zu anderen Malen einen weiten blauen Himmel. Und ich selbst erschien in diesem Blau als ein schwarzer Punkt …« V.

»Ich sah gewöhnlich während der Meditation Gottheiten mit strahlenden Lichtkörpern *(tejomaya)* und wunderbarem Geschmeide …« R.

»Manchmal erblickte ich während der Meditation nur eine unendliche Leere …« T.

»Gewöhnlich sah ich während der Konzentration mein eigenes Gesicht inmitten eines großen Lichts. Zu anderen Zeiten waren es Gesichter von Freunden, die ich deutlich erkennen konnte …« R.

»Ich fühlte während der Meditation einen elektrischen Strom mitten durch den unteren Teil der Wirbelsäule *(mula-dhara)* bis zum Hals emporsteigen. Dies geschah auch zu gewöhnlichen Zeiten …« K.

»Während der Meditation drohten mir astrale Wesen mit entsetzlich hässlichen Gesichtern und langen Zähnen von schwarzer Farbe. Aber sie taten mir nichts an …« A.

»Während der Meditation empfand ich gewöhnlich Zuckungen in Armen und Beinen. Manchmal sprang mein Körper von einem Platz zum anderen …« M.

»Gewöhnlich sah ich während der Meditation Palastbauten, Flüsse, Berge und Gärten …« S.

»Gewöhnlich meditierte ich mit offenen Augen. Eines Nachts sah ich vor mir ein strahlendes Licht. In seiner Mitte erblickte ich Krishna, die Flöte in den Händen. Die Haare sträubten sich mir und ich konnte nicht reden, Angst und Bewunderung erfassten mich. Es war morgens um drei Uhr …« S.

»Eines Tages war ich in tiefer Meditation tatsächlich von meinem physischen Körper getrennt. Ich erblickte ihn wie die abgestreifte Haut einer Schlange. Ich flog durch die Luft und empfand eine sonderbare Mischung von höchster Freude und lebhafter Angst. Nur zwei Minuten hielt das Schweben an. Meine große Angst ließ mich jäh in den physischen Körper zurückkehren. Es war ein zartes Hineingleiten, das von einer sehr merkwürdigen Empfindung begleitet war. Eine solche Erfahrung ruft ein sonderbares Zittern hervor ...« S.

Die Erfahrung des Uddalaka

Der weise Uddalaka vermochte nicht jenes *samadhi* zu erlangen, das zum seligen Königreich der Wirklichkeit führt, weil seine Gedanken wie ein Affe gewandt von einem Gegenstand zum anderen hin- und hersprangen. Er saß im Lotussitz und wiederholte mit lauter Stimme die heilige Silbe OM *(pranava)*. Endlich begann er zu meditieren.

Er suchte seine Gedanken zu beherrschen. Mit großer Mühe entfernte er die Sinne von den Gegenständen und setzte sich selbst von den äußeren Dingen ab. Sein Bewusstsein befreite sich von allen falschen Gedanken *(vikalpa)*. Er zerstörte alles Denken und alle Gegenstände, wie ein Krieger die gegen ihn kämpfenden Feinde mit seinem Speer tötet.

Er sah ein strahlendes Licht vor seinem inneren Auge, verjagte die Täuschung *(moha)* und überschritt die Grenze von Dunkelheit und Licht, von Schlaf und Täuschung. So erreichte er die Ebene vollkommener Ekstase *(nirvikalpa-samadhi)* und wurde des vollkommenen Friedens teilhaftig.

Nach sechs Monaten erwachte er. Von dieser Zeit an konnte er Tage, Wochen, Monate, selbst Jahre ohne Unterbrechung in *samadhi* verharren und später wieder erwachen.

5. Zu den Meditations-Stunden

Begriffe wie Brahma, Selbst, *purusha, chaitanya,* höchster Bewusstseinszustand, Gott, Atman, *bhuman* oder »das Bedingungslose« sagen das gleiche aus. Wer Selbstverwirklichung erlangt hat, ist von seinen Leiden und von dem Kreis des Todes und der Wiedergeburt befreit. Ziel des Lebens ist es, Glückseligkeit und endgültige Befreiung *(moksha)* zu erlangen. Dies kann nur durch ununterbrochene Meditation erreicht werden und mit reinem Herzen, das durch selbstlosen Dienst und Japam gestärkt ist.

Der Mensch vermag Selbstverwirklichung, den Zustand Brahmas, zu erlangen. Viele haben es vermocht und haben *nirvikalpa-samadhi* erfahren. Shankara, Dattatreya, Mansour, Shams Tabriez, Jesus, Buddha waren vollkommene Seelen und standen in der unmittelbaren Erkenntnis der Wahrheit und der kosmischen oder transzendentalen Schau *(aparoksha-nubhuti)*. Doch wer diesen Zustand erreicht hat, kann ihn aus Mangel an Vergleichsmöglichkeiten anderen nicht beschreiben. Selbst Erkenntnisse, die durch die fünf Sinneswahrnehmungen erlangt werden, können anderen nicht übermittelt werden. Wie soll man den Geschmack von Kandiszucker einem Menschen beschreiben, der diesen niemals gekostet hat? Einem Blindgeborenen kann man die Farbe nicht beschreiben. Das einzige, was der Lehrer zu vermitteln vermag, ist die Methode, um die Wahrheit zu erkennen und den Pfad, der zur Entfaltung intuitiver Fähigkeiten führt.

Folgendes sind Zeichen des Fortschritts in der Meditation, die zu Gott führt: Die Welt wird keinen Anreiz mehr für dich haben. Sinnliche Gegenstände werden dich nicht mehr in Versuchung führen. Du lebst ohne Wunsch, ohne Furcht und ohne Egoismus, ohne Gefühl für »Ich« und »Mein«. Die körperliche Gebundenheit *(deha-adhyasa)* vergeht allmählich. Du hast nicht mehr Gedanken wie »meine Frau, meine Kinder, mein Haus«. Du fühlst, dass dies alles nur Erscheinungsformen des Herrn sind. Du erblickst Gott in allem.

Körper und Bewusstsein werden zu Licht, und man fühlt immerwährende Freude und Glückseligkeit. Unablässig führt man den Namen des Herrn auf den Lippen und richtet die Gedanken auf seine Lotusfüße. Man fühlt, wie vollkommene Reinheit *(sattva)*, Licht, Glückseligkeit, Erkenntnis und göttliche Liebe *(prema)* unablässig von Gott in das eigene Bewusstsein einfließen und das Herz erfüllen.

Man hat kein Körperbewusstsein mehr oder nur noch einen gedanklichen Rückstand dieses Zustands. Wie der Betrunkene sich seiner Kleidung nicht mehr voll bewusst ist, so empfindet der Schüler nur noch ein dumpfes Gefühl von etwas, das wie lockere Kleidung oder offene Schuhe an ihm hängt.

Man empfindet auch keine sinnliche Anziehung mehr. Kein derartiger Gedanke berührt den Schüler. Frauen erscheinen als Offenbarung Gottes. Gold und Silber sind nichts anderes als Steine. Eine tiefe Liebe erfasst den Menschen zu allen Geschöpfen. Er ist vollkommen frei von Lust, Gier, Ärger, Eifersucht, Stolz, Täuschung und ist friedfertigen Geistes, selbst wenn andere ihn beleidigen, schlagen oder verfolgen. Nichts beunruhigt ihn; denn er empfängt eine ungeheuere geistige Kraft von dem ihm innewohnenden Gott. Leid oder Freude, Erfolg oder Misserfolg, Ehre oder Unehre, Achtung oder Missachtung, Besitz oder Verlust bedeuten ihm dasselbe. Selbst im Traum ist er mit Gott verbunden und wird deshalb keine weltlichen Bilder wahrnehmen.

Zu Anfang wird der Schüler mit Gott sprechen und ihn als physische Gestalt wahrnehmen. Weitet sich sein Bewusstsein zum kosmischen, wird die Unterhaltung enden, und er wird die Stimme der Stille genießen, die Stimme des Herzens. Er wird von dem gesprochenen Wort *(vaikhari)* zu den subtileren Formen des Tons *(madhyama, pashyanti und para)* übergehen, bis er zuletzt im Unaussprechlichen *(omkara)*, im schweigenden Brahma ruht.

Unempfindlichkeit, Unterscheidung, Heiterkeit, Beherrschung, Konzentration der Gedanken, Nicht-Gewaltsamkeit *(ahimsa)*, Wahrheit, Reinheit, Kraft, Geduld, Nachsicht, Opfergeist, universelle Liebe sind die neuen Eigenschaften, durch die der Schüler Freund und Wohltäter des Kosmos wird.

Während der Meditation hat man kein Zeitgefühl. Kein Ton, kein Gedanke an die Umgebung dringt in das Bewusstsein ein. Man vergisst seinen Namen, seine Beziehung zu anderen und genießt vollkommenen Frieden und Seligkeit, bis man allmählich *samadhi* erlangt.

Samadhi ist ein Zustand jenseits von Wort und Denken, der sich nicht beschreiben lässt. In diesem überbewussten Zustand verliert der Meditierende seine Individualität und identifiziert sich mit dem Höchsten Selbst. Er wird die Verkörperung der Glückseligkeit, des Friedens und der Weisheit. Das ist das einzige, was man über *samadhi* aussagen kann.

Anzeichen des Fortschritts auf dem Weg zur Vollendung, auf dem geistigen Pfad sind: Zufriedenheit, Frieden im Geist, Fröhlichkeit, Abnahme der Ausscheidungen, Lieblichkeit der Stimme, Eifer und Standhaftigkeit in der Meditation, Abneigung gegen äußere Güter, Erfolg und weltliche Beziehungen, Wunsch nach Einsamkeit und nach Umgang mit denen, die den geistigen Pfad vollendet haben *(sadhus* und *sannyasins)*, Konzentration der Gedanken *(ekagrata)*.

Wer den Pfad der Vedanta geht, gewahrt keine übernatürlichen Erscheinungen. Er meditiert über den tiefen Sinn *(ma-havakya)* der Upanishaden und leugnet jede Form. »Nicht die Sonne scheint, noch der Mond, die Sterne, der Blitz und noch weniger das Feuer. Wenn Er scheint, erstrahlt alles durch Ihn. Sein Licht erleuchtet alles.« Er kann auch meditieren: »Nicht hier weht der Wind, nicht brennt das Feuer. *Ashabda, asparsha, arupa, agandha, aprana, amana, atindriya, adrisha, chidanandarupa shivo'ham!* Es gibt weder Ton noch Tasten, weder Geruch noch Farbe, weder Denken noch Prana in dieser gleichartigen Weisheit. Ich bin weder Dieses noch Jenes. Ich bin Shiva, der glückselige Shiva.«

Der Schüler soll ein Held sein auf dem Kampfplatz des Absoluten *(adyatma)*, ein unerschrockener Held des

Geistes. Der innere Kampf gegen Gedanken und Sinne, gegen unbewusste Erinnerungen *(vasanas)*, gegen die Rückstände früherer Leben *(samskaras)* ist schwerer als der äußere Kampf. Er muss die Unterscheidung verwenden, um das Bewusstsein zu lockern, sich tief versenken, um die geheimen Ströme der Leidenschaft, der Begierde, des Hasses und Stolzes durch Anwendung von Japam, OM und *so'ham:* »Ich bin das« zu zerstören. Er muss nach den hohen Bereichen des Selbst streben mit Hilfe der göttlichen Impulse *(brahmakara vritti)* und durch Singen der heiligen Silbe OM die Eindrücke des Unterbewussten auslöschen.

Richte dein Bewusstsein fest auf Gott *(samadhana)* und du wirst das unschätzbare Kleinod, die Perle Atmans empfangen. Die Freude des *samadhi,* die Seligkeit der Befreiung *(moksha)*, der Frieden der Nirvana werden dich erfüllen, wer du auch sein magst, wo du auch bist, wie auch dein früheres Sein, deine Geschichte gewesen sein mag.

6. Gottes-Schau

Manchmal wird der Schüler ein strahlendes, goldenes Licht und in diesem Licht seine Schutzgottheit *(istha devata)* erblicken. Manchmal wird er sich selbst ganz in goldenes Licht eingehüllt erschauen.

Die Schutzgottheit kann so groß wie ein Berg, so strahlend wie die Sonne erscheinen, sie kann sich während des Essens oder der Arbeit offenbaren. Wer die Seligkeit dieser

Schau erfährt, dem wird die Nahrung nicht schmecken. Er wird ununterbrochen den Klang der *vina* vernehmen und sich an dem blendenden Licht der Sonne erfreuen.

Der Gegenstand der Meditation wird sich um so schneller offenbaren, je regelmäßiger die Übungen ausgeführt werden. Der Schüler wird sich gleichsam eingehüllt fühlen von dem Gegenstand der Meditation. Der Raum scheint erleuchtet, bisweilen erfüllt von Glockentönen. Er wird den inneren Frieden der Seele erfahren. Verschiedenartige Farben offenbaren sich ihm. Die Schönheit eines Gartens oder einer Landschaft, Heilige oder Weise, Vollmond oder zunehmender Mond, Sonne und Sterne werden offenbar.

Wer diese Erfahrungen, diese Visionen erschaut, wird von unbeschreiblicher Seligkeit erfüllt. Er darf sich aber nicht falscher Befriedigung hingeben und sein *sadhana,* seine Meditation unterbrechen im Glauben, er habe die höchste Verwirklichung erreicht. Du darfst diesen Visionen nicht allzu viel Bedeutung beimessen. Zweifellos hast du den ersten Grad der Konzentration erreicht; das erhabenere Ziel aber wohnt in tiefster Stille, im höchsten Frieden, in dem alle Gedanken aufhören und du eins wirst mit dem höchsten Selbst.

Plötzliche Zuckungen während der Meditation entstehen vor allem, wenn der Atem *(prana)* sich verlangsamt und äußere Schwingungen das Bewusstsein aus seiner Vereinigung mit dem Herrn auf die physische Ebene zurückführen.

Das Bewusstsein verliert durch Japam und religiöse Gesänge *(kirtana),* durch Meditation und *pranayama* an Stofflichkeit. Gleichzeitig verstärkt sich die Kraft der Gedanken, und man vermag den melodischen Ton OM zu vernehmen oder die Gestalt des Guru zu erblicken.

7. Das Gefühl der Trennung

Eines Tages wird der Schüler sich während der Meditation von seinem Körper getrennt fühlen. Dies verursacht eine ungeheure Freude verbunden mit Angst: die Freude, einen neuen, leichten astralen Körper zu besitzen, die Angst, sich auf einer fremden, unbekannten Ebene zu befinden. Das neue Bewusstsein auf dieser neuen Ebene wird anfänglich unvollkommen sein, wie ein kleiner Hund noch kaum die Augen im Tageslicht zu öffnen vermag. Der Schüler empfindet nur, dass er einen leichten, luftigen Körper besitzt, und nimmt eine in sich begrenzte astrale Atmosphäre wahr, die schwingend kreist und die Gegenstände und Wesen erleuchtet. Er wird selbst in der Luft kreisen und schweben und Angst spüren vor dem Fall. Aber er wird nicht fallen. Die neue Erfahrung einer bisher unbekannten Feinstofflichkeit erweckt anfänglich Gefühle und Empfindungen einer besonderen Art. Der Schüler weiß zunächst nicht, auf welche Weise er seinen Körper verlässt, sondern erschrickt plötzlich, wenn die Trennung erfolgt ist und er die neue Ebene betritt, die manchmal von blauem Himmel umgeben, manchmal in ein mit Dunkelheit vermischtes Licht *(prakasha)* getaucht ist. Zu anderen Zeiten umfängt ihn ein strahlend goldenes oder gelbliches Licht von außergewöhnlichem Glanz. Die vom Schüler empfundene Freude lässt sich nicht in Worten ausdrükken. Man muss sie selbst erfahren *(anubhava)*, sich von ihr selbst erfassen lassen. Er weiß nicht, wo er seinen Körper gelassen hat, wird seiner Rückkehr aber vollkommen bewusst. Er hat den Eindruck, als glitte er auf einer glatten Oberfläche und schwebe ganz leise und sanft mit einem leichten, ätherischen Körper durch eine kleine Röhre. Wie Luft durch die Ritzen des Fensters dringt, so dringt er mit seinem Astralkörper wieder in den physischen ein und ist sich auch hier des Unterschieds zwischen der grob- und feinstofflichen Ebene bewusst. So erfasst ihn ein tiefes Verlangen, den neuen Bewusstseinszustand wieder zu finden und für immer in ihm zu verharren. Aber er kann ihn zunächst kaum länger als drei, fünf oder zehn Minuten erfahren und kann zu Anfang auch seinen Körper nicht freiwillig verlassen. Nur zufällig und auf Grund starker Bemühungen wird er es während des *sadhanas* von Zeit zu Zeit, vielleicht einmal im Monat, erreichen. Schreitet er aber mit Geduld und Ausdauer weiter voran, wird er mit seinem Astralkörper beliebig oft und lange in dieser neuen Ebene verweilen können. Die Bindung an seinen physischen Körper *(deha-adhyasa)* hat der Schüler erst überwunden, wenn er ihn freiwillig verlassen und zwei bis drei Stunden auf der neuen Ebene verharren kann. Einhalten des Schweigens *(mauna)*, Einsamkeit und ein Leben in Abgeschiedenheit sind die Bedingungen *»sine qua non«*, um dieses Ergebnis zu erreichen. Stellen sich die Umstände gegen sein Schweigegelübde, so soll er wenigstens lange Unterhaltungen und sinnlose Diskussionen vermeiden und sich so bald als möglich wieder in seine Einsamkeit zurückziehen.

Ausgedehnte Unterhaltungen sind nur Energievergeudungen. Kraft, die durch Schweigen gewahrt wird, verwandelt sich in geistige Energie *(ojas)*, die bei dem geistigen *sadhana* hilfreich sein wird. Das Wort besteht aus Licht *(tejomaya vak)*, heißt es in der Chhandogya Upanishad. Die groben Teile des Feuers bilden die Knochen, die feineren das Mark, die subtilsten Teile das Wort, das eine ungeheure Energie darstellt. Denke immer und immer daran! Bewahre drei, sechs oder zwölf Monate lang Schweigen, oder wenn dies nicht möglich ist, wenigstens einen Tag in der Woche, wie Mahatma Gandhi es tat. Der Schüler muss seine Eingebungen bei großen Seelen suchen wie bei Sri Krishna oder Ashramji Maharaj, der noch heute, völlig nackt, in den eisigen Gletschern des Himalaya in Gangotri nahe dem Ursprung des Ganges lebt. Er bewahrt *»kashta mauna«*, ein strenges Schweigegelübde, bei dem man seine Gedanken selbst nicht schriftlich oder durch Zeichen mitteilen darf. Durch fortdauernde und harte Übung wird der Schüler dazu gelangen, sich häufig von seinem Körper zu trennen. Dies kann zur Gewohnheit werden. Sobald man seine Gedanken zum Schweigen bringt und sein Bewusstsein beruhigt, gewöhnt sich dieses daran, von selbst aus dem physischen Körper zu gleiten. Dann versetzt sich das Bewusstsein ohne Schwierigkeiten in die neuen Bedingungen und erhebt sich auf die höhere Ebene.

Astrale Reise

Nun kann man sich ganz einfach, allein aus der Kraft seines Willens, in seinem Astralkörper von einem Ort zum anderen bewegen – man nennt dies astrale Reise – und sich dort materialisieren, indem man die hierzu notwendigen Elemente entweder aus dem eigenen subtilen Zustand *(asmita)*, der Idee des Selbst *(ahamkara)* oder aus der subtilen Materie des Weltalls gewinnt *(tanmatra)*. Der Vorgang ist sehr einfach für die Okkultisten oder Yogi, die den genauen Ablauf der verschiedenen Maßnahmen kennen, auch wenn er den armen Geschöpfen dieser Welt mit ihren Erregungen, Leidenschaften und Bindungen außergewöhnlich erscheinen mag. Wer mit dem Astralkörper zu arbeiten vermag, kann ebenso leicht auch Gedanken lesen und Gedanken übertragen. Konzentrierte Gedankenstrahlen können feste Wände ebenso durchdringen wie Röntgenstrahlen die Knochen.

Materialisation

Zuerst muss der Schüler sich vom Körper trennen und mit dem Mentalen sich identifizieren. Dann vermag er auf der mentalen Ebene mit seinem subtilen Körper genau so zu handeln, wie er es auf der physischen getan hat. Durch Konzentration erhebt er sich über sein Körperbewusstsein und übersteigt durch Meditation das Mentale. Durch *samadhi* endlich wird er eins mit Brahma. Dies sind die wichtigen inneren Hilfsmittel *(antaranga)*, um zur endgültigen Glückseligkeit zu gelangen.

8. Das kosmische Bewusstsein

Diese erhabene und seligmachende Erfahrung erwirbt der Schüler durch die Intuition des *samadhi*. Das niedere Bewusstsein ist von der äußeren objektiven Welt zurückgezogen, die Sinne werden von ihm aufgesogen. Nun wird das individuelle Bewusstsein eins mit dem kosmischen Geist, mit Brahma, »dem aus dem goldenen Ei Geborenen« *(hiranyagarbha)*, mit der Überseele, der Weltseele, der allen gemeinsamen Seele, dem Seelenfaden *(sutratma)*. Intellektuelle Fähigkeiten, das niedere Bewusstsein und die Sinne haben ihre Tätigkeit eingestellt. Der Yogi wird zur lebendigen Seele und durchdringt das Leben der Dinge mit Hilfe des göttlichen Auges, seiner Intuition und Weisheit.

Der kosmische Bewusstseinszustand ist weit und erhaben und lässt sich nicht beschreiben. Gedanken und Worte kehren besiegt zurück und sind nicht fähig zu fassen und auszudrücken. Dieser Zustand erregt heilige Ehrfurcht, höchste Freude, erhabenste und reinste Glückseligkeit, Freiheit von Schmerzen, Kummer und Sorgen. Es ist eine göttliche Erfahrung, die Offenbarung der kausalen Welt *(karana jagat)*, in der die Archetypen unmittelbare Wirklichkeit sind.

Der Yogi, der dieses kosmische Bewusstsein besitzt, empfängt göttliche Überlegenheit *(aishvarya)* und übernatürliche Kräfte *(siddhis)* verschiedener Art, die in der Bhagavad Gita Purana und dem Raja-Yoga des Patanjali beschrieben werden. Arjuna, Sanjaya und Devaki erlangten diesen Zustand. Devaki betrachtete das ganze Weltall im Mund des Kindes Krishna.

Die Bhagavad Gita beschreibt durch den Mund Arjunas das kosmische Bewusstsein mit folgenden Worten: »Dein Riesenleib mit vielen Mündern, Augen, mit vielen Armen, vielen Schenkeln, Füßen, mit vielen Bäuchen, Rachen voller Zähne – es bebt die Welt, ihn schauend – auch ich bebe. Den Himmel rührend, strahlend, mannigfarbig, mit offnem Munde, großen Flammenaugen – schau ich dich so, dann zittert meine Seele.« (11, 23/24).

Der Franzose Bergson lehrte, dass die Intuition die Vernunft übersteigt, ohne ihr zu widersprechen. Diese neue Erfahrung vermittelt eine Erleuchtung, die auf eine neue Daseinsebene erhebt. Es ist ein unaussprechliches Gefühl der Freude und Seligkeit, es ist das Gefühl der Welteinheit, das Bewusstsein des Ewigen Lebens. Es ist nicht mehr eine einfache Überzeugung, sondern man erwirbt an diesem Punkt das »göttliche Auge«.

Der Zustand der verkörperten Seele *(jiva)* hat nun sein Ende gefunden. Das kleine »Ich« ist aufgelöst. Das unterscheidende Bewusstsein, das die Dinge teilt, ist ausgelöscht. Alle Grenzen, Begriffe, der Dualität, des Unterschiedes, der Trennung sind verschwunden. Es gibt weder Raum noch Zeit, nur noch Ewigkeit. Vorurteile der Kaste, des Glaubens und der Hautfarbe sind abgeschafft. Wer diese Ebene erreicht hat, empfindet die Verwirklichung all seiner Wünsche *(aptakama)*. Nichts bleibt mehr zu erkennen. Er besitzt das vollkommene Bewusstsein der höheren Ebene der Erkenntnis und Intuition. Er kennt das Geheimnis der Schöpfung.

Keine Furcht mehr, keine Wünsche, keine Gedanken, kein Begriff des »Ich« und des »Mein«. Das Antlitz ist umstrahlt von dem Lichte Brahmas, befreit von Freude und

Schmerz *(harsha und shoka)*. Das sind einige der Zeichen, die den Aufstieg zum Zustand des Überbewusstseins anzeigen. Der *sadhu* schwebt in vollkommener Glückseligkeit. Es gibt für ihn keine Unruhe, keine Depression, keinen Pessimismus, keinen Kummer mehr. Seine Nähe vermittelt dem Schüler Erhebung, Freude und Frieden.

Das kosmische Bewusstsein gibt die volle Empfindung vom Einssein des Lebens. Der Yogi fühlt, dass das Weltall von diesem einen Leben erfüllt ist. Er erkennt, dass es tatsächlich keine blinde Kraft oder tote Materie gibt, sondern dass alles Schwingung, Erkenntnis und Leben ist. Dies ist die gleiche Erfahrung, die der Wissenschaftler Jagadish Bose durch seine Experimente bewiesen hat.

Wer dieses kosmische Bewusstsein besitzt, weiß, dass das Weltall »mein« ist. Er ist eins mit dem höchsten Gott, mit der Erkenntnis des Weltalls, mit dem Leben. Seine Freude, seine Seligkeit überschreiten jede Beschreibung, jedes Verständnis. Im Augenblick der Erleuchtung oder geistigen Weihe besitzt er die göttliche und kosmische Schau. Er ist sich bewusst der Allgegenwart Gottes und erblickt das leuchtende Antlitz des Herrn. Er erhebt sich über die bisherige Bewusstseinsebene und erreicht die höhere Ebene. Er empfängt den kosmischen universellen Geist, und seine menschliche Seele wird umgestaltet. Nun kümmern ihn nicht mehr Tod oder Zukunft noch das, was jenseits des Lebens in diesem Körper liegt. Er ist eins mit der Ewigkeit, Unendlichkeit und Unsterblichkeit.

Während der Erleuchtung öffnen sich die Schleusen der Freude. Eine unbeschreibliche Ekstase erfasst den Yogi. Seligkeit, Unsterblichkeit, Ewigkeit, Wahrheit und göttliche Liebe sind zum Zentrum seines Lebens geworden, zum innersten Kern seines Lebens, zur einzig wahrnehmbaren Wirklichkeit. Er begreift, dass aus jedem Herzen eine tiefe, unerschöpfliche Quelle der Freude entspringt, dass das ewige Leben in allen Menschen west, dass die ewige, allesumarmende, allesumschließende Liebe jedes Teil, jedes Atom der Schöpfung trägt und ihm Richtung gibt. Sünde, Kummer und Tod sind für ihn nur noch leere Worte. Er fühlt, dass das Elixier des Lebens, der Nektar der Unsterblichkeit in seinen Adern fließt. Er empfindet kein Bedürfnis mehr nach Essen oder Schlaf. Er ist völlig frei von jeder Begierde. In seinem Aussehen und in seiner Haltung vollzieht sich eine große Veränderung. Seine Gestalt scheint gebadet in strahlendem Licht. Seine Augen glänzen wie Seen der Freude und Glückseligkeit. Er hat die Empfindung, dass die ganze Welt im Meer vollkommener Liebe versinkt, in der unsterblichen Seligkeit, die der Wesenskern des Lebens selbst ist.

Die ganze Welt wird ihm zur Heimat. Nirgends fühlt er sich als Fremder. Ferne Berge und Länder scheinen ihm ebenso nah wie das väterliche Haus. Die ganze Welt wird ihm zum eigenen Körper. Alle Füße und Hände sind die seinen. Müdigkeit kennt er nicht. Seine Arbeit ist dem Spiel des Kindes gleich, glücklich und sorglos. Gott ist für ihn überall. Stuhl, Tisch und Baum empfangen kosmische Bedeutung. Manchmal hält sein Atem vollständig an, und er erfährt vollkommenen Frieden. Zeit und Raum vergehen.

Das kosmische Bewusstsein ist allen Menschen als natürliche Fähigkeit eingeboren. Doch Schulung und Disziplin sind notwendig, um es zu erwecken. In dieser

Richtung aber sind die meisten untätig, weil die Macht der Unwissenheit *(avidya)* stärker ist.

Möge der Schüler durch seine Reinheit, seine Liebe, seine Hingabe und seine Weisheit diesen Zustand des kosmischen Bewusstseins erreichen, der sein ihm zustehendes Erbteil ist, seine Mitte, sein Ideal und Ziel.

9. Segensreiche Erfahrung

Samadhi, die segensreiche, göttliche Erfahrung, ist erreicht, wenn Ich und Bewusstsein sich auflösen. Diesen Zustand kann man nur durch eigene Kraft erlangen. Er ist ohne Grenzen, ohne Unterscheidung, unendlich, er ist die Erfahrung des Seins selbst, der Zustand der reinen Erkenntnis. Ist diese Erfahrung für den Schüler Wirklichkeit geworden, lösen sich für ihn Gedanken, Wünsche, Handlungen und Gefühle der Freude oder des Schmerzes in nichts auf.

Jeder kann durch regelmäßige Übung der Meditation, wenn er reines Herzens ist, die Höchste Wahrheit, Brahma, das Absolute erfahren. Abstrakte Überlegungen und Studium von Büchern vermögen dies nicht; es bedarf der unmittelbaren Erfahrung, die die Quelle der höheren intuitiven Erkenntnis oder der göttlichen Weisheit ist. Diese Erfahrung, bei der das Spiel der Sinne, Gefühl, Bewusstsein und Verstand ausgeschaltet sind und in vollkommener Ruhe verharren, ist überbewusst und transzendental. Es handelt sich nicht um die eingebildete

Erfahrung eines visionären Träumers, sondern um eine sichere, lebendige Wahrheit, um eine Wirklichkeit, wie die Frucht in deiner Hand. Das dritte Auge, das Auge der Weisheit *(jnana chakshu)*, ist geöffnet. Die außergewöhnliche Erfahrung entstammt der Erkenntnis, die das geistige Auge, das Auge der Intuition vermittelt. Es öffnet sich, wenn Sinne, Gedanken und Intellekt zu arbeiten aufhören, wenn alle Gefühle von Wunsch, Zorn, Gier, Stolz, Selbstsucht und Hass vollkommen ausgetilgt sind.

In dieser Erfahrung gibt es weder Leere noch Dunkelheit, weder Ton, Berührung noch Gestalt. Es ist eine wunderbare Erfahrung der Einheit, des Einsseins, in dem weder Zeit noch Kausalität bestehen. Der Schüler wird allwissend, allmächtig, ein »Alleserkennender« *(sarvavid)*. Das ganze Mysterium der Schöpfung wird ihm offenbar. Er erlangt Unsterblichkeit, höchste Erkenntnis und ewige Glückseligkeit. Alle Zweiheiten lösen sich auf. Es gibt nicht mehr Subjekt noch Objekt, nicht mehr Meditation noch *samadhi*, nicht mehr Dualismus *(dvaita)* noch Monismus *(advaita)*, nicht mehr Unterscheidung noch Konzentration, nicht mehr Meditation noch Meditierenden, nicht mehr Gewinn noch Verlust, nicht mehr Vergnügen noch Schmerz, nicht mehr Tag noch Nacht.

Es gibt verschiedene Arten des *samadhi: »jada samadhi«* wird durch Handstellungen *(mudras)* und Anhalten des Atems *(kumbhaka)* erlangt. Ihm fehlt jede Art von Bewusstsein, sodass er dem tiefen Schlaf gleicht. Der Yogi kann sechs Monate lang in einem Sarg eingegraben werden. Doch er kehrt mit höheren Erkenntnissen zurück, da seine unbewussten Eindrücke *(vasanas)* nicht zerstört wurden. Dieser *samadhi* ist eine Art Wiedergeburt, die nicht zur Befreiung führt.

Es gibt ferner »*chaitanya samadhi*«, in dem der Yogi sein Bewusstsein vollkommen erhält und mit göttlicher Erkenntnis zurückkehrt. Seine Botschaften und Worte sind vom Geist eingegeben und begeistern die Zuhörer. Auch in diesem *samadhi* werden die unbewussten Eindrücke *(vasanas)* nicht zerstört, aber der Yogi erlangt *kaivalya*, vollkommene Freiheit.

Der *samadhi* des mystischen Anbeters, des Bhakta-Yogi, heißt »*bhava samadhi*«, der »wirkliche Zustand«. Wer den königlichen Yoga übt (Raja-Yoga), erlangt »*nirodha samadhi*«, der alle Gedanken *(sankalpas)*, alle Bewegungen des Bewusstseins *(chitta-vritti)* aufhebt.

Der Vedanta-Schüler erfährt »*badha samadhi*« durch Auflösung aller trügerischen Bestandteile *(upadhis)*, wie Körper, Gedanken, Sinne, Verstand usw. Ihm werden Welt und Körper zur Täuschung *(mithya)*. Er durchschreitet Stufen der Dunkelheit, des Lichts, des Schlafes, der *maya* und unendliche Räume, bis er das kosmische Bewusstsein erlangt.

Es gibt noch zwei andere Arten des Bewusstseins: den *savikalpa samadhi (sabija* oder *samprajnata)* und den *nirvikalpa samadhi (nirbija* oder *asamprajnata)*. Im Erstgenannten herrscht die Dreiheit *(triputi)*: der Erkennende, das Erkannte und die Fähigkeit des Erkennens, mit anderen Worten: der Sehende, das Gesehene und das Sehen. Die vom Karma angesammelten Eindrücke *(samskaras)* werden nicht zerstört.

Im *nirvikalpa samadhi* bleibt nichts von all diesem mehr übrig. Es gibt nichts mehr zu sehen, zu hören, zu fühlen. Man hat kein Körperbewusstsein mehr, sondern lebt im Bewusstsein Brahmas. Nur das Selbst hat noch Bestand. Dies ist eine gewaltige Erfahrung, die den Schüler mit Schrecken und Bewunderung erfüllt.

Ein Bhakta-Yogi, der über die Gestalt Krishnas meditiert, wird im *samadhi* überall Krishna und nur ihn allein erblicken. Alles andere wird für ihn ausgelöscht sein, und er wird sich selbst als Krishna sehen, als ein *gopi* aus Brindaban, dem Heimatort Krishnas. Neben anderen hatten Gauranga und Ekanath diese Erfahrung. Wer über Krishna als den Alles-durchdringenden meditiert, wird eine etwas andere kosmische Erfahrung gewinnen. So wurde sich Arjuna in diesem Zustand des ganzen Weltalls bewusst.

Meditiert der Schüler über »den aus dem goldenen Ei Geborenen« *(hiranyagarbha)*, das heißt über Brahma, so identifiziert er sich mit Ihm. Er wird das »Paradies Brahmas« kennen lernen *(brahmaloka)* und auch auf diese Weise das kosmische Bewusstsein erlangen. Die Erfahrung des *savikalpa samadhi* ist für Bhakta- und Raja-Yogi die gleiche.

Die transzendente Erfahrung ist auch als »vierter Zustand« *(turiya)* bekannt. Die drei vorangehenden sind Wachzustand, Traumzustand und traumloser Schlafzustand. Sie sind allen Menschen gemeinsam. Der vierte Zustand ist nur als Möglichkeit in ihnen vorhanden. Ist er erlangt, wird das kosmische Bewusstsein, das bisher nur ein gedanklicher Begriff war, für den Schüler lebendige und deutlich erfahrbare Wirklichkeit.

Viele Namen werden diesem transzendenten Zustand gegeben, die alle den gleichen Sinn besitzen. Das wirkliche, geistige Leben beginnt, wenn man ihn erreicht hat.

Zu aller Zeit und unter allen Umständen erfährt der Schüler seine Identität mit der unsichtbaren Existenz, Weisheit und Glückseligkeit. Er erkennt, dass er Dinge und Wesen durchdringt und jenseits jeder Begrenzung lebt. Besitzt er ununterbrochen und zu jeder Zeit die Erkenntnis des Selbst, ist er im Selbst eingebettet. Dieser Zustand lässt sich nicht mit Worten ausdrücken. Er ist der endgültige, ewige Frieden, das Ziel des Lebens und die Befreiung von allen Arten der Knechtschaft.

Mancher Schüler verwechselt irrtümlicherweise tiefen Schlaf oder Halbschlaf *(tandra)* mit *nirvikalpa samadhi.* Dies ist ein schwerer Fehler. Welchen Zustand des *samadhi* er auch erfahren mag, immer wird er ihm eine übersinnliche Erkenntnis vermitteln. Hat er keine solche intuitive Erkenntnis erfahren, wird er noch weit von *samadhi* entfernt sein. Diesen Zustand kann er nur durch die Übungen des *yama, niyama, sadachara* und durch Reinheit des Herzens erlangen. *Samadhi* ist kein Gut, das man sich leicht erringt, und nur wenige gehen wirklich in *samadhi* ein.

Koste von der unvergänglichen Lieblichkeit des Lebens der Schönheit im Selbst. Lebe im Atman und erlange den glückseligen Zustand der Unsterblichkeit. Erreiche durch die Meditation die größten Tiefen des ewigen Lebens, die höchsten Höhen der göttlichen Herrlichkeit und erfahre als Wirklichkeit die Vereinigung mit dem Höchsten Selbst. Dann findet dein mühevoller Weg sein Ende und du bist am Ziele, im elterlichen Hause des ewigen Friedens, in der höchsten göttlichen Ordnung *(parama dharma).*

10. Die Bewegungen der Gedanken

Nach kurzer Meditation fühlt der Schüler, dass der Körper schon fünfzehn bis dreißig Minuten nach Einnahme der Meditationsstellung leichter wird. Vielleicht ist er sich seines Körpers auch nur halb bewusst. Er wird der Konzentration ein großes Glücksgefühl verdanken, das aber vollkommen verschieden ist von den Freuden der Sinne. Diesen Unterschied wird er selbst mit Hilfe seines durch die Meditation verfeinerten Geistes *(buddhi)* feststellen. Konzentration *(dharana)* und Meditation *(dhyana)* haben die Fähigkeit, den Verstand zu schärfen. Ein geschulter *buddhi* (Weiser im Geist) kann die subtilsten philosophischen Probleme wunderbar verstehen. Fähig zu jeder Unterscheidung, kann er sich täglich seines neuen Glücks erfreuen, das Spuren im Unbewussten zurücklässt *(vasana ananda)*. Alle sinnlichen Vergnügen werden ihn abschrecken, nachdem er diese neue Art von Glück, das Atman entströmt, als dauerhafter, gehaltvoller und wirklicher erfahren hat. Er wird ganz deutlich spüren, wie das Bewusstsein sich verändert und seinen Sitz im Gehirn verlässt, um seine ursprüngliche Wohnung *(yatasthana)* wieder einzunehmen. Er wird verstehen, dass es seine alten Wege aufgegeben hat, um neue zu betreten. Denn durch die Meditation haben sich neue Kanäle im Gehirn gebildet; dank ihr bahnen sich neue Gedankenströme in neuen Hirnzellen ihren Weg. Auf diese Weise ändern sich die Eigenschaften völlig, denn der Schüler hat nun ein neues Gehirn, ein neues Herz, erhabenere Empfindungen und Gefühle.

11. Spiegelungen des Selbst

Angenehme und schmerzhafte Erfahrungen sind das Material, mit dem der Mensch seine mentalen und moralischen Fähigkeiten aufbaut.

Wie ein Kaufmann bei Jahresabschluss nicht alle früheren Einnahmen und Ausgaben, sondern nur die Salden auf das neue Konto überträgt, so verzeichnet der menschliche Geist nicht die aufeinanderfolgenden Erfahrungen seines Lebens, sondern nur die Schlüsse, die er aus ihnen zog. Das ist der Saldo, der in das neue Gehirn, in das neue Leben mit übergeht.

Das Bewusstsein, das sich mit der Flut der Begierde hebt und wieder zurückfällt, hält diese trugvolle Welt zunächst für Wirklichkeit. Ist es sich aber über die wahre Natur dieser Welt klargeworden, erkennt es, dass es Brahma selbst ist.

Der Schüler ist auf dem richtigen Weg, wenn seine Gesundheit gut ist, wenn er sich sowohl körperlich wie geistig fröhlich, glücklich und stark fühlt, wenn sein Geist ruhig und friedvoll ist, wenn er Glückseligkeit bei seiner Meditation verspürt und sich seine Willenskraft stärkt.

Das göttliche Licht tritt nicht durch offene Türen, sondern nur durch engste Fensterritzen ein. Der Schüler erblickt das Licht wie einen Sonnenstrahl, der durch einen Spalt in ein dunkles Zimmer dringt. Die plötzliche Erleuchtung bringt Töne und Worte zum Schweigen. Sie bannt den Schüler in Ekstase und ehrfürchtiger Scheu. Das Licht, das die Gottheit umstrahlt, ist so glanzvoll, dass es ihn blendet und betäubt. Zittern überfällt ihn wie

Arjuna, als ihm die allumfassende Gestalt *(vishvarupa)* Krishnas erschien.

Eine andere Vision kann gelegentlich während der Meditation noch wahrgenommen werden. Der Schüler erblickt ein schnell flackerndes Licht oder einen Kopf, wunderbar geformt, flammend rot und furchtbar anzuschauen. Er hat drei Flügel von wunderbarer Länge und Breite und strahlender Weiße, die sich mit furchtbarer Gewalt bewegen, dann wieder unbewegt bleiben. Niemals kommt ein Wort aus seinem Mund. Der Kopf bleibt in vollkommener Ruhe. Nur beginnen die breiten Flügel sich von Zeit zu Zeit wieder zu bewegen.

Während der Meditation verändern sich die Farben der Lichter, je nach der Natur des Elements *(tattva)*, das man durch die Nasenlöcher einzieht. Es gibt verschiedene Arten, das Element zu wechseln, deren wichtigste der Gedanke ist: »Du wirst, was du denkst.« Wenn sich *agni* (Feuer) offenbart, muss man die Gedanken voller Intensität auf *apas* (Wasser) richten. Dann wird dieses im Schüler zu kreisen beginnen. Fürchte dich nicht, wenn du während der Meditation Erscheinungen des Selbst wahrnimmst, wenn du Engel und Erzengel, *rishis*, Befreite *(munis)*, Gottheiten und andere übernatürliche Wesen erblickst. Halte sie nicht für Geister und gehe den Weg des *sadhana* mit Ausdauer und Eifer voran. Die Schleier werden, einer nach dem anderen, fallen.

Gehe mutig voran, ohne dich umzublicken. Durchschreite die Leere und die Dunkelheit, durchdringe die trügerische Hülle *(moha)* und zerstöre den Gedanken des Ich *(ahamkara)*. Das Höchste *(svarupa)* wird von allein erstrahlen, und du wirst eingehen in *turiya*, den Zustand jenseits des traumlosen Schlafs.

Wenn dich Elementarwesen oder Vampire stören, verjage sie mit deiner Willenskraft und befiehl ihnen, zu weichen. Bist du scheu, wirst du nicht vorankommen. Schöpfe Mut aus Atman, der unerschöpflichen Quelle, die in deiner Seele wohnt *(avyaya)*. Du wirst auch wohlwollenden Geistern begegnen, die dir auf deinem Weg helfen.

Der Schüler brennt darauf, in kurzer Zeit geistige Erfahrungen zu erlangen. Doch sobald sie erscheinen, bekommt er Angst und erschrickt, wenn sie sein Körperbewusstsein aufheben. Angstvoll fragt er sich, ob er wieder in seinen Körper zurückfinden wird. Es bedeutet keinen großen Unterschied, ob er zurückkehrt oder nicht. Alle Übungen sind vorwiegend darauf gerichtet, das Körperbewusstsein zu verlieren und in das höhere, geistige einzugehen. Da wir aber an gewisse Begrenzungen gewöhnt sind, glauben wir den Boden unter den Füßen zu verlieren, wenn diese fortfallen. Zu dieser neuen Erfahrung ist Mut unbedingt erforderlich. In den Schriften heißt es: *»nayamatma balahinena labhya«* (diesen Atman können die Ängstlichen kaum erlangen). Denn der Schüler muss erwarten, dass ihm auf dem geistigen Weg alle Arten von Kräften begegnen.

12. Die Lichtwesen

In fortgeschrittener Meditation wird der Schüler die physische Gestalt seiner Schutzgöttin wahrnehmen. Vishnu mit seinen vier Händen wird ihm seine Gegenwart gewähren. Krishna mit der Flöte in den Händen wird ihm erscheinen, Rama wird sich ihm offenbaren mit Pfeil und Bogen in der Hand, Shiva mit Dreizack und Trommel *(damaru)*.

Bisweilen wird der Herr dir als Bettler oder Kranker in schmutzigen Lumpen erscheinen, in der Gestalt eines Kulis oder eines Menschen niederer Kaste. Es bedarf deiner Weisheit, Ihn zu erkennen. Er wird dir auch in Träumen erscheinen: Ganesha als Elefant, Devi in der Gestalt eines jungen Mädchens.

Während der Meditation werden dich Lichtwesen *(jyotirmaya)* umgeben. Du wirst eine riesige Lichtsäule wahrnehmen, ein unermessliches Licht, in dem du versinkst, von Schauer und Bewunderung erfüllt.

Wenn du aus ganzer Seele Krishna verehrst, wirst du ihn überall und nur ihn erblicken.

ANHANG

BEWEISE DER KONZENTRATION

Tiruvalluvar

Tiruvalluvar, ein tamilischer Heiliger Süd-Indiens, stellte eines Tages ein vollgefülltes Wasserglas auf den Kopf seiner Frau und befahl ihr, einer Prozession mit Tanz, Musik und Vorführungen zu folgen, ohne auch nur einen Tropfen zu vergießen, andernfalls sie geköpft würde. Die Prozession nahm ihren Ausgang vor dem Haupttor des großen Tempels von Shrirangam in Trichinopoly. Die Frau Tiruvalluvars folgte ihr, das gefüllte Gefäß auf dem Kopf. Sie hielt ihr ganzes Sein und ihre geistigen Kräfte auf das Gefäß konzentriert. Die Prozession zog dreimal durch die vier Straßen und endete am Ausgangspunkt. Die Frau kam in ihr Haus zurück, ohne auch nur einen Tropfen Wasser vergossen zu haben. Tiruvalluvar fragte sie: »O Sarasvati Devi, hast du die Klänge der Musik, die Flötentöne gehört, die die Prozession begleiteten?« »Nein«, antwortete sie. »Und die Feuerwerke?« – »Auch nicht.« »Wo hattest du dann deine Gedanken?« – »Herr, sie waren allein auf das Gefäß gerichtet. Ich habe nichts gesehen, nichts gehört. Ich habe an nichts gedacht. Ich war allein auf das Wasser in der Schale konzentriert.«

»Nun höre zu, Sarasvati. So sollte deine Geistesverfassung während der Meditation sein. Man nennt sie

›*ekagrata*‹. Sie verlangt ungeteilte Aufmerksamkeit, ungeteilte Energie. Alles muss in Gott zentriert sein. Nur so vermagst du Gott zu schauen, in Gott zu leben.«

Arjuna

Drona unterzog die Konzentrationskraft des Pandava, den er die Waffenkunst lehrte, einer Prüfung. Ein mit Wasser gefülltes Becken wurde auf die Erde gestellt. Darüber bewegte sich ein aufgehängter Vogel im Kreis. Man musste den Vogel mit dem Pfeil treffen, indem man auf sein Spiegelbild im Wasser blickte.

Drona. – »O Yudhishthira, was siehst du?«
Yudhishthira. – »Meister, ich sehe den Vogel, auf den ich zielen soll, den Baum, an dem er hängt, und gleichzeitig sehe ich dich.«
Drona. – »Was siehst du, Bhima?«
Bhima. – »Ich sehe das Wasser, den Baum und auch dich, Nakula, Sahadeva, die Tische und die Stühle.«
Drona. – »Was siehst du, Nakula?«
Nakula. – »Ich sehe Vogel, Baum, dich selbst, Arjuna, Bhima, den Garten, den kleinen Bach.«
Drona. – »Was siehst du, Sahadeva?«
Sahadeva. – »Ich sehe den Vogel, der zu treffen ist, ich sehe dich, sehe Arjuna, Bhima, Yudhishthira, die Pferde, Wagen, Zuschauer, viele Schweine.«
Drona. – »Und du, Arjuna, was siehst du?«
Arjuna. – »Verehrter Guru, ich sehe nur den Vogel.«

Du musst die geistige Konzentration von Arjuna besitzen, um zu meditieren, und durch die Übung des Yoga *(upasana)* die Zerstreuung *(vikshepa)* ausschalten.

Shuka Deva

Shri Shuka Deva, der Sohn des Vyasa, war nicht mit den Antworten seines Vaters auf gewisse philosophische Fragen zufrieden. So schickte ihn dieser zum König Janaka von Mithila.

Shuka Deva musste drei Tage vor dem Tor des königlichen Palastes warten, ohne Nahrung zu sich zu nehmen. Der König Janaka wollte Shuka Deva prüfen und sehen, ob er einen ausgeglichenen Geist und sicheren Blick besaß. Nach diesen drei Tagen wurde der junge Mann in den Harem geführt und mit köstlichsten Gerichten und Naschwerk überschüttet. Die Köstlichkeiten des Harem ergötzten ihn aber ebenso wenig, wie ihn die drei Tage des Fastens vor dem Tor bedrückt hatten. Beide Mal bewahrte er Gleichmut.

Nun suchte Janaka die Konzentrationskraft Shuka Devas auf die Probe zu stellen. Er gab ihm eine Tasse, die bis zum Rand mit Öl gefüllt war, und befahl ihm, diese Tasse um die Stadt Mithila herumzutragen und zurückzukommen, ohne einen Tropfen zu verschütten. Zu gleicher Zeit hatte er Musik- und Tanzfeste in der ganzen Stadt bestellt.

Shuka Deva nahm die Tasse in die Hand und brachte sie zurück, ohne dass auch nur ein Tropfen verschüttet war. So stark war die Konzentration und Abstraktion seiner Sinne, dass die Töne und Gegenstände des Außen ihn nicht im geringsten angezogen hatten. Er war vollkommen eingebettet in seinem Bewusstsein *(pratyahara)*, das er ausschließlich auf die Tasse zu konzentrieren vermochte.

Du musst die gleiche Kraft der Konzentration erlangen wie Shuka Deva.

Der Bogenmacher

Ein Bogenmacher war intensiv mit seiner Arbeit beschäftigt und ganz auf seine Aufgabe konzentriert. Eines Tages ging der König mit seinem Gefolge vor der Werkstatt vorbei. Aber die Gedanken des Bogenmachers waren so vollkommen auf die Ausführung seiner Arbeit gerichtet, dass er den königlichen Zug nicht gewahr wurde.

Von diesem Bogenmacher lernte Dattatreya die Konzentration der Gedanken. Er machte ihn zu seinem Guru.

Du musst mit der gleichen Konzentration begabt sein wie dieser Bogenmacher.

Nachdem du deinen Atem kontrolliert und eine sichere Stellung eingenommen hast, musst du dir, dem Bogenmacher gleich, das Höchste Selbst zum Ziel wählen und darauf deine Gedanken richten, sodass sie sich vollkommen in den Gegenstand deiner Betrachtung, in Atman, versenken. Nun wirst du nichts mehr wahrnehmen, weder im Außen noch im Innern, ebenso wie der Bogenmacher, der – in seine Arbeit versenkt – den König und sein Gefolge nicht gewahr wurde.

Napoleon Bonaparte

Napoleon war ein Mann von starker Konzentration, der er seinen Erfolg verdankte. Hätte er nicht an verschiedenen Krankheiten, an epileptischen Anfällen und Herzschwäche gelitten, hätte er noch Größeres vermocht. Er konnte zu jeder Zeit schlafen und begann im gleichen Augenblick zu schnarchen, in dem er sich hinlegte. Er wachte zur festgesetzten Stunde, selbst zur bestimmten Minute auf, eine Art geistiger Kraft *(siddhi)*. Er hatte gleichsam verschiedene Schubladen in seinem Gehirn, wie die Post sie zum Sortieren der Briefe verwendet. Er kannte weder Zerstreuung noch Hetze und besaß damit die Konzentration *(ekagrata)* eines Yogi. Dank der gedanklichen Einordnung vermochte er einen Gedanken herauszunehmen, ihn zu behalten, solange er wollte, und ihn dann wieder zurückzulegen. Er konnte inmitten eines Schlachtfeldes tief schlafen, ohne sich von Sorgen belästigen zu lassen. Dies alles verdankte er seiner Konzentrationskraft, die er sich weder durch die Yogaübungen des *trataka* noch durch geistiges »Zielschießen« erworben hatte. Und doch war er gewissermaßen ein *»siddha«*, ein mit übernatürlichen Fähigkeiten Geborener, der Yogafähigkeiten aus früheren Leben erworben hatte.

Gesetz der Gedankenverbindung

Geht man abends in den Gärten von Saint-Laurence spazieren, begegnet man täglich zwei kleinen Schulkameraden, Henri und Thomas. Sieht man einmal Henri allein, taucht sofort das Bild von Thomas vor dem geistigen Auge auf. Das nennt man Gedankenverbindung.

Denkt man an den Ganges, richten die Gedanken sich zugleich auf seine Nebenflüsse, den Jamuna und Godaveri. Denkt man an eine Rose, tauchen zugleich die Gedanken an Jasmin auf. Auch das sind Gedankenverbindungen.

Beobachtet man sorgfältig das Umherschweifen der Gedanken, wird man eine Beziehung zwischen dem einen und dem anderen Gedanken feststellen, selbst wenn sie wie ein losgebundener Affe herumspringen, denn das Gesetz der Assoziation arbeitet, auch wenn die Gedankenkette unterbrochen ist. Die Gedankensprünge werden sich in einem Augenblick abspielen, da die Gedanken sich mit unvorstellbarer Schnelle bewegen. Sie fassen einen Gegenstand, gestalten eine Idee und verlassen auf dem Weg der Gedankenverbindung beide, um auf einen anderen Gegenstand und eine andere Idee überzuspringen. Und doch besteht in diesem Herumschweifen eine Art von Konzentration, auch wenn es dieser an Kontinuität mangelt.

INDEX DER SANSKRIT-WORTE

Es erschien notwendig, diesem Werk ein kleines Wörterbuch von Sanskrit-Worten beizufügen, das sich nur auf kurze Definitionen beschränken muss.

Vorausgeschickt sei die Angabe gewisser Besonderheiten in der Aussprache, an die man sich halten muss.

Es wird ausgesprochen

u wie ou
ai wie ai
die Endung in wie ine
au wie aou
g wie gh
ch wie tch
j wie dj
ph wie pth
sh klingt wie che
v, dem ein Konsonant vorangeht, wie ou

A

abhasa-chaitanya	Überlegungen
abheda-bodha-vakya	Formel, um die höchste und unsichtbare Intelligenz aufzurufen
abhyasa	Geistige Übung, unermüdliche Anstrengung
achamaniya	Reinigungswasser; Beiname von Krishna: der Unerschütterliche

adesha	Unmittelbarer Gottesbefehl
adhara	Halt, Stütze, Fundament der Inspiration und Belehrung
adisthana	Substrat, Grundlage
advaita	Nicht-Dualismus, Monismus
agni	Der Gott des Feuers der Vedanta
ahamgra-upasa	Meditation über das Selbst. Vorgang der Meditation, durch den das wahre »Ich« erkannt wird.
ahimsa	Nicht-Gewaltsamkeit
aishvarya	Adjektiv *Ishvaras;* Erhabenheit, eines der sechs Attribute des persönlichen Gottes.
ajna	6. »Chakra« oder Astralplexus zwischen beiden Augenbrauen
ajnana	Unwissenheit, Nichtwissen
akasha	Grundstoff der subtilen Materie, aus der das Weltall besteht. Substanz, Äther
akhanda	ununterbrochen, andauernd
akhanda-bramacharin	eifriger Schüler
alambana	Halt, Stützpunkt für Konzentration
alasya	Faulheit, die Yoga verhindert
amara-purusha	der unsterbliche Atman
amatra	außerhalb der Zeit
amritatva	Unsterblichkeit, ewiges Leben
anahata	Ausdrucksformen außerhalb physischer Erscheinungen, nur von Yogis wahrzunehmen
anahata-chakra	4. Astralplexus in der Herzgegend
ananda	Glückseligkeit
ananda-ghana	erfüllt von Glückseligkeit
ananta	ohne Ende
anatma-vritti-nirodha	Zügelung grober Impulse

antahkarana	Vierfaches inneres Organ (mental, buddhi, chitta, ahamkara), aus dem das individuelle Ich gebildet ist
antara	Inneres
antaranga	Intime (Freund, Schüler) des innersten Kreises
antaranga-sadhana	Endstufe des geistigen Weges *(sadhana)*. Sie umfasst: *dharana, dhyana* und *samadhi*
antariksha	der Atmosphäre eigen
antarjyotish	inneres Licht
antar-mukha	nach innen gewendet, intim
antaryamin	Der innere Führer, der vom Inneren aus die individuelle Seele führt.
anubhava-vakya	Formel, die von der persönlichen Erfahrung der Verwirklichung eingegeben wird.
anubhavi-gourou	Der Guru, der »Augenzeuge« der Wahrheit ist, d.h. der sie persönlich erfahren hat.
apana	Manifestation des *prana*; Astralstrom
apana-vaya	Fluss; Atem des *apana*
aparoksha	gegenwärtig, tatsächlich, sichtbar
apas	flüssig machen; Wasser
apta-kama	Derjenige, der den Gegenstand seiner Sehnsucht empfängt; eine der Eigenschaften der Verwirklichung
arani	Unterlagen des Opferfeuers: Holzstücke, deren Reibung den Funken entfacht
arjuna	der große Freund und Anbeter Krishnas, der Mann der Pflichterfüllung im wahrsten Sinne des Wortes (Gestalt der Bhagavad Gita)
arudha	Wer keine Wurzeln entwickelt hat
arundhati	ein Stern des Großen Bären; Schutzgottheit der Neuvermählten

asambhavana	unglaublicher Fall
asamprajnata-samadhi	höchster Zustand des Überbewusstseins
asana	Körperstellungen für die Meditation, deren es eine große Anzahl gibt
asana-jaya	Beherrschung einer Stellung; Fähigkeit, diese Stellung ohne geringste Schwierigkeit aufrechtzuerhalten
asanjoham	»Ich bin ohne Bindung.«
ashram	Einsiedelei, in der Menschen sich zusammenfinden und in Gemeinschaft unter Führung des Meisters leben
ashtanga-yoga	Yoga in acht Teilen oder Raja-Yoga
asura	Dämonen, böse Geister, Titanen
attna-bala	geistige Kraft
atma-chintana	Gedanken, die auf das Absolute gerichtet sind
atma-darshan	Vision Atmans
atma-droha	feindliche oder gleichgültige Haltung gegen Atman
atma-jnana	Erkenntnis des Atman
atmakara	charakteristische Züge Atmans; die Natur Atmans
atmakara-vrittisthiti	Unveränderlichkeit der geistigen Impulse
atman	das ewige, universelle Selbst, das Absolute, Brahma
aum	siehe *OM*
avadhana	Tatsache der gerichteten Aufmerksamkeit
avidya	Unwissenheit, Nichtkennen der Wirklichkeit
avyakta	Zustand des Nicht-Manifestierten, Leere
ayurveda	Eine der vier Veden, die vor allem von Medizin handelt

B

bahiranga-sadhana	gegen die äußere Welt gerichtete Askese; Beginn des geistigen Weges
bahir-mukha	das nach außen Gerichtete
bandha	Zusammenziehung bestimmter Körperteile (Hatha-Yoga)
bhagatyaga-lakshana	Methode der Unterscheidung und Ausschaltung; Vorgang, um zu erkennen und auszuschalten, was von dem Selbst trennt, ehe man darüber meditiert
bhagavad-gita	»Das Lied des Glückseligen«, die bekannteste der heiligen Schriften der Hindus, die am ehesten mit dem Evangelium zu vergleichen ist
bhajan	persönliches religiöses Lied, im Gegensatz zum Kollektiv-Gesang *(kirtan)*; Name für die Meditation bei den Bhaktas
bhakta	Mystiker, der ausschließlich der Liebe zu Gott lebt
bhakti	ausschließliche Liebe zu Gott
bhakti-yoga	Weg des Bhakta, um zur Vereinigung mit Gott zu gelangen
bhava	Gefühl, innere Haltung; Höchster Grad des Bhakti oder die Haltung, die dorthin führt
bhavana	siehe *samshaya-bhavana*
bhava-samadhi	der höchste *samadhi* des Bhakti-Yoga
bhedana	einer der »unhörbaren Laute«
bhuman	das Unendliche, Unbedingte; das höchste Ziel des Lebens
bhumananda	die Glückseligkeit in *bhuman*

bhumika	Stufe des Yoga, von denen es fünf oder sieben gibt
bhumika-jnana	Kenntnis der Stufen des *bhumika*
bhuta-gana	Lebewesen im Schoß der Erde, Gnomen, Elementarwesen
bhuta-loka	unterirdische Welt
bhuti	Kraut, das im Himalaya wächst
brahma	Gott unter seinem Schöpferaspekt betrachtet; eine Person der Trinität im Glauben der Hindus
brahmacharin	1. Wer *brahmacharya* übt 2. Wer auf der ersten Lebensstufe eines orthodoxen Hindus steht 3. Novize eines Mönchsordens
brahmacharya	vollkommene Keuschheit in Gedanken, Worten und Handlungen; Vollkommene Beherrschung der Sinne
brahmakara-vritti	mentale Impulse *(vritti)*, die der Erfahrung des Brahma-Bewusstseins entsprechen
brahma-muhurta	»Stunde Brahmas«; Tageszeit, die am günstigsten für die Meditation ist
brahman	das Absolute, der unpersönliche Gott, der Eine ohne Zweiten; Atman, aus dem die persönlichen Götter *(ishvaras)*, die individuellen Seelen *(jivas)* und das offenbarte Weltall *(jagat)* hervorgehen
brahma-samstha	in Brahma gefestigt
brahma-varchasa	Göttliches Strahlen, einem lieblichen Duft vergleichbar
brahma-vastu	»Wahrheit Brahmas« *(tattva)*
brahmavid	Der Gott-Schauende oder -Erkennende

bhru-madha-drishti	gedankliches Fixieren des Blicks zwischen den Augenbrauen
buddhi	höherer Grad des Intellekts; Fähigkeit, zu urteilen und nach der Weisheit zu entscheiden

C

chaitanya	1. Vollkommen erwachtes Bewusstsein 2. Name eines, vor allem in Bengalen, hochverehrten Weisen
chakra	wörtl.: Rad; Geistiges Energiezentrum; Art Seelenplexus. Man unterscheidet sieben, die vom untersten Punkt der Wirbelsäule bis zum Scheitel des Kopfes angeordnet sind.
chanchaia	unbeständig
chandipat	Name eines Gedichtes der Hindus
charanamrita	Wasser, das ein Heiliger oder eine Gottheit, die menschliche Gestalt annahm, durch Eintauchen des Fußes heiligte
chidakasha	subtile Substanz des Mentalen
chin, chini	Der Laut, der durch das Aussprechen dieser Worte entsteht; einer der »unhörbaren Töne«, durch den der Körper leicht wird wie ein Ton.
chinmatra	Zustand des reinen Seins
chinmatroham	»Ich bin reines Sein.«
chintana	Gedanke; Vorurteil
chitta	»Inhalt des Denkens «, Substanz des Gedankens, des Geistes
chitta-prasada	Zufriedenheit; Heiterkeit des Gemütes
chitta-vritti-nirodha	Begrenzung; Besänftigung; Zügeln der Bewegungen oder Impulse des Denkens.

D

daivi	göttlich
dama	Beherrschung der Organe
dambha	Heuchelei
darshan	Berührung, Schau oder Begleitung Erleuchteter
darshana	Name der klassischen Systeme der Hindu-Philosophie, deren man sechs unterscheidet.
deha-adhyasa	Verhaftung an den Körper durch Unwissenheit
deva	göttliches Wesen. Lichtwesen. Niedere Gottheit
devata	Gottheit
dharana	Konzentration der Gedanken auf einen beliebigen Punkt; sechste Stufe des Raja-Yoga
dharma	was der notwendigen Ordnung, dem Gesetz, der Pflicht, der Gerechtigkeit im höchsten Sinn dieser Worte entspricht
dhrida-sushupti	tiefer, traumloser Schlaf, in dem die Gedanken völlig untätig bleiben
dhriti	Geduld
dhvani	siehe *anahata*
dhyana	tiefe Meditation; vorletzte Stufe des Raja-Yogas, die dem *samadhi* vorangeht
dhyanins	himmlische Wesen, die Cymbel spielen
dhyata	der Meditierende, der dhyana übt
dhyeya	Gegenstand der Meditation
dig-vijaya	Welteroberer
dinachara	tägliche Gewohnheit
dirgha-pranava	die Silbe OM, langgezogen, (*dirgha*: lang)

divya-gandha	göttliche Düfte, die während der Konzentration wahrgenommen werden
divya-jyotish	übernatürliches Licht, das während der Konzentration wahrgenommen wird
divya-siddhis	göttliche Kräfte, die während der Konzentration erlangt werden
durbar	Empfang eines Königs oder einer großen Persönlichkeit
dvaita	Dualismus
dvesha	Zurückstoßen, Abneigung, Hass. Gegensatz von *raga*

E

ekadashi	elfter Tag nach Neumond oder Vollmond
ekagra oder *ekagrata*	Hingabe, die sich auf ein einziges bestimmtes Objekt konzentriert
ekam	Einheit
ekarasa	der nur an einem einzigen Gegenstand Freude und Geschmack hat

G

gada	Thron
ghrina	Abneigung. Abstoßung
gita	siehe *bhagavad-gita*
gopi	leidenschaftliche Anbeterin Krishnas
gourou	Meister, geistiger oder religiöser Lehrer
guha	Höhle, Grotte
gunas	Formen, Grade oder Eigenschaften der Weltenergie, deren Verbindung die vielfältige

	Natur schafft. Es gibt ihrer drei: *tamas, rajas, sattva.*
gunatita	jenseits der drei *gunas,* d.h. im Absoluten

H

hara	Halsschmuck
harsha	eifriger Wunsch
hatha-yoga	Methode geistigen Fortschritts, die auf einer strengen physischen Disziplin beruht
hiranyagarbha	»Der aus dem goldenen Ei Entstandene.« Einer der Namen Brahmas.
hridaya	das Herz.
hridaya-guha	»Herzgrube.«

I

indriyas	Sinnesorgane
ishta devata	auserwählte Gottheit; der Aspekt der Gottheit, der als Gegenstand der Anbetung erwählt wird.
ishvara	der persönliche Gott; der relative und formale Aspekt Brahmas, im Gegensatz zu seinem absoluten Sein jenseits der Offenbarung.

J

jada	Leere, Trägheit, Unempfindlichkeit
jagat	Welt; geschaffenes oder offenbartes Weltall

jagrat	Zustand des Wachseins
janmashtami	Geburtstag *Janmas* (Krishna), der achte Tag der 15 dunklen Tage des Monats *shravana*
japa	ununterbrochene Wiederholung eines heiligen Namens, eines Gebetes, eines mantras, während die Gedanken auf den geistigen Sinn der Worte konzentriert sind
japa-sahita dhyana	Meditation, die von Japam begleitet wird
jiva	lebendes Wesen, individuelle Seele, wahres individuelles Selbst
jivanmukti	Zustand des *jivanmukta*, des »im Leben Befreiten«
jnana	wirkliche Erkenntnis
jnana-bhyasa	Bemühungen, um im *jnana* fortzuschreiten
jnana-nishta	bewusste Versenkung in das Absolute
jnana-yoga	Yoga der Erkenntnis; Weg der höchsten Verwirklichung durch Erleuchtung des Intellekts und der Vernunft
jnanin	der den Weg des *jnana*-Yoga beschreitet
jyotish	blendendes Licht, göttliches Strahlen

K

kabir	mystischer Dichter der Hindus aus dem 16. Jahrhundert, dessen Gesänge in großem Ansehen stehen
kaivalya	Isoliertheit, Einsamkeit, Vereinigung mit dem Absoluten Sein
kali-yuga	»Eisernes Zeitalter«, in dem sich die Welt heute befindet
kalpa	»Ein Tag Brahmas«, ein Zyklus von unge-

	heuerer Dauer, eine Weltrevolution; zugleich Heilpräparat.
kama	Begierde, Luxus, Bindung an weltliche Güter
karana-sharira	Kausalkörper
karma	Handlung; Wirkung der vollbrachten Handlung und Ursache späterer Handlung
karma-yoga	Yoga-Schulung, die zur höchsten Verwirklichung auf dem Weg selbstlosen Dienstes führt
karuna	Erbarmen
karya-brahman	Brahma als wirkende Ursache
kashaya	subtiler Einfluss, den die Befriedigungen der Sinne im Mentalen zurücklassen
kaushtubha	Vielfalt von Gemmen und Juwelen, die gewisse Gottheiten auf der Brust tragen
kaya-kalpa	Reinigungen; besondere körperliche Pflege
kevala-asti	wörtl.: »Du bist allein.«; reine Existenz für sich allein
khechari-mudra	»Umstülpen der Zunge«; Hatha-Yoga-Übung
kirtana oder kirtan	religiöse Zusammenkunft, während der man im Chor Hymnen oder Strophen aus heiligen Büchern singt
kirti und *pratishtha*	Name und Ehre, die sich daran schließt
koshas	übereinandergelegte Hüllen, aus denen sowohl der physische wie der überphysische Körper bestehen
krita-kritya	»Der getan hat, was er tun musste.« Eins der Zeichen der Verwirklichung
kriya	Handlung, Arbeit, Tätigkeit
kshama	Nachsicht

kshaya	Zerstörung, Verschwinden, Austilgen
kshettar	Aufnahmeort des Pilgers
kshipta	verstreut, herumschweifend
kula-kundalini	*Kundalini* in ihrem Ursprungsort
kumb akarna	Name eines Dämons; Bruder von Bavana, über den im Ramayana berichtet wird
kumbhaka	Anhalten der Atmung
kundalini	»Kraft der Schlange.« Geistige Kraft, die in jedem Wesen latent ruht. Normalerweise liegt sie aufgerollt im untersten Teil der Wirbelsäule.

L

lakshana-vakya	unfehlbare Erkenntnis
lakshya	Zielscheibe, Gegenstand der Meditation
laya	Auflösung, Zustand, in dem die Gedanken sich weigern, tätig zu sein, und in Stumpfheit verfallen
lila	göttliches Spiel
lokasangraha	Heil der Welt

M

maharshi oder *mahatma*	großer Weiser, Seher; Beiname, den man Heiligen gibt
mahavakya	»Die große Erkenntnis.« Gedankenkraft: Aphorismus aus den Schriften
maitra	Freundschaft
makara-kundala	Ohrgehänge
mamata	Sinn für Besitz

mana ika-japa	*Japam*, in Gedanken ausgeübt
manana	rechtes Denken
manas	Seele, Geist (Latein: *mens*); Fähigkeit, sich in Gedanken zu befreien
manas-puja	seelisch-geistiger Kult
manipura	drittes Chakra oder Astralplexus, dessen Sitz in Nabelhöhe liegt
manonasha	Aufhebung der Gedanken
manorajya	Herumschweifen der Gedanken; Manie, Luftschlösser zu bauen
mantra	Gebet, heiliger Vers, mystische Formel, die als Gegenstand der Meditation dient. Der Guru gibt seinem Schüler zur Einweihung ein *mantram*, das er nicht verraten darf.
matra	sehr kleine Zeiteinheit; Sekunde.
matsyasana	» Stellung des Fisches«; eine der Hatha-Yoga-Stellungen
mauna	Schweigen; Mittel zum geistigen Fortschritt
maya	unwirkliche Erscheinung der Wirklichkeit; Macht der Täuschung.
mayurasana	eine der Stellungen des Hatha-Yoga.
mithya	Lüge
moksha	endgültige Befreiung; Zustand dessen, der nicht wiedergeboren werden muss
mudha	ruft geistige Verwirrung hervor; Verdunklung, Vergessenheit
mudita	Zufriedenheit, Fehlen der Eifersucht
mudra	Handstellungen, die einen Teil des Hatha-Yoga ausmachen
muhurta	siehe *brahma-muhurta*
mukti	Befreiung

muladhara	Das unterste Chakra, das im untersten Teil der Wirbelsäule, dem Sitz der kundalini, liegt.
mumukshutva	intensive Sehnsucht nach endgültiger Befreiung *(moksha)*
murti	Gestalt, Bild
murti-upasana	Kult, der *ishta devata* dargebracht

N

nada	unhörbarer Laut
nadis	Astralkanäle, durch die *prana* im Subtilkörper des Yogi pulst. Sie bedeuten für diesen das gleiche wie Nerven und Gewebe für den physischen Körper.
nadi-shuddhi	Reinigung der *nadis*
nama-rupa	»Name und Gestalt.« Logische Kategorien, mit deren Hilfe das Denken die Welt der Erscheinungen wahrzunehmen vermag.
nasakagra-drishti	Fixieren des Blicks auf die Nasenspitze
navavidha-bhakti	neunfacher Weg des Bhakti-Yoga
neti, neti	»Nicht dies, nicht dies.« Formel der Hindu-Philosophie, die alle Eigenschaften leugnet, die dem Absoluten beigemessen werden könnten; die »*via negationis*« der christlichen Theologie.
nidhidhyasana	Tiefe Meditation. Intensive Kontemplation siehe *dhyana* und *bhajan*.
nirakara	ohne Form; Gegensatz zu *sakara*
nirdvandva	Zustand, in dem man keine Verbindung mehr zu den »Gegensatzpaaren« (*dvandvas*) wie warm und kalt, gut und böse hat

nirguna	ohne Attribute; bezieht sich auf die Meditation, in der die physische wie mentale Welt vollkommen ausgeschaltet sind. Gegensatz: *saguna*
nirodha oder *nirudha*	Zügelung, Unterdrückung, Beherrschung
nirvikalpa-samadhi	höchste Form des *samadhi*, der Ekstase, in der es keinen Gedankeninhalt, keine Unterscheidung mehr gibt
nirvishaya	ohne Verbindung mit den Gegenständen der Sinne
nirvishesha	unbestimmt, unklar
nishtha	ausschließliche Hingabe; Versenkung in den Gegenstand dieser Hingabe
nissankalpa	Zustand ohne Denken
nitya	ewig
nitya-siddha	Sein der Vollendung
nitya-tripti	ewige Befriedigung; Zustand der Selbst-Verwirklichung
nivritti-marga	»Weg, der sich dreht, während er sich entfernt.« offene Spirale, die zum Absoluten führt; Weg der Entsagung oder Meditation
niyama	die zweite der acht Stufen des Raja-Yoga, besteht in strengen moralischen Geboten

O

ojas	höchste Energieform des Menschen
ojas-shakti	die gleiche Kraft in Tätigkeit
OM oder *AUM*	die heilige Silbe, die das Absolute, Brahma, symbolisiert und alles zusammenfasst, was der Mensch hierüber erfahren kann

P

padmasana	Die im Westen bekannteste »Lotusstellung«.; im allgemeinen wird Buddha in dieser Stellung dargestellt
panchadashi	Abhandlung aus der Vedanta-Philosophie
pandit	Gelehrter, Wissender
paramahamsa	»Höchster Schwan«, Name, der großen Weisen verliehen wird
paravaka	der achte der »unhörbaren Töne«
pashchimottasana	eine der Hatha-Yoga-Stellungen
patanjali	großer Philosoph, der das gesamte philosophische System geschaffen hat, das als Yoga bezeichnet wird; seine Aphorismen sind besonders berühmt
pativratta	Regeln, die die verheiratete Frau beachten muss
pitambara	Kleid der Erscheinung
prahava	unaufhörlicher Gedankenfluss, dem Wasser des Flusses zu vergleichen
prajna	vollkommene Erkenntnis
prajnana-ghana	Zustand hoher Erkenntnis
prana	kosmische Energie, deren einfachste Erscheinungsform der Atem ist
pranava	Name der mystischen Silbe *OM*
pranava-dhvani	»Laut« der mystischen Silbe *OM*; ihre Schwingung, wenn sie gesungen wird
prana-vallabha	der geliebte Herr des Lebens, der uns so lieb ist wie das eigene Leben
pranayama	Atemübungen, mit Meditation begleitet; sie bilden die vierte Stufe des Raja-Yoga

prapti-praptyam	Wer erreicht, was er erreichen wollte; ein Attribut des befreiten Wesens
prarabdha oder *prarabdha-karma*	Teil des Karmas, das man in diesem Leben oder in früheren gesammelt hat und das Früchte zu bringen beginnt
prashnottari	Dialog in Frage und Antwort zwischen Meister und Schüler
pratipaksha-bhavana	»Methode der Gegensätze«, die darin besteht, dass gute Gedanken schlechten gegenübergestellt werden
pratishtha	Ruf
pratyahara	Tatsache der Beherrschung nach außen gehender Neigungen; Fähigkeit, die Gedanken von den Sinneswahrnehmungen zurückzuziehen
pravritti	»Der sich dreht, indem er sich nähert.« die geschlossene Spirale, die zum Ich führt; Gegenteil von *nivritti*.
prema	ekstatische Liebe zu Gott
preraka	der das Denken inspiriert
prithivi	die Erde der »vier Elemente«, die das Weltall bilden
puja	rituelle Zeremonie; Feier zu Ehren einer Gottheit
puraka	Inspiration oder Einatmen
purusha	das wirkliche Selbst; höchste Erkenntnis; Substrat aus allen Wirkungen der Substanz *(prakriti)*
purushartha	Gerichtetsein der Gedanken auf das Höchste

R

raga	Anziehung, Bindung an die Gegenstände der Sinne; Gegensatz von *dvesha*
rajas	eine der Eigenschaften oder gunas; Prinzip der Tätigkeit, der Energie und Leidenschaft
raja-yoga	»Königlicher Yoga«, der die Beherrschung der inneren Kräfte durch Beobachtung verschiedener Regeln, vor allem durch Meditation, erstrebt
ramayana	berühmtes episches Gedicht, in dem die Taten *Ramas*, des *Avatars Vishnus*, besungen werden
rasasvadana	Art übersinnlicher Glückseligkeit, die eine bestimmte Form des *samadhi* hervorbringt
rechaka	Ausatmung im Atem-Vorgang des *pranayama*
riddhi	Fülle, Reichtum
rishi	Weiser, der die Wahrheit von Angesicht zu Angesicht schaut

S

sadachara	rechtes Verhalten
sadhak	der *sadhana* oder geistige Schulung begonnen hat
sadhana	mit Eifer und Ausdauer geübte Disziplin, um auf dem geistigen Weg voranzuschreiten
sadhu	Heiliger, der der Welt entsagt hat, um sich dem geistigen Weg zu widmen
saguna-murti	Bild, Form, ausgestattet mit Attributen oder Eigenschaften

sahaja-avastha	»Natürlicher Zustand«, zu dem *sadhana* hinaufführt
sahasa	Ausdauer, Zähigkeit
sahasrara	»Lotus mit tausend Blütenblättern«, Astralzentrum (Chakra) am Scheitel des Kopfes
sakshatkara	Vision. Schau
sakshin	Zeuge
sama oder *samata*	Ausgeglichenheit; Mangel an Unruhe; eine der vom Raja-Yoga verlangten Bedingungen
samadhana	unaufhörlich geübtes Denken an Gott
samadhi	Zustand der Vereinigung mit dem persönlichen Gott oder Versenkung in den unpersönlichen Gott (Atman oder Brahma). Ekstase
samata	siehe *sama*
sampad	Vollkommenheit
sampradaya	durch den Guru übermittelte Überlieferung
samsara	unbestimmter Zyklus von Tod und Wiedergeburt, denen der Mensch nur durch Selbstverwirklichung, die Frucht des sadhana, entrinnen kann
samshaya-bhavana	Zweifel am Wert der Upanishaden
samskara	Eindruck, den das gute oder schlechte Karma zurücklässt oder hervorruft, das im Lauf früherer Daseinsformen oder in diesem Leben gesammelt wurde. Zugleich: Reinigungsritus
samyama	vollkommene Beherrschung der Gedankenkräfte; die drei höheren Stufen des Raja-Yoga: *dharana, dhyana, samadhi*
sandhya	Dämmerung

sankalpa	Wille, Gedanke
sankirtana	siehe *kirtan*
sannyasin	der das mönchische Leben gewählt hat
santosha	Zufriedenheit, Besänftigung
sarvangasana	eine der Hatha-Yoga-Stellungen
sarvavid	»Der alle Dinge weiß«
sat-chit-ananda	reines Dasein, reine Erkenntnis, reine Glückseligkeit; häufig angewendete Formel, um das Absolute, Brahma zu bezeichnen
satsanga	Umgang mit heiligen Männern
sattva	*guna* oder höchstes Attribut, das Ausgeglichenheit, Harmonie, Licht und Reinheit bedeutet
satya	Wahrheit
savikalpa	mit Unterscheidung
shad-adhar	die sechs *adharas*
shakti	aktive Kraft des persönlichen Gottes, weibliches Element, das seine wirkende Macht symbolisiert; die göttliche Mutter, als wirksame Kraft des Göttlichen betrachtet
shakti-sanchara	Erweckung des geistigen Bewusstseins durch Übertragung der Macht des Gurus auf den Schüler
shalagrama	Heiliges
shama	Heiterkeit
shankaracharya	einer der größten Philosophen Indiens; Hauptvertreter der nicht-dualistischen oder monistischen Schule *(advaita)*; lebte im 2. Jahrhundert v. Chr. oder im 1. n. Chr., laut Tradition, nach westlichen Forschern im 9. Jahrhundert n. Chr.

shankha	Muschel
shankharana	Klang der Muschelschale Krishnas
shanti	Frieden
shastras	heilige Hindu-Schriften
shaucha	Reinheit
shirshasana	»Umgekehrte Stellung«; eine der Stellungen des Hatha-Yoga; man steht mit dem Kopf auf dem Boden
shivaratri	Fest zu Ehren *Shivas*
shloka	Vers oder Strophe eines heiligen Buches
shoka	Angst
shravana	Gehör
shri	Anrede der Ehrerbietung
shudda	rein
siddhasana	»Vollkommene Stellung«; eine der im Hatha-Yoga eingenommenen Stellungen
siddha-kalpa	medizinische Vorbereitung
siddhi	übernatürliche, durch Yoga-Übung erlangte Kraft
skhanda	Teil, Buch
smriti	Offenbarung, offenbarte Bücher
sphurana	Offenbarung
stabdha-avastha	Verdunklung, hervorgerufen durch Angst oder Erstaunen
shravana	Hören der Schriften
sthita	unbeweglich
sthiti	Unbeweglichkeit, Festigkeit, Stabilität
sthula-dhyana	Meditation über die materielle Darstellung eines subtilen Gegenstandes oder über einen materiellen Gegenstand
stotra	Hymne

sukhasana	»Die glückliche Stellung«, die im Hatha-Yoga angewendet wird
sukshma	fein, subtil
sukshma-dhyana	abstrakte oder subtile Meditation; Meditation über die schon geweckte *kundalini*
sushumna-nadi	Astralkanal, der die Wirbelsäule in ganzer Länge begleitet; durch diesen Kanal erhebt sich *kundalini*
svabhava	das Sein in sich
svadhistana	das zweite Astralzentrum
svadhyapa	Studium der Veden
svajatiya-vritti-pranava	»Der den Gedankenfluss zu Gott hinauffuhrt.«
svapna	Traumzustand
svarga-loka	die Welt oder die himmlische Ebene
svarupa-visranti	Ruhe in Brahma
svarupoham	*Mantram*; eine andere Art, die heilige Formel: »Das bin ich« auszudrücken
svastikasana	»Die Stellung der guten Vorbedeutung«; eine der Hatha-Yoga-Übungen
svayamjyotish	»Der durch sein eigenes Licht leuchtet«; ein anderer Name für Brahma.

T

tadakara	Identifikation mit dem Absoluten, mit dem Das *(tat)*. Die »eigentliche Form« des Das
taila-dhara	schmaler Ölstrom, der ohne Geräusch und Unterbrechung fließt; Symbol der unaufhörlich auf Gott gerichteten Meditation

tamas	Trägheit, Verfinsterung der Gedanken; eine der drei Eigenschaften *(gunas)*, die *raja, tamas, sattva* sind
tandra	Schläfrigkeit
tanmatra	subtiles Teil, subtiles Licht
tanmaya	identisch
tanmayata	Identifikation
tantra	Methode geistiger Disziplin, die auf dem Prinzip der Bewusstseinskraft beruht; in höchster Realität als Mutter aufgefasst
tanuma asi	Zustand des auf das allergeringste Maß zurückgezogenen, geschwächten Denkens
tapa	Periode von 12 Jahren
tapas	Übung einer strengen physischen und gedanklichen Enthaltsamkeit, um geistigen Fortschritt zu erlangen
tarkika-buddhi	Intellekt, der gern argumentiert
tat	» Das « das Absolute, von dem nichts auszusagen ist; das wahre einzige Selbst
tatbodha	Erkenntnis oder Bewusstsein des Selbst *(tat)*
tattva	»Die wirkliche Wahrheit.« Wirklichkeit; philosophischer Ausdruck
tejas	Feuer, Hitze; astrale Aura, die manchmal um die Häupter der Meditierenden strahlt
tejomaya	Lichterscheinung, Lichtkörper
tejomaya-vak	das durch das Wesen des Feuers Ausgedrückte *(chandogya upanishad)*
tilak	Zeichen an der Stirn, das die Kasten oder religiösen Gruppen unterscheidet
tiraskara	»Was das Mentale von den materiellen Gegenständen unterscheidet.«

titiksha	vollkommene Geduld. Ausdauer
tittibha	eine Vogelart
tivra	intensiv
trataka	Yoga-Übung, bei der man einen bestimmten Punkt so lange fixiert, bis Tränen fließen
trikuta	Zwischenraum zwischen den Augenbrauen
triputi	metaphysische Dreiheit, die aus dem Erkennenden, Erkannten und Erkenntnis besteht
trishna	Liebe zu den Dingen dieser Welt
turiya	vierter Zustand der Ekstase
tushnimbhuta-avastha	Zustand der Gedankenstille, in der es weder Anziehung noch Abstoßung gibt
tushti	Zufriedenheit
tyaga	Entsagung

U

upadesha-vakya	das lehrende Wort; Die Worte, durch die der Schüler in die Wahrheit eingeweiht wird
uparati	nicht an die Sinneswahrnehmungen denken
upasana-vakya	Kult, Zeremonie intellektueller Art
upasya-murti	Bild des Guru
unmani-avastha	die höchste Stufe des Raja-Yoga
upanishads	heilige Texte der Veden, die die wertvollsten esoterischen Unterweisungen enthalten; im allgemeinen zählt man 108
upeksha	Gleichgültigkeit
usha-pana	Glas Wasser, das man morgens trinkt
utsaha	gute Laune, Zufriedenheit, Optimismus

V

vada	Argumentation, Lehre
vaikuntha	Himmel *Vishnus*
vairagya	Entsagung, Nicht-Gebundensein, Begierdelosigkeit
vaj asana	eine der Hatha-Yoga-Stellungen
vajra	Donner *Shivas*, Gedankliche Darstellung des heiligen Donnerkeils
vak-indriya	Organ der Sprache
vakyanusandhana	Meditation über den tiefen Sinn der großen Sinnsprüche der Upanishaden
varchasa	siehe *brahma-varchasa*
vasana	gedankliche Befruchtung, unbewusste Erinnerungen
vasudeva	einer der Namen *Krishnas*
vayu	Wind, Gott des Windes
vedanta	Ende (oder Krönung) der Veden; eine der klassischen Schulen der Hindu-Philosophie
vichara	Fähigkeit rechter Unterscheidung
vighna	Hindernis
vijatiya-vritti	Gedanke; Gedankenbewegungen, die der Meditation fremd und ihr deshalb entgegengesetzt sind
vikalpa	Differenzierung
vikara	Verwandlung, Veränderung, Umschwung der Stimmung
vikshepa	Zerstreuung der Gedanken; Neigung zur Zerstreuung
vikshipta	Zerstreuung
vimarsha	geistige Befreiung

vina	musikalisches Saiteninstrument
viparita-bhavana	fälschlicher Glaube an die Wirklichkeit der sichtbaren Welt
virasana	eine der Hatha-Yoga-Stellungen
virat	Weltall, Makrokosmos
virat-purusha	universales Sein
virya	Heroismus. Herzhaftigkeit
vishaya-shakti	Kraft, die uns zu den Gegenständen der Sinneswahrnehmung hindrängt
vishaya-vritti	sinnliche Gedanken
vishuddha	das fünfte Astralzentrum
visranti	siehe *svarupa-visranti*
viveka	Fähigkeit der Unterscheidung; Möglichkeit, die trügerische Erscheinung von der Wirklichkeit zu unterscheiden
vrindavan	Wald in der Umgebung von Mathura, in der sich zum großen Teil die Kindheit *Krishnas* abspielte; Stadt dieses Namens ist ein berühmter Pilgerort
vritti	Abänderung des Denkens. Impuls oder Woge, die den »Inhalt der Gedanken« in Erregung bringt
vyapara	der sich überall ausbreitet: allesdurchdringend
vyavahara	Tätigkeit
vyavarika-kshaya	Tätigkeiten dieser Welt

Y

yama	erste Stufe des Raja-Yoga, die verschiedene moralische Gebote umfasst; Todesgott; eine Zeitdauer von 3 Stunden

yatasthana	Geburtsort
yoga-brashta	physische und vor allem geistige Schulung, die den Yogi, der sie ausführt, auf einem methodischen Weg zur Vereinigung mit Gott führt; die Hauptarten des Yoga sind: *karma, bhakti, jnana, hatha, raja*
yogin	der ein oder mehrere Yogaformen übt